Die Schulverwaltung.

Eine Zusammenstellung

der

amtlichen Verordnungen

für

Schulamtskandidaten, Lehrer 2c.

Herausgegeben

von

Michael Dangschat.

Posen, 1884.

Verlag von J. J. Heine.

Vorwort.

Die im Jahre 1882 von mir herausgegebenen „Rechtsverhältnisse der preußischen Elementarlehrer" haben in den beteiligten Kreisen vielfach eine überraschende Anerkennung gefunden, so daß ich mich habe ermutigen lassen, einen Schritt in der Sammlung der Rechtsbestimmungen für das Elementarschulwesen weiter zu gehen.

Während die erwähnten „Rechtsverhältnisse" hauptsächlich den Lehrer in den Vordergrund stellten und alle die gegenwärtig giltigen Verordnungen zusammenzutragen sich bemühten, die auf die amtliche und persönliche Stellung der Elementarlehrer Bezug haben, legt die vorliegende Sammlung den Ton auf die Schule und will hauptsächlich alle die amtlichen und gesetzlichen Bestimmungen in möglich größter Vollständigkeit bieten, welche für die Verwaltung der Schule von besonderer Wichtigkeit sind, um den Titel „Schulverwaltung" zu rechtfertigen.

Bei der Zusammenstellung vorliegender Sammlung ist insbesondere der Erlaß des Herrn Ministers der geistlichen &c. Angelegenheiten vom 3. März 1883, Zentralblatt für die gesamte Unterrichtsverwaltung de 1883, Seite 509 ff. — die Einrichtung der zweiten Volksschullehrerprüfung betreffend — maßgebend gewesen. Dortselbst heißt es unter anderm: „Ferner wird auch darauf Gewicht zu legen sein, daß er (der Kandidat) eine genaue Kenntnis der in dem Bezirke seiner Amtsthätigkeit geltenden Verordnungen über Schuldisziplin, Schulversäumnisse, Dispensation vom Schulbesuch, Ferien, Schulentlassung, Sprachunterricht in utraquistischen Schulen und sonstiger bei Versehung einer Lehrerstelle wesentlicher Bestimmungen der Schulverwaltung besitze."

Indem ich nun das Büchlein der Öffentlichkeit übergebe, füge ich noch den bescheidenen Wunsch hinzu, daß es sowohl unter den jüngern als auch unter den ältern Herren Kollegen sich zahlreiche Freunde erwerben und gern als Ratgeber bei der Schulverwaltung benutzt werden möge.

Insterburg, den 22. März 1884.

Michael Dangschat.

Inhalts-Verzeichnis.

I. Von der Volksschule im allgemeinen.

II. Schulpflicht und Schulbesuch.

A. Allgemeine Schulpflicht.

B. Ein- und Ausschulung.

III. Das Hütewesen.

IV. Dispensation vom Schulbesuch.

V. Schulversäumnisse.

VI. Ferien.

VII. Schuldisziplin.

VIII. Gesundheitspflege.

IX. Schulunterricht.

X. Amtliche Verhältnisse.

I. Von der Volksschule im allgemeinen.

§ 1. Begriff der Volksschule.

Der Begriff der Volksschule ist gesetzlich nicht festgestellt, deshalb pflegt derselbe verschieden begrenzt zu werden. Im allgemeinen wird darunter diejenige öffentliche Anstalt verstanden, deren Zweck in der religiös-sittlichen Bildung der Jugend und in ihrer Unterweisung in den für jeden vernünftigen Menschen unentbehrlichen Kenntnisse besteht, die er für das bürgerliche Leben notwendig braucht.

Das M.-Reskr. vom 21. Febr. 1865, U. 25031 (Ctrbl. S. 168) besagt folgendes: „Nach der bestehenden Organisation des Schulwesens können Rektoratsschulen, gleichviel, ob sie mit der Ortselementarschule verbunden sind, oder bereits eine selbständige Existenz erlangt haben, nur den Elementarschulen beigezählt und als solche behandelt werden. Die Grenzscheide zwischen den höhern Schulen und den Elementarschulen bildet die Berechtigung zu gültigen Abgangsprüfungen, und alle Schulen, denen diese Berechtigung fehlt, gehören zur Kategorie der Elementarschulen, selbst dann, wenn in ihnen eine über das Ziel der Elementarschule hinausgehende sprachliche oder Realbildung angestrebt wird oder die Qualifikation ihres Vorstehers durch akademische Studien bedingt wird".

§ 2. Stellung der Volksschule.

Die Stellung der Volksschule ist eine zweifache, nämlich eine staatsrechtliche und eine privatrechtliche.

In staatsrechtlicher Beziehung weist das „Allg. Landrecht" der Schule ihre Stellung dem Staate gegenüber an. § 9 Titel 12 Teil II. heißt es daselbst ausdrücklich: „Alle öffentliche Schul- und Erziehungsanstalten stehen unter der Aufsicht des Staates und müssen sich den Prüfungen und Visitationen zu allen Zeiten unterwerfen. Indem die §§ 15 u. 16 Tit. 12 Teil II. des „Allg. Landrechts" denjenigen Behörden, welche den Schulanstalten unmittelbar vorgeordnet sind, zur Pflicht machen, sich nach den vom Staate genehmigten Schulordnungen zu richten und sie zu beachten, räumt es dem Staate das Organisationsrecht ein.

Aus dem Organisationsrechte ergiebt sich für den Staat:

1. das Recht zum Erlasse aller Gesetze und Verordnungen, welche für das Schulwesen erforderlich sind.
2. die Befugnis, sowohl Schulen einzurichten, als auch bestehende Schulbezirke abzuändern.

Dieses Recht übt der Staat durch die Regierung aus. Vergl. § 18 der Allerh. Geschäftsinstruktion vom 23. Oktober 1817.*)

---

*) cf. Dangschat, Rechtverhältnisse der preußischen Elementarlehrer, § 211 S. 176. J. J. Heine, Posen.

Das Aufsichtsrecht findet seinen Mittelpunkt in dem Ministerio der geistlichen, Unterrichts- zc. Angelegenheiten. Die ihm unterstellten Behörden sind:

die Oberpräsidenten der einzelnen Provinzen und
die Regierungen.

Der Wirkungskreis derselben wird resp. durch die Dienstinstruktion vom 31. Dezember 1825 (Gesetz-Sammlung pro a. 1826, S. 1) und vom 23. Oktober 1817 (Gesetz-Sammlung S. 230) näher bestimmt.

Zur unmittelbaren Aufsicht der Volksschule bestehen Kreis- und Lokal-Aufsichtsbehörden.

Die Kreisaufsichtsbehörden werden durch die Landräte und Kreisschulinspektoren gebildet.

Die Wirksamkeit der Landräte erstreckt sich hauptsächlich auf die äußern Angelegenheiten der Schule, während die des Kreisschulinspektors vornehmlich die Sorge um die innern Angelegenheiten derselben umfaßt.

Die Lokalschulbehörden sind verschieden, je nachdem es sich um die Aufsicht städtischer oder Landschulen handelt.

In Städten werden die Schulangelegenheiten von der Schuldeputation geleitet, welche eine Abteilung der Magistratsverwaltung bildet. Die Zusammensetzung und Geschäftsführung dieser Deputation wird durch die Instruktion vom 26. Juni 1841 geregelt.*)

Die Aufsicht über Landschulen wird durch von der Regierung ernannte Lokalschulinspektoren und durch die Schulvorstände ausgeübt und zwar derart, daß den erstern die Leitung der innern, während den letztern ausschließlich die der äußern Angelegenheiten obliegt. Die allgemeine Einführung solcher Vorstände geschah durch die Instruktion vom 28. Oktober 1812.

In privatrechtlicher Beziehung muß ausdrücklich hervorgehoben werden, daß eine durch die kompetente Staatsbehörde für den öffentlichen Elementarunterricht eingerichtete und mit einem Vorstande versehene Schulgemeinde oder Schulsocietät die Eigenschaft einer Korporation besitzt.

II. Schulpflicht und Schulbesuch.

A. Allgemeine Schulpflicht.

§ 3. Allerhöchste Kabinetsordre vom 14. Mai 1825.**)

Damit im ganzen Umfange der Monarchie nirgends der Schulbesuch vernachlässigt werde, wird in den Landesteilen, in welchen das Allg. Landrecht bisher nicht eingeführt ist, in Uebereinstimmung mit den Vorschriften desselben festgesetzt.

1. Eltern, oder deren gesetzliche Vertreter, welche nicht nachweisen können, daß sie für den nötigen Unterricht der Kinder in ihrem Hause sorgen, sollen erforderlichen Falls durch Zwangsmittel und Strafen angehalten werden, jedes Kind nach zurückgelegtem 5. Jahre zur Schule zu schicken;

*) cf. Dangschat, Rechtverhältnisse, § 317, S. 183.

**) Die Allerh. Kabinetsordre vom 14. Mai 1825 ist in sämmtlichen Provinzen des preußischen Staates gültig.

2. Der regelmäßige Besuch der Lehrstunden muß so lange fortgesetzt werden, bis das Kind, nach dem Befund seines Seelsorgers, die einem jeden vernünftigen Menschen notwendigen Kenntnisse erworben hat;

3. Nur unter Genehmigung der Obrigkeit und des geistlichen Schulvorstehers, kann ein Kind länger von der Schule zurückgehalten, oder der Schulunterricht desselben, wegen vorkommender Hindernisse, auf einige Zeit ausgesetzt werden.

§ 4. Vorschriften des „Allgemeinen Landrechts“.

§ 43. Jeder Einwohner, welcher den nötigen Unterricht für seine Kinder in seinem Hause nicht besorgen kann oder will, ist schuldig, dieselben nach zurückgelegtem 5. Jahre zur Schule zu schicken. — § 44. Nur unter Genehmigung der Obrigkeit und des geistlichen Schulvorstehers kann ein Kind länger von der Schule zurückgehalten, oder der Schulunterricht desselben wegen vorkommender Hindernisse für einige Zeit ausgesetzt werden. — § 46. Der Schulunterricht muß so lange fortgesetzt werden, bis ein Kind nach dem Befunde seines Seelsorgers, die einem jeden vernünftigen Menschen seines Standes notwendigen Kenntnisse gefaßt hat. — § 48. Den Schulaufsehern liegt es ob, unter Beistand der Obrigkeit darauf zu sehen, daß alle schulpflichtige Kinder, nach obigen Bestimmungen erforderlichenfalls durch Zwangsmittel*) und Bestrafung der nachlässigen Eltern, zur Besuchung der Lehrstunden angehalten werden. — § 49. Der Prediger des Orts ist schuldig, nicht nur durch Aufsicht, sondern auch durch eigenen Unterricht des Schulmeisters sowohl als der Kinder zur Erreichung des Zweckes der Schulanstalten thätig mitzuwirken.

§ 5. Bestimmungen des General-Land-Schulreglements vom 12. August 1763.

§ 1. Zuvörderst wollen Wir, daß alle Unsere Unterthan, es mögen seyn Eltern, Vormünder oder Herrschaften, denen die Erziehung der Jugend oblieget, ihre eigene sowohl als ihrer Pflege anvertrauten Kinder, Knaben oder Mädchen, wo nicht eher, doch höchstens vom fünften Jahre ihres Alters in die Schule schicken, auch damit ordentlich bis ins Dreyzehnte und Vierzehnte Jahr continuiren und sie so lange zur Schule halten sollen, bis sie nicht nur das Nötigste vom Christentum gefasset haben und fertig lesen und schreiben, sondern auch von demjenigen Red und Antwort geben können, was ihnen nach den von Unseren Consistoriis verordneten und approbirten Lehrbüchern beigebracht werden soll.

§ 6. Bestimmungen der preußischen Staatsverfassung vom 31. Januar 1850.

Art. 21. Für die Bildung der Jugend soll durch öffentliche Schulen genügend gesorgt werden. Eltern und deren Stellvertreter dürfen ihre Kinder oder Pflegebefohlenen nicht ohne den Unterricht lassen, welcher für die öffentliche Volksschule vorgeschrieben ist.

Art. 26. Ein besonderes Gesetz regelt das ganze Unterrichtswesen.

*) cf. § 38 ff.

Art. 112. Bis zum Erlaß des im Art. 26 vorgesehenen Gesetzes bewendet es hinsichtlich des Schul- und Unterrichtswesens bei den jetzt geltenden gesetzlichen Bestimmungen.

B. Ein- und Ausschulung.

§ 7. Verordnung der Königl. Regierung zu Königsberg

vom 21. Januar 1865. 717/1. II. (Ctrbl. 1865, S. 178.)

Die Bestimmungen in den §§ 1 und 2 der Provinzial-Schulordnung vom 11. Dezember 1845 sind vielfach dahin mißverstanden worden, daß die Aufnahme eines Kindes in die Schule, wie die Entlassung desselben aus der Schule genau mit dem Tage erfolgen müsse, an welchem dasselbe das 6. resp. das 14. Lebensjahr vollendet hat.

Es ist deshalb vielfach darüber Klage geführt worden, daß zu allen Zeiten des Jahres Kinder der Schule zugeführt und ebenso wieder entzogen werden, ohne daß dabei auf den Beginn und den Schluß des Lehrkursus, welche in der Regel mit dem Beginn und Schluß des Semesters zusammenfallen, Rücksicht genommen wird, ja oft ohne daß die Schulinspektoren und Lehrer vorher davon Kenntnis erhalten.

Dieser beständige Zu- und Abgang der Kinder widerstreitet aber aller Schuldisciplin; auch wird der Lehrer durch ersteren genötigt, die neu eintretenden Schüler bis zum Beginn des nächsten Kursus entweder sich selbst zu überlassen, oder immer neue Abteilungen zu bilden, während es durch letztere unmöglich gemacht wird, das Unterrichtsziel an den Kindern zu erreichen, da dieses nur bei vollständiger Absolvierung des Lehrkursus geschehen kann.

Das unregelmäßige Verlassen der Schule ist überdies in betreff der evangelischen Schulen Veranlassung geworden, daß bei den jährlichen durch die Kreisschulinspektoren abgehaltenen öffentlichen Schulvisitationen, die vorzugsweise das Interesse der Schulgemeinde an der Schule zu beleben bestimmt sind, die in der Regel am meisten geförderten Schulkinder die Schule bereits verlassen haben, und die Schulgemeinde-Mitglieder von der eigentlichen Frucht der Schularbeit also auch keine Anschauung haben gewinnen können.

Zur Beseitigung dieser Mißstände bestimmen wir daher für sämtliche Elementarschulen des Bezirks hiermit folgendes:

1. Die Aufnahme*) schulpflichtiger Kinder in die Schule erfolgt von jetzt ab nur zweimal jährlich, und zwar unmittelbar nach dem Schluß der Ostern- und Ernteferien. Mit Rücksicht auf den § 1 der Provinzial-Schulordnung gehören hierher alle diejenigen Kinder, welche um diese Zeit das 6. Lebensjahr vollendet haben.

2. Zu einer anderen Zeit dürfen Kinder nur mit Genehmigung des Lokalschulinspektors und nur in den Fällen, wo sie durch Krankheit oder durch Umzug der Eltern an dem rechtzeitigen Eintritt verhindert worden in die Schule aufgenommen werden.

3. Die ad 1 bezeichneten beiden Aufnahmetermine sind namentlich auch von den Ortsvorständen in Betreff der ihnen nach § 5 alinea 4 unserer

*) cf. die Verordnung vom 17. 3. 1883 § 9.

Geschäfts=Anweisung für die Schulvorstände vom 28. September 1850 obliegenden Verpflichtungen genau zu beachten.

Auch die Entlassung der nicht mehr schulpflichtigen Kinder aus der Schule, sowie die Versetzung in eine höhere Klasse oder Abteilung darf in der Regel ebenfalls jährlich nur zweimal, und zwar unmittelbar vor dem Beginne der Ostern= und Ernteferien stattfinden. Im ersten Termine sind alle diejenigen Schüler zu entlassen, welche um Ostern, im letztern alle diejenigen, welche vor dem 15. Oktober das 14. Lebensjahr vollendet haben.

5. An beiden Terminen erfolgt die Entlassung der betreffenden Kinder aller Schulen ein und desselben Kirchspiels gleichzeitig an einem von dem Lokal=Schulinspektor mit Zustimmung des Kreis=Schulinspektors zu bestimmenden Tage, in Verbindung mit einer angemessenen Schulfeierlichkeit und unter Überreichung von Schulentlassungs=Zeugnissen.

Die Kosten für die Ausfertigung dieser Zeugnisse sind, mit Bezug auf unsere Zirkular=Verfügung vom 17. Januar 1848, aus den Ortsschulkassen zu decken.

6. Der Anfertigung von Duplikaten der Zeugnisse für die Kirchspielsregistratur bedarf es zwar nicht, doch ist ein in derselben aufzubewahrendes Register zu führen, in welches die ausgestellten Zeugnisse bei jeder Entlassung einzutragen sind, und worin diese Eintragungen durch die Unterschriften des Lokal=Schulinspektors und des Lehrers jedesmal als richtig zu bezeugen sind.

Das für diese Zeugnisse bestimmte Formular ist umseitig beigefügt.

Der Besitz eines solchen Entlassungszeugnisses gilt fortan als Ausweis der ordnungsmäßig erfolgten Entlassung aus der Schule.

7. Sehen der Lokal=Schulinspektor und der Lehrer sich veranlaßt, die Entlassung eines Kindes aus der Schule wegen mangelnder Reife über die im § 4 bezeichneten Termine hinaus, gegen den Willen der Angehörigen, zu verschieben, so ist der Zulässigkeit der Entlassung, wie des ferneren Zurückbehaltens in der Schule, durch eine von dem Lehrer im Beisein des Lokal=Schulinspektors zu haltende Prüfung zur Entscheidung zu bringen.

Die Beurteilung der Religionskenntnisse des betreffenden Schulkindes bleibt, bei Verschiedenheit der Konfession, dem zuständigen Geistlichen allein überlassen.

Entlassungs=Zeugnis.

N. N.

geboren zu den

hat die hiesige Elementarschule von bis

besucht und ist bei Fleiß und Schulbesuch in denjenigen Kenntnissen und Fertigkeiten, welche das Unterrichtsziel der Elementarschule bilden, unterrichtet.

Die Führung war

N. N., den ten 18

(L. S.) Der Lokal=Schulinspektor. Der Lehrer.

§ 8. Verordnung der Königl. Regierung zu Königsberg

vom 16. Oktober 1865. (Ctrbl. 1865, S. 688.)

Nach § 2 der Provinzial=Schulordnung vom 11. Dezember 1845 dauert der Schulunterricht bis zum vollendeten 14. Lebensjahre. Wir sehen uns veranlaßt, auf diese gesetzliche Bestimmung aufmerksam zu machen, weil vielfach, wie es scheint, der Irrtum herrscht, als höre die Schulpflichtigkeit mit der Zulassung zu der ersten heiligen Kommunion auf, selbst wenn diese vor vollendetem 14. Lebensjahre eintrete. Die Frage, wann und wie früh es kirchlich zulässig erscheint, die Schulkinder zu den Sakramenten zuzulassen, entzieht sich unserer Beurteilung; wir beauftragen aber die Herren Kreis-Schulinspektoren, die Lokal-Schulinspektoren dahin anzuweisen, daß die Entlassung aus der Schule auch bei solchen Kindern, welche schon zur heiligen Kommunion gegangen sind, nicht eher erfolgen darf, als bis der im Gesetze erfolgte Termin erreicht ist.

Wir hoffen strenge Befolgung dieser Vorschrift und werden eine Entschuldigung oder Befreiung von Schulstrafgeldern bei Kindern, die zu zeitig aus der Schule wegbleiben, nicht zulassen.

Hiernach mögen die resp. Familienväter mit Anweisung versehen werden, damit sie nicht ev. in die Lage kommen, sich mit Unkenntnis entschuldigen zu wollen.

Im Übrigen machen wir auf die Bestimmung aufmerksam, welche unsere Zirkular-Verfügung vom 21. Januar cr.*) über den Entlassungstermin gegeben hat.

§ 9. Verordnung der Königl. Regierung zu Königsberg

vom 17. März 1883. (1658/12. II.)**)

Zur Beseitigung der Uebelstände, welche die bisher zweimal jährlich gestattete Aufnahme in die Volksschule zur Folge hat (Erschweren der Arbeit des Lehrers, Verhinderung der Erreichung des lehrplanmäßigen Unterrichtszieles u. s. w.) verordnen wir unter Abänderung der Bestimmung in Nr. 1 unserer Zirkular-Verfügung vom 21. Januar 1866 das nachstehende:

In die ein- und zweiklassigen Volksschulen erfolgt vom Jahre 1884 ab die Aufnahme der schulpflichtigen Kinder nur einmal im Jahre, also, daß nach dem Schluß der Osterferien die Kinder, welche in der Zeit vom 1. Oktober des Vorjahres bis 30. September des laufenden Jahres das 6. Lebensjahr vollenden aufzunehmen sind. Die übrigen Bestimmungen der erwähnten Zirkular-Verfügung bleiben unverändert.

§ 10. Verordnung der Königl. Regierung zu Marienwerder

vom 2. Februar 1876. Nr. 225 G. (Auszug.)

Die Ortsvorsteher auf dem platten Lande sind verpflichtet, in jedem Jahre 8 Tage vor Ostern und vor Michaeli dem Lehrer derjenigen Schule, zu welcher die betreffende Ortschaft gehört, ein Verzeichnis der Kinder, welche in dem vorangegangenen Halbjahre das 6. Lebensjahr vollendet haben, zu überreichen. In dem Verzeichnisse dürfen Angaben über Namen der Eltern, Pfleger, Dienstherren, sowie über das Alter der Kinder nicht fehlen. Gleichzeitig sind auch die Ortsvorstände verpflichtet, Veränderungen, welche im Laufe des Halbjahres vor sich gehen, dem Lehrer mitzuteilen. Weiter heißt es in der Verfügung: „Den Lokal-Schulinspektoren geben wir hiermit auf, die Ihnen

*) cf. Die vorhergehende Verordnung.
**) cf. Die Verfügung vom 21. Januar 1865 § 7.

unterstellten Lehrer unter Mitteilung dieser Verordnung behufs Kenntnisnahme und Anfertigung einer Abschrift derselben zur Schul-Chronik anzuweisen, diejenigen Ortsvorsteher, welche ihnen zu den genannten Terminen die qu. Verzeichnisse nicht regelmäßig und pünktlich übergeben, unverzüglich bei dem betreffenden Herrn Kreislandrat zur Anzeige zu bringen, und wenn auch diese Anzeige nach Verlauf von 4 Wochen nicht den beabsichtigten Erfolg gehabt haben sollte, uns dieserhalb zu berichten. Wir bemerken, daß wir in jedem Falle, wo ein Lehrer in den Revisionsverhandlungen bekundet, daß er nicht das betreffende Verzeichnis erhalten habe, denselben verantwortlich machen werden, wenn er es unterlassen hat, dem Königl. Kreislandrat bezw. uns hiervon Anzeige zu machen."

§ 11. Verordnung der Königl. Regierung zu Marienwerder behufs Beschulung der schulpflichtigen Kinder in größern Städten.

1. Die Stadtschuldeputation erläßt bis zum 15. Februar jeden Jahres in ortsüblicher Weise eine Bekanntmachung an die Eltern, Pfleger und Vormünder schulpflichtiger, aber noch nicht eingeschulter Kinder, in welcher dieselben zur Vermeidung zwangsweiser Einschulung der Kinder aufgefordert werden, dieselben bei dem ersten oder Hauptlehrer der ihrer Wohnung zunächst belegenen Schule bis zu einem darin zu bezeichnenden Termine anzumelden.

2. Der erste oder Hauptlehrer hat nach Ablauf der Anmeldefrist ein Schülerverzeichnis, welches sämtliche Schüler, mit Einschluß der besonders zu bezeichnenden neu aufgenommenen, enthält, aufzustellen und dasselbe ohne Verzug der Stadtschuldeputation einzureichen.

Sind die Anmeldungen für eine Schule so zahlreich, daß die angemeldeten Schüler nicht sämtlich in der betreffenden Schule Aufnahme finden können, so sind die Schüler, welchen keine Aufnahme hat gewährt werden können, in einer besonderen Liste einzutragen, welche der Stadtschuldeputation einzureichen ist. Die letztere überweist die Schüler demnächst einer anderen Schule in möglichster Nähe der Wohnung der Eltern durch die nach dem beigefügten Formulare aufgestellte Ueberweisungsliste, nach welchem das Schülerverzeichnis von dem Hauptlehrer zu berichten ist, und setzt hiervon die Eltern, Pfleger oder Vormünder von der bewirkten Einschulung in Kenntnis.

3. Alljährlich bis zum 15. März hat die Polizeibehörde der Stadtschuldeputation ein Verzeichnis derjenigen Kinder zu übersenden, welche in dem betreffenden Schuljahr das 6. Lebensjahr vollenden.

Bei denjenigen Kindern, welche Privatunterricht erhalten, oder eine andere öffentliche Schule besuchen, ist dies in der dazu bestimmten Spalte (7) zu bemerken.

4. Seitens der Stadtschuldeputation werden diese Listen mit den von den Hauptlehrern eingereichten Verzeichnissen verglichen.

Findet sich hierbei, daß Kinder noch nicht eingeschult sind, so werden dieselben einer der Volksschulen der Stadt überwiesen und die Eltern, Pfleger oder Vormünder hiervon in Kenntnis gesetzt.

5. Die Polizeibehörde hat vierteljährlich der Stadtschuldeputation ein Verzeichnis derjenigen Kinder im Alter von 6—14 Jahren zuzustellen, welche im Verlaufe des vergangenen Vierteljahres in den Stadtbezirk zugezogen, oder aus demselben abgezogen sind.

Die Stadtschuldeputation hat demnächst die zugezogenen Kinder, soweit sie nicht Privatunterricht erhalten, oder in eine öffentliche Schule aufgenommen sind, einer der Volksschulen der Stadt zu überweisen.

Den ersten oder Hauptlehrern derjenigen Volksschule, aus welcher durch Abzug Schüler ausgeschieden sind, ist eine entsprechende Mitteilung zu machen.

6. Die in das Schülerverzeichnis eingetragenen Schüler sind in demselben so lange zu führen, bis ihr Abzug aus dem Schulbezirk abgemeldet, der Tod oder die Unfähigkeit derselben zum fernern Schulbesuche festgestellt, die regelmäßige Entlassung erfolgt, oder endlich eine Umschulung nachgewiesen ist.

7. Die ersten oder Hauptlehrer der Volksschulen und die Direktoren oder Dirigenten von Mittel- oder solchen Schulen, deren Unterrichtsziele über die der Volksschule hinausgehen, dürfen keine frühere Schüler einer Volksschule derselben Stadt ohne Vorlegung des Entlassungsscheines aufnehmen und werden verpflichtet, dem neu aufgenommenen Schüler nach Aufnahme in das Schülerverzeichnis einen Aufnahmeschein zu erteilen.

Erst nach Vorlegung dieses Aufnahmescheins ist der Schüler in dem Schülerverzeichnis der Schule, die er verlassen hat, zu löschen.

Von jeder Umschulung ist der Stadtschuldeputation von den ersten oder Hauptlehrern bezw. Dirigenten derjenigen Schule, in welche die Umschulung erfolgt ist, Anzeige zu machen.

§ 12. Verfahren behufs Einschulung der schulpflichtigen Kinder.*) Verordnung des Herrn Oberpräsidenten von Westpreußen.

Veröffentlicht durch die Regierung zu Marienwerder am 22. Dezember 1880 (Amtsblatt Nr. 2 a. 1881) und der Regierung zu Danzig am 3. Januar 1881 (Amtsblatt Nr. 3 a. 1881).

1. Alljährlich bis zum 15. März haben die Gemeinde- und Gutsvorsteher die im Orte vorhandenen Kinder, welche das 6. Lebensjahr vollendet haben, oder doch bis zum 30. Juni vollenden werden, in ein Verzeichnis (Formular A.) einzutragen und dasselbe dem Lehrer zu übergeben.

Sind die Kinder in Rücksicht auf das Religionsbekenntnis oder aus sonstigen Gründen verschiedenen Schulen zu überweisen, dann ist für jede Schule ein besonderes Verzeichnis aufzustellen.

Bei denjenigen Kindern, welche Privatunterricht erhalten, oder eine andere öffentliche Schule besuchen, ist dies in Spalte 7 zu bemerken.

In den ersten acht Tagen jedes Kalenderquartals sind die im verflossenen Vierteljahre im Alter von 6 bis 14 Jahren zu oder weggezogenen Kinder (Formular A.) dem Lehrer namhaft zu machen.

Die Gemeinde- oder Gutsvorsteher sind verpflichtet, den Eltern und Pflegern der in das Verzeichnis eingetragenen Kinder, welche nicht schon einer öffentlichen Schule zugeführt sind, oder entsprechenden Privatunterricht erhalten, bekannt zu machen, daß die Kinder mit dem nächsten Aufnahmetermin die Schule zu besuchen haben.

2. Auf Grund dieser Verzeichnisse hat der Lehrer ein Schülerverzeichnis (Formular B.) bei Beginn des Schuljahres aufzustellen. Die

*) cfr. § 125.

erweislich Privatunterricht erhaltenden oder eine andere öffentliche Schule besuchenden Kinder sind in dasselbe nicht aufzunehmen. Die in das Schülerverzeichnis eingetragenen Kinder sind in demselben so lange zu führen, bis ihr Abzug aus dem Schulbezirk angemeldet, der Tod oder die Unfähigkeit derselben zum fernern Schulbesuch festgestellt, die regelmäßige Entlassung erfolgt, oder endlich eine Umschulung nachgewiesen ist.

3. In den Städten, soweit nicht mit Genehmigung der Bezirksregierung ein besonderes Verfahren eingeführt ist, finden die §§ 1 und 2 mit folgender Maßgabe Anwendung.

Die Stadtschuldeputation übergiebt die Verzeichnisse an den ersten Lehrer der Volksschule, nachdem diejenigen Kinder zuvor ausgeschieden sind, welche Privatunterricht erhalten, eine andere öffentliche Schule besuchen, oder zum Besuch der Schule erweislich unfähig sind.

Sind zwei oder mehrere nicht nach der Konfession getrennte Volksschulen vorhanden, so hat die Stadtschuldeputation die Schüler mittelst besonderen Verzeichnisses den einzelnen Schulen zu überweisen und die Eltern, Pfleger und Vormünder (Formular C.) der Kinder hiervon in Kenntnis zu setzen.

§ 13. Verordnung der Königl. Regierung zu Marienwerder, die Aufnahme, Versetzung und Entlassung der Schulkinder betreffend,

vom 3. Mai 1876, Nr. 1463 G. C. II.

Die verschiedene Praxis, welche hinsichtlich der Aufnahme bezw. Versetzung und Entlassung der Schulkinder, welche das vorschriftsmäßige Alter erreicht haben, in den einzelnen Schulen und Aufsichtsbezirken bisher bestanden hat, veranlaßt uns, behufs besserer Regelung folgendes zu bestimmen und zu allgemeiner Nachachtung zu empfehlen.

1. Was die Aufnahme derjenigen Kinder anlangt, welche in das schulpflichtige Alter getreten sind, so ist es allerdings, weil bei der bisher vielfach üblichen 2 mal im Jahre erfolgenden Aufnahme die Zahl der einzelnen Abteilungen über Gebühr vermehrt, die Arbeit erschwert und die Ausführung des Lehrplans verhindert wird, wünschenswert, daß, sollen die allgemeinen Bestimmungen vom 15. Oktober 1872 zur Ausführung gebracht und die nach diesen aufgestellten Unterrichtspläne durchgeführt werden, nur einmal im Jahre neue Schulkinder aufgenommen werden. Wir setzen daher sowohl für die ländlichen wie für die städtischen Schulen den Termin für die Aufnahme der in das schulpflichtige Alter getretenen Kinder zu Ostern jedes Jahres fest. Solche Kinder, welche im Laufe des Schuljahres von auswärts zuziehen, müssen, wenn sie im schulpflichtigen Alter stehen, jederzeit in die Schule aufgenommen werden und sind der ihrer Vorbildung und geistigen Entwickelung entsprechenden Klasse bezw. Abteilung zuzuweisen.

2. Die Versetzung der Schulkinder aus einer Klasse oder Abteilung in die nächst höhere hat gleichmäßig bei den städtischen und ländlichen Schulen nur einmal im Jahre und zwar zu Ostern zu erfolgen.

3. Was die Entlassung der nach den geltenden Bestimmungen und von uns gegebenen Vorschriften entlassungsfähigen Kinder betrifft, so hat dieselbe in Zukunft jährlich zweimal und zwar zu Ostern und Michaeli zu erfolgen, da es für die im Laufe des Jahres aus dem schulpflichtigen

Alter tretenden und genügend vorgebildeten Kinder besonders ärmerer Eltern eine Härte sein würde, wenn dieselben noch so lange zum Schulbesuch angehalten würden, als die Bestimmung eines nur einmaligen Entlassungstermins mit sich bringen würde. Demgemäß sind also mit den erforderlichen Kenntnissen versehenen Kinder, welche vor Ostern des betreffenden Jahres das 14. Lebensjahr zurückgelegt haben, zu diesem Termine, und diejenigen, welche zwischen Ostern und Michaeli 14 Jahre alt geworden sind, zu Michaeli zu entlassen. Mit den von uns unter dem 15. Dezember 1855 *) angeordneten und unter dem 13. April 1858 **) näher geregelten jährlichen öffentlichen Schulprüfungen kann die Entlassung der Kinder aus der Schule verbunden werden. In Ergänzung unserer Zirkular-Verfügung ***) vom 8. Juni v. J. betreffend die Entlassung der Schulkinder, bestimmen wir schließlich, daß es den städtischen Schuldeputationen und den Schulinspektoren überlassen bleiben soll, den Entlassungsschein ohne die Bemerkungen über den Umfang der Kenntnisse des betreffenden Kindes in den einzelnen Unterrichtsgegenständen auszustellen, sowie daß die durch die Ausfertigung der Zeugnisse bedingten Kosten aus der Schulkasse zu bestreiten sind.

§ 14. Dauer der Schulpflicht im Regierungsbezirk Marienwerder.

Verfügung der Königl. Regierung zu Marienwerder vom 8. Juni 1875.
Nr. 2377 C. II.

Den Lokalschulinspektoren und den städtischen Schuldeputationen wird es dringend zur Pflicht gemacht, darauf zu halten, daß diejenigen Kinder, welche bis zum vollendeten 14. Lebensjahre die nötigen Schulkenntnisse sich nicht erworben haben, die Schule so lange, bis dies geschehen ist, nötigenfalls bis zum vollendeten 16. Lebensjahre besuchen. Um zu verhindern, daß derartige Kinder in den Dienst oder in die Lehre genommen werden, ist bestimmt, daß jedes Kind bei der Entlassung aus der Schule mit einem Zeugnisse oder einer Bescheinigung darüber, daß es die nötigen Kenntnisse besitzt, versehen werde. Die Landratsämter sind angewiesen, durch die Kreisblätter bekannt zu machen, daß Dienst- und Lehrherren Polizeistrafen bis zu 30 Mark zu gewärtigen haben, wenn sie Kinder vor dem vollendeten 16. Lebensjahre in Dienst oder Lehre nehmen, ohne sich durch jenen Entlassungsschein den Nachweis führen zu lassen, daß dieselben von dem Schulbesuche bereits entbunden sind.

§ 15. Instruktion über Abhaltung öffentlicher jährlich wiederkehrender Prüfungen in den Elementarschulen.

Verordnung der Königl. Regierung zu Marienwerder vom 28. Februar 1855 (für katholische) und vom 15. Dezember 1855 (für evangelische Elementarschulen).

Wir haben die Einrichtung öffentlicher, jährlich wiederkehrender Prüfungen bei den kath. Elementarschulen des Departements beschlossen und setzen fest, daß dieselben nach der folgenden Instruktion, welche mit Berücksichtigung der Vorschläge der Herren Kreisschulinspektoren entworfen ist, in Zukunft abgehalten werden.

---

*) cf. § 15.
**) cf. § 16.
***) cf § 14.

§ 1.*) In allen mit kath. Lehrern besetzten Elementarschulen des Departements findet im Mai jeden Jahres eine öffentliche Schulprüfung statt.

§ 2. Den Tag der Prüfung in den einzelnen Schulen hat der Pfarrer des Kirchspiels nach vorheriger Beratung mit den betreffenden Lehrern und dem Schulvorstande festzusetzen und in Gemäßheit des § 30 der Schulordnung für die Provinz Preußen den Gutsherren des Schulbezirks mitzuteilen und am Sonntage vorher der Gemeinde von der Kanzel bekannt zu machen.

§ 3. Die Bestimmung der Unterrichtsgegenstände, in denen geprüft werden soll, sowie deren Reihenfolge und die gesamte Leitung der Prüfung ist Angelegenheit des Pfarrers als Lokalschulinspektors, welcher dabei die Wünsche und Vorschläge der Lehrer angemessen berücksichtigen wird.

§ 4. Die Prüfung geschieht der Regel nach in dem jedesmaligen Schullokale. Ist dies zu klein und findet sich in demselben Kirchspiele ein passenderes Schullokal, so kann auch dieses ausnahmsweise benutzt werden. Alsdann hat der Lehrer dafür zu sorgen, daß seine Schulkinder sich zur rechten Zeit im gewöhnlichen Schullokale versammeln und ordnungsmäßig aus diesem in das Prüfungslokal geführt werden.

§ 5. Wenn das Schullokal beschränkt ist, so muß versucht werden, den nötigen Raum für die Zuhörer durch Hinausschaffen der irgend entbehrlichen Tische und Schulbänke zu verschaffen und es sind außerdem die Kinder abteilungsweise zu prüfen, so daß die Kleinen zuerst an die Reihe kommen.

§ 6. Jeder Prüfung hat der Pfarrer des Kirchspiels, event. dessen Vikar persönlich beizuwohnen und es erscheint angemessen, daß derselbe die Feier durch eine kurze Ansprache an die Zuhörer und Kinder einleitet, worauf der Lehrer die Prüfung mit Gesang und Gebet beginnt und späterhin schließt. Dem Lokalschulinspektor bleibt es überlassen, Zuhörer und Kinder ebenfalls wieder mit einer Schlußermahnung zu entlassen.

Der § 6 der Instruktion für evangel. Schulen hat noch den Zusatz: „Bei Schulen, welche auch von kath. Schülern besucht werden, ist auch der betreffende kath. Ortspfarrer zu diesen Prüfungen einzuladen.

§ 7. Die Hauptgegenstände der Prüfung sind Religion und biblische Geschichte, Lesen des Deutschen und resp. Polnischen, Rechnen, Fertigkeit in der Sprache, namentlich auch im deutschen Ausdruck und im Freischreiben. Es müssen Probeschriften vorgelegt und nach einzelnen Lektionen auch passende kirchliche und patriotische Lieder vorgetragen werden. Dagegen dürfen niemals Deklamationen der Schüler und Schülerinnen stattfinden. — Der Lehrer hat durch die Prüfung, deren Dauer auf drei bis vier Stunden für eine gewöhnliche Landschule festgesetzt wird, nicht bloß zu zeigen, wie weit die größern Kinder etwa gekommen sind, sondern die Einrichtung so zu treffen, daß jede der Hauptabteilungen an die Reihe kommt und Proben ihrer Kenntnisse und Fertigkeiten ablegt.

§ 8. Die gesamte Prüfung ist zwar so einzurichten, daß das Interesse der Eltern angeregt und ihnen Gelegenheit werde, die Schule von ihrer vorteilhaften Seite kennen zu lernen; es ist jedoch jede Täuschung und jede leere Schaustellung sorgfältig zu vermeiden, und das Ganze streng innerhalb der Grenzen der Wahrheit und Wirklichkeit zu halten. Jede

---

*) cf. § 16, 1.

absichtliche Bloßstellung und jeder öffentliche Tadel der Lehrer und Schüler sind, auch wenn sie gerechtfertigt erscheinen, für den Zweck und Charakter der öffentlichen Prüfung unstatthaft.

§ 9. Den Lehrern des Kirchspiels, welche der Prüfung ihrer Nachbarschulen beizuwohnen wünschen, ist dieses vom Lokalschulinspektor nach vorhergegangener Anzeige zu gestatten. Wünschenswert ist es, daß die Herren Kreisschulinspektoren ebenfalls jedes Jahr wenigstens dem dritten Teile der innerhalb ihres Aufsichtsbezirkes stattfindenden öffentlichen Prüfungen beiwohnen, deren Wichtigkeit und Eindruck durch ihre rege Teilnahme vermehren und in ihren Schulrevisionsberichten auch des Erfolgs und Fortgangs dieser Einrichtung jedesmal Erwähnung thun.

§ 16. Nachtrag zur Instruktion für die Abhaltung der öffentlichen Prüfungen in den Elementarschulen.

Verordnung der Königl. Regierung zu Marienwerder vom 13. April 1858.

Indem wir die unterm 28. Februar 1855 für die katholischen und unterm 15. Dezember d. J. für die evangelischen Elementarschulen unseres Regierungsbezirkes erlassene Instruktion zur Abhaltung öffentlicher Schulprüfungen in Erinnerung bringen, werden nachstehende nähere Bestimmungen hinzugefügt:

1. Die öffentliche Schulprüfung kann, wenn der Ortsschulinspektor es für zweckmäßig erachtet, schon im Laufe des Monats April, darf jedoch in keinem Falle vor dem Osterfeste stattfinden. Der dieser Einrichtung entgegenstehende § 1 der allegierten Instruktion wird aufgehoben.

2. Wo eine Kirche am Orte ist, erscheint es angemessen, der Prüfung eine mit Rücksicht auf dieselbe eingerichtete kirchliche Andacht vorhergehen zu lassen, welche der Gemeinde am Sonntage vorher anzukündigen ist; die Lehrer der Kirchdörfer sind gehalten, dieser Andacht mit der gesamten Schuljugend beizuwohnen.

3. Wo den Schulmädchen Unterricht in den weiblichen Handarbeiten erteilt wird, sind bei der Prüfung Proben der von den Schülerinnen darin erreichten Fertigkeit vorzulegen.

4. Soweit die Bestände der Schulkassen oder die zu diesem Zweck etwa anderweit beschafften Mittel es gestatten, sind diejenigen Schulkinder, welche die Schule regelmäßig besucht und sich durch Fleiß und gute Führung besonders ausgezeichnet haben, mit kleinen Belohnungen, in Gebet- oder Schulbüchern, Heften, Tafeln ꝛc. bestehend, zu beschenken. Die Verteilung dieser Belohnungen erfolgt nach abgehaltener Prüfung durch den Herrn Ortspfarrer unter einer passenden Ansprache an die Kinder.

5. Sodann erscheint es, wenn auch die Versetzung aus einer untern Abteilung in eine höhere, oder bei mehrklassigen Schulen, in eine andere Klasse während des Schuljahres nicht verschränkt werden soll, doch zweckmäßig, solche Versetzungen, zu denen der Fleiß und der regelmäßige Schulbesuch während des Winterhalbjahres Anlaß giebt, stets der Prüfung folgen zu lassen und nach derselben bekannt zu machen. Die nähere Bestimmung über das Verfahren bei derselben ist den Herren Ortsschulinspektoren überlassen.

6. Demnächst ist mit der Prüfung in der Regel die Aufnahme und Einführung der neuen Schüler zu verbinden. Die Lehrer haben sich daher

einige Zeit vor der Prüfung ein Verzeichnis aller Kinder ihres Schulbezirkes zu verschaffen, welche das 6. Lebensjahr bereits zurückgelegt haben oder binnen 3 Monaten, vom Tage der Prüfung gerechnet, zurücklegen werden, und dieselben vom Prüfungstage an in die Schulbesuchsliste aufzunehmen. Die Herren Ortsschulinspektoren werden ersucht, durch Belehrung der Schulgemeinden über diesen Gegenstand hinzuwirken, daß die Eltern ihre im Laufe des Jahres auf die vorbezeichnete Weise schulpflichtig gewordenen Kinder dem Lehrer am Tage der Prüfung zuführen, und daß die Aufnahme neuer Schüler in den Landschulen nur einmal des Jahres und zwar zu diesem Termin stattfinde.

7. Ebenso sind diejenigen Schulkinder, welche im Laufe des Winterhalbjahres das 14. Lebensjahr zurückgelegt haben, am Prüfungstage unter einer Ansprache des Lehrers und des Ortsschulinspektors aus der Schule feierlich zu entlassen. Die Verteilung von Schulzeugnissen an dieselben ist gestattet, doch dürfen dafür besondere Gebühren nicht erhoben werden.

8. Ueber jede Schulprüfung ist eine Verhandlung aufzunehmen, welche von dem Lehrer, dem Ortsschulinspektor und den bei der Prüfung gegenwärtigen Mitgliedern des Schulvorstandes zu unterschreiben und von dem Lehrer in die vorschriftsmäßig zu führende Schul-Chronik einzuheften ist. Wo eine Schul-Chronik bis jetzt nicht geführt sein sollte, ist dieselbe mit der Abschrift der eingangs allegierten Instruktion und des gegenwärtigen Nachtrages zu derselben, so wie mit der diesjährigen Verhandlung über die stattgefundene Schulprüfung zu beginnen und ordnungsmäßig weiter zu führen.

9. Bei den durch die Herren Kreisschulinspektoren und durch unsere Kommissarien erfolgenden Schulrevisionen sind die vorbezeichneten Chroniken zur Einsicht vorzulegen; in den Revisionsverhandlungen ist das Vorhandensein und die ordnungsmäßige Führung derselben für jede Schule besonders zu vermerken.

10. Die Herren Ortspfarrer werden ersucht, den Lehrern ihres Kirchspiels die Instruktion vom 28. Februar resp. vom 15. Dezember 1855 nebst dem gegenwärtigen Nachtrage zur Kenntnis und Beachtung vorzulegen. Die Lehrer werden aber hierdurch verpflichtet, Abschrift der bezeichneten Schriftstücke zur Schul-Chronik zu fertigen.

11. Den Herren Konferenzvorstehern wird die Besprechung über die zweckmäßige Einrichtung der öffentlichen Schulprüfungen in der nächsten Lehrerkonferenz hiermit angelegentlichst empfohlen.

§ 17. Aufnahme und Entlassung von schulpflichtigen Kindern im Regierungsbezirk Danzig.

Verordnung der Königl. Regierung zu Danzig vom 2. Mai 1874, G. 317/3.

Unter Bezugnahme auf unsere Zirkular-Verfügung vom 1. Juli 1872, G. 347/5, bestimmen wir hierdurch, daß die Aufnahme der Kinder zur Schule nur einmal im Jahre und zwar in der Regel an dem auf das vollendete 6. Lebensjahr folgenden Ostertermine stattzufinden hat, gestattet jedoch, daß die einmalige Aufnahme der Kinder auch zum Michaelistermine erfolgen kann, falls die örtliche Observanz dafür spricht. — Der zweimalige Entlassungstermin bleibt in der bisherigen Weise auch für die Zukunft bestehen. — Bei einem etwaigen Wohnungswechsel innerhalb des Schuljahres müssen die bereits früher in die Schule aufgenommenen Kinder sogleich der neuen Schule zugeführt und zu derselben jederzeit zugelassen werden.

§ 18. Verordnung der Königl. Regierung zu Köslin

vom 17. August 1867 (Ctrbl. 1867, S. 614).

Auf Anlaß eines Spezialberichts, in welchem über Verspätung des Eintritts schulpflichtiger Kinder Klage erhoben und unsere Entscheidung angerufen worden ist, bestimmen wir hierdurch zur Nachachtung, daß Kinder, welche schulpflichtig sind, aber an dem betreffenden Aufnahmetermine (dem 1. Mai und 1. November) ohne Entschuldigung ausbleiben, nach Maßgabe unserer Amtsblattverordnung vom 2. v. Mts. den Strafbestimmungen unserer Polizeiverordnung vom 16. Mai cr. verfallen.

Es versteht sich übrigens von selbst, daß schulpflichtige Kinder, die sich aus irgend einer Ursache mit dem Eintritt in die Schule verspäten, auch nach Verstreichung des Aufnahmetermins aufzunehmen sind.

Aus der Bestimmung unserer Amtsblatts-Verordnung vom 2. Juli cr. beantwortet sich auch die früher aufgeworfene Frage, ob Kinder, welche erst einen Tag oder doch nur wenige Tage nach dem betreffenden Aufnahmetermin das schulpflichtige Lebensalter erreichen, erst am nächstfolgenden Aufnahmetermin zur Schule geschickt werden müssen, dahin, daß sie allerdings vor letzterem Termine einzutreten weder verpflichtet noch angehalten werden können. Wollen aber Eltern oder Erzieher ihre Kinder oder Pflegebefohlenen an einem frühern Termine, als an demjenigen, wo die Schulpflichtigkeit vorliegt, zur Schule bringen, so wird ihnen, vorausgesetzt, daß die Kinder körperlich kräftig und geistig so weit entwickelt sind, um mit Nutzen dem Schulunterrichte beizuwohnen, solches nicht zu verwehren noch zu erschweren sein. Es ist denselben nur bemerklich zu machen, daß durch frühern Eintritt in die Schule die Kinder einen Anspruch darauf, auch früher aus der Schule entlassen zu werden, als am Schluß desjenigen Schulhalbjahres, in welchem sie das 14. Lebensjahr vollendet haben, keineswegs erlangen.

§ 19. Verordnung der Königl. Regierung zu Düsseldorf

vom 13. November 1866 (Ctrbl. 1866, S. 663.)

Zur Herstellung eines gleichmäßigen Verfahrens in Beziehung auf die Aufnahme und Entlassung der schulpflichtigen Kinder, bringen wir unsere Bestimmung vom 30. Oktober 1825 Nr. 1, der zufolge „die Aufnahme der schulfähigen Kinder in öffentliche Schulen halbjährlich stattfindet“, zur allseitigen Beachtung in Erinnerung.

Demgemäß darf:

1. die Aufnahme nur zweimal, muß aber auch zweimal im Jahre, nämlich zu Ostern und im Herbste erfolgen. In Übereinstimmung hiermit muß
2. die Entlassung gleichfalls zweimal im Jahre stattfinden, und zwar auf Grund einer Prüfung unter Aushändigung eines Zeugnisses.

Die Entlassung der Kinder an deren Geburtstag ist unstatthaft.

§ 20. Verordnung der Königl. Regierung zu Trier
vom 12. März 1868. (Ctrbl. 1868, S. 369.)

In Gemäßheit unserer Verfügung vom 28. Februar v. J. soll auch der Schulbesuch der katholischen Schuljugend des Regierungsbezirkes bis zum 14. Lebensjahre ausgedehnt werden.

Um mehrfachen Fragen und Zweifeln zu begegnen und das notwendige einheitliche Verfahren herbeizuführen, ordnen wir in Ergänzung dieser Verfügung an, daß von jetzt ab jährlich nur eine einmalige Aufnahme und Entlassung der Kinder stattfinde, so zwar, daß beide in die Zeit der vorgeschriebenen österlichen Schulprüfungen fallen und möglichst mit diesen verbunden bleiben. Es sind demgemäß bei dieser Prüfung jedesmal alle die Kinder zu entlassen, welche das vierzehnte Lebensjahr vollendet haben. Ausnahmsweise wollen wir jedoch erlauben, daß in besonders dringenden, durch Armut der Eltern und sonstige unabweisbare Umstände bedingten Fällen solche Kinder, welche bis zum Schlusse des Sommersemesters, also bis zum 30. September des laufenden Jahres das 14. Lebensjahr vollenden, entlassen werden können, wenn sie sich die entsprechenden Kenntnisse und Fertigkeiten erworben haben.

Es darf jedoch eine solche Entlassung nur unter den in unserer Verfügung vom 28. Februar v. J. sub 3 bereits vorgesehenen Bedingungen erfolgen, und findet dabei auch ferner unsere Verfügung vom 27. November 1829 (Hansens Sammlung I., S. 31) Anwendung. Hiernach sind solche Kinder nur nach vorheriger Prüfung durch den Lehrer vor dem Schulinspektor, Ortspfarrer und Bürgermeister vom fernern Schulbesuche zu entbinden und ist über die Entlassung ein besonderes Protokoll aufzunehmen: Es ist schon oben bemerkt, daß diese Prüfung gleichzeitig mit der gewöhnlichen Schulprüfung abgehalten werden möge.

In zweifelhaften oder streitigen Fällen ist außerdem die Enscheidung des Königl. Landrats einzuholen.

Wir erwarten von den betreffenden Behörden, daß sie mit jener Lokalkenntnis und Umsicht verfahren, welche geeignet erscheint nicht bloß den großen Nutzen der Ausdehnung des Schulbesuches bis zum zurückgelegten 14. Lebensjahre und die Notwendigkeit der Einschränkung der Ausnahmefälle mehr und mehr zum Bewußtsein zu bringen, sondern auch gerechtfertigten persönlichen Verhältnissen Rechnung zu tragen und somit zeitraubenden Weitläufigkeiten zu begegnen.

§ 21. Verordnung der Königl. Regierung zu Münster
vom 26. April 1868. (Ctrbl. 1868, S. 505.)

Es ist zu unserer Kenntnis gekommen, daß hinsichtlich des Termins sowohl wie der Art und Weise der Entlassung der schulpflichtigen Kinder aus der Elementarschule nicht überall ein gleiches, den hierüber geltenden Verordnungen entsprechendes Verfahren beobachtet wird. Wir sehen uns daher veranlaßt, in betreff der Behandlung dieser Angelegenheit nachstehende Bestimmungen zur Nachachtung in Erinnerung zu bringen, bezw. neu festzusetzen:

1. Die Pflicht des Schulbesuches erstreckt sich bis zum Schluß desjenigen Schulsemesters, in welchem das 14. Lebensjahr vollendet wird. Eine frühere Entlassung aus der Schule als zu diesem Termine ist demnach unzulässig.
2. Für diejenigen Schüler und Schülerinnen, welche nach dem Befund des zuständigen Pfarrers das notwendige Maß von Kenntnissen und Fertigkeiten an dem ad 1 bezeichneten Termine nicht erlangt haben, dauert die Pflicht des Schulbesuches noch über denselben hinaus und jedenfalls bis mindestens zum Ende des nächsten Schulsemesters fort. Es findet diese Bestimmung insonderheit auf solche Kinder Anwendung, bei welchen der Mangel einer genügenden Schulbildung eine Folge vernachlässigten Schulbesuchs oder sonstiger verschuldeter Versäumnisse sind.
3. Die Entlassung erfolgt bei einer angemessenen Schulfeierlichkeit unter Aushändigung eines nach dem umstehenden Formular (b) auszufertigenden Entlassungs-Zeugnisses. Wo eine Prämien-Verteilung stattfindet, ist die Entlassungsfeierlichkeit mit dieser zu verbinden. Auch kann dieselbe, wenn die Umstände es gestatten, für sämtliche betreffende Kinder der Schulen eines und desselben Kirchspiels zu einer gemeinschaftlichen gemacht werden.

Dem Ermessen der Herren Pfarrer wird anheimgegeben, der Entlassung eine unter ihrer Leitung abzuhaltende besondere Prüfung vorausgehen zu lassen.

Über die ausgestellten Zeugnisse ist von dem Lehrer ein in dem Schularchiv aufzubewahrendes und bei den Schulrevisionen vorzulegendes Register zu führen, dessen Richtigkeit jedesmal nach den neuen Eintragungen vom Pfarrer durch Namensunterschrift zu bescheinigen ist.

Die Druckformulare zu den Zeugnissen sind auf Kosten der Schulkasse zu beschaffen.

Entlassungszeugnis.

N. N., geboren den Sohn (Tochter) des
besuchte die Elementarschule zu
vom bis und ist heute mit nachstehender Zensur vorschriftsmäßig aus derselben entlassen worden.

1. Betragen
2. Schulbesuch
3. Fleiß
4. Kenntnisse und Fertigkeiten

N. N., den ten 18

Für den Schulvorstand,
der Pfarrer.

§ 22. Verordnung der Königl. Regierung zu Köln, die Dauer der Schulpflicht betreffend,

vom 7. April 1865. (Ctrbl. 1865, S. 236—37.)

Die infolge unserer Zirkularverfügung vom 19. November v. J. erstatteten Berichte haben uns die Überzeugung verschafft, daß hinsichtlich des Termines und der Modalitäten der Entlassung schulpflichtiger Kinder aus der Schule nicht überall nach gleichen Grundsätzen verfahren wird, obgleich die bestehenden Schulverordnungen darüber kaum einem Zweifel Raum lassen. Durch diese Wahrnehmung sehen wir uns veranlaßt, als allein maßgebende Norm für die Behandlung dieser Angelegenheit folgende Bestimmungen teils in Erinnerung zu bringen, teils neu festzusetzen:

1. Als normalmäßigen Termin für die Entlassung aus der Elementarschule gilt, falls nicht Übergang in eine höhere Lehranstalt einen frühern Austritt nötig macht, das vollendete 14. Lebensjahr.
2. Die Entlassung selbst erfolgt auf Grund einer unter Leitung des zuständigen Pfarrers vorgenommenen besondern Entlassungsprüfung und unter Aushändigung eines den Befünd der Prüfung konstatierenden, von dem Bürgermeister und Pfarrer zu unterzeichnenden Entlassungszeugnisses an jedes austretende Kind.
3. Kinder, welche in dieser Prüfung nicht die hinreichenden Kenntnisse und Fertigkeiten — deren Minimum in unserer Schulverordnung vom 27. Juli 1827 III., § 2 bezeichnet ist — an den Tag legen, sind auch über das vollendete vierzehnte Lebensjahr hinaus zum Schulbesuch verpflichtet, insbesondere, wenn der Mangel an Kenntnissen eine Folge des früheren unregelmäßigen Schulbesuchs und der Trägheit ist.
4. Bei Mädchen ist jedoch diese Maßregel nur dann in Anwendung zu bringen, wenn dieselben noch Kinder sind, d. h. wenn die Pubertät noch nicht eingetreten ist.
5. Entlassung vor dem vollendeten 14. Lebensjahre sind möglichst zu vermeiden, und dürfen nur unter folgenden Modalitäten gestattet werden:
   a) Eltern oder deren gesetzliche Vertreter, welche die frühere Entlassung eines Kindes wünschen, haben unter Angabe der Gründe den desfallsigen Antrag dem betreffenden Bürgermeister schriftlich zu erkennen zu geben;
   b) der Bürgermeister hat jeden Antrag, der eine Entlassnng vor vollendetem dreizehnten Lebensjahre betrifft, ohne weiteres zurückzuweisen; es sei denn, daß der oben sub Nr. 1 erwähnte Fall vorliege, oder bei Mädchen schon vor jenem Zeitpunkte der oben sub Nr. 4 gedachte Fall eingetreten sein sollte; er hat alsdann
   c) die hiernach noch zulässigen Anträge in Bezug auf die zu Grunde liegenden Motive zu prüfen und im Falle der Annehmbarkeit, welche nur in seltenen Fällen und unter sehr dringenden Umständen anzuerkennen ist, dem Schulvorstande, resp. dem Pfarrer die Zulassung des betreffenden Kindes zum nächsten Prüfungstermin (oben Nr. 2) anheimzugeben;
   d) von dem Ausfall der Prüfung, über welche das Protokoll die nötigen Details enthalten muß, ist inbetreff eines solchen Kindes dem betreffenden Schulpfleger Kenntnis zu geben und erst wenn dessen Zustimmung durch Unterzeichnung des Entlassungszeugnisses erfolgt ist, darf der Name des Kindes aus der Liste der schulpflichtigen Kinder gestrichen werden.

Wir erwarten, daß hiernach alle Schwankungen in der Behandlung dieser Angelegenheit, welche für die Sicherung der Erfolge des Schulunterrichts von großer Wichtigkeit ist, aufhören, und daß Sie (Landräte) und die Bürgermeister Ihres Kreises es sich angelegen sein lassen werden darüber zu wachen, daß in keiner Schule der zu frühzeitigen Entlassung Vorschub geleistet werde.

§ 23. Verordnung der Königl. Regierung zu Oppeln, die Dauer des Schulbesuchs betreffend,

vom 27. November 1865. (Ctrbl. 1866, S. 43—44.)

Der Stellenbesitzer K. in O. hatte seine Tochter, nachdem sie das 13. Lebensjahr zurückgelegt, vom Besuche der Schule zurückgehalten, indem er der Meinung war, das schulpflichtige Alter der Kinder sei nach § 25 des katholischen Schulreglements für Schlesien vom 3. November 1765 zu beurteilen und erreiche dieser Bestimmung gemäß mit dem 13. Lebensjahr seinen Abschluß.

Gegen die von der Polizeibehörde gemäß der bestehenden Bestimmungen über ihn verhängte Schulversäumnisstrafe provozierte p. K. auf richterliches Gehör, wurde in erster Instanz, da seine Tochter nach der dem Richter produzierten Bescheinigung ihres Seelsorgers die ihrem Stande nötigen Kenntnisse noch nicht erworben, somit nach der Allerh. Kabinetsordre vom 14. Mai 1825*) noch zum Schulbesuch verpflichtet war, zur Zahlung der verfügten Strafe verurteilt, erstritt jedoch in der Appellationsinstanz ein freisprechendes Erkenntnis, das indeß in der Nichtigkeitsbeschwerdeinstanz zu seinen Ungunsten abgeändert wurde.

Aus den Gründen des letzten Erkenntnisses ist als von praktischer Bedeutung hervorzuheben, daß angenommen worden ist, der § 25 des kath. Schulreglements vom Jahre 1765 sei durch die Allerh. Kabinetsordre vom 14. Mai 1825, mittels welcher die landrechtlichen Vorschriften über die Dauer des Schulbesuches auf den ganzen Staat ausgedehnt wurden, außer Kraft gesetzt und es besteht auch die Oberpräsidial-Verordnung vom 29. Juli 1832 zu Recht, nach welcher das schulpflichtige Alter bis zum zurückgelegten 14. Lebensjahr dauert.

§ 24. Verordnung der Königl. Regierung zu Oppeln, die Aufnahme neuer, schulpflichtiger Kinder betreffend,

vom 16. Februar 1870. (Ctrbl. 1870, S. 291 Nr. 7.)

Die Aufnahme neuer, in das schulpflichtige Alter getretener Kinder soll nach § 39 des kath. Schulreglements vom 18. Mai 1801 nur um Ostern geschehen. Diese Bestimmung ist wiederholt eingeschärft worden.

Dennoch ist, auch seit Erlaß der letzteren, zu unserer Kenntnis gekommen, daß in einer großen Zahl von Schulen und in verschiedenen Kreisen unseres Regierungsbezirks die Aufnahme neuer, in das schulpflichtige Alter getretener Kinder ganz regellos im Laufe des Jahres, selbst bis zum neuen Kalenderjahr hin erfolgt, je nachdem es in einem Orte im Verlauf der Zeit und ohne gehörige Aufsicht über die Ausführungen der allegierten Vorschrift des Schulreglements Sitte geworden ist.

Dabei können aber die beteiligten Schulen unmöglich nach Wunsch und Bedürfnis gedeihen, und die Schulrevisoren sowie die Lehrer müssen zur

*) cf. § 3.

Beseitigung dieses Mißbrauchs aufs dringenste aufgefordert und für die Herstellung der bestimmungsmäßigen Ordnung verantwortlich gemacht werden.

Wo es erforderlich ist, sind die Polizeibehörden um ihre Mitwirkung bei Ermittelung der schulpflichtigen Jugend anzugehen.

§ 25. Ministerial-Erlaß, die Dauer der Schulpflicht in Schlesien betreffend,

vom 14. Juli 1870, U. 17166. (Ctrbl. 1870, S. 562—63.)

Der Oberpräsidial-Erlaß vom 29. Juli 1832 bestimmt für die dortige Provinz die Zeit vom 5. bis zum 14. Jahr als schulpflichtiges Alter. Durch das Ministerial-Reskript vom 21. Mai 1859 wurde diese Bestimmung, nachdem anderwärts Ähnliches festgesetzt worden war, dahin modifiziert, daß die Schulpflicht erst mit dem vollendeten 6. Jahr beginnen sollte, während es zulässig blieb, die Kinder auch mit dem 5. Jahr zur Schule zu schicken. — Um so nachsichtliger wird darauf gehalten werden müssen, daß die Kinder nicht vor dem 14. Lebensjahr aus der Schule entlassen werden.

Nach § 46, Tit. 12, Teil II. des Allg. Landrechts muß der Schulunterricht so lange fortgesetzt werden, bis ein Kind nach dem Befund seines Seelsorgers die einem jeden vernünftigen Menschen seines Standes notwendigen Kenntnisse erworben hat. Der zuständige Seelsorger hat ebenso aber die Zulassung zum Vorbereitungsunterricht für die Konfirmation, resp. die erste heilige Kommunion zu befinden. Diese Befugnisse setzen den Seelsorger in den Stand den vorzeitigen Austritt aus der Schule zu verhindern.

Nach der Schulpflicht regelt sich auch die Schulgeldzahlung. Sie beginnt mit dem Eintritt in die Schule und endet mit der ordnungsmäßigen Entlassung aus derselben.

§ 26. Entlassungszeugnisse für Schüler, Verordnung der Königl. Regierung zu Trier

vom 27. September 1862. (Ctrbl. 1862, S. 615—616.)

Durch unsere Zirkular-Verfügung vom 25. Januar 1860 I. 6496 S. 5 haben wir bestimmt, daß ein Duplikat der Abgangszeugnisse, welche den Schülern und Schülerinnen bei ihrer Entlassung aus der Elementarschule erteilt werden, bei den Schulakten zu asservieren ist, damit die Schule sich auch in späterer Zeit über die dem betreffenden Kinde zu Teil gewordene Schulbildung oder über die Ursachen der nicht erreichten genügenden Schulbildung ausweisen könne.

Es ist von einigen Königl. Landrats-Ämtern der Vorschlag gemacht worden, die Zeugnisse nur in einem Exemplar auszufertigen, welches dem betreffenden Schüler einzuhändigen ist, dagegen aber statt des bei den Schulakten zu asservierenden Exemplars Zensuren eingetragen werden, welche auf der Prüfung abgeschlossen und von dem Königl. Schulinspektor und von den übrigen zur Ausstellung der Zeugnisse berufenen Personen durch Unterschrift zu vollziehen ist.

Unter Modifikation unserer zitierten Zirkular-Verfügung bestimmen wir daher hiermit, daß künftig die Entlassungszeugnisse nach obigem Vorschlage nur in einem Exemplar ausgefertigt und statt des Duplikats ein Register, in welches die Zensuren eingetragen sind, angelegt werde, welches demnächst, wie vorgeschrieben, zu vollziehen ist.

§ 27. Entlassungsrecht der Schüler nach konfessioneller Seite.

Verordnung der Königl. Regierung zu Trier vom 14. Februar 1867. (Ctrbl. 1867, S. 249.)

In einem Spezialfall, in welchem ein Kind evangelischen Bekenntnisses eine katholische Schule besuchte und von dem kath. Schulinspektor entlassen wurde, ist es zweifelhaft geworden, wem das Entlassungsrecht zustehe, ob dem katholischen Schulinspektor oder dem betreffenden evangelischen Pfarrer.

Da dergleichen Fälle öfter vorkommen können, auch umgekehrt, daß Kinder katholischen Bekenntnisses evangelische Schulen besuchen, so bestimmen wir folgendes:

1. Die Entlassung eines bis dahin schulpflichtigen Kindes steht dem Lokal- resp. Bezirksschulinspektor zu, unter dessen Aufsicht die Schule steht, welche von dem Kinde bis zur Entlassung besucht wurde.
2. Gehört aber das zu entlassende Kind einer andern Konfession an, als er selbst, so hat der entlassende Inspektor sich vorher der Zustimmung desjenigen Pfarrers zu versichern, zu dessen Seelsorge das zu entlassende Kind gehört.

§ 28. Verordnung des Königl. Konsistoriums zu Aurich, die Schulentlassungsprüfung betreffend,

vom 27. März 1879. (Ctrbl. 1879, S. 489—92.)

Mit Genehmigung des Herrn Ministers der geistlichen &c. Angelegenheiten vom 6. Dezember v. J. U. III. 14581 und unter Aufhebung sämtlicher entgegenstehenden Bestimmungen ordnen wir bezüglich der bisherigen Schulentlassungsprüfung vierzehnjähriger Schulkinder das Nachfolgende an:

1. Schulkinder, welche das vierzehnte Lebensjahr zurücklegten, sind künftig in den Schulversäumnislisten nicht mehr als Absenten aufzuführen und der Obrigkeit behufs Verhängung von Schulversäumnisstrafen nicht mehr zur Anzeige zu bringen. Obgleich es höchst wünschenswert erscheint, daß die Kinder auch über das vierzehnte Lebensjahr hinaus und mindestens bis zum Ablauf des Halbjahres, in welchem dieses Lebensjahr von ihnen zurückgelegt wurde, die Schule besuchen und obgleich wir nicht zweifeln, daß Lehrer und Prediger hierauf mit allen Nachdruck hinwirken werden, so muß doch von Maßnahmen durch die ein derartiger fortgesetzter Schulbesuch erzwungen wurde, in Zukunft Abstand genommen werden.

2. An Stelle der durch die Kreisschulinspektoren mit den 14jährigen Schulkindern bisher vorgenommenen Prüfungen tritt mit September d. J. für sämtliche Volksschulen unseres Bezirks ein Examen anderer Art.

3. Dasselbe wird abgehalten in allen Volksschulen zweimal jährlich und zwar im Laufe der Monate März und September an einem Schultage im Schullokale vom Lokal-Schulinspektor, der dem Lehrer, welcher während der Prüfung der Kinder seiner Klasse anwesend sein muß, nach seinem Ermessen die Prüfung für die einzelnen Unterrichtszweige übertragen kann. Dem Schulvorstand ist die Gegenwart bei dem Examen zu gestatten. Der Termin der Prüfung wird vom Lokal-Schulinspektor angesetzt.

4. Die Prüfung erstreckt sich auf Religion, Deutsch, Rechnen und Raumlehre, sowie auf die Realien und auf Gesang. Ein Diktat wird von den Kindern niedergeschrieben, auch einige Rechenaufgaben werden schriftlich gelöst; diese schriftlichen Arbeiten sind von Lokalschulinspektor jedesmal von den vier letzten Prüfungen aufzubewahren.

5. Der Prüfung werden unterzogen diejenigen Kinder, welche seit dem letzten Prüfungstermine das 14. Lebensjahr vollendeten. Bei dem nächsten Termine im September d. J. haben sich alle Kinder, welche das 13. Lebensjahr zurücklegten, der Prüfung zu unterziehen.

6. Der Zweck der Prüfung ist, zu ermitteln, ob die Kinder dasjenige Maß von Kenntnissen besitzen, welches nach dem Lehrplane der betreffenden Schule von Schülern, die in das letzte Schuljahr eintreten, durchschnittlich zu fordern ist. Kinder, welche in Religion oder im Deutschen oder im Rechnen dieses Ziel nicht erreichten, dürfen als in der Prüfung bestanden nicht angesehen werden.

7. Selbstverständlich bleiben die Kinder, welche die Prüfung bestehen, bis zur Vollendung des 14. Lebensjahres schulpflichtig. Es wird ihnen beim Austritt aus der Schule nach regelmäßigem Fortschreiten während des letzten Schuljahres ein Schulentlassungszeugnis ausgestellt. Dasselbe giebt den vollen Namen, Geburtsort und Geburtstag des Kindes an, sagt, wann die Prüfung bestanden ist, enthält mit Vermeidung alles Überflüssigen eine kurze Äußerung über Fleiß, Betragen und Schulbesuch und faßt die bisherigen Leistungen für jedes der Unterrichtsfächer zusammen in die zur Verwendung zu bringenden Prädikate: sehr gut, gut, genügend, ungenügend.

8. Kinder, welche in dem ersten auf ihr zurückgelegtes 13. Lebensjahr folgenden Termine die Prüfung nicht bestehen, haben dieselbe an den folgenden in die Zeit ihrer Schulpflichtigkeit fallenden Terminen zu wiederholen und nachzuweisen, daß das Versäumte nachgeholt ist. Sollte die Prüfung von einzelnen Kindern überall nicht bestanden werden, so erhalten dieselben kein Entlassungszeugnis oder doch nur eine Bezeugung über die Dauer ihres Schulbesuchs lediglich mit dem Vermerk, daß die von uns unter dem heutigen Tage angeordnete Prüfung von ihnen nicht bestanden ist.

9. Entbleiben die Kinder ohne genügende Entschuldigung von der Prüfung, so sind sie als unentschuldigte Absenten zur Anzeige zu bringen und sind die entsprechenden auf Bestrafung gerichteten Anträge zu stellen.

10. Dispensationen, die nach Maßgabe unseres Ausschreibens vom 25. August 1874 sonst zulässig sind, müssen Kindern, welche das 13. Lebensjahr zurücklegten, ohne die Prüfung zu bestehen, durchaus und ohne Ausnahme bis nach bestandener Prüfung versagt bleiben. Ein Versprechen der Eltern, die Kinder auch nach Aufhörung der Schulpflichtigkeit noch die Schule besuchen zu lassen, kann hierin keine Änderung bewirken. Bei unentschuldigten Schulversäumnissen solcher Kinder ist gegen die betreffenden Eltern mit unnachsichtlicher Strenge vorzugehen.

11. Zum 1. April und 1. Oktober reicht der Lokalschulinspektor dem Kreisschulinspektor ein Verzeichnis derjenigen Kinder ein, welche zur Ablegung der Prüfung verpflichtet waren. Es ist in dem Verzeichnis übersichtlich zu bemerken, ob die Kinder erschienen oder entblieben resp. weshalb, bestanden

oder nicht bestanden und ob sie zum ersten Male oder wiederholt an der Prüfung teilnehmen.

12. Um einen Nachweis über die Leistungen der betreffenden Schüler zu erlangen, bestimmen wir, daß in einer den Schulkatalogen anzufügenden besonderen Übersicht von dem Lokalschulinspektor künftig und zwar von Ostern 1880 an, angeführt werde, wie groß die Zahl der zur Prüfung verpflichteten Kinder war, wie viele erschienen und wie viele von diesen bestanden; auch ist zu bemerken, wie groß die Zahl der zum zweiten Male Geprüften und Bestandenen war. Die Angabe ist bezüglich der zwei Termine getrennt zu machen. Die Nummern III. 3 würde in den Schulkatalogen in Zukunft unausgefüllt bleiben; ebenso wird die nach Maßgabe unseres Ausschreibens vom 11. April 1861 geforderte Berichterstattung über den Ausfall der Schulentlassungsprüfung fortan in Wegfall kommen.

Schließlich sprechen wir den sämtlichen Beteiligten die gerechtfertigte Erwartung aus, daß es ihrer gewissenhaften und umsichtigen Handhabung der angeordneten Prüfung gelingen werde, den Segen, welcher aus der bisherigen, zur Zeit nicht mehr durchführbaren Schulentlassungsprüfung unserm Volksschulwesen erwuchs, auch für die Zukunft zu sichern.

§ 29. Beschulung nicht getaufter Kinder christlicher Eltern.

Ministerial-Erlaß vom 27. September 1880. (Ctrbl. 1880, S. 749.)

Unter denjenigen Kindern, welche im bevorstehenden Wintersemester ihr sechstes Lebensjahr vollenden und dadurch das schulpflichtige Alter erreichen, werden sich zum ersten Male solche befinden, welche nicht des Sakramentes der Taufe teilhaftig geworden sind, obgleich ihre Eltern einer christlichen Religionsgemeinschaft angehören. Die Schule hat die Pflicht, soweit ihre gesetzliche Zuständigkeit reicht, den hieraus für die sittlich-religiöse Unterweisung der betreffenden Kinder zu besorgenden Nachteilen nach Kräften entgegen zu wirken.

Die Königl. Regierungen ꝛc. wollen darum Sorge dafür tragen, daß die bezüglichen Verhältnisse bei der Aufnahme der schulpflichtigen Kinder genau festgestellt und in Gemäßheit der bestehenden Bestimmungen ungetaufte Kinder evangelischer Eltern in Rücksicht auf die Zugehörigkeit der letzteren zur evangelischen Kirche den evangelischen, ungetaufte Kinder katholischer Eltern von dem entsprechenden Gesichtspunkte aus den katholischen Schulen zugewiesen werden, und daß dieselben auch den Religionsunterricht in dem Bekenntnisse ihrer Eltern erhalten.

§ 30. Bestimmungen über die Einschulung von Kindern in evangelische und katholische Schulen zu Berlin

vom 14. Februar 1867. (Ctrbl. 1867, S. 487—89.)

Im Centralblatt 1859, S. 420 sind die in Preußen geltenden Bestimmungen und Grundsätze hinsichtlich der Erziehung der Kinder aus gemischten Ehen zusammengestellt. Behufs Beachtung dieser Bestimmungen und Grundsätze, soweit sie bei der Einschulung der Kinder in konfessionelle Schulen in Betracht kommen, hat die städtische Schuldeputation in Berlin mit Genehmigung des Königl. Provinzial-Schulkollegiums der Provinz Brandenburg nachstehende Zusammenstellung publiziert:

I. Im Allgemeinen.

1. Als Hauptgrundsatz ist festzuhalten, daß, nach der Allerhöchsten Deklaration vom 21. November 1803, unter Abänderung der Vorschriften des Allgem. Landrechts, Teil II., Titel 2, § 76.,

eheliche Kinder in der Religion des Vaters unterrichtet werden sollen,

und

daß, so lange die Eltern über den ihren Kindern zu erteilenden Religionsunterricht einig sind, kein Dritter ein Recht hat, ihnen darin zu widersprechen.

2. Der eheliche Vater ist nach den Gesetzen das Haupt der Familie, und als solcher ist er allein gesetzlich berufen und befähigt, bei allen Einschulungen, sowohl den Behörden als auch den Vorstehern der Schulen gegenüber, die bestimmende Erklärung abzugeben, ob sein Kind einer evangelischen oder katholischen Schule zugeführt werden soll.

3. Welcher Religion der Vater ist, darauf kommt es, wenn der Vater selbst die Einschulung ausdrücklich bestimmt, so lange derselbe lebt, unter keinen Umständen an.

II. Speziellere Bestimmungen.

4. Wird die Einschulung eines Kindes in eine Schule der Konfession des Vaters beantragt, so bedarf es einer speziellen Verhandlung nicht weiter.

5. Soll indeß das Kind einer Schule zugeführt werden, deren konfessioneller Charakter von der Konfession des Vaters abweicht, soll also das Kind in einer anderen Religion als der des Vaters erzogen werden, so ist bei dergleichen Einschulungen von sämtlichen dabei beteiligten Personen fortan streng darauf zu halten, daß die bestimmte ausdrückliche Erklärung hierüber von dem ehelichen Vater des Kindes selbst abgegeben und dies aktenmäßig festgestellt werde.

6. Bei allen Einschulungen bleibt es wegen Feststellung der richtigen Namen des Kindes, bei der Vorschrift, daß dessen Taufschein vorgelegt werden muß.

7. Es ist erforderlich, daß der als ehelicher Vater sich ausgebende Antragsteller sich auch als der im Taufscheine des einzuschulenden Kindes benannte Vater legitimiert, d. h., daß festgestellt wird, daß der Antragsteller auch wirklich die im Taufscheine als Vater benannte Person ist. Diese Feststellung muß erfolgen ohne jede unnötige Belästigung des Antragstellers, etwa durch Rekognition bekannter Personen oder auf andere eine genügende Überzeugung bewirkende Art.

8. Kein anderes Familienmitglied, selbst nicht die Mutter, ist, so lange das Familienhaupt lebt, zu Anträgen auf Einschulung eines Kindes in eine Schule anderer Konfession als derjenigen, welcher der Vater angehört, legitimiert.

9. Findet der unter Nr. 7. erwähnten Legitimation oder Identität des Antragstellers kein Bedenken statt, so muß die Einschulung sofort nach dem Willen des Vaters erfolgen. Kommen indeß Legitimations- und Identitätsbedenken vor, welche von dem betreffenden Kommunalbeamten nicht sofort erledigt werden können, so ist darüber unverzüglich unter Vorlegung der Verhandlungen an die Schuldeputation zur weitern gesetzlichen Veranlassung zu berichten.

10. Ist der Vater des einzuschulenden Kindes verstorben, so muß unter allen Umständen die Einschulung in die Schule derjenigen Konfession erfolgen, zu welcher der Vater gehörte. In dieser ganz bestimmten gesetzlichen Vorschrift kann weder der Vormund, noch die Mutter des Kindes etwas ändern. Es treten hier nur folgende zwei Ausnahmen ein:

a) daß nach dem Allgem. Landrecht, Teil II., Titel 2, § 81 auf eine in der letzten Krankheit des Vaters erst erfolgte Religionsänderung keine Rücksicht genommen werden kann;

b) daß, wenn der verstorbene Vater das Kind wenigstens das ganze letzte Jahr vor seinem Tode in einem anderen Glaubensbekenntnis, als dem, welchem er selbst angehörte, hat erziehen lassen, es hierbei lediglich sein Bewenden behält; daß also in einem gleichen Falle die Erziehung in dem vom Vater gewählten Glaubensbekenntnisse unter allen Umständen bis nach zurückgelegtem 14. Lebensjahre des Kindes erfolgen, das Kind also auch die vom Vater gewählte Konfessionsschule besuchen muß.

11. Nach dem Tode des Vaters kommt es hiernach bei allen neuen Einschulungen stets auf sichere Feststellung der Religion des Verstorbenen an.

12. Nach zurückgelegtem 14. Lebensjahr steht es lediglich in der Wahl der Kinder, zu welcher Religionspartei sie sich bekennen wollen. (Allg. Landrecht § 84, Teil II., Titel 2.)

13. Uneheliche Kinder werden bis zum beendigten 14. Lebensjahr in der Religion der Mutter erzogen; doch muß, wenn der Vater ein Christ, die Mutter aber irgend einer anderen Religionspartei zugethan ist, ein solches uneheliches Kind bis nach zurückgelegtem 14. Lebensjahr in der christlichen Religion des Vaters erzogen werden. § 642 und 643 a. a. O.

14. Diejenigen Personen, welche ein von seinen Eltern verlassenes Kind in ihre Pflege nehmen, erlangen über dasselbe alle persönlichen Rechte leiblicher Eltern, also auch die Befugnis, darüber zu bestimmen, in welcher Religion dasselbe erzogen werden soll. § 755, Teil II., Titel 2 des Allg. Landrechts und § 104 des Anhanges zum Allg. Landrecht.

§ 31. Einschulung der Dissidenten.

Ministerial-Erlaß vom 20. Februar 1868. (Ctrbl. 1868, S. 236 und 37.)

Die Beschwerde des Präses des evangelischen Schulvorstandes zu N. worüber die Königl. Regierung zu N. am 8. v. Mts. berichtet hat, kann in der angebrachten Art nicht für begründet erachtet werden, weil der dissidentische Kappenmacher N. weder ipso jure einer der beiden in N. bestehenden konfessionellen Schulsozietät angehört, noch auch einer solchen bisher zugewiesen worden ist, folglich auch nicht von einer derselben zur Schulsteuer herangezogen werden darf.

Im übrigen sind aber die Gründe, aus denen die Königl. Regierung von der Einschulung des p. N. bisher Abstand genommen hat, nicht für zutreffend zu erachten. Ob diejenigen, welche der evangelischen oder der katholischen Konfession nicht angehören, der Schule dieser oder jener Konfession zuzuweisen seien, läßt sich zwar nicht nach einem allgemeinen Grundsatz entscheiden, sondern hängt in jedem einzelnen Falle von den Beurteilung der konkreten Verhältnisse sowie von einer billigen Berücksichtigung der von den Beteiligten kundgegebenen Wünsche ab. Das Recht aber, hierüber Bestimmung zu treffen, steht den Schulaufsichtsbehörden zu und es liegt in allgemeinem Interesse des Schulwesens, daß sie von demselben Gebrauch machen.

§ 32. Kompetenzverhältnisse in Beziehung auf die Entlassung aus der Volksschule dissidentischer Kinder.

Ministerial-Erlaß vom 5. Februar 1874. (Ctrbl. 1874, S. 359—60).

Auf den die Entlassung dissidentischer Kinder aus der Schule zu N. betreffenden Bericht vom 2. August v. J. eröffne ich der Königl. Regierung das Folgende:

Der Schulbesuch und was damit zusammenhängt, also auch die Entlassung aus der Schule, gehört unzweifelhaft in das Bereich der Schulaufsicht und fällt unter das Schulaufsichtsgesetz vom 11. März 1872. Die Befreiung von der Schulpflichtigkeit von einem bestimmten Zeitpunkte an muß daher von der Stelle ausgehen, welche mit dem Auftrage zur Schulaufsicht versehen ist. Bedarf es im einzelnen Fall eines Altersdispenses für die Entlassung, so ist dieser von den Eltern des betreffenden Kindes, gleichviel welcher kirchlichen oder religiösen Gemeinschaft dieselben angehören, an der bezeichneten Stelle zu beantragen. Ist der Schulinspektor, wie im vorliegenden Falle zugleich evangelischer Geistlicher, so wird er sich dieserhalb nicht für befugt erachten dürfen, die Kinder evangelischer Eltern, welche bei dem Entlassungstermin die Altersreife noch nicht erreicht haben, ohne den bestimmten Antrag auf Altersdispens aus der Schule zu entlassen. Die hier wieder beigeschlossenen Berichtsanlagen ergeben, daß sich der Pastor N. hierzu auch nicht für befugt gehalten hat. Dem gegenüber erscheint es aber auch nicht für zulässig, daß die Entlassung dissidentischer Kinder erfolgt, wenn deren Eltern diesen Altersdispens bei der betreffenden Schulaufsichtsinstanz nicht nachgesucht haben. Ob jedoch ein Kind hinsichtlich seiner in der Schule erlangten Kenntnisse und Fertigkeiten zur Entlassung reif sei, darüber hat in Gemäßheit des Gesetzes vom 11. März 1872 der vom Staat mit der Schulaufsicht beauftragte Lokal- resp. Kreis-Schulinspektor zu befinden und kommt es nur darauf an, daß bei Beurteilung der konkreten Fälle überall mit gleichem Maße gemessen werde.

In diesem Sinne habe ich bereits unter dem 11. April 1871 verfügt, es sei mit Strenge darauf zu halten, daß hinsichtlich der Entlassung der evangelischen und dissidentischen Kinder aus der Schule zu N. unter den gleichen lokalen Verhältnissen auch gleichmäßig verfahren werde. Ich überlasse der Königl. Regierung hiernach das für eine durchweg gleichmäßige Behandlung der Sache etwa noch Erforderliche den Beteiligten kundzugeben und anzuordnen.

§ 33. Kontrollierung der schulpflichtigen Kinder.

Verordnung der Königl. Regierung zu Bromberg vom 1. Dezember 1871. (Ctrbl. 1871, S. 135—139.)

Was wir von den Schulinspektoren und Lehrern in betreff der Kontrolle der schulpflichtigen Kinder verlangen, haben wir in unserer Verfügung vom 11. Juli 1870 Nr. 1725 N. Ia. (cf. amtliches Schulblatt Nr. 16 a.) und zuletzt in unserer Verfügung vom 17. August cr. Nr. 1544 U. T. Ia. (cf. amtliches Schulblatt Nr. 18 c.) im allgemeinen bereits wiederholt bezeichnet; in dessen erscheint im Interesse der Herstellung einer gleichmäßigen Kontrolle erforderlich, auch auf die Einzelheiten speziell einzugehen. Wir bemerken deshalb folgendes:

Zu Ostern und zu Michaelis jedes Jahres erhalten die Lehrer resp. die Schulinspektoren das Verzeichnis sämtlicher schulpflichtiger Kinder aus den zu jeder Schule gehörigen Ortschaften, von den betreffenden Ortsvorstehern, welchen pflichttreue Lehrer und Schulvorsteher bei der Zusammenstellung dieser Verzeichnisse behilflich sein werden. Versäumen die Ortsvorsteher ihre Pflicht und lassen sie den Lehrern jene Verzeichnisse nicht rechtzeitig zugehen, so ist den Lehrern und Schulinspektoren in den oben angegebenen Verfügungen der Weg angegeben, auf welchem die Ortsvorsteher zur Erfüllung ihrer Pflicht anzuhalten sind. Das Königliche Landratsamt resp. die betreffenden Distriktsämter werden nicht versäumen, nötigenfalls von ihrer Exekutivgewalt gegen säumige Ortsvorsteher Gebrauch zu machen, wenn die Lehrer resp. Lokalschulinspektoren rechtzeitig die schuldige Anzeige machen.

Die Richtigkeit der vom Ortsvorsteher dem Lehrer übergebenen Verzeichnisse hat zunächst der Lehrer unter Kontrolle des Schulinspektors zu prüfen, und zwar, was diejenigen Kinder anbelangt, welche zu dem betreffenden Termine (Ostern oder Michaelis) erst schulpflichtig geworden sind, d. h. das 6. Lebensjahr erreicht haben, nach einem Verzeichnis, welches aus den betreffenden Kirchenbüchern von dem betreffenden Pfarrer selbst resp. unter dessen Aufsicht von dem Lehrer in dem Monat vor dem Beginn der Sommer- resp. Winterschule aufzustellen ist. Die Ostern- resp. Herbstferien gewähren dem Lehrer zu dieser kleinen Arbeit reichlich Zeit. Wo katholische Kinder in evangelischen Schulen eingeschult sind, haben die betreffenden katholischen oder evangelischen Geistlichen, welche das Kirchenbuch führen, den aus dem Kirchenbuch auszufertigenden Auszug der im verflossenen Semester schulpflichtig gewordenen Kinder dem betreffenden Schulinspektor zu übersenden.

Die Prüfung der Richtigkeit des vom Ortsvorsteher übergebenen Verzeichnisses in betreff der schon früher schulpflichtig gewordenen Kinder ergiebt sich aus dem Stammbuche der Schule von selbst, wenn der Lehrer seine Schuldigkeit gethan und beim letzten Aufnahmetermine sämtliche schulpflichtige Kinder ins Stammbuch eingetragen und dann im Laufe des Semesters Zu- und Abgang gewissenhaft vermerkt hat.

Außerdem hat der Lehrer täglich Gelegenheit, sich durch Nachfrage bei den Schulkindern zu überzeugen, ob außer den im Verzeichnis des Ortsvorstehers aufgeführten Kindern noch andere Kinder im Elternhause oder in der Nachbarschaft vorhanden sind, und ebenso wird es dem aufmerksamen Lehrer, dem hundert junge Augen sehen helfen, selten entgehen, wenn ein schulpflichtiges Kind im Umkreise seiner Schulgemeinde zuzieht, auch dann, wenn der betreffende Ortsvorsteher resp. die Schulvorsteher es versäumen sollten, ihm den Zugang schulpflichtiger Kinder, wie es Pflicht der Ortsvorsteher ist, sofort zu melden. Wo Zweifel über die Richtigkeit der Angaben der Kinder entsteht, ist es Pflicht des Lehrers, sich persönlich von der Lage der Sache zu überzeugen, und er darf die Gänge resp. Besuche bei den betreffenden Eltern und Arbeitsgebern, welche nötig werden, um für die bezeichneten Fälle und auch bei andern Angelegenheiten die schulpflichtigen Kinder seiner Schule zu ermitteln, nicht scheuen.

Die von den betreffenden Ortsvorstehern angemeldeten schulpflichtigen Kinder hat der Lehrer mit den etwa erforderlichen Berichtigungen und Ergänzungen ohne Ausnahme sofort nach dem Beginn der Sommer- resp. Winterschule in das Stammbuch der Schule einzutragen und im Laufe des Semesters nach Zu- und Abgang zu ergänzen, so daß er zu jeder Zeit im Stande ist, die Anzahl der schulpflichtigen Kinder seines gesamten Schulkreises ganz genau anzugeben.

Wenn sämtliche schulpflichtige Kinder ins Stammbuch mit Vor- und Zunamen, Namen der Eltern, Geburtsort und Geburtstag eingetragen sind, resp. gleichzeitig mit dieser Eintragung ist zu ermitteln,

a) welche Kinder höhere Lehranstalten besuchen, oder
b) in konzessionierte Privatschulen eingetreten sind, oder
c) zu Hause von einem konzessionierten Privatlehrer, event. mit Genehmigung des Schulinspektors oder der Behörde ausnahmsweise von den Eltern selbst resp. in geschlossenen Anstalten unterrichtet werden,

und ist dies in der Spalte „Bemerkungen" mit Angabe der Schule resp. des Privatlehrers zu verzeichnen.

Ferner unterliegt es der gewissenhaften Erwägung und Beschlußfassung des Schulinspektors resp. des Schulvorstandes mit Einschluß oder unter Vorsitz des Schulinspektors, ob einzelne Kinder nach vollendetem 6. Lebensjahr einstweilen vom Besuche der Schule dispensiert werden sollen. Dies kann geschehen

d) weil sie überhaupt zu schwächlich und körperlich zu wenig entwickelt sind,
e) wenn des weiten oder schlecht passierbaren Schulweges, welchen die Kinder im ersten Schuljahre nicht zurück zu legen im Stande sind,
f) wegen besonderer körperlicher und geistiger Gebrechen,
g) aus vorübergehenden Gründen, zu welchen der Umstand zu rechnen ist, wenn das Schullokal so beschränkt ist, daß die Kinder auch bei Einrichtung der Halbtagsschule nicht sämtlich in demselben Platz finden, so daß der Schulinspektor genötigt wird, den jüngsten Jahrgang der Kinder einstweilen vom Schulbesuch zu entbinden,
h) wenn die Kinder vor dem vollendeten 14. Lebensjahre eingesegnet oder zur Kommunion zugelassen worden sind.

In den Fällen ad d, e, f, und g ist die Genehmigung des Kreisschulinspektors erforderlich, wenn die Freilassung von der Schule über das vollendete 7. Jahr hinaus ausgedehnt oder bei ältern Kindern über das laufende Semester hinaus gewährt werden soll, event. ist unsere Genehmigung einzuholen. In den Fällen ad h ist bei den evangelischen Kindern die Genehmigung in der vorgeschriebenen Weise bei dem Königlichen Konsistorium, in betreff der katholischen Kinder bei uns einzuholen. Katholische Kinder, welche früher als ein Vierteljahr vor vollendetem 14 Jahre zur Kommunion zugelassen worden, müssen in der Regel die Schule bis zum Schlusse des Schulsemesters nach vollendetem 14. Jahre besuchen.

Evangelische Kinder besuchen die Schule bis zur Einsegnung, auch dann, wenn sie das 14. Lebensjahr bereits vollendet haben.

Die Lehrer haben im Stammbuche bei dem Namen des betreffenden Kindes in der letzten Spalte zu bemerken, wann die Dispensation vom Schulbesuche eingetreten ist, wie lange sie dauern soll und wer die Erlaubnis zu derselben erteilt hat. Der Lehrer darf solche Dispension nicht erteilen.

In der Spalte „Bemerkungen" des Stammbuches hat der Lehrer auch jedesmal zu notieren, wenn ein Kind außerhalb der Schulgemeinde vermietet wird, mit Angabe des Orts und des Dienstherrn, zu welchem das Kind verzogen ist. Zu solchen Vermietungen ist die schriftliche Erlaubnis des Schulinspektors erforderlich, welche nur dann erteilt werden darf, wenn das Schulkind das 10. Lebensjahr vollendet und lesen und schreiben gelernt hat.

Sämtliche nach dem Vorstehenden von den Lehrern in das Stammbuch einzutragenden Bemerkungen sind von den Schulinspektoren zu kontrollieren und mit Namensunterschrift als richtig zu bescheinigen, zu welchem Zwecke die Lehrer die Stammbücher ihrer Schule im Laufe jedes Semesters dem betreffenden Herrn Schulinspektor vorzulegen haben.

Werden vorstehende Anordnungen gewissenhaft befolgt, so werden verhältnismäßig nur wenig Kinder, welche die Schule ohne Grund versäumen, während bei der Volkszählung im Jahre 1867 noch circa 14 500 solcher Kinder, welche ohne nachweisbaren Grund die Schule nicht besuchten, von uns ermittelt wurden.

Zugleich mit der Ausfüllung des Stammbuches haben die Lehrer die sogenannte „Absentenliste" (Schülerverzeichnis) anzulegen, in welcher dann die ad a—g bezeichneten und in ordnungsmäßiger Weise, vom Besuche ihrer Schule freigelassenen Kinder nicht aufzunehmen, also auch bei etwaigen Schulversäumnissen nicht zur Strafe anzusetzen sind.

§ 34. Aufhören der Schulpflicht.

Erkenntnis des Obertribunals (rheinischer Senat) vom 28. November 1878. (Laacke Schulaufsicht, S. 313.)

Ist einem schulpflichtigen Kinde von dem Lokalschulinspektor ein den gesetzlichen Vorschriften entsprechendes Entlassungszeugnis erteilt worden, trotzdem nach den landespolizeilichen Vorschriften des betreffenden Regierungsbezirks dem Kinde wegen noch zu jugendlichen Alters oder aus sonstigen Gründen ein Entlassungszeugnis noch nicht hätte erteilt werden dürfen, so bewirkt das Zeugnis demnach das Aufhören der Schulpflicht des entlassenen Kindes. Die Eltern können nicht mehr gezwungen werden, ihr Kind wiederum in die Schule zu schicken.

§ 35. Aufnahme und Entlassung der Kinder aus der Schule im Regierungsbezirk Potsdam.

a) Verfügung der Königl. Regierung zu Potsdam vom 6. April 1876 II. L. 1482.

Durch die Regierungs-Verfügung vom 18. Februar cr. betreffend die Entlassung der Kinder aus der Schule, ist in den bestehenden Normen über Aufnahme der Kinder in der Schule nichts geändert. Es verbleibt demnach bei § 1 der Regierungs-Verordnung vom 12. Juli 1869, nach welchem die Kinder in die Schule aufgenommen werden können an dem ersten, auf ihren 6. Geburtstag folgenden Aufnahmetermin, aber eintreten müssen — an dem ersten, auf ihren 7. Geburtstag folgenden Aufnahmetermin. Es beginnt also die Schulfähigkeit mit zurückgelegtem 5., die Schulpflichtigkeit mit zurückgelegtem 6. Lebensjahre.

b) Verordnung der Königl. Regierung zu Potsdam vom 18. Februar 1876 (Amtsbl. Nr. 59, S. 75).

Unter Aufhebung der Regierungs-Verordnung vom 30. Januar 1875 (Amtsbl. S. 49) wird folgendes bestimmt:

1. Die Entlassung der Schulkinder erfolgt in der Regel (d. h. mit Ausnahme des unter 2 vorgesehenen Falles) mit dem Schlusse des Schulhalbjahres, in welchem dieselben ihr 14. Lebensjahr vollenden. Zu diesem Schulhalbjahre gehören auch die Ferien, welche dem Schulschlusse folgen.

2. Walten wegen der Reife eines 14-jährigen Schulkindes Bedenken ob, so entscheidet über die Entlassung der Lokalschulinspektor auf Grund einer unter seiner Leitung vorzunehmenden Entlassungsprüfung, zu welcher die Schulvorsteher einzuladen sind.

3. Über diese Prüfung ist ein von dem Schulvorstande zu vollziehendes Protokoll aufzunehmen, welches in Beschwerdefällen der Entscheidung der Aufsichtsbehörde als Grundlage zu dienen geeignet ist.

4. Wird die Prüfung nicht bestanden, so erfolgt die Entlassung am Schlusse des nächsten Halbjahres, falls nicht fernere Bedenken die Wiederholung der Prüfung erforderlich machen.

c) Verordnung der Königl. Regierung zu Potsdam vom 18. Juni 1878, Nr. 215. (Amtsbl. S. 201).

Alle Anträge auf Entlassung schulpflichtiger Kinder vor Ablauf des Halbjahres (Ostern oder Michaelis, in dem diese Kinder das 14. Lebensjahr erreichen, müssen im Interesse der Schulbildung und Schulordnung abgewiesen werden.

§ 36. Endpunkt der Schulpflichtigkeit der Kinder im Regierungsbezirk Kassel.

Regierungs-Verfügung zu Kassel vom 18. Februar 1878. J. B. 1783.

Durch verschiedene Anfragen bezüglich des Endpunkts der Schulpflichtigkeit von Kindern sogenannter Renitenten in solchen Fällen, wo die Konfirmation in der evangelischen Landeskirche verschmäht wird, sieht die Königliche Regierung sich veranlaßt, den Königlichen Landräten zu eröffnen, daß die sogenannten Renitenten in dieser Beziehung den Dissidenten gleich zu behandeln sind, und die Schulpflichtigkeit der betreffenden Kinder demnach mit dem auf das vollendete 14. Lebensjahr folgenden Schlusse der Schulperiode (d. h. des jetzt allgemein von der Königl. Regierung eingeführten Jahreskursus) erlischt. Hierbei wird bemerkt, daß das Königl. Konsistorium dahier mit dieser auch durch gerichtliche Erkenntnisse bereits mehrfach anerkannten rechtlichen Auffassung sich ausdrücklich einverstanden erklärt hat. Demgemäß findet auch der Zirkularerlaß vom 2. Juni pr. B. 6458, betreffend Dispensation vom Schulbesuche vor Beendigung des gesetzlichen Alters bezüglich derjenigen Schulkinder, deren Entlassung aus der Schule nicht mit der Konfirmation zusammenfällt, auf die Kinder sogenannter Renitenten fortan Anwendung.

§ 37. Verordnung der Königl. Regierung zu Gumbinnen, die Aufnahme und Entlassung der Schüler betreffend,

vom 24. März 1876, II. 2705/3.

Unter Modifikation unserer Zirkularverfügung vom 27. März 1871 II. 2045/3, bestimmen wir hiermit folgendes:

In dem Ostertermine haben künftig diejenigen Kinder zur Aufnahme in die Schule bezw. zur Entlassung aus derselben zu gelangen, welche in der Zeit vom 1. Januar bis ult. Juni das 6. bezw. das 14. Lebensjahr vollenden, während zu Michaeli diejenigen Kinder, welche in der Zeit vom 1. Juli bis ult. Dezember das oben genannte Alter erreichen, aufzunehmen und zu entlassen sind. Selbstverständlich darf die Entlassung eines Kindes aus der Schule nach wie vor nur unter der im § 2 der Schulordnung für die Provinz Preußen vom 11. Dezember 1845 angedeuteten Bedingung stattfinden, daß nämlich dasselbe die erforderlichen Kenntnisse sich angeeignet hat, andernfalls währt event. die Schulpflicht bis zum vollendeten 16. Lebensjahre.

C. Schulbesuch nicht vollsinniger Kinder.

§ 38. Ausbildung der Blinden und Taubstummen in den Ortsschulen.

Ministerial-Erlaß von 14. Januar 1861. (Ctrbl. 1861, S. 113.)

Wenn auch nicht verkannt werden kann, daß blinde Kinder in besonderen für ihre Bedürfnisse eingerichteten Anstalten eine Bildung empfangen können, welche ihnen die Möglichkeit eines spätern selbstständigen Erwerbs gewährt, so ist doch da, wo es sich um die Fürsorge für eine vergleichungsweise nur geringe Anzahl blinder Kinder handelt, als Notbehelf eine Unterweisung derselben in den gewöhnlichen Schulen nicht für unthunlich zu erachten, vorausgesetzt, daß die betreffenden Lehrer aufrichtige Teilnahme an dem beklagenswerten Geschicke der Kinder besitzen und die für deren Bildung dargebotenen Lehrmittel umsichtig zu benutzen verstehen.

Anmerkung 1. Daß von Blinden die Ortsschule besucht werden müsse, sprechen sich auch die Ministerial-Erlasse vom Jahre 1853, (Min.-Bl. 1853, S. 115), vom Jahre 1859 (Ctrbl. 56, 372), vom Jahre 1860 (Ctrbl. S. 54, 108) aus.

Anmerkung 2. Wenn Eltern nicht angehalten werden können, ihre nicht vollsinnige Kinder in Taubstummen- und Blindenanstalten unterzubringen, so ist darauf hinzuwirken, daß solche Kinder von den Lehrern in den Ortsschulen unterrichtet werden. Ministerial-Erlaß v. 12. August 1847 (Min.-Bl. S. 221).

Anmerkung 3. Der Ober-Präsident von Königsberg ordnet unterm 12. August 1847 an, daß die in den Taubstummeninstituten zu Angerburg und Marienburg vorgebildeten Lehrer verpflichtet werden, die in ihren und den nahebei belegenen Schulsozietäten befindlichen taubstummen Kinder im Alter von 10—15 Jahren unentgeltlich zu unterrichten.

Anmerkung 4. Die Herren Minister des Innern und der g. A. verordnen unterm 12. Januar 1876 (Ctrbl. 1876, S. 192—193), daß die Taubstummenanstalten nach dem Gesetz vom 11. März 1872 der Aufsicht des Staates unterworfen sind. Die Anstellung der Lehrer unterliegt den Organen der Provinzialverwaltung, ebenso die Besetzung der Freistellen.

D. Zwangsmittel zur Förderung des Schulbesuchs.

§ 39. Ministerial-Erlaß betreffend die Zwangsmittel zur Förderung des regelmäßigen Schulbesuchs

vom 9. Juli 1872. (Ctrbl. 1872, S. 570—571).

Nach § 48, Titel 12, Teil II. Allg. Landrechts und der Kabinetsordre vom 14. Mai 1825 liegt den Schulaufsehern die Verpflichtung ob, darauf zu sehen, daß alle schulpflichtigen Kinder sofern selbe auch schulfähig sind, zum Besuche der Lehrstunden angehalten werden und daß zur Erreichung dieses Zweckes erforderlichenfalls die Bestrafung der nachlässigen Eltern und Zwangsmittel in Anwendung kommen. Zu diesen Zwangsmitteln, die also neben der Bestrafung der schuldigen Eltern zulässig sind, gehört nach der Natur der hier in Betracht kommenden Verhältnisse insbesondere die Sistierung eines Kindes zur Schule und diese wird insbesondere alsdann gerechtfertigt sein, wenn den Eltern eine strafbare Schuld bei der Schulversäumnis nicht beizumessen ist. Die dortige Schuldeputation verfuhr daher in gesetzlicher Weise wenn sie die Polizeiverwaltung um Sistierung des Schulknaben N., welcher gegen den Willen seines Vaters aus der Schule wegblieb, ersuchte und gesetzlich gerechtfertigt ist, demnach auch die Verfügung der Königl. Regierung zu N. vom 29. Februar d. J., worin dieselbe die Sistierung für zulässig erklärt. Das von der Polizeiverwaltung gegen die Ausführbarkeit der Sistierungen erhobene praktische Bedenken erscheint aus dem Grunde nicht zutreffend, weil erfahrungsmäßig dergl. Maßregel nur in den seltenen Fällen zur Anwendung gebracht werden.

§ 40. Ministerial-Erlaß betreffend die zwangsweise Gestellung zur Schule

vom 24. September 1873. N. 34635. (Ctrbl. 1873, S. 726).

Auf den gefälligen Bericht vom 4. d. Mts., die zwangsweise Sistierung der Kinder zur Schule betreffend, erwidere ich Ew. Hochwohlgeboren ergebenst, daß ich der von Ew. Hochwohlgeboren und der Königl. Regierung in N. vertretenen Ansicht, daß im Gebiete des rheinischen Rechts die zwangsweise Sistierung eines Kindes unzulässig sei, nicht beipflichten kann. Die Allerh. Kabinetsordre vom 14. Mai 1825 ordnet zur Durchführung der Schulpflicht neben der Bestrafung den Gebrauch von Zwangsmitteln zwar nur gegen die Eltern an. Die zwangsweise Sistierung eines Kindes zur Schule charakterisiert sich aber nicht, wie Ew. Hochwohlgeboren annehmen, lediglich und in allen Fällen als ein Zwangsmittel gegen die Kinder, sondern als auch eine gegen die Eltern zur Anwendung gebrachte Maßnahme, soweit es sich darum handelt, ihren Willen und ihre Anordnungen zu rektifizieren und die ihnen untergebenen Kinder auch ungeachtet ihrer Weigerung zum Besuche der Schule anzuhalten. Erscheint von diesem Gesichtspunkte aus die zwangsweise Gestellung eines Kindes zur Schule auch in der Rheinprovinz zulässig, so ist jedoch von diesem Zwangsmittel nur in solchen Fällen Gebrauch zu machen, in denen sich die übrigen Maßnahmen der Behörden zur Erzwingung des Schulbesuchs als fruchtlos erweisen.

§ 41. Verordnung der Königl. Regierung zu Marienwerder, die zwangsweise Sistierung von Schulkindern betreffend,

vom 3. April 1861. (Amtsbl. S. 52).

Nachdem das Verfahren zur Förderung eines geregelten Schulbesuchs vorgeschrieben ist, wollen wir, in der Erwartung, daß die mit der Ausführung jener Verordnung Beauftragten durch gewissenhafte Befolgung derselben einen geregelten Schulbesuch erhalten und die Eltern und Pfleger schulpflichtiger Kinder sich bemühen werden, dem Zwecke der diesfälligen gesetzlichen Bestimmungen gebührend entgegen zu kommen, hiermit die Polizeiverordnung vom 17. März 1858, betreffend die Sistierung säumiger Schulkinder durch die Schuldiener, Amtsbl. S. 83, außer Kraft setzen. Etwaigen Widerwillen schulpflichtiger Kinder gegen den Schulbesuch hat hinfort die Schule, insbesondere die Einwirkung des Lehrers zu überwinden. Zeigen sich alle andern Mittel fruchtlos, so kann gegen die Schulkinder auch ein direkter Zwang als ein Mittel der Schulzucht geübt werden. Wenn hierzu in besondern Verhältnissen die Kräfte des Lehrers nicht ausreichen, so wird gestattet, daß derselbe sich einer Hilfe bedient. Etwaige Kosten derjenigen Hilfsleistungen sind sodann aus der Schulkasse und zwar aus den derselben zufließenden Strafgeldern zu zahlen. Besitzt die Schule keine verfügbaren Mittel, so muß auf eine mit Kosten verknüpfte Hilfsleistung verzichtet werden.

E. Freie Wahl der Schule.

§ 42. Freie Wahl der Schule unabhängig von der Konfession der Eltern.

Ministerial-Erlaß vom 29. November 1862. U. 21991. (Ctrbl. 1862, S. 723–724).

Der Häusler N. zu C., evangelischer Konfession, zur evangelischen Schule in S. eingeschult, schickt seinen Sohn nicht in diese, sondern in die katholische Schule seines Wohnortes. Vorausgesetzt, daß der N. die ihn treffenden Beiträge zur Schule in S. entrichtet, woran nach seiner Eingabe nicht zu zweifeln ist, kann demselben die Benutzung einer anderen Schule, wenn sein Sohn in dieser Aufnahme findet, nicht verwehrt werden.

Nach dem Bericht der Königl. Regierung kann der Sohn des N. in der Schule nur katholischen Religionsunterricht erhalten, während der Vater zu evangelischen Konfession gehört. Da aber der N. mit seiner Ehefrau darüber einverstanden ist, welchen Religionsunterricht ihr Sohn erhalten soll, so kann auch hierin kein Grund gefunden werden, ihn zwangsweise zur Benutzung einer evangelischen Schule anzuhalten.

Die Schulaufsichtsbehörde kann dem rc. N. die Benutzung der katholischen Schule nicht untersagen, weshalb auch die gegen ihn verhängte Festsetzung von Schulversäumnisstrafen nicht aufrecht erhalten werden kann.

§ 43. Ministerial-Erlaß vom 9. Januar 1864. U. 22 856.

(Ctrbl. 1864, S. 181—82).

Auf den Bericht — eröffne —, daß ich die Festsetzung der Schulversäumnisstrafen gegen den N. zu M. pro April, Mai, Juni und Juli v. J. nicht gerechtfertigt erachten kann, da derselbe seine Pflegetochter — in den genannten Monaten an dem Unterricht in den Schulen zu P. hat teilnehmen lassen und damit der ihm gesetzlich obliegenden Verpflichtung in dieser Beziehung nachgekommen ist. In der Auswahl der Schule ist der N., wie bereits in der Verfügung vom 2. November v. J. ausgeführt ist, durch das Gesetz nicht beschränkt, dem Vorstand der Ortsschule zu M. kann demgemäß die Befugnis nicht zugestanden werden, den Besuch derselben seitens der . . ., wenn sie anderweit genügend Unterricht erhält, zu fordern resp. durch Schulstrafen zu erzwingen. Darauf, daß der N. zur Benutzung der Elementarschulen in P. die Genehmigung des Landrates nicht nachgesucht und nicht erhalten hat, kommt es nicht an, denn solche ist weder nach den allgemeinen Gesetzen, noch nach der Amtsblatt-Verfügung vom 12. November 1857 notwendig gewesen, welche die Genehmigung des Landrats nur zur Benutzung einer andern Schule des platten Landes fordert. Jedenfalls schließt der Umstand, daß das Kind während der gedachten Zeit wirklich in einer öffentlichen Schule Unterricht empfangen hat, die Zulässigkeit einer Schulversäumnisstrafe aus. Ebenso wenig kann die Unterlassung der rechtzeitigen Anzeige an den Schulvorstand der Ortsschule darüber, daß die G. die städtischen Schulen in P. besuchte, die Festsetzung einer solchen Strafe rechtfertigen.

§ 44. Wahl der Schule in konfessioneller Beziehung in Hessen.

Ministerial-Erlaß vom 24. September 1870. U. 23 670 (Ctrbl. 1870, S. 623—24).

Den Ausführungen in dem Bericht kann ich nicht überall zustimmen. Insbesondere vermisse ich dabei die Auseinanderhaltung der beiden Fragen, in welcher Konfession ein Kind erzogen, und welche Schule dasselbe besuchen soll.

Zwar bemerkt die Königliche Regierung, daß die Verordnung vom 13. April 1853 zunächst die Sicherstellung eines geregelten Schulbesuches bezweckt habe. In der Verordnung selbst findet sich hierfür kein Anhalt, und jene Bemerkung scheint um so weniger zuzutreffen, als der Schulzwang überhaupt nur eine event. Nötigung zur Benutzung der öffentlichen Schule, eine Nötigung zum Besuche einer bestimmten öffentlichen Schule aber überall nicht enthält. Ein Kind, welches gesetzlich in einer bestimmten Konfession erzogen werden soll, muß oft und kann sehr wohl eine Schule der andern Konfession besuchen, nur darf es nicht gezwungen werden, an dem in dieser Schule gegebenen Religionsunterricht teil zu nehmen. Ist dies an und für sich ein zulässiges und häufig vorkommendes Verhältnis, so wäre es ein Widerspruch, wollte man einem Vater versagen, sein Kind eine Schule einer anderen Konfession besuchen zu lassen. Wenn der Besuch einer Schule anderer Konfession die Erziehung des Kindes in der Konfession der Eltern ausschlösse, so dürfte es überhaupt nur solche Schulen geben, welche von Kindern einer Konfession besucht werden. Die praktische Unausführbarkeit solcher Einrichtungen liegt auf der Hand.

Hieraus ergiebt sich die Notwendigkeit, jene beiden Fragen scharf von einander zu trennen. Die Schulaufsichtsbehörden haben nur dahin zu sehen, daß die Kinder, sei es durch Privatunterricht, sei es in Privat- oder öffentlichen Schulen den notwendigen Unterricht wirklich empfangen. In welcher Konfession dieselben erzogen werden, darüber haben die Schulaufsichtsbehörden überhaupt nicht auch nicht nach der kurhessischen Verordnung vom 13. April 1853 zu wachen. Über das letztere zu befinden, steht denjenigen zu, welche gesetzlich für die Erziehung des Kindes zu sorgen haben. Es ist zunächst ein Ausfluß der väterlichen, und wo sie fehlt der vormundlichen Gewalt. Sind diese Gewalten, wie es nach der kurhessischen Verordnung vom 13. April 1853 der Fall ist, in ihrer freien Entschließung gesetzlich beschränkt, so ist es die Aufgabe der Gerichte, die Aufrechterhaltung dieser Beschränkungen zu wahren, so weit es in ihrer Macht liegt. Die Schulaufsichtsbehörde hat hiermit nichts zu thun.

§ 45. Verordnung der Königl. Regierung zu Marienwerder vom 27. Juni 1865

(Amtsbl. S. 193) in Übereinstimmung mit der Verfügung der Regierung zu Gumbinnen vom 26. August 1856, Nr. 4608/7.

Als Regel ist festzuhalten, daß die Eltern ihre Kinder in die Gemeindeschule des Orts schicken. Gleichwohl kann es den Eltern nicht verwehrt werden, eine andere Schule zu benutzen; dies darf jedoch nicht eigenmächtig und ohne Vorwissen und Zustimmung der beteiligten Schulvorstände geschehen, damit die Kontrolle des Schulbesuchs nicht leide. Auch ist kein Lehrer befugt, ohne Vorwissen seines Schulvorstandes Kinder aus andern Schulsozietäten in seine Schule aufzunehmen.

Es ist hierbei folgendes Verfahren zu beobachten:

1) Beabsichtigen Eltern ihre Kinder nicht in die Ortsschule, sondern in eine andere zu schicken, so müssen sie auf dem Lande bei dem Vorstande ihrer Ortsschule (Ortsschulinspektor), in den Städten aber bei der Schuldeputation den Antrag stellen und gleichzeitig den schriftlichen Nachweis führen, daß sie sich mit dem Vorstande der andern Schule über die Entschädigung derselben für die Benutzung der Schule geeinigt und seitens des Schulvorstandes derselben die Erlaubnis erhalten haben.

2. Ist diesen Erfordernissen genügt, so steht dem Besuche der fremden Schule nichts entgegen; es müssen dann aber die betreffenden Schulinspektoren, Schulvorstände und Lehrer sofort hiervon in Kenntnis gesetzt werden. Hinsichtlich der Kontrolle des Schulbesuchs sind dergleichen Kinder und Eltern ebenso zu behandeln, als die im Schulbezirke wohnenden.

3. Die Erteilung einer solchen Genehmigung ändert nichts in der Verpflichtung der Eltern, zur Unterhaltung ihrer Ortsschule, nur daß die Zahlung des Schulgeldes nicht an diese, sondern an die Schule erfolgt, welche die Kinder demnächst besuchen.

§ 46. Verordnung der Königl. Regierung zu Danzig, die freie Benutzung der Schule betreffend,

vom 25. November 1872, G. 1931/11.

1. Wenn Eltern die Ausschulung ihrer Kinder aus der Ortsschule und die Einschulung derselben in eine andere Schule wünschen, so haben sie ihr Vorhaben zunächst dem Lokalschulinspektor der Schule ihres Wohnortes anzuzeigen unter gleichzeitiger Angabe, welche Schule ihre Kinder fortan besuchen sollen. Der Lokalschulinspektor hat darüber ein Attest auszustellen, ob die bezüglichen Kinder die Ortsschule bisher regelmäßig besucht haben, und ob sonst keine Bedenken gegen die Ausschulung seitens des Ortsschulvorstandes oder der Lokalschulinspektion des Heimatsortes geltend gemacht werden.

2. Die Anmeldung der Kinder zur Aufnahme in die neu erwähnte Schule ist sonst bei dem dortigen Lokalschulinspektor schriftlich oder zu Protokoll unter Vorlegung des unter Nr. 1 erwähnten Attestes zu bewirken.

3. Die Entscheidung darüber, ob die angemeldeten Kinder in die neu gewählte Schule aufgenommen werden sollen, trifft der Schulvorstand dieser Schule.

4. Die Aufnahme darf nicht gestattet werden, wenn

a) kein hinreichender Raum in dem Schulzimmer der neu gewählten Schule vorhanden ist, wobei als Regel gilt, daß für jedes Schulkind 6 Quadratfuß*) Raum zu rechnen sind; wenn

b) die Zahl der hier die Schule resp. die Klasse besuchenden Schulkinder bereits 80 oder mehr beträgt.

c) Es muß aber auch abgesehen hiervon, erwartet werden, daß der Schulvorstand die Einschulung ablehnen werde, wenn in dem sub Nr. 1 gedachten Atteste bezeugt ist, daß die angemeldeten Kinder bisher die Ortsschule unregelmäßig besucht haben, da in diesem Falle ein regelmäßiger Schulbesuch der entferntern Schule von vornherein nicht erwartet werden kann.

d) Gleicherweise wird bei Prüfung eines Antrages auf Ausschulung der Schulvorstand des Heimatsortes nicht unterlassen dürfen, in Erwägung zu nehmen, ob auch die Weite und die Unwegsamkeit des Schulganges in gewissen Jahreszeiten einen unregelmäßigen Schulbesuch seitens der Kinder, deren Umschulung gewünscht wird, erwarten läßt, und daraus event. einen Grund für die Versagung des Attestes (ad 1) zu entnehmen.

5. Die Umschulung darf niemals mitten in einem Semester erfolgen, sondern ist nur beim Beginn der Sommer- und Winterschule zuläßig.

6. Wird ein Kind nach Prüfung aller Verhältnisse in eine andere Schule als diejenige des Wohnortes aufgenommen, so stellt der bezügliche Schulvorstand darüber eine Bescheinigung aus, welche von den Eltern der Kinder, deren Umschulung erfolgen soll, dem Schulvorstande des Heimatsortes vorzulegen ist. Solange dies nicht geschehen ist, sind die bezüglichen

---

*) Die allgemeine Bestimmungen vom 15. Oktober 1872 setzen in § 8 einen Flächenraum von 0,6 qm fest.

Kinder als noch der Ortsschule angehörig zu betrachten, und die Eltern derselben sind ebensowohl zur Zahlung des Schulgeldes an den Ortslehrer verpflichtet, als sie auch wegen etwaiger Schulversäumnisse ihrer Kinder in die vorschriftsmäßigen Strafen zu nehmen sind.

7. Die Schulversäumnisse der gastweise in eine Schule aufgenommenen Kinder sind von dem Schulvorstande an die Polizeibehörde desjenigen Ortes zur weiteren Verfolgung regelmäßig einzusenden, in welchem die Eltern der Kinder ihren Wohnsitz haben.

8. Sollte sich ergeben, daß die in eine auswärtige Schule aufgenommenen Kinder die Schulstunden unregelmäßig besuchen, so wird erwartet, daß der Schulvorstand der Gastschule die Erlaubnis zum weiteren Besuche der Schule zurückziehen werde.

9. Das Schulgeld wird an denjenigen Lehrer entrichtet, dessen Schule ein Kind besucht.

10. Da die Väter ausgeschulter Kinder verbunden bleiben, zu allen Schullasten des Schulbezirks, dem sie angehören, beizutragen, so ist bei Bemessung der Raumverhältnisse der Schullokalitäten bei etwa nötig werdenden Neu- oder Umbauten der Schulhäuser stets auf die Gesamtzahl der in einem Schulbezirke vorhandenen schulpflichtigen Kinder Rücksicht zu nehmen, da die Eltern für den Fall, daß ihre Kinder in die Ortsschule wieder zurückkehren, für dieselben auch den erforderlichen Platz beanspruchen können.

§ 47. Umschulung schulpflichtiger Kinder im Regierungsbezirk Frankfurt a. O.

vom 6. Januar 1871. (Ctrbl. 1871, S. 375—77.)

Wenngleich Eltern ihre Kinder der Regel nach in die Ortsschule zu senden pflegen, so ist doch nicht außer Acht zu lassen, daß ihnen das Recht zusteht, dieselben nach ihrer Wahl auch einer auswärtigen Schule anzuvertrauen. Um indeß mehrfach vorkommenden Mißverständnissen zu begegnen, und um einen Mißbrauch der in dieser Beziehung den Eltern gestatteten Freiheit zu verhüten, sehen wir uns veranlaßt, von Aufsichtswegen folgendes anzuordnen:

Im Übrigen stimmt diese Verordnung mit der oben wiedergegebenen Verordnung der Königl. Regierung zu Danzig überein. (S. § 46.)

F. Gegenseitige Durchführung der Schulpflicht in den deutschen Bundesstaaten.

§ 48. Ministerial-Erlaß vom 13. November 1876.

U. III. 12193. (Ctrbl. 1876, S. 683—685.)

Die Königl. preußische Regierung ist mit den Regierungen der Bundesstaaten Sachsen, Württemberg, Baden, Hessen, Mecklenburg-Schwerin, Sachsen-Weimar, Mecklenburg-Strelitz, Oldenburg, Sachsen-Meiningen, Sachsen-Altenburg, Sachsen-Koburg-Gotha, Anhalt, Schwarzburg-Rudolstadt, Schwarzburg-Sondershausen, Reuß ältere Linie, Reuß jüngere Linie, Schaumburg-Lippe, Lippe, Lübeck, Bremen, Hamburg und Elsaß-Lothringen darin übereingekommen:

„daß die dem preußischen Staate angehörenden Kinder, welche sich in einem der bezeichneten Bundesstaaten aufhalten und die einem der letztern angehörenden Kinder, welche sich im preußischen Staate aufhalten, nach Maßgabe der im Lande des Anfenthalts bestehenden Gesetze, wie Inländer zum Besuche der Schule herangezogen werden sollen,

daß diese Nötigung zum Besuche der Schule sich nicht nur auf die eigentlichen Elementarschulen, sondern, wo daneben eine sogenannte Sonntags- oder Fortbildungsschule mit obligatorischem Charakter besteht, auch auf diese erstrecke,

daß jedoch Kinder, welche sich durch ein Zeugnis der zuständigen heimischen Schulbehörden darüber ausweisen, daß sie der Schulpflicht, wie sie nach der Gesetzgebung ihrer Heimat normiert ist, vollständig genüge geleistet haben, von fernerm Schulbesuche zu entbinden sind, auch wenn das am Ort ihres Aufenthalts geltende Gesetz eine größere Ausdehnung des obligatorischen Unterrichts vorschreibt."

Die gegenseitig ausgetauschten Ministerial- 2c. Erklärungen schließen sich in ihrer Wortfassung dem Vorstehenden an. Nur ist in das Abkommen zwischen Preußen und Württemberg hinter die Worte: „eigentliche Elementarschule" der erläuternde Beisatz: „(Volksschule)" aufgenommen, um außer Zweifel zu stellen, daß mit den erstgenannten Worten nur in den §§ 1 und 2 des württembergischen Volksschulgesetzes vom 20. September 1836 näher bezeichnete Volksschule im Königreich Württemberg gemeint ist und in der Vereinbarung mit Hamburg sind in dem ersten Satze die Worte: „im Lande des Aufenthalts", der Intention des Abkommens entsprechend, durch die Worte: „am Orte des Aufenthalts" ersetzt worden. Auch ist in dem auf das Abkommen in Bremen bezüglichen Verhandlungen anerkannt worden, daß die Dispensation eines fremden Kindes auf Grund des Zeugnisses seiner Heimatsbehörde nur dann eintreten solle, wenn demselben das Zeugnis erst nach begonnenem 14. Lebensjahre erteilt ist.

Für die Ausstellung der Zeugnisse über die Erfüllung der Schulpflicht sind nach den bestehenden Bestimmungen zuständig

in Preußen: der Lehrer und der Lokalschulinspektor oder der Vorsitzende des Schulvorstandes gemeinschaftlich;

in Sachsen: der Lehrer in Gemeinschaft mit dem Schulinspektor bezw. mit dem Schuldirektor als Lokalschulinspektor;

in Württemberg: die Ortsschulbehörden;

in Baden: die Ortsschulräte;

in Hessen: der Vorsitzende des betreffenden Schulvorstandes;

in Mecklenburg-Schwerin: in der Stadt Rostock: die Elementarschulkommission; in der Stadt Wismar: die Schulkommission; in den andern Städten und in den Flecken: Ludwigslust, Doberan, Dargun, Dassow: der Schulvorstand; in den Flecken Lübtheen und Zarrentin: die Ortsschulbehörde; in der Ortschaft Neukloster: der Direktor des dortigen Schullehrer-Seminars; auf dem Lande der zuständige Prediger als Lokalschulinspektor;

in Sachsen-Weimar: der Ortsschulaufseher in Gemeinschaft mit dem Lehrer;

in Mecklenburg-Strelitz: in den Städten und in den Flecken Mirow: die Direktoren resp. Rektoren; im Flecken Feldberg: der erste Lehrer; auf dem platten Lande: die Pastoren;
in Oldenburg: der Lehrer und der Lokalschulinspektor oder der Vorsitzende des Schulvorstandes;
in Sachsen-Meiningen: der Lehrer und der Lokalschulinspektor oder der Vorsitzende des Schulvorstandes gemeinschaftlich;
in Sachsen-Altenburg: die Schulinspektionen;
in Sachsen-Koburg-Gotha: der Schulvorstand;
in Anhalt: der Ortsschulinspektor bezw. der Schul-Dirigent in Gemeinschaft mit dem letzten Klassenlehrer des entlassenen Schülers unter Beifügung des Dienstsiegels des Orts-Schulinspektors bezw. des Schul-Dirigenten;
in Schwarzburg-Rudolstadt: die mit der Lokalschulaufsicht beauftragten Ortsgeistlichen;
in Schwarzburg-Sondershausen: der Lehrer in Gemeinschaft mit dem Lokalschulinspektor;
in Reuß älterer Linie: die Lokalschulinspektionen;
in Reuß jüngerer Linie: der Schulvorstand der betreffenden Gemeinde;
in Schaumburg-Lippe: die Schulvorstände und Namens derselben die Lokalschulinspektoren;
in Lippe: der betreffende Hauptlehrer und der Schulinspektor gemeinschaftlich unter Beglaubigung ihrer Unterschriften durch die betreffende Distriktsbehörde. (cf. M.-Erl. vom 7. Mai 1877, Ctrbl. 1877, S. 293.)
in Lübeck: der Schulrat;
in Bremen: das mit der Spezialinspektion der betreffenden Schule betraute Senatsmitglied;
in Hamburg: der Direktor oder Hauptlehrer der öffentlichen Schule bezw. der Vorsteher der Privatschule in Gemeinschaft mit dem kompetenten Schulrate oder Schulinspektor;
in Elsaß-Lothringen: der Bürgermeister.

G. Schulbesuch jugendlicher Arbeiter in Fabriken, Seidenwebereien, Nähanstalten etc.

§ 49. Ausdehnung der gesetzlichen Bestimmungen auf alle jugendlichen Arbeiter.

Ministerial-Erlaß der MM. für Handel, g. A. und des Innern vom 11. Januar 1861, U. 646. (Ctrbl. 1861, S. 187).

Dem Antrage, die Bestimmungen des Regulativs vom 9. März 1839 und des Gesetzes vom 16. Mai 1853 auf alle jugendlichen Arbeiter, die nicht in einem gesetzlichen Lehrverhältnisse stehen, oder eine nur Lehrzwecke verfolgende industrielle Anstalt besuchen, für anwendbar zu erklären, ist wie wir dem Magistrat auf den Bericht vom 30. April v. J. erwidern — bei aller Anerkennung der für eine solche erweiterte Anwendung der in Rede stehenden Vorschriften geltend gemachten Gründe nicht zu entsprechen, da die von den Gerichten in den seither ergangenen Erkenntnissen, insbesondere von dem Ober-Tribunal in dem in Sachsen wider N. erlassenen Urteile vom 7. Februar 1856 angenommene Auslegung nur die in eigentlichen Fabriken beschäftigten jugendlichen Arbeiter unter die fraglichen Gesetzesbestimmungen subsumiert und diese Auslegung auch den dem Erlasse dieser Gesetze vorhergegangenen Verhandlungen entspricht.

Die Sicherstellung des Schulbesuchs seitens der nicht in Fabriken beschäftigten und auch nicht in einem gesetzlichen Lehrverhältnisse stehenden jugendlichen Arbeiter wird daher auf einem andern Wege zu erzielen sein. Eine diesem Zwecke entsprechende Regulierung der Sache wird eingeleitet und der Magistrat von dem Ergebnisse demnächst in Kenntnis gesetzt werden.

§ 50. Beschäftigung und Schulbesuch jugendlicher Arbeiter in Fabriken und in Werkstätten.

Ministerial-Erlaß der MM. für Handel, g. A. und des Innern vom 30. Oktober 1862. U. 23037. (Ctrbl. 1862, S. 696—98).

Die Erwägung der Verhältnisse, auf welche der Magistrat in Seiner, an das Königl. Staats-Ministerium gerichteten, ressortgemäß zur Verfügung uns mitgeteilten Vorstellung vom 8. April d. J. den Antrag stützt, daß für die jugendlichen Fabrikarbeiter unter Abänderung der Bestimmungen im § 4 des Gesetzes vom 16. Mai 1853 die Dauer der täglichen Arbeitszeit auf zehn Stunden ausgedehnt und der tägliche Schulunterricht durch einen nachhelfenden Unterricht in der Sonntagsschule ersetzt werde, führt nicht zu der Überzeugung, daß die Änderung der bisherigen Bestimmungen durch überwiegende Rücksichten geboten, oder zur Förderung des beabsichtigten Zweckes geeignet sei.

Ist, wie auch der Magistrat anerkennt, im Interesse des Gemeinwohls darauf Bedacht zu nehmen, daß die in Fabriken beschäftigten Kinder vor einer nachteiligen Überbürdung mit Arbeiten bewahrt und in ihrer Schulbildung nicht vernachlässigt werden, dann darf weder die im § 4 a. a. O. angeordnete Beschränkung ihrer täglichen Arbeitszeit auf sechs Stunden, noch auch ihr regelmäßiger dreistündiger Schulunterricht wegfallen. Denn diejenige Stufe der körperlichen und geistigen Entwickelung, welche bei Kindern bis zum zurückgelegten 14. Lebensjahre in der Regel vorauszusetzen ist, macht jene Anforderungen des Gesetzes notwendig. Die Entbehrlichkeit derselben läßt sich ebensowenig aus allgemeinen Wahrnehmungen, wie aus den besonderen Verhältnissen der hiesigen Residenz herleiten und der Magistrat überschätzt die durchschnittliche Schulbildung der Kinder, welche hier vor Überschreitung der bezeichneten Altersstufe in Arbeit treten, wenn Er zur Vervollständigung ihrer Elementar-Kenntnisse den Nachhilfe-Unterricht in einer Sonntagsschule für ausreichend erachtet. Gegenüber den Nachteilen, welche aus der physischen und sittlichen Verkümmerung solcher Kinder entstehen, ist auch darauf, daß sie nur bei sechsstündiger Beschäftigung einen geringeren Lohn erhalten, als bei längerer Arbeitszeit, ein entscheidendes Gewicht nicht zu legen, weil das Bestreben der Eltern, die Kräfte ihrer Kinder in frühem

Lebensalter zur Erwerbung des Unterhaltes der Familie auszunutzen, nach keiner Seite hin Unterstützung verdient. Wenn aber der Magistrat ferner geltend macht, daß die Durchführung der bestehenden Vorschriften die Zahl der in Fabriken beschäftigten Kinder vermindern, dagegen die Zahl der in anderen Werkstätten arbeitenden Kindern steigern, und daß dieser Erfolg den heilsamen Zweck des Gesetzes vom 16. Mai 1853 vereiteln, soweit dessen Bestimmungen nur die in Fabriken beschäftigten jugendlichen Arbeiter gegen eine schrankenlose Ausbeutung ihrer Kräfte schützen, so können die daraus gezogenen Folgerungen die vorgeschlagene Änderung dieser Bestimmungen ebenfalls nicht motivieren.

Die stattgefundenen Ermittelungen stellen außer Zweifel, daß die Bedingungen, unter welchen der § 4 a. a. O. die Beschäftigung jüngerer Kinder in den Fabriken gestattet, sich mit deren Betriebs-Einrichtungen wohl vereinigen lassen. Deshalb ist auch die Einführung einer, jenen Bestimmungen entsprechenden Wechselarbeit von den Inhabern der Fabriken nicht von vorn herein zurückgewiesen, sondern zumteil mit günstigem Erfolg versucht worden. Ebensowenig haben die Fabrik-Inhaber über die Kontrolle Beschwerde geführt, welcher die Beschäftigung und der Schulbesuch der bei ihnen arbeitenden Kinder nach den Bestimmungen des Gesetzes unterworfen ist. Danach muß Bedenken getragen werden, die Verminderung der Zahl dieser Kinder der Abneigung der Arbeitgeber gegen die Befolgung der erwähnten Bestimmungen zuzuschreiben. Den Fabrikbesitzern ist vielmehr wie die nähere Prüfung der Angelegenheit herausgestellt hat, durch andere Verhältnisse, welche nicht ausschließlich auf den Vorschriften des § 4 a. a. O. beruhen, die Gelegenheit zur Beschäftigung schulpflichtiger Kinder selbst dann entzogen worden, wenn sie bereit waren, den Bedingungen des Gesetzes zu genügen.

In dieser Beziehung hat bei den Eltern, welche von den Arbeitskräften ihrer Kinder Nutzen zu ziehen wünschten die Auffassung vorgewaltet, daß der Beschäftigung in den Fabriken die Arbeit in anderen Betriebsstätten vorzuziehen sei. Wenngleich dabei vorzugsweise die Aussicht auf höheren Lohn leitend gewesen sein mag, welchen die Inhaber der Fabriken wegen der für ihren Betrieb angeordneten Beschränkung der Arbeitsstunden nicht gewähren konnten, so ist doch die Überbringung der Kinder in anderen Werkstätten hauptsächlich dadurch gefördert worden, daß die Schulbehörde zu häufig schulpflichtige Kinder, deren Heranziehung zu solchem Gewerbe beabsichtigt wurde, ohne zureichende Prüfung der vorgeschützten Unentbehrlichkeit im Hause von dem regelmäßigen Besuch der gewöhnlichen Schule dispensiert hat, während nach den aus dem allgemeinen Schulzwange sich ergebenden Gesichtspunkten der Besuch der gewöhnlichen Schule in der Regel nur denjenigen Kindern hätte erlassen werden sollen, welche als Fabrikarbeiter den in § 4 a. a. O. vorgeschriebenen dreistündigen Schulunterricht erhielten.

Die Bestimmungen des Regulativs vom 21. Oktober 1844 zur Konstatierung des Besuchs der Schulen und des Konfirmanden-Unterrichts in Berlin sind inzwischen dahin abgeändert, daß künftig hin bei Kindern von 12 bis zu 14 Jahren, welche in nicht zu den Fabriken gehörenden Betriebsstätten oder im elterlichen Hause beschäftigt werden, in der Regel der volle Schulbesuch verlangt und nur ausnahmsweise eine Beschränkung des Schulunterrichts auf drei Stunden täglich, wie in den Fabriken, nachgegeben werden soll. Unter den obwaltenden Umständen empfiehlt sich die sorgfältige Beachtung dieser Anordnung als das wirksamste Mittel zur Beseitigung der Mißverhältnisse, welche bis dahin die jugendlichen Arbeiter den kleineren Betriebstätten zugeführt und dadurch von den Vorteilen des mehr erwähnten Gesetzes ausgeschlossen haben. Dagegen würden die Gründe, aus welchen der Magistrat die Beschäftigung in den Fabriken den Vorzug vor der Arbeit in anderen Betriebsstätten zugesteht, im wesentlichen ihre Bedeutung verlieren, wenn die zur Zeit geltenden Bedingungen jener Beschäftigung nach seinen Vorschlägen abgeändert werden sollten.

Für die beantragte Ausdehnung der Vorschriften über die Beschäftigung der Kinder in den Fabriken auf alle Betriebsstätten und Industrie-Anstalten würden gewichtige Rücksichten sprechen, wenn die Ausführbarkeit der durch diese Maßregel bedingten Kontroll-Bestimmungen dargethan wäre. Auf eine zufriedenstellende Lösung der Schwierigkeiten, welche sich der von dem Magistrate zu jenem Zwecke gewünschten Überwachung sämtlicher Werkstätten entgegenstellen, darf indessen nicht gerechnet, und es muß schon aus diesem Grunde auf die Ausführung Seines Vorschlages verzichtet werden. Abgesehen davon fällt aber auch die Beschäftigung der Kinder in den kleineren Werkstätten nicht durchgängig unter gleiche Gesichtspunkte, wie die Arbeit in den Fabriken, indem manche jener Werkstätten den jugendlichen Arbeitern zur Erlernung und Anwendung verschiedenartiger Fertigkeiten Gelegenheit geben, bei welcher die Nachteile der einseitigen Beschäftigung in den Fabriken nicht hervortreten.

Demnach ist auf die erörterten Anträge nicht einzugehen.

§ 51. Unterricht für die in Fabriken beschäftigten Kinder im Regierungs-Bezirk Aachen.

Ministerial-Erlaß der MM. für Handel, g. A. und des Innern vom 11. Dezember 1862. U. 24731. (Ctrbl. 1863, S. 58—60).

Aus dem Bericht vom 1. d. M. haben wir mit Befriedigung ersehen, daß nunmehr unsere Anordnung vom 14. Oktober 1859, nach welcher in der Regel kein Kind vor dem vollendeten 14. Lebensjahr aus der Elementarschule, event. nur mit Genehmigung des Schulinspektors, entlassen werden soll, in dem dortigen Regierungsbezirk zur Ausführung gebracht wird. Etwaiger Widerspruch gegen diese Anordnung unter Berufung auf § 46 Allg. L.-R., T. II., Tit. 12 und auf die Allerh. Ordre vom 14. Mai 1825 ist nach Maßgabe meiner, des Ministers der geistlichen ꝛc. Angelegenheiten, Verfügung vom 4. Februar 1859, abgedruckt unter Nr. 78 des Centralblatts für die gesamte Unterrichtsverwaltung pro 1859, zurückzuweisen. Ebenso versteht es sich hiernach von selbst, daß der nach den mit eingereichten Verhandlungen in der dortigen Stadtverordneten-Versammlung geltend gemachten Ansicht, die Stadt habe keine Verpflichtung, für das Schulbedürfnis der bereits aus der Schule entlassenen, im Alter von 12—14 Jahren befindlichen und in Fabriken arbeitenden Kinder zu sorgen, keine praktische Bedeutung zugestanden werden kann. Was nun die Einrichtung von besonderen Fabrikschulen betrifft, in welchen den in Fabriken beschäftigten Kindern ein täglich dreistündiger Unterricht erteilt wird, so gereicht es uns zur lebhaften

Genugthuung, daß es der Unwillfährigkeit der Beteiligten gegenüber der Königlichen Regierung dennoch gelungen ist, in der Stadt N. drei solcher Schulen einzurichten und in Wirksamkeit treten zu lassen. Wenn dieses nur dadurch möglich gewesen ist, daß der Vorstand des dortigen Vereins zur Beförderung der Arbeitsamkeit die Summe von 1200 Thlrn. jährlich aus seinem Fonds für diesen Zweck bewilligt hat, so veranlassen wir die Königl. Regierung, dem Vorstand dieses Vereins unsere besondere Anerkennung für diesen Akt seiner gemeinnützigen Liberalität auszusprechen und ebenso der Stadtverordneten-Versammlung in B. zu erkennen zu geben, wie wir gern von der durch sie beschlossenen Bewilligung der zur Errichtung einer Fabrikschule erforderlichen Mittel aus Gemeindefonds Kenntnis genommen hätten. Die Frage, wer die Kosten zur Einrichtung besonderer Fabrikschulen aufzubringen hat ist allerdings in dem Gesetze vom 16. Mai 1853 offen gelassen. In der Regel werden die beiderseitigen Interessen der Gewerbtreibenden und der betreffenden Gemeinden eine dem Bedürfnis enspreche̲nde Einigung ohne Schwierigkeit erzielen lassen. Wo aber Mißverstand oder Unwillfährigkeit die Einrichtung des notwendigen Zieles verhindert und wo die vorhandenen Schuleinrichtungen es nicht gestatten, in ihnen den in Fabriken beschäftigten Kinder einen täglich dreistündigen Unterricht erteilen zu lassen, da kann überhaupt die Beschäftigung von noch schulpflichtigen Kindern in Fabriken nicht eintreten, indem nach § 4 des angeführten Gesetzes ein mindestens dreistündiger Schulunterricht täglich die Bedingung für die Zulassung noch schulpflichtiger Kinder zur Beschäftigung in Fabriken ist. Der Ansicht der dortigen Stadtverordneten-Versammlung, daß ein dreistündiger Unterricht an drei Tagen der Woche genügen dürfte, hat die Königliche Regierung mit Recht keine weitere Beachtung zugewendet.

Wir können nur wünschen, daß die Königliche Regierung in ihren Bestrebungen, der gesamten und namentlich der in Fabriken arbeitenden Jugend des dortigen Regierungsbezirks, einen ausreichenden Schulunterricht zu sichern, unbeirrt um die speziellen Interessen einzelner Gewerbetreibenden und die etwaige übelberechnete Sparsamkeit einzelner Kommunen fortfahre.

§ 52. Regulativ über die Beschäftigung jugendlicher Arbeiter in Fabriken.

Allerhöchste Ordre vom 9. März 1839. (Ctrbl. 1867, S. 524 und 25).

§ 1. Vor zurückgelegtem neunten Lebensjahre darf niemand in einer Fabrik oder bei Berg-Hütten und Pochwerken zu einer regelmäßigen Beschäftigung angenommen werden.

§ 2. Wer noch nicht einen dreijährigen regelmäßigen Schulunterricht genossen hat, oder durch ein Zeugnis des Schulvorstandes nachweiset, daß er seine Muttersprache geläufig lesen kann und einen Anfang im Schreiben gemacht hat, darf vor zurückgelegtem sechszehnten Jahre zu einer solchen Beschäftigung in den genannten Anstalten nicht angenommen werden.

Eine Ausnahme hiervon ist nur da gestattet, wo die Fabrikherren durch Errichtung und Unterhaltung von Fabrikschulen den Unterricht der jungen Arbeiter sichern. Die Beurteilung, ob eine solche Schule genüge gebührt den Regierungen, welche in diesem Falle auch das Verhältnis zwischen Lern- und Arbeitszeit zu bestimmen hat.

§ 3. Junge Leute, welche das sechszehnte Lebensjahr noch nicht zurückgelegt haben, dürfen in diesen Anstalten nicht über 10 Stunden täglich beschäftigt werden.

Die Orts-Polizei-Behörde ist befugt, eine vorübergehende Verlängerung dieser Arbeitszeit zu gestatten, wenn durch Naturereignisse oder Unglücksfälle der regelmäßige Geschäftsbetrieb in den genannten Anstalten unterbrochen und ein vermehrtes Arbeitsbedürfnis dadurch herbeigeführt worden ist.

Die Verlängerung darf täglich nur eine Stunde betragen und darf höchstens für die Dauer von vier Wochen gestattet werden.

§ 4. Zwischen den im vorigen Paragraphen bestimmten Arbeitsstunden ist den genannten Arbeitern vor- und nachmittags eine Muße von einer Viertelstunde und mittags von einer ganzen Freistunde und zwar jedesmal auch Bewegung in freier Luft zu gewähren.

§ 5. Die Beschäftigung solcher jungen Leute vor 5 Uhr Morgens und nach 9 Uhr Abends, sowie an Sonn- und Feiertagen ist gänzlich untersagt.

§ 6. Christliche Arbeiter, welche noch nicht zur heiligen Kommunion angenommen sind, dürfen in denjenigen Stunden, welche ihr ordentlicher Seelsorger für ihren Katechumenen- und Konfirmanden-Unterricht bestimmt hat, nicht in den genannten Anstalten beschäftigt werden.

§ 7. Die Eigentümer der bezeichneten Anstalten, welche junge Leute in denselben beschäftigen, sind verpflichtet, eine genaue und vollständige Liste, deren Namen, Alter, Wohnort, Eltern, Eintritt in die Fabrik enthaltend, zu führen, dieselbe in dem Arbeitslokal aufzubewahren und den Polizei- und Schulbehörden auf Verlangen vorzulegen.

§ 8. Zuwiderhandlungen gegen diese Verordnung sollen gegen die Fabrikherren oder deren mit Vollmacht versehenen Vertreter durch Strafen von 1 bis 5 Thalern für jedes vorschriftswidrig beschäftigte Kind geahndet werden.

Die unterlassene Anfertigung oder Fortführung der im § 7 vorgeschriebenen tabellarischen Liste wird zum ersten Male mit einer Strafe von 1 bis 5 Thalern geahndet; die zweite Verletzung dieser Vorschrift wird mit einer Strafe von 5 bis 50 Thalern belegt. Auch ist die Ortspolizeibehörde befugt, die Liste zu jeder Zeit anfertigen oder vervollständigen zu lassen. Es geschieht dies auf Kosten des Kontravenienten, welche zwangsweise im administrativen Wege beigetrieben werden können.

§ 9. Durch vorstehende Verordnung werden die gesetzlichen Bestimmungen über die Verpflichtung zum Schulbesuch nicht geändert. Jedoch werden die Regierungen da, wo die Verhältnisse die Beschäftigung schulpflichtiger Kinder in den Fabriken nötig machen, solche Einrichtungen treffen, daß die Wahl der Unterrichtsstunden den Betrieb derselben so wenig wie möglich stören.

§ 10. Den Ministerien der Medizinal-Angelegenheiten, der Polizei und der Finanzen bleibt es vorbehalten, diejenigen besonderen sanitäts-, bau- und sittenpolizeilichen Anordnungen zu erlassen, welche sie zur Erhaltung der Gesundheit und Moralität der Fabrikarbeiter für erforderlich halten. Die hierbei anzuordnenden Strafen dürfen 50 Thaler Geld- oder eine diesem Betrag entsprechende Gefängnisstrafe nicht übersteigen.

§ 53. Regulativ über die Beschäftigung jugendlicher Arbeiter in Fabriken.

Allerh. Ordre vom 16. Mai 1853. (Ctrbl. 1867, S. 525—528).

Wir Friedrich Wilhelm, von Gottes Gnaden, König von Preußen ꝛc. verordnen, unter Zustimmung der Kammern, was folgt:

§ 1. Die im § 1 des Regulativs vom 9. März 1839 (Gesetzsammlung 1839, Seite 156) erwähnte Beschäftigung jugendlicher Arbeiter ist vom 1. Juli 1853 an nur nach zurückgelegtem zehnten, vom 1. Juli 1854 an nur nach zurückgelegtem 11. und vom 1. Juli 1855 an nur nach zurückgelegtem 12. Lebensjahre gestattet.

§ 2. Vom 1. Oktober 1853 ab dürfen junge Leute unter 16 Jahren bei dem im § 11 des Regulativs gedachten Anstalten nicht weiter beschäftigt werden, wenn ihr Vater oder Vormund dem Arbeitgeber nicht das im § 3 erwähnte Arbeitsbuch einhändigt.

§ 3. Das Arbeitsbuch, welchem eine Zusammenstellung der, die Beschäftigung jugendlicher Arbeiter betreffenden Bestimmungen vorzudrucken ist, wird auf den Antrag des Vaters oder Vormundes des jugendlichen Arbeiters von der Ortspolizeibehörde erteilt und enthält:

1. Namen, Tag und Jahr der Geburt, Religion des Arbeiters,
2. Namen, Stand und Wohnort des Vaters oder Vormundes,
3. das in § 2 des Regulativs erwähnte Schulzeugnis,
4. eine Rubrik für die bestehenden Schulverhältnisse,
5. eine Rubrik für die Bezeichnung des Eintrittes in die Anstalt,
6. eine Rubrik für den Austritt aus derselben,
7. eine Rubrik für die Revisionen.

Der Arbeitgeber hat dieses Arbeitsbuch zu verwahren, der Behörde auf Verlangen jeder Zeit vorzulegen und bei Beendigung des Arbeitsverhältnisses dem Vater oder dem Vormunde des Arbeiters wieder auszuhändigen.

§ 4. Jugendliche Arbeiter dürfen bis zum vollendeten vierzehnten Lebensjahre täglich nur sechs Stunden bei den in § 1 des Regulativs gedachten Anstalten beschäftigt werden; für dieselben genügt ein, in diese Arbeitszeit nicht einzurechnender dreistündiger Schulunterricht.

Sollte durch die Ausführung dieser Bestimmung bereits bestehenden Anstalten die nötige Arbeitskraft entzogen werden, so ist der Minister für Handel, Gewerbe und öffentliche Arbeiten ermächtigt, im Einvernehmen mit dem Minister der Unterrichtsangelegenheiten auf bestimmte Zeit Ausnahmevorschriften zu erlassen.

§ 5. Die nach § 4 des Regulativs den jugendlichen Arbeitern zu gewährende Muße von einer Vietelstunde vor- und nachmittags wird auf je eine halbe Stunde festgestellt.

§ 6. Die im § 5 des Regulativs auf 5 Uhr Morgens bis 9 Uhr abends festgestellten Grenzen der Tagesarbeit werden auf $5^1/_2$ Uhr morgens und $8^1/_2$ Uhr abends bestimmt.

§ 7. Jede unter vorstehende Bestimmung fallende Beschäftigung jugendlicher Arbeiter muß von dem Arbeitgeber zuvor der Ortspolizeibehörde angemeldet werden. In betreff der, beim Erlaß dieses Gesetzes bereits beschäftigten Arbeiter ist diese Anmeldung binnen 4 Wochen zu bewirken.

§ 8. Außerdem ist der Arbeitgeber verpflichtet, halbjährlich der Ortspolizeibehörde die Zahl der beschäftigten Arbeiter unter sechszehn Jahren anzugeben.

§ 9. Zuwiderhandlungen gegen die Vorschriften der §§ 1, 2, 4, 5 und 6 dieses Gesetzes werden nach der ersten, Zuwiderhandlungen gegen die Vorschriften der §§ 3, 7 und 8 dieses Gesetzes nach dem zweiten Absatz des § 8 des Regulativs vom 9. März 1839 bestraft.

Außerdem kann der Richter demjenigen, der binnen fünf Jahren für drei Übertretungsfälle zu drei verschiedenen Malen, sei es nach den Bestimmungen dieses Gesetzes, oder nach denen des Regulativs vom 9. März 1839 bestraft worden ist, bei einer ferneren Übertretung der Vorschriften dieses Gesetzes oder des gedachten Regulativs die Beschäftigung junger Leute unter 16 Jahren auf eine bestimmte Zeit oder für immer untersagen. Sind in fünf Jahren sechs Übertretungsfälle bestraft worden, so muß auf diese Untersagung, und zwar mindestens für die Zeit von 3 Monaten, erkannt werden. Zuwiderhandlungen gegen derartiges gerichtliches Verbot werden mit 1 bis 5 Thalern für jedes Kind und für jeden Kontraventionsfall bestraft.

§ 10. Soweit das Regulativ vom 9. März 1839 in Vorstehendem nicht abgeändert werden, bleibt dasselbe in Kraft.

§ 11. Die Ausführung dieser Bestimmungen soll, wo sich dazu ein Bedürfnis ergiebt, durch Fabrikeninspektoren als Organe der Staatsbehörden beaufsichtigt werden.

Diesen Inspektoren kommen, soweit es sich um Ausführung der Vorschriften dieses Gesetzes und des Regulativs vom 9. März 1839 handelt, alle amtliche Befugnisse der Ortspolizeibehörden zu.

In welcher Weise sie eine stehende örtliche Aufsicht zu bilden, dieselbe zu unterstützen und zu leiten und mit der vorgesetzten Behörde einen fortwährenden Verkehr zu unterhalten haben, werden die Minister für Handel, Gewerbe und öffentliche Arbeiten, der Unterrichtsangelegenheiten und des Innern bestimmen.

Die Besitzer gewerblicher Anstalten sind verpflichtet, die auf Grund dieses Gesetzes auszuführenden amtlichen Revisionen derselben zu jeder Zeit, namentlich auch in der Nacht zu gestatten.

§ 12. Die in § 11 erwähnten Departementschefs sind mit der Ausführung des Gesetzes beauftragt.

§ 54. Beschäftigung jugendlicher Arbeiter in Fabriken.

Ministerial-Erlaß der MM. für Handel und der g. A. vom 7. Oktober 1867. U. 23849. (Ctrbl. 1867, S. 700).

In der Nr. 99 der Gesetzsammlung ist die Allerhöchste Verordnung vom 22. v. M., betreffend die Einführung der Regulativs über die Beschäftigung jugendlicher Arbeiter in Fabriken vom 9. März 1839 und des dasselbe abändernden Gesetzes vom 16. Mai 1853 in die neu erworbenen Landesteile, zur Publikation gelangt.

Ew. Hochwohlgeboren — Ew. Erlaucht — ersuchen wir ergebenst für die weitere Veröffentlichung der Verordnung in üblicher Weise Sorge tragen zu wollen.

Die Ew. 2c. mit Erlaß des unterzeichneten Ministers für Handel 2c. vom 15. Juli d. J. mitgeteilten Zirkular-Verfügungen an die Regierungen der ältereren Landesteile vom 18. August 1853 und 12. August 1854 sind hinfort auch im dortigen Ober-Präsidal-Bezirk zur Anwendung zu bringen.

Es empfiehlt sich indeß, die Allerhöchste Verordnung vom 22. v. M. mit Schonung vorhandener Verhältnisse auszuführen. Der § 3 derselben gewährt hierzu durch Ermächtigung zum Erlaß von Ausnahmevorschriften ein ausreichendes Mittel. Sollte daher bei der Durchführung der Verordnung bestehenden Fabriken, Bergwerke u. s. w. die nötige Arbeitskraft entzogen werden, so sehen wir den Anträgen auf Erlaß der erforderlichen Ausnahmevorschriften entgegen. Ew. Hochwohlgeboren — Ew. Erlaucht — wollen wir in Ihrem Ressort unterstellten Behörden hierüber gefälligst mit weiterer Instruktion versehen 2c.

§ 55. Beschäftigung jugendlicher Arbeiter in Fabriken in der Provinz Schleswig-Holstein.

Ministerial-Erlaß der MM. für Handel und der g. A. vom 23. November 1867. U. 28304. (Ctrbl. 1868 S. 66).

Mit Rücksicht auf die in dem gefälligen Bericht vom 22. Oktober d. J. angeführten Umstände wird auf Grund des § 3 der Allerhöchsten Verordnung, betreffend die Einführung des Regulativs über die Beschäftigung jugendlicher Arbeiter in Fabriken vom 9. März 1839 u. s. w. in die neuerworbenen Landesteile, vom 22. September d. J. für den Umfang der Provinz Schleswig-Holstein hiermit folgendes bestimmt:

1. Die Vorschrift im § 1 des Gesetzes, betreffend einige Abänderungen des Regulativs vom 9. März 1839 über die Beschäftigung jugendlicher Arbeiter in Fabriken, vom 16. Mai 1853 (Gesetzsammlung S. 225), nach welcher gegenwärtig jugendliche Arbeiter nur nach zurückgelegtem 12. Lebensjahre in Fabriken beschäftigt werden dürfen, tritt in der Provinz Schleswig-Holstein erst am 1. Oktober 1870 an in Wirksamkeit. Bis zum 1. Oktober 1869 soll es gestattet sein, Kinder schon vom zurückgelegten 10. Lebensjahr an, und vom 1. Oktober 1869 bis 1. Oktober 1870 vom zurückgelegten 11. Lebensjahr an in einer jenem Gesetz unterliegenden Anstalt in Arbeit zu nehmen.

2. Bis Ostern 1868 soll in denjenigen Orten, in welchen der Schulunterricht der Fabrikkinder noch nicht so geordnet ist, daß sie einen dreistündigen Unterricht täglich genießen können, für dieselben ein zweistündiger täglicher Unterricht genügen.

3. Bis auf Weiteres sollen jugendliche Arbeiter, welche sich noch im schulpflichtigen Alter befinden, auch wenn sie das vierzehnte Lebensjahr überschritten haben, täglich nur 6 Stunden in den erwähnten Anstalten beschäftigt werden.

Ew. Hochwohlgeboren ersuchen wir, hiernach die weiteren Anordnungen gefälligst treffen und in geeigneter Weise für die Veröffentlichung der vorstehenden Ausnahme-Vorschriften Sorge tragen zu wollen.

§ 56. Bestimmungen über den Unterricht der in Fabriken sowie der anderweit mit gewerblicher Arbeit beschäftigten schulpflichtigen Kinder.

Ministerial-Erlaß der MM. für Handel und der g. A. vom 26. November 1878. U. III. 14316. (Ctrbl. S. 292—294).

Zur Ausführung der Vorschrift des § 135 Abs. 3 der Gewerbeordnung in der Fassung vom 11. Juli d. J. bestimmen wir folgendes:

I. Die Genehmigung der Schuleinrichtungen und Lehrpläne für die in Fabriken und den ihnen gleichgestellten Anlagen (§ 154, Abs. 2 und 3 der Gewerbeordnung) beschäftigten schulpflichtigen Kinder wird von den Königl. Regierungen — in Berlin von dem Provinzial-Schulkollegium, in der Provinz Hannover von den Konsistorialbehörden — erteilt.

Anträge auf Erteilung dieser Genehmigung sind durch Vermittelung der Kreisschulinspektoren — in Berlin durch die städtische Schuldeputation — einzureichen.

II. Soweit thunlich, ist auf die Errichtung besonderer Fabrikschulen für eine oder mehrere Fabriken, in welchen schulpflichtige Kinder beschäftigt werden, hinzuwirken. Namentlich ist dieselbe überall da zu genehmigen, wo die beteiligten Fabrikbesitzer die Beschaffung der ausreichenden Lehrkräfte, Schullokale und sonstigen Schulbedürfnisse aus eigenen Mitteln übernehmen.

III. Soweit besondere Fabrikschulen nicht errichtet werden können, ist zunächst zu erwägen, ob bei den Volksschulen, welche von den in den Fabriken beschäftigten Kindern besucht werden, besondere Klassen für diese einzurichten sind. Jedoch darf durch eine solche Einrichtung weder eine Überlastung der an der betreffenden Volksschule angestellten Lehrer, noch eine Beschränkung des Unterrichtes der übrigen die Volksschule besuchenden Kinder herbeigeführt werden.

IV. Die zur Unterhaltung der Volksschule Verpflichteten können wider ihren Willen mit den besonderen Kosten der unter II. und III. bezeichneten Schuleinrichtungen nicht belastet werden.

V. Können Einrichtungen der unter II. und III. erwähnten Art nicht getroffen werden, so ist den in Fabriken beschäftigten Kindern die Teilnahme an dem Unterrichte in den gewöhnlichen Volksschulklassen, wenn irgend thunlich, durch Modifikationen des Lehrplanes derselben zu ermöglichen. Diese Modifikationen bedürfen der Genehmigung, welche nur zu erteilen ist, wenn der Lehrplan so eingerichtet werden kann, daß ohne Überanstrengung der in Fabriken beschäftigen und ohne Beeinträchtigung des Unterrichts der übrigen Kinder, den ersten ein ausreichender Unterricht (vergl. Nr. IV.) erteilt werden kann. Dabei ist als Regel festzuhalten, daß die tägliche Beschäftigung in der Fabrik und der tägliche Unterricht zusammen nicht über neun Stunden in Anspruch nehmen dürfen.

VI. Bei Genehmigung der Lehrpläne ist folgendes zu beachten:

1. Die in den Fabriken beschäftigten Kinder müssen mindestens in der Religion, im Deutschen (Lesen und Schreiben), im Rechnen und in

der vaterländischen Geschichte Unterricht erhalten, und zwar muß dieser Unterricht in allen Fällen ein zusammenhängender sein.

2. Der tägliche Unterricht darf nicht durch Beschäftigung in der Fabrik unterbrochen werden.
3. Zwischen dem Ende der Arbeitszeit und dem Beginn des Unterrichts muß eine ausreichende Ruhezeit liegen.
4. Die Unterrichtsstunden dürfen nicht in die Zeit nach 7 Uhr abends und vor 7 Uhr morgens fallen, sie sind thunlichst so anzuordnen, daß diejenigen Kinder, welche vormittags Unterricht erhalten, nur nachmittags, und diejenigen, welche nachmittags Unterricht erhalten, nur vormittags in der Fabrik beschäftigt werden können.
5. Wo die Beschäftigung der Kinder in Fabriken in der Weise stattfindet, daß von zwei Abteilungen derselben die eine während der ersten, die andere während der zweiten Hälfte der täglichen Arbeitszeit der erwachsenen Arbeiter beschäftigt wird, ist der Lehrplan thunlichst so einzurichten, daß die eine Abteilung vormittags die andere nachmittags unterrichtet wird und in dieser Beziehung zwischen beiden wochenweise ein Wechsel eintritt.

VII. Von den genehmigten Schuleinrichtungen und Lehrplänen sind die zuständigen Ortspolizeibehörden in Kenntnis zu setzen.

VIII. Auf Kinder, welche nicht in Fabriken oder denselben gleichgestellten Anlagen, sonder anderweit mit gewerblicher Arbeit, namentlich auch in der Hausindustrie beschäftigt werden, finden die Vorschriften des § 135 der Gewerbeordnung keine Anwendung. Für dieselben sind daher Abweichungen von den allgemeinen, den Besuch der Volksschule betreffenden Bestimmungen auf Grund jener Vorschriften nicht zuzulassen.

Die Königliche Regierung wird veranlaßt, die Kreis- und Ortsschulinspektoren nach Maßgabe der vorstehenden Bestimmungen mit Anweisung zu versehen, auch die letzteren durch Ihr Amtsblatt zur öffentlichen Kenntnis zu bringen.

§ 57. Schulunterricht der bei der Seidenweberei beschäftigten Kinder.

Ministerial-Erlaß der MM. für Handel und der g. A. vom 27. April 1867, U. 7675. (Ctrbl. 1867, S. 498).

In der Vorstellung vom 14. v. Mts. führt die städtische Schul-Kommission in N. darüber Beschwerde, daß die Königliche Regierung durch Verfügung vom 4. Dezember v. J. die Schließung der dortigen evangelischen und katholischen Halbtagsschule und die Zurückweisung der in demselben befindlichen, zur Entlassung der noch nicht befähigten Schulkinder in die betreffenden Bezirksschulen angeordnet habe.

Die Beschwerde ist, soweit der Anordnung der Königlichen Regierung die Auffassung zugrunde lag, daß die von den Seidenwebern zur Aushilfe beschäftigten Kinder im Alter von 12 bis 14 Jahren als jugendliche Fabrikarbeiter im Sinne des Gesetzes nicht anzusehen seien, für begründet zu erachten. Sowohl das Regulativ über Beschäftigung jugendlicher Arbeiter in Fabriken vom 9. März 1839 wie das dasselbe ergänzende Gesetz vom 16. Mai 1853 haben es absichtlich vermieden den Begriff der Fabrik zu fixiren und die Entscheidung, ob eine Anstalt als Fabrik zu betrachten sei oder nicht, nach Lage der gegebenen Verhältnisse im einzelnen Falle der Verwaltungsbehörde überlassen wollen.

Von diesem Standpunkte aus ist den Königlichen Regierungen im Art. I. der Zirkular-Verfügung vom 18. August 1853 als entscheidender Gesichtspunkt für die Anwendung des Gesetzes vom 16. Mai d. J. die thatsächliche Frage bezeichnet, ob ein festes die gesamte Ausbildung der jugendlichen Arbeiter zum selbständigen Betrieb eines Geschäfts bezweckendes Lehrverhältnis nicht stattfinde.

Die letztere Voraussetzung trifft bei den Kindern, welche von den Seidenwebern zum Anfertigen der Spulen, Säubern der Kette und sonstigen Handleistungen beschäftigt werden, ohne Zweifel zu.

Der Anspruch der städtischen Schul-Kommission und der Handels-Kammer in N., daß diese Kinder dem § 4 des Gesetzes vom 16. Mai 1853 gemäß, nur zu einem dreistündigen täglichen Unterrichte anzuhalten seien, muß hiernach für gesetzlich begründet anerkannt werden.

Die Königliche Regierung veranlassen wir deshalb, die durch Verfügung vom 4. Dezember v. J. getroffene Anordnung zu suspendieren, und die vorliegende Beschwerde unter Annahme der Zulässigkeit eines täglichen Unterrichtes von 3 Stunden einer wiederholten Prüfung zu unterziehen. Ergiebt sich hierbei, daß die in N. für jene Kinder getroffenen Schuleinrichtungen ihrem Zweck entsprechen, was bei der Anerkennung, welche die Königliche Regierung denselben bisher gewährt hat, vorausgesetzt werden darf, so ist dem Antrag der Schul-Kommission auf Beibehaltung der bestehenden Einrichtung stattzugeben.

§ 58. Schulbesuch der in Nähanstalten beschäftigten Mädchen.

Ministerial-Erlaß der MM. des Innern, für Handel und der g. A.
U. 5105. (Ctrbl. 1861, S. 572).

Den Gesichtspunkten, von welchen das hiesige Königliche Polizei-Präsidium in dem, unter Vorbehalt der Rückgabe mit 6 Anlagen beifolgenden Berichte vom 8. September v. J. bei der Beurteilung der Beschwerden der Witwe N. und der verehelichten P., wegen Anwendung der Vorschriften über die Beschäftigung jugendlicher Fabrikarbeiter auf die in ihren Näh-Anstalten beschäftigten Mädchen ausgeht, ist dahin beizustimmen, daß die Anstalten, in welchen mit der Unterweisung junger Mädchen im Nähen die gewerbsmäßige Anfertigung von Hemden und ähnlichen Waaren verbunden wird, nicht lediglich als „Nähschulen" anzusehen, sondern auch den für gewerbliche Unternehmungen maßgebenden Bestimmungen zu unterwerfen, und nach der Art und dem Umfange ihres Betriebs zu den Fabrik-Anstalten zu rechnen sind.

Darnach dürfen die Beschwerdeführerinnen bei ihrem Gewerbebetriebe Mädchen unter sechszehn Jahren gegen Bezahlung nur unter den in dem Regulativ vom 9. März 1839 und in dem Gesetz vom 16. Mai 1853 vorgeschriebenen Bedingungen beschäftigen, und solchen Arbeiterinnen kann die Beibringung des in den §§ 2 und 3 a. a. O. erforderten Arbeitsbuchs nicht erlassen werden. Andererseits ist bereits in unserem, an den Magistrat gerichteten, dem Königlichen Provinzial-Schulkollegium mitgeteilten Erlasse vom 30. Dezember 1858 betreffend die Nähanstalten des N., ausgesprochen, daß die erwähnten Bedingungen nicht für die Beschäftigung derjenigen Mädchen gelten, welche für den ihnen erteilten Unterricht im Nähen ein Honorar zahlen. Es bedarf aber noch der Beschlußnahme darüber, welcher Bedingung die Beschäftigung derjenigen Mädchen unterliegt, welche in den Nähanstalten das Nähen ohne Entrichtung eines Honorars erlernen, indem sie die mit ihrer Unterweisung verbundener Mühewaltungen dadurch vergütigen, daß sie während der Lehrzeit für Rechnung der Unternehmerin arbeiten, ohne für diese Leistung einen Lohn zu erhalten. Das Königliche Polizeipräsidium scheint die in solcher Weise beschäftigten Mädchen gleich denjenigen, welche für den Unterricht ein Honorar entrichten, als Schülerinnen anzusehen. Sofern dieser Auffassung nicht besondere, aus den Interessen des Schulwesens hergeleitete Bedenken entgegentreten sollten, würde kein innerer Grund vorliegen, dieselbe zu verwerfen.

Dann reiht sich die von dem Königlichen Polizei-Präsidium angeregte weitere Frage, ob es notwendig oder ratsam ist, an dem, im Erlasse vom 30. Dezember 1858 aufgestellten Grundsatze festzuhalten, nach welchem die Verbindung einer Näh-Schule mit einer Fabrik nicht gestattet werden soll. Im allgemeinen liegt es bei den hier obwaltenden Verhältnissen nicht im Interesse der Erziehung und der Sittlichkeit, eine solche Verbindung zu begünstigen. Gleichwohl lassen die Anführungen der genannten Behörde und die von derselben angestellten Ermittelungen nicht verkennen, daß die strenge Sonderung der Einrichtungen zum Unterweisen im Nähen von der Herstellung genähter Waaren in die bisherigen Erwerbsverhältnisse der Beschwerdeführerinnen störend eingreifen, auch den Betrieb ähnlicher Anstalten anderer Unternehmer erschweren und manchen Eltern die ihren Wünschen zusagende Gelegenheit zur Ausbildung ihrer Töchter im Nähen entziehen würde. Im Hinblick auf diese Härten kann dem Vorschlage des Königlichen Polizei-Präsidiums in betreff der Zulassung der untersagten Einrichtungen unter der Bedingung, daß die als Fabrikarbeiterinnen und die als Schülerinnen arbeitenden Mädchen jedenfalls in getrennten Räumen beschäftigt werden müssen, eine nähere Erwägung in Beziehung auf diejenigen Anstalten nicht versagt werden, deren ordnungsmäßiger Betrieb zugleich die gewissenhafte Befolgung der Vorschriften verbürgt, durch welche der regelmäßige Schulbesuch der noch schulpflichtigen Mädchen sicher zu stellen wäre.

Demzufolge veranlassen wir das Königliche Provinzial-Schul-Kollegium, die vorstehend bezeichneten Fragen zunächst durch die städtische Schuldeputation mit Berücksichtigung der Anführungen des Königlichen Polizeipräsidiums und der eingeschlossenen Eingabe der Witwe N. vom 17. Januar d. J. erörtern zu lassen. Dabei ist die Schuldeputation mit Hinweisung auf die Bedenken, welche der beabsichtigten Zurücknahme der jener Unternehmerinnen im Jahre 1841 erteilten Konzession zur Fortführung ihrer Nähschule entgegenstehen, zur Angabe der Bedingungen aufzufordern, unter welchen mit Berücksichtigung der Schul-Interessen diese Konzession in Wirksamkeit bleiben und die p. P. eine gleiche Konzession erhalten kann ꝛc.

§ 59. Schulbesuch der in Nähanstalten beschäftigten Mädchen.

Ministerial-Erlaß der MM. für Handel, der g. A. und des Innern vom 31. Dezember 1861. U. 20869. (Ctrbl. 1862, S. 119–121).

Nachdem die Vorsteherinnen derjenigen hiesigen Nähschulen, in welchen früher neben den Schülerinnen auch Lohn erhaltende Arbeiterinnen gewerbsmäßig mit der Anfertigung von Hemden und ähnlichen Waren beschäftigt worden, wie die mit dem Berichte des Königlichen Provinzial-Schulkollegiums vom 17. September d. J. vorgelegte Äußerung der städtischen Schuldeputation vom 27. August d. J. ergiebt, mit Ausnahme der Witwe N. sich der angeordneten Sonderung der Nähschulen von den gewerblichen Nähanstalten unterworfen haben, unterliegt es keinem Bedenken, diese durch sittliche und erziehliche Rücksichten empfohlene Sonderung auch fernerhin im Sinne des an den Magistrat gerichteten Erlasses vom 30. Dezember 1858 durchzuführen. Soweit indessen die von der p. N. nachgesuchte Ermächtigung zur ferneren Unterweisung junger Mädchen im Nähen in Frage kommt, läßt sich die Beschwerde derselben darüber, daß die ihr im Jahre 1824 erteilte Konzession zur Fortführung der Nähschule ihrer Mutter jetzt lediglich wegen der fabrikmäßigen Ausdehnung ihres Betriebes für erloschen erklärt worden ist, nicht ohne weiteres als unbegründet zurückweisen.

Nach den stattgefundenen Ermittelungen erlernen in der Anstalt der Beschwerdeführerin junge Mädchen das Nähen in der Weise, daß sie für ihre Unterweisung kein Honorar entrichten, sondern statt desselben während der Lehrzeit für die p. N. arbeiten, ohne dafür einen Lohn zu erhalten.

Die Schuldeputation will diese Mädchen abweichend von der Auffassung des Königlichen Polizeipräsidiums, nicht als Schülerinnen, sondern wegen des gewerblichen Charakters der Anstalt und mit Rücksicht auf den Zweck der in derselben gesuchten Ausbildung als Fabrikarbeiterinnen ansehen und ihre Beschäftigung von den in dem Regulative vom 9. März 1839 und im Gesetze vom 16. Mai 1853 vorgeschriebenen Bedingungen abhängig machen. Das Lehrverhältnis, in welchem die erwähnten Mädchen stehen, entspricht jedoch nicht den Voraussetzungen, unter welchen nach der Zirkular-Verfügung vom 18. August 1853 zu I. (Ministerialblatt für die innere Verwaltung S. 198) die Bestimmungen über die Beschäftigung jugendlicher Fabrikarbeiter zur Anwendung kommen. Demzufolge darf jenen Mädchen auch die Beibringung der in den §§ 2 und 3 des Gesetzes vom 16. Mai 1853 erforderten Arbeitsbücher nicht angesonnen werden. Dieselben sind vielmehr gleich denjenigen, welche für ihre Unterweisung Honorar zahlen, als Schülerinnen zu behandeln, mithin zu der ihre Ausbildung im Nähen bezweckende Beschäftigung auch ohne Erfüllung der Bedingungen zuzulassen, welchen die gegen Lohn beschäftigten Arbeiterinnen zu genügen haben.

Wenngleich danach bei der bezeichneten Klasse von Mädchen die Schwierigkeiten wegfallen, welche aus dem Widerstreben der Eltern gegen die verlangte Beschaffung der Arbeitsbücher herzuleiten sind, so würde die Beschwerdeführerin doch andererseits Schülerinnen, mögen dieselben Honorar zahlen oder nicht, überhaupt nicht mehr beschäftigen dürfen, wenn ihre Konzession zur Fortführung einer Näheschule zurückgenommen werden sollte. Der Verlust der Befugnis zur ferneren Ausbildung von Schülerinnen würde aber nach den vorliegenden Nachrichten über die Einrichtung ihres Betriebes den jungen Mädchen eine häufig benutzte Gelegenheit zur Erlangung nützlicher Fertigkeiten im Nähen entziehen, welche ihnen durch die auf das Honorar der Schülerinnen angewiesenen Nähschulen unter gleich günstigen Bedingungen nicht dargeboten wird.

Mit Rücksicht hierauf und auf die günstige Beurteilung, welcher die inrede stehende Anstalt unter der langjährigen Leitung der p. N. sich erfreut hat, ist der letzteren die bisherige Konzession zum Halten einer Nähschule ausnahmsweise in dem Falle zu belassen, wenn sie nicht allein für die gewissenhafte Befolgung der Vorschriften über den Schulbesuch der noch schulpflichtigen Mädchen verbürgt, sondern auch ihren Betrieb so einrichtet, daß die als Schülerinnen anzusehenden Mädchen und die erwachsenen Arbeiterinnen in völlig getrennten Räumen beschäftigt werden und ein häufiger Verkehr zwischen beiden Klassen von Mädchen ausgeschlossen bleibt.

Dagegen kann dieselbe von der Beibringung der Arbeitsbücher für diejenigen Mädchen unter 16 Jahren, welche von ihr gegen Lohn beschäftigt werden, nicht entbunden werden.

In dieser Beziehung ist auch auf den Vorschlag der Schuldeputation, nach welchem statt der im Gesetze vom 16. Mai 1853 vorgeschriebenen Arbeitsbücher ein anderer Ausweis in der Form von Arbeitskarten zu verlangen wäre, aus den im Berichte des Königlichen Provinzial-Schul-Kollegiums erörterten Gründen nicht einzugehen.

In der Nähanstalt der verehelichten P. werden nach den Ermittelungen des Königlichen Polizeipräsidiums außer einer Gehilfin von 22 Jahren Arbeiterinnen gegen Lohn überhaupt nicht, sondern nur Schülerinnen beschäftigt, welche, ohne Lohn zu beziehen, für die Anstalt arbeiten oder für den ihnen erteilten Unterricht Honorar zahlen. Da bei dieser Einrichtung des Betriebes die Vorschriften über die Beschäftigung jugendlicher Arbeiter in Fabriken außer Anwendung bleiben, so steht dem Gesuche der p. P. um die Erlaubnis zur Ausbildung von Schülerinnen im Nähen auch der Grundsatz nicht entgegen, nach welchem die Verbindung einer Nähschule mit einer Fabrikanstalt nicht zugelassen werden soll. Die Schuldeputation wird daher entweder jenem Gesuche willfahren oder ihre sonstigen Bedenken gegen die Erteilung der nachgesuchten Erlaubnis anzuzeigen haben. In letzterem Falle bleibt die weitere Beschlußnahme über die Bewilligung der versagten Konzession zunächst dem Königlichen Provinzial-Schulkollegium überlassen 2c.

§ 60. Anordnungen über den Schulbesuch der Schifferkinder während der Winterzeit.

Ministerial-Erlaß vom 28. Dezember 1878 des M. der g. A. U. III. 14658. (Ctrbl. 1879, S. 212).

Meine Zirkular-Verfügung vom 10. März v. J. hat Anlaß gegeben, daß über den Schulbesuch der Schifferkinder während der Winterzeit von der Königlichen Regierung zu Bromberg unter dem 11. v. M. eine Polizei-Verordnung *) und eine allgemeine Verfügung †) erlassen worden sind.

Beide Schriftstücke erhält die Königliche Regierung anbei abschriftlich mit der Veranlassung, auch für den dortigen Verwaltungsbezirk auf eine

*) cf. § 61. †) cf. § 62.

entsprechende Regelung der Sache hinzuwirken und davon, in welcher Weise dies geschehen, Anzeige zu machen.

§ 61. Polizei-Verordnung, betreffend den Schulbesuch der Schiffer-Kinder während der Winterzeit.

Verordnung der Königlichen Regierung zu Bromberg vom 11. November 1878. (Ctrbl. 1879, S. 213).

Auf Grund der §§ 11 ff. des Gesetzes über die Polizeiverwaltung vom 11. März 1850 (Ges.-S. 1850, S. 265 u. f.) erlassen wir für den Umfang unseres Verwaltungsbezirks nachstehende Polizeiverordnung:

1. Jeder Kahnschiffer, welcher die Gewässer des Regierungsbezirks Bromberg mit seiner Familie befährt, hat eine von der Polizeibehörde seines Heimatsortes ausgestellte Nachweisung bei sich zu führen, in welcher angegeben ist:
   a) Die Nummer des Fahrzeuges,
   b) Vor- und Zuname des Schiffers,
   c) Heimatsort desselben nebst Kreis und Regierungsbezirk,
   d) Name und Alter jedes Kindes, welches er mit sich an Bord genommen hat.
2. Die ad 1 bezeichnete Nachweisung ist bei dem jedesmaligen Durchgange durch den Bromberger Kanal der Königlichen Kanalinspektion oder dem an derselben mit der Kontrolle der Fahrzeuge beauftragten Beamten, bei dem Einlaufen in den Hafen bei Deutsch-Fordon aber dem Hafeninspektor vorzulegen.
3. Wenn ein Kahnschiffer in den Gewässern des Bromberger Regierungsbezirks überwintert, so hat er, spätestens am 3. Tage nach seiner Anlage am Überwinterungsplatze, die schulpflichtigen Kinder, welche er mit sich führt, unter Vorlegung der Nachweisung ad 1 bei der nächsten Ortspolizeibehörde anzumelden und anzugeben, in welche Schule er die betreffenden Kinder schicken werde.
4. Bei seiner Abfahrt von dem Überwinterungsplatze hat er der Polizeibehörde die Schulabgangszeugnisse seiner schulpflichtigen Kinder zur Abstempelung vorzulegen.
5. Die Königliche Kanal- bezw. die Hafeninspektion ist berechtigt, sich die abgestempelten Schul-Abgangszeugnisse zur Kenntnisnahme vorlegen zu lassen.
6. Wer die ad 2, 3 und 4 vorgeschriebenen Anmeldungen versäumt, verfällt in eine Polizeistrafe bis 5 M. für jeden Fall.
7. Bei der Rückkehr in die Heimat sind die Schulabgangszeugnisse der dortigen Polizeibehörde auf Verlangen zur Kenntnisnahme vorzulegen.

§ 62. Allgemeine Verfügung, den Schulbesuch der Schifferkinder betreffend.

Verfügung der Königlichen Regierung zu Bromberg vom 11. November 1878. (Ctrbl. 1879, S. 214).

Durch Polizeiverordnung vom heutigen Tage sind diejenigen Kahnschiffer, welche mit ihren Familien in den Gewässern des Bromberger Regierungsbezirks überwintern, verpflichtet worden, die schulpflichtigen Kinder, welche sie mit sich führen, spätestens am 3. Tage nach ihrer Anlage am Überwinterungsplatze bei der nächsten Ortspolizeibehörde anzumelden und anzugeben, in welche Schule sie ihre Kinder schicken werden.

Die Ortspolizeibehörden werden hiermit angewiesen, die Ausführung dieser Verordnung streng zu überwachen und etwaige Übertretungen derselben sofort zur Bestrafung zu bringen.

Die angemeldeten, bezw. die bei der vorzunehmenden Revision der Kähne vorgefundenen schulpflichtigen Kinder sind dem betreffenden Lehrer oder Schulvorsteher sofort schriftlich anzuzeigen.

Die Aufnahme der Schifferkinder in öffentliche Schulen darf von den betreffenden Schulvorständen nicht verweigert werden.

Für den Unterricht der Schifferkinder in öffentlichen Schulen ist das ortsübliche Schulgeld, monatlich praenumerando und zwar das erste Mal binnen acht Tagen nach dem Einlaufen des Schiffers in den Winterhafen zu zahlen oder wenn die betreffende Schule durch Hausväterbeiträge, bezw. mit Hilfe von Staatszuschüssen erhalten wird, pro Kind bei dessen Eintritt 2 M. und bei dessen Austritt aus der Schule 1 M. zur Schulkasse zu zahlen.

Beim Austritt aus der Schule erhält jedes Schifferkind unentgeltlich ein Abgangszeugnis.

Im Falle des Eintrittes eines Schifferkindes in eine Privatschule bleibt die Höhe des zu entrichtenden Schulgeldes dem Privatabkommen überlassen, jedoch hat der Schiffer von dem Vorsteher, bezw. von der Vorsteherin der Privatschule ein Abgangszeugnis ausstellen zu lassen.

In dem Abgangszeugnisse sind anzugeben:

1. Vor- und Zuname, Heimatsort und Alter des Schifferkindes,
2. Tag des Eintrittes und Austritts des Kindes in und aus der betreffenden Schule,
3. Anzahl der versäumten Schultage,
4. Betragen und Fleiß des Kindes,
5. Fortschritte derselben mit Angabe der Klasse (resp. Abteilung), in welcher es gesessen hat. Sollte das Kind noch überhaupt nicht lesen und schreiben können, so ist das besonders zu bemerken.

Die Schulvorsteher und Lehrer haben den Schulbesuch der Schifferkinder genau zu kontrollieren und etwaige Schulversäumnisse den Ortspolizeibehörden alle 2 Wochen zur Bestrafung anzuzeigen.

Die Ortspolizeibehörde hat den Schulbesuch der Schifferkinder auch ihrerseits zu überwachen und etwaige Schulversäumnisse nach Maßgabe der Instruktion vom 5. Oktober 1871 (amtl. Schulblatt pro 1871 Nr. 25 pag. 125 folgd.) zu bestrafen, wobei mit angemessener Strenge zu verfahren ist.

§ 63. Anordnungen über den Schulbesuch der Schifferkinder während der Winterzeit im Regierungsbezirk Posen.

Polizeiverordnung, betreffend den Schulbesuch der Schifferkinder während der Winterzeit. Verfügung der Königl. Regierung zu Posen vom 18. Juni 1879. (Ctrbl. 1879, S. 582).

Auf Grund des § 11 des Gesetzes vom 11. März 1850 (Ges.-S. 1850, Seite 265 u. f.) wird hierdurch für den Umfang unseres Verwaltungs-Bezirks folgendes verordnet:

1. Personen, welche in den Gewässern des Regierungsbezirkes Posen Schiffahrt treiben oder dabei beschäftigt werden und während der Winterzeit mit ihren Fahrzeugen außerhalb ihres Wohnortes überwintern, sind verpflichtet, die bei ihnen befindlichen schulpflichtigen Kinder binnen spätestens 8 Tagen nach Einstellung der Schiffahrt bei der nächsten Ortspolizeibehörde anzumelden und anzugeben, in welche Schule sie die betreffenden Kinder schicken werden, widrigenfalls sie eine Polizeistrafe von 1 bis 10 M. für jeden versäumten Tag oder im Unvermögensfalle in eine entsprechende Gefängnishaft verfallen.

2. Behufs Ausweisung über die Schulpflichtigkeit der betreffenden Kinder haben die ad 1 bezeichneten Personen eine von der Polizeibehörde ihres Heimatsortes ausgestellte Nachweisung bei sich zu führen, in welcher angegeben ist:

a) Die Nummer des Fahrzeuges,
b) Vor- und Zuname des Vaters, bezw. Pflegers des betreffenden schulpflichtigen Kindes,
c) Heimatsort desselben, nebst Kreis- und Regierungsbezirk,
d) Name und Alter jedes Kindes, welches er mit sich an Bord führt.

3. Behufs Nachweis der Erfüllung der Verpflichtung ad 1 haben die gedachten Personen sich bei Wiederbeginn der Schiffahrt mit einem von dem betreffenden Lokalschulinspektor auszustellenden Schulabgangszeugnisse zu versehen.

4. Die ad 2 bezeichnete Nachweisung, sowie das Zeugnis ad 3 sind außer den betreffenden Ortspolizeibehörden bei Beginn und Ende der Einwinterung des Fahrzeuges, den mit der Stromaufsicht betrauten Beamten und zwar:

a) für Pogorzelice und Neustadt dem Stromaufseher Smolski in Neustadt a. W.,
b) für Schrimm dem Stromaufseher Niester daselbst,
c) „ Hohensee „ „ Reiche in Moschin,
d) „ Posen „ „ Bittner daselbst,
e) „ Obornik „ „ Hoffmann in Uscikowo,
f) „ Obersitzko und Wronke dem Stromaufseher Sandau in Wronke,
g) „ Zirke und Birnbaum dem Stromaufseher Pudritzki in Birnbaum und
h) für Schwerin dem Stromaufseher Schiche daselbst

bei der Durchfahrt durch die betreffenden Stationen vorzulegen.

5. Personen, welche nicht im Besitze der ad 2 und 3 bezeichneten Atteste gefunden werden, verfallen in eine Polizeistrafe bis zu 5 Mark für jeden Fall, oder im Unvermögen in eine entsprechende Gefängnishaft.

§ 64. Allgemeine Verfügung, betreffend den Schulbesuch der Schifferkinder während der Winterzeit.

Verf. der Königl. Regierung zu Posen den 18. Juni 1879. (Ctrbl. 1879, S. 583).

Durch Polizei-Verordnung vom heutigen Tage sind diejenigen Personen, welche in den Gewässern des Regierungsbezirks Posen Schiffahrt treiben oder dabei beschäftigt werden und während der Winterzeit mit ihren Fahrzeugen außerhalb ihres Wohnortes überwintern, verpflichtet die bei ihnen befindlichen schulpflichtigen Kindern binnen spätestens 8 Tagen nach Einstellung der Schiffahrt bei der nächsten Ortspolizeibehörde anzumelden und anzugeben, welcher Schule sie die betreffenden Kinder zuführen werden.

Indem wir die betreffenden Ortspolizeibehörden hiermit anweisen, die Ausführung der gedachten Verordnung streng zu überwachen und etwaige Übertretungen derselben sofort zur Bestrafung zu bringen, bestimmen wir zur weiteren Ausführung derselben folgendes:

1. Die angemeldeten, bezw. die bei der vorzunehmenden Revision der Fahrzeuge vorgefundenen schulpflichtigen Kinder sind sofort dem betreffenden Lehrer und Schulvorstande zur Aufnahme in die Schule schriftlich anzuzeigen.

2. Die Aufnahme dieser Schulkinder in öffentliche Schulen darf von den betreffenden Schulvorständen nicht verweigert werden.

3. Für den Unterricht derselben in öffentlichen Schulen ist das ortsübliche Schulgeld monatlich praenumerando, oder wenn die betreffende Schule durch Hausväterbeiträge, bezw. mit Hilfe von Staatsbeihilfen unterhalten wird, für jedes Kind bei dessen Eintritt zwei Mark und bei dessen Austritt aus der Schule eine Mark zur Schulkasse zu zahlen.

Wird ein Schifferkind einer Privatschule zugeführt, so bleibt die Höhe des Schulgeldes der freien Vereinbarung überlassen.

4. Über die Kontrolle des Schulbesuchs der Schifferkinder bleiben die bisher geltenden Bestimmungen, jedoch mit der Maßgabe in Geltung, daß die Schulversäumnisse derselben nicht wie sonst monatlich, sondern alle 14 Tage der betreffenden Ortspolizeibehörde zur Bestrafung anzuzeigen sind und daß nötigenfalls von Hause aus ein erhöhtes Strafmaß in Anwendung zu bringen ist.

5. Bei der Abmeldung der Schifferkinder von dem Schulbesuche mit dem Winterbeginne der Schiffahrt ist jedem derselben unentgeltlich von dem betreffenden Lokalschulinspektor ein Schulabgangszeugnis auszustellen, welches

a) den Vor- und Zunamen, Alter und Heimatsort des Kindes,
b) den Tag des Eintrittes und des Austrittes aus der betreffenden Schule,
c) die Anzahl der versäumten Schultage,
d) Betragen und Fleiß,
e) die Fortschritte und den Grad der erlangten Kenntnisse und Fertigkeiten enthält.

§ 65. Regelung des Fabrikschulwesens.

Reg.-Verf., Arnsberg, den 14. Juni 1876, (Ctrbl. S. 694, Nr. 293).

Zur Beseitigung eingetretener Unzuträglichkeiten wird bezüglich des Fabrikschulwesens folgendes zur genauen Beachtung in Erinnerung gebracht, event. angeordnet.

1. Es ist nicht gestattet schulpflichtige Kinder, welche nicht vorschriftsmäßig als Arbeiter in Fabrikanstalten angenommen sind und darin regelmäßig beschäftigt werden, in Fabrikschulen mit abgekürztem Tagesunterricht aufzunehmen.

Der Fabrikschullehrer hat sich bei der Anmeldung eines Schülers nicht nur von dem Vorhandensein vorgenannter Requisite genügend zu überzeugen, sondern auch fortwährend zu kontrollieren, ob die von ihm aufgenommenen Schüler noch in Fabrikanstalten beschäftigt sind, und wenn dieses nicht der Fall ist, dem Ortsvorstande zur weiteren Veranlassung sofort Anzeige zu machen.

2. Jeder Lehrer einer Fabrikschule ist verpflichtet ein Schulverzeichnis zu führen, worin außer dem Schülernamen, der Vater oder Vormund, das Alter, der Wohnort und der Tag der Aufnahme des Schülers in die Fabrikschule, sowie die seither von dem Schüler besuchte Schule anzugeben ist.

3. Die Aufnahme in die Fabrikschule darf nur bei Beginn eines Schulsemesters zu Ostern oder Michaelis und unter Vorzeigung eines von dem Lehrer und Vorstande der seither besuchten Schule ausgestellten Zeugnisses über den seitherigen Schulbesuch und den Erfolg des genossenen Unterrichts erfolgen.

4. Von der erfolgten Aufnahme eines Schülers in der Fabrikschule hat der Fabrikschullehrer dem seitherigen Lehrer des Kindes sofort Anzeige zu machen. Bis zur erfolgten desfalsigen Anzeige ist der Schüler in der Liste seiner seither besuchten Schule fortzuführen; nach erfolgter Anzeige ist in derselben der betreffende Vermerk zu machen, die Anzeige selbst aber als Belag aufzubewahren.

5. Für die Führung der Absentenlisten in Fabrikschulen und für die Behandlung der Absenzfälle gelten die für die Volksschulen erlassenen Bestimmungen.

6. Die Ortsschulvorstände haben die Fabrikschulen in gleicher Weise, wie die durch § 13 der Instruktion für die Ortsschulvorstände vom 6. November 1829 ihnen unterstellten öffentlichen und Privatschulen, zu beaufsichtigen, dem gemäß in entsprechender Weise den Schulbesuch zu kontrollieren und zur sicheren Information sich nicht allein die Absentenlisten vorschriftsmäßig vorlegen zu lassen, sondern auch bei Beginn eines jeden Schulsemesters auf Grund der alinea 2 § 130 der Gewerbeordnung vom 21. Juni 1869 von dem Arbeitgeber ein Verzeichnis der von ihm beschäftigten jugendlichen Arbeiter einzufordern.

Die Schulvorstände haben hiernach die Lehrer zu instruieren.

§ 66. Beschäftigung der Kinder in Fabriken, Abänderung der Gewerbe-Ordnung-Gesetze vom 17. Juli 1878.

Ausführungsverf. der Reg. zu Potsdam vom 6. November 1878.

§ 135. Kinder unter 12 Jahren dürfen in Fabriken nicht beschäftigt werden. Die Beschäftigung der Kinder unter 14 Jahren darf die Dauer von 6 Stunden täglich nicht überschreiten.

Kinder, welche zum Besuche der Volksschulen verpflichtet sind, dürfen in Fabriken nur dann beschäftigt werden, wenn sie in der Volksschule oder in einer von der Schulaufsichtsbehörde genehmigten Schule und nach einem von ihm genehmigten Lehrplane einen regelmäßigen Unterricht von mindestens drei Stunden täglich genießen.

Junge Leute zwischen 14 und 16 Jahren dürfen in Fabriken nicht länger als 10 Stunden täglich beschäftigt werden.

§ 136. Die Arbeitszeit der jugendlichen Arbeiter darf nicht vor $5^1/_2$ Uhr morgens beginnen und über $8^1/_2$ Uhr abends dauern. Zwischen den Arbeitsstunden müssen an jedem Arbeitstage regelmäßige Pausen gewährt werden. Die Pausen müssen für Kinder $^1/_2$ Stunde, für junge Leute zwischen 14 und 16 Jahren mittags 1 Stunde, sowie vormittags und nachmittags $^1/_2$ Stunde mindestens betragen.

Während der Pausen darf den jugendlichen Arbeitern eine Beschäftigung in dem Fabrikbetrieb überhaupt nicht und der Aufenthalt in den Arbeitsräumen nur dann gestattet werden, wenn in derselben diejenigen Teile des Betriebes, in welchem jugendliche Arbeiter beschäftigt sind, für die Zeit der Pause völlig eingestellt werden.

An Sonn- und Festtagen, sowie während der von dem ordentlichen Seelsorger für den Katechumenen- und Konfirmanden-, Beicht- und Kommunionunterricht bestimmten Stunden dürfen jugendliche Arbeiter nicht beschäftigt werden.

§ 137. Die Beschäftigung eines Kindes in Fabriken ist nicht gestattet, wenn dem Arbeitgeber nicht zuvor für dasselbe eine Arbeitskarte eingehändigt ist. Eines Arbeitsbuches bedarf es daneben nicht.

Die Arbeitskarten werden auf Antrag oder mit Zustimmung des Vaters oder Vormundes durch die Ortspolizeibehörde kosten- und stempelfrei ausgestellt; ist die Erklärung des Vaters nicht zu beschaffen, so kann die Gemeindebehörde die Zustimmung desselben ergänzen. Sie haben den Namen, Stand und letzten Wohnort des Vaters oder Vormundes und außerdem die zur Erfüllung der gesetzlichen Schulpflicht getroffenen Einrichtungen anzugeben.

Der Arbeitgeber hat die Arbeitskarte zu verwahren, auf amtliches Verlangen jedoch jederzeit vorzulegen und am Ende des Arbeitsverhältnisses dem Vater oder Vormund auszuhändigen. Ist die Wohnung des Vaters nicht zu ermitteln, so erfolgt die Zustellung der Arbeitskarte an die Mutter oder den sonstigen nächsten Angehörigen des Kindes.

§ 138. Sollen jugendliche Arbeiter in Fabriken beschäftigt werden, so hat der Arbeitgeber vor dem Beginn der Beschäftigung der Ortspolizeibehörde eine schriftliche Anzeige zu machen.

In der Anzeige sind die Fabrik, die Wochentage, an welchen die Beschäftigung stattfinden soll, Beginn und Ende der Arbeitszeit und der Pausen, sowie die Art der Beschäftigung anzugeben. Eine Änderung hierin darf, abgesehen von Verschiebungen, welche durch Ersetzung behinderter Arbeiter für einzelne Arbeitsschichten notwendig werden, nicht erfolgen, bevor eine entsprechende weitere Anzeige der Behörde gemacht ist.

In jeder Fabrik hat der Arbeitgeber dafür zu sorgen, daß in den Fabrikräumen, in welchen jugendliche Arbeiter beschäftigt werden, an einer in die Augen fallenden Stelle ein Verzeichnis der jugendlichen Arbeiter unter Angabe ihrer Arbeitstage, sowie des Beginns und Endes ihrer Arbeitszeit und der Pausen ausgehängt ist. Ebenso hat er dafür zu sorgen, daß in den bezeichneten Räumen eine Tafel ausgehängt ist, welche in der von der Centralbehörde zu bestimmenden Fassung und in deutlicher Schrift einen Auszug aus den Bestimmungen über die Beschäftigung jugendlicher Arbeiter enthält.

§ 139. Wenn die Natur des Betriebes oder Rücksichten auf die Arbeiter in einzelnen Fabriken es erwünscht erscheinen lassen, daß die Arbeitszeit der jugendlichen Arbeiter in einer andern als der durch § 136 vorgesehenen Weise geregelt wird, so kann auf besonderen Antrag eine anderweite Regelung hinsichtlich der Pausen durch die höhere Verwaltungsbehörde, im übrigen durch den Reichskanzler gestattet werden. Jedoch dürfen in solchen Fällen die jugendlichen Arbeiter nicht länger als 6 Stunden beschäftigt werden.

Die auf Grund vorstehender Bestimmungen zu treffenden Verfügungen müssen schriftlich erlassen werden.

§ 139a. Durch Beschluß des Bundesrates kann die Verwendung von jugendlichen Arbeitern, sowie von Arbeiterinnen für gewisse Fabrikzweige, welche mit besonderen Gefahren für Gesundheit oder Sittlichkeit verbunden sind, gänzlich untersagt oder von besonderen Bedingungen abhängig gemacht werden. Insbesondere kann für gewisse Fabrikationszweige die Nachtarbeit der Arbeiterinnen untersagt werden.

Für Spinnereien oder Fabriken, welche auf eine regelmäßige Tag- und Nachtarbeit angewiesen oder auf bestimmte Jahreszeiten beschränkt sind, können Ausnahmen von den im § 135 Abs. 2 bis 4 und in § 136 vorgeschriebenen Beschränkungen nachgelassen werden. Jedoch darf in solchen Fällen die Arbeitszeit für Kinder die Dauer von 36 Stunden und für junge Leute die Dauer von 60, in Spinnereien von 66 Stunden wöchentlich nicht überschreiten.

§ 139b. Die Aufsicht über die Ausführung der Bestimmungen der §§ 135 bis 139a ist ausschließlich oder neben den ordentlichen Polizeibehörden besonderen von den Landesregierungen zu ernennenden Beamten zu übertragen. Denselben stehen bei der Ausübung dieser Aufsicht alle amtlichen Befugnisse der Ortspolizeibehörden, insbesondere das Recht zur jederzeitigen Revision der Fabriken zu.

Die erwähnten Beamten haben Jahresbericht über ihre amtliche Thätigkeit zu erstatten. Diese Jahresberichte oder Auszüge aus denselben sind dem Bundesrat und dem Reichstage vorzulegen.

Dieses Gesetz tritt mit dem 1. Januar 1879 in Kraft. Zuwiderhandlungen werden mit Geldstrafe bis 200 Mk. oder Gefängniß bis 6 Monate nach Artikel II. § 146 bestraft.

§ 67. Fabrikarbeiter-Schulen im Regierungsbezirk Aachen.

Auszug aus dem Zeitungsbericht der Königlichen Regierung zu Aachen für die Monate August und September 1862.

Die mittels einer fortlaufenden Subvention des Aachener Vereins zur Beförderung der Arbeitsamkeit hier und in Burtscheid eingerichteten Abendschulen für Fabrikarbeiter sind in Tagesschulen umgewandelt worden, an welchen ein Teil der jugendlichen Arbeiter vormittags, der andere nachmittags unterrichtet wird. Die Einrichtung, durch welche den Arbeitgebern die Gelegenheit zu einer zweckmäßigeren Verwendung solcher Arbeiter und Arbeiterinnen, sowie den letzteren zu einer sechsstündigen lohnenden Beschäftigung verschafft wird, tritt mit dem jetzt beginnenden neuen Schuljahre in Wirksamkeit.

§ 68. Schulunterricht 2c. der bei Ziegeleien beschäftigten jugendlichen Arbeiter.

Ministerial-Erlaß der MM. für Handel und der g. A. vom 21. Januar 1869.

Auf die an das Königl. Staats-Ministerium gerichtete, ressortmäßig hierher abgegebene Vorstellung vom 31. Dezember v. J. wird Ew. Wohlgeboren eröffnet, daß das durch die Allerhöchste Kabinets-Ordre vom 22. September 1867 in der Provinz Hannover eingeführte Regulativ vom 9. März 1839 über die Beschäftigung jugendlicher Arbeiter in Fabriken, sowie das Gesetz, betreffend einige Abänderungen dieses Regulativs vom 16. Mai 1853 nach Maßgabe des in der Zirkular-Verfügung vom 18. August 1853 unter I ausgesprochenen Grundsatzes auf alle Anstalten Anwendung findet, in welchen ein festes, die gesamte Ausbildung der jugendlichen Arbeiter bezweckendes Lehrverhältnis nicht stattfindet. Mit einem solchen Lehrverhältnis ist die Beschäftigung jugendlicher Arbeiter in einer Ziegelei nicht verbunden; es kann daher ihrem Antrage, die eben genannten Vorschriften hinsichtlich der in der Ziegelei beschäftigter jugendlicher Arbeiter außer Anwendung zu lassen, nicht entsprochen werden.

§ 69. Schulbesuch der in Fabriken beschäftigten Kinder.

Verordnung der Königl. Regierung zu Königsberg vom 20. Dezember 1878. (Amtsbl. 1879, S. 7).

Zur Ausführung der Vorschrift des § 135 Abs. 3 der Gewerbeordnung in der Fassung des Gesetzes vom 17. Juli 1878 bestimmen wir folgendes:

I. Die Genehmigung der Schuleinrichtungen und Lehrpläne für die in Fabriken und den ihnen gleichgestellten Anlagen (§ 154 Abs. 2 und 3 Gew.-O.) beschäftigten schulpflichtigen Kinder wird von der Königlichen Regierung erteilt.

Anträge auf Erteilung dieser Genehmigung sind durch Vermittelung der Kreisschulinspektoren einzureichen.

II. Soweit thunlich, ist auf die Errichtung besonderer Fabrikschulen für eine oder mehrere Fabriken, in welchen schulpflichtige Kinder beschäftigt werden, hinzuwirken. Namentlich wird dieselbe überall da genehmigt werden, wo die beteiligten Fabrikbesitzer die Beschaffung der ausreichenden Lehrkräfte, Schullokale und sonstigen Schulbedürfnisse aus eigenen Mitteln übernehmen.

III. Soweit besondere Fabrikschulen nicht errichtet werden können, ist zunächst zu erwägen, ob bei den Volksschulen, welche von den in den Fabriken beschäftigten Kindern besucht werden, besondere Klassen für diese einzurichten sind. Jedoch darf durch eine solche Einrichtung weder eine Überlastung der an der Volksschule angestellten Lehrer noch eine Beschränkung des Unterrichts der übrigen die Volksschule besuchenden Kinder herbeigeführt werden.

IV. Die zur Unterhaltung der Volksschule Verpflichteten können wider ihren Willen mit den besonderen Kosten der unter II. und III. bezeichneten Schuleinrichtungen nicht belastet werden.

V. Können Einrichtungen der unter II. und III. erwähnten Art nicht getroffen werden, so ist den in den Fabriken beschäftigten Kindern die Teilnahme an dem Unterricht in den gewöhnlichen Volksschulklassen, wenn irgend thunlich, durch Modifikationen des Lehrplans derselben zu ermöglichen. Diese Modifikationen bedürfen der Genehmigung, welche nur erteilt wird, wenn der Lehrplan so eingerichtet werden kann, daß ohne Überanstrengung der in den Fabriken beschäftigten und ohne Beeinträchtigung des Unterrichts der übrigen Kinder den ersteren ein ausreichender Unterricht (vgl. IV.) erteilt werden kann. Dabei ist als Regel festzuhalten, daß die tägliche Beschäftigung in der Fabrik und der tägliche Unterricht zusammen nicht über 9 Stunden in Anspruch nehmen dürfen.

VI. Bei Genehmigung der Lehrpläne ist folgendes zu beachten:

1. Die in Fabriken beschäftigten Kinder müssen mindestens in der Religion, im Deutschen (Lesen und Schreiben), im Rechnen und in der vaterländischen Geschichte Unterricht erhalten, und zwar muß dieser Unterricht in allen Fällen ein zusammenhängender sein.

2. Der tägliche Unterricht darf nicht durch Beschäftigung in der Fabrik unterbrochen werden.

3. Zwischen dem Ende der Arbeitszeit und dem Beginn des Unterrichts muß eine ausreichende Ruhezeit liegen.

4. Die Unterrichtsstunden dürfen nicht in die Zeit nach 7 Uhr abends und vor 7 Uhr morgens fallen, sie sind thunlichst so anzuordnen, daß diejenigen Kinder, welche vormittags Unterricht erhalten, nur nachmittags, und diejenigen, welche nachmittags Unterricht erhalten, nur vormittags in der Fabrik beschäftigt werden.

5. Wo die Beschäftigung der Kinder in Fabriken in der Weise stattfindet, daß von zwei Abteilungen derselben die eine während der ersten, die andere während der zweiten Hälfte der täglichen Arbeitszeit der erwachsenen Arbeiter beschäftigt wird, ist der Lehrplan thunlichst so einzurichten, daß die eine Abteilung vormittags, die andere nachmittags unterrichtet wird und in dieser Beziehung zwischen beiden wochenweise ein Wechsel eintritt.

VII. Von den genehmigten Schuleinrichtungen und Lehrplänen sind die zuständigen Ortspolizeibehörden in Kenntnis zu setzen.

VIII. Auf Kinder, welche nicht in Fabriken oder denselben gleich gestellten Anlagen, sondern anderweit mit gewerblicher Arbeit, namentlich auch in der Hausindustrie, beschäftigt werden, finden die Vorschriften des § 135 der Gewerbeordnung keine Anwendung. Für dieselben sind daher Abweichungen von den allgemeinen den Besuch der Volksschule betreffenden Bestimmungen auf Grund jener Vorschriften nicht zuzulassen.

Berlin, den 26. November 1878.

Der Minister für Wissenschaft, Gewerbe und öffentliche Arbeiten.

Der Minister der geistlichen ꝛc. Angelegenheiten.

Vorstehende Bestimmungen werden hierdurch zur öffentlichen Kenntnis gebracht.

III. Hütewesen.

§ 70. Schulunterricht der Hütekinder.

Verfügung der Königlichen Regierung zu Gumbinnen vom 25. Januar 1863.
(Ctrbl. 1863 S. 187).

Nachdem infolge der Zunahme der Zahl schulpflichtiger Hütekinder die Klage darüber immer allgemeiner geworden ist, daß solche Kinder, welche zum Viehhüten in ein anderes Kirchspiel vermietet werden, größtenteils der Schule und Beaufsichtigung entzogen bleiben, und da insbesondere auch die durch unsere Zusatz-Verordnung vom 1. März 1857 sub a vorgeschriebene Kontrolle solcher Hütekinder sich nicht als genügend dazu erwiesen hat, diese Schulkinder der Schule zuzuführen und vor Verwahrlosung zu schützen, so verordnen wir hiermit:

daß fortan für schulpflichtige Kinder zum Hütedienste in einem andern Kirchspiele, als in welchem sie nach dem Wohnorte ihrer Eltern oder Pfleger schulpflichtig sind, Erlaubnisscheine überall nicht erteilt werden sollen.

Zugleich bestimmen wir unter Verweisung auf die Amtsblatt-Verordnung vom 27. März 1862 wiederholt,

daß die Amtsblatt-Verordnungen vom 9. März 1853 und 1. März 1857 über die Bedingungen der Erteilung von Hüte-Erlaubnisscheinen während der Monate Februar, März, April und Mai d. J. monatlich in den Gemeinde-Versammlungen besonders bekannt gemacht werden sollen.

Während im Zusammenhange mit der gesteigerten Nachfrage nach ländlichen Arbeitern die Zahl der schulpflichtigen Hütekinder, selbst unter geregelter Anwendung der Vorschriften über Erteilung der Erlaubnis zur Sommerschule, fast überall in einem der Förderung der Volksschule sehr erschwerenden Grade zugenommen hat, wird es mehr und mehr Pflicht aller zur Leitung des Schulwesens, wie zur polizeilichen Beaufsichtigung des Hütewesens berufenen Beamten und Behörden, den verderblichen Folgen, welche in sittlicher und sozialer Hinsicht an das — zur Zeit leider nicht abzustellende — Viehhüten durch schulpflichtige Kinder sich knüpfen, mit ganzem Ernste zu begegnen.

Es ist unleugbar, daß ein großer Teil der zum Viehhüten in fremden Dienst gegebenen Kinder mehr oder weniger der Verwahrlosung verfällt, wenn nicht, — so wie seitens der Geistlichen durch seelsorgerische Einwirkung auf die Eltern und Pfleger, so — seitens der Schulinspektoren, Schullehrer, Polizei- und Gemeindebeamten jener armer Kinder, zu deren Erziehung und Unterweisung durch die Schule sowie behufs der entsprechenden weiblichen Pflege derselben, die größtmögliche Sorgfalt zugewendet wird.

Wir nehmen deshalb wiederholt die unausgesetzte Aufmerksamkeit und selbstthätige Wirksamkeit der Herren Landräte und Kreisschulinspektoren für den vorliegenden Gegenstand in Anspruch, indem wir unter Verweisung auf unsere Zirkular-Verfügung vom 2. März 1857 und 27. März 1862 Sie auffordern, nach den darin gegebenen Gesichtspunkten die strengste Durchführung der Verordnungen vom 9. März 1853 und 1. März 1857 sich angelegen sein zu lassen und danach beziehungsweise die Schul-Inspektoren und Schullehrer, Gemeinde-, Orts- und Polizeibeamten nicht nur mit Anweisung zu versehen, sondern auch sorgsam zu kontrollieren. Erfahrungsmäßig haben jene Verordnungen ihren Zweck hinsichts derjenigen schulpflichtigen Kinder nicht erreicht, welche der Heimat entrissen zum Viehhüten in fremde Kirchspiele vermietet werden, wo sie ohne verwandtschaftlichen oder befreundeten Anhang entweder ganz aufsichtslos und ohne Schulunterricht bleiben oder doch der teilnehmenden Leitung entbehren, die ihr trauriges Los zu bessern bereit und imstande ist. Wir haben daher nicht umhin gekonnt, wie Sie aus der zum Amtsblatte gelangenden Verordnung vom heutigen Tage ersehen, die Erteilung von Hüte-Erlaubnisscheinen zum Vermieten schulpflichtiger Kinder in ein anderes Kirchspiel als welchem sie angehören, zu untersagen, und veranlassen die Herren Kreis-Schulinspektoren, danach sofort sämtliche Schul-Inspektoren, die ihrerseits den Lehrern davon Kunde zu geben haben, gemessenst mit Anweisung zu versehen. Wir verhehlen uns nicht, daß die Durchführung jener Bestimmung nach den örtlichen Verhältnissen mitunter Verlegenheiten und Härten mit sich führen kann; indessen ist nicht zu übersehen, daß die das Hütewesen im ganzen ordnenden Maßregeln in ihrer Wirkung nicht durch die Rücksichtnahme auf einzelne Verhältnisse abgeschwächt werden dürfen, wenn dadurch das Interesse der Schule und der Erziehung für eine große Zahl von Kindern, die beider vorzugsweise bedürfen, wesentlich beeinträchtigt wird. Sollten hier und da Fälle vorkommen, in welchen dies auch beim Vermieten zum Hütedienste in einem andern Kirchspiele nicht zutrifft, dann mögen die Herren Kreis-Schulinspektoren gemeinsam mit den Herren Landräten, nach gründlicher Prüfung der etwa eine ausnahmsweise Erteilung der Erlaubnis anrätlich machenden Verhältnisse, jedesmal uns besonderen Vortrag machen.

Die Amtsblattsverordnung von heute, die sogleich auch in die Kreisblätter aufzunehmen ist, verfügt auch wieder die periodische Bekanntmachung der Bestimmungen über das Hütewesen in den Gemeinde-Versammlungen. Wir vertrauen, daß die Herren Landräte hierüber weiter die geeignete Verfügung erlassen werden und fügen hier für die Herren Landräte noch die Aufforderung hinzu, daß sie die Verordnung vom 1. März 1857 in nächster Zeit wieder durchs Kreisblatt zur allgemeinen Kunde bringen.

Alle Verordnungen über das Schulkinder-Hütewesen verlangen zur Gewähr entsprechenden Erfolges der unmittelbaren entschiedenen und unverdrossenen Wirksamkeit der zur Ausführung berufenen Schul-Inspektoren, Lehrer, Polizei- und Gemeindebeamten. In dieser Beziehung ist es besonders notwendig, daß vornehmlich den Polizei-Verwaltern und Ortsvorständen zur Pflicht gemacht werde, persönlich Überzeugung zu nehmen, ob die einzelnen Hütekinder in ihren Distrikten resp. Ortschaften mit legalen Erlaubnisscheinen versehen sind, entgegengesetzten Falles sogleich die Hütekinder zu ihren Eltern resp. Heimatsgemeinden zurückzuschaffen.

Die Schul-Inspektoren, denen die Beurteilung der Zulassung zur Sommerschule zunächst anvertraut ist, werden in bezug auf die nunmehr ausgesprochene Unstatthaftigkeit der Hütevermietung in ein anderes Kirchspiel nun in höherem Maße mit Bitten und Klagen angegangen werden, Erlaubnisscheine auch in Fällen, wo es unzulässig ist, zu erteilen. Wir sind aber gewiß, daß sie in Erkenntnis der Gefahren, welche das Hütewesen der Schulkinder in sich trägt und welche von dem einzelnen Falle auf das Ganze übergehen, pflichtgetreu die gegebenen Vorschriften als unumgängliche Norm beachten werden und machen hierbei nur noch aufmerksam, daß die Armut der Eltern nicht durch Bescheinigung der Gemeindevorstände, sondern nur durch Atteste der Polizeiverwalter, Magistrate und Dominial-Vorstände darгethan werden darf. Die Herren Landräte aber veranlassen wir, durch geeignete Verfügung die nötige Sicherheit dafür herbeizuführen, daß die vorbemerkten Armutsatteste nur nach sorgsamer Prüfung der Verhältnisse der Beteiligten ausgestellt werden.

§ 71. Verordnung der Regierung zu Gumbinnen vom 9. März 1853, die Hütekinder betreffend.

(Amtsblatt S. 54.)

Die bestehenden heilsamen Bestimmungen, welche der Verwilderung und sittlichen Verderbnis der Hütekinder zu begegnen bezwecken und das Verhältnis derselben sowie deren Pfleger zur Schule ordnen, sind nicht überall als ausreichend befunden worden. Deshalb wird von uns, indem wir die bezüglichen allgemeinen Anordnungen unserer Zirkuläre an die Herren Landräte und Kreisschulinspektoren vom 8. Februar und 7. März 1848 und vom 22. Juni 1851 außer Anwendung setzen, in Bezug auf § 11 des Gesetzes über die Polizeiverwaltung vom 11. März 1850 für den ganzen Umfang unseres Bezirks hiermit folgendes verordnet:

1. Kein schulpflichtiges Kind darf ohne schriftliche Erlaubnis des Kirchspiels-Schulinspektors zum Viehhüten gemietet oder überhaupt verwendet werden; auch wer sein eigenes Kind zum Viehhüten während der Schulzeit benutzen will, muß dazu vorher einen Erlaubnisschein des Schul-Inspektors einholen.

2. Die Erlaubnis zur Verwendung beim Viehhüten darf (seitens des Schulinspektors) unter allen Umständen nur für solche schulpflichtigen Kinder gegeben werden, welche

a) das zehnte Lebensjahr zurückgelegt,
b) bis dahin die Winterschule regelmäßig besucht,
c) genügende Lesefertigkeit erlangt haben und
d) über deren Armut die sichersten Beweise mittelst Atteste der zugehörigen Ortsobrigkeit beigebracht werden.

Die Schulinspektoren sind dafür verantwortlich, daß von diesen Bedingungen keinerlei Ausnahmen, insbesondere auch nicht für Kinder von Wirten gemacht werden und haben in den Erlaubnisscheinen jedesmal ausdrücklich anzugeben, daß und wie sie sich von dem Vorhandensein der vorstehenden Erfordernisse überzeugt haben.

Der Erlaubnisschein ist in der Regel von dem Schulinspektor desjenigen Kirchspiels auszustellen, in welchem zuletzt die Eltern oder Pfleger des Kindes ihren Wohnsitz oder Aufenthalt hatten, bezw. das Kind zur Schule gehörte. Von dieser Regel darf nur in den dringendsten Fällen, worüber der Schul-Inspektor zu seinem Ausweise schriftliche Notizen zu führen hat, abgewichen werden.

3. Wer sein eigenes oder ein fremdes Kind zum Viehhüten zu verwenden beabsichtigt — Eltern, Pfleger, Dienstherr — hat den Erlaubnisschein dazu (ad 1) dem Lehrer der Schule seines Wohnortes vorzuzeigen, jenem das Hütekind persönlich vorzustellen und dasselbe zur Sommerschule anzumelden.

4. Wer ein schulpflichtiges Kind ohne einen solchen Erlaubnisschein (ad 1) zum Viehhüten verwendet, ingleichen wer es unterläßt, das Hütekind, bevor er es zum Hüten verwendet, unter Vorlegung des Erlaubnisscheines dem Ortsschullehrer vorzuführen und zur Sommerschule anzumelden (ad 3) verfällt in eine Polizeistrafe von 1 bis 10 Thalern oder im Unvermögensfalle in die verhältnismäßige Gefängnisstrafe. Außerdem hat die Polizei-

behörde jeden, welcher ein schulpflichtiges Kind zum Viehhüten ohne den erforderlichen Erlaubnisschein mietet oder verwendet, im Wege der Exekution dazu anzuhalten, daß er das Kind aus dem Dienste entlassen, resp. zum Hüten nicht mehr verwende, oder den Erlaubnisschein nachträglich beibringe und die Anmeldung zur Sommerschule nachweise.

5. Die Hütezeit, für welche schulpflichtigen Kinder die Erlaubnis zum Besuche der Sommerschule (ad 1 und 2) nur erteilt werden darf, ist vom 1. Mai bis zum 1. November zu rechnen. Der Erlaubnisschein gilt immer nur für die Periode eines Jahres und die Erteilung desselben im folgenden Jahre und weiter setzt immer eine wiederholte genaue Prüfung der allgemeinen Erfordernisse (ad 2) voraus.

6. Jedes schulpflichtige Hütekind muß einen ganzen Tag (6 Stunden) in jeder Woche die (Sommer-) Schule besuchen; den dazu nach den Ortsverhältnissen geeigneten Wochentag hat der Schulinspektor im Einverständnisse mit dem Kreisschulinspektor zu bestimmen.

Sollte es hier oder da den örtlichen Umständen entsprechender und für den Unterricht der Hütekinder ersprießlicher gefunden werden, für letztere die Benutzung der Schule statt an einem Tage an zwei halben Tagen wöchentlich oder in gewissen Stunden täglich anzuordnen, so bedarf es zu einer solchen Abweichung von der vorstehenden allgemeinen Bestimmung unserer besonderen, von dem Kreis-Schulinspektor einzuholenden Genehmigung.

7. Die Schulversäumnisse der Hütekinder werden an deren Dienstherren und Pfleger oder wenn die Eltern ihre eigenen Kinder zum Hüten brauchen, an jenen in der Art gerügt, daß wenn die Hütekinder die Schule nur an einem Wochentage benutzen sollen, die Versäumnisstrafe sogleich für den ersten und zweiten Fall auf je 2 Sgr., das dritte Mal und weiter jedesmal auf einen Thaler festzusetzen ist,

wenn eine wöchentlich zweitägige Sommerschule angeordnet ist, die Hälfte obiger Strafe festzuhalten,

wenn die Hütekinder aber täglich (1 oder 2 Stunden) zur Schule kommen sollen, die Versäumnisstrafe für den ersten und zweiten Fall auf 4 Pf. für die folgenden Fälle auf 5 Sgr. pro Tag zu bestimmen ist.

An die Stelle der Geldstrafe tritt im Unvermögensfalle Gefängnisstrafe.

Die Schulversäumnisstrafe wird durch Festsetzung der ad 4 verordneten Polizeistrafe nicht ausgeschlossen.

8. Zur Kontrolle der Ausführung vorstehender Anordnungen bestimmen wir:

A. Der Schullehrer (wo zwei oder mehrere Lehrer sind, der erste an jeder Schule) führt ein besonderes Verzeichnis der bei ihm mit Erlaubnisscheinen zur Sommerschule angemeldeten Hütekinder; ebenso trägt jeder Schulinspektor den Namen (mit Angabe des Alters und der zuletzt besuchten Winterschule) der Hütekinder, sowie deren Eltern, Pfleger und Dienstherrschaft (Mieter), für welche er Erlaubnisscheine ausstellte, in ein für jedes Jahr besonders anzulegendes Verzeichnis.

Außerdem bringt jeder Schulinspektor und jeder Orts- resp. erste Schullehrer, so oft er sicher erfährt oder ermittelt, daß ein Kind ohne

Erlaubnisschein und ohne Schulanmeldung zum Hüten verwendet wird, den Namen des Kindes und dessen Pflegers, Mieters 2c. besonders zu Papier.

B. Zum 20. Mai jedes Jahres hat der Schullehrer ein von den Vorständen jedes zur Schulsozietät gehörigen Ortes (mit Unterschrift und Ortssiegel) als richtig und vollständig zu attestierendes namentliches Verzeichnis aller im Schulbezirke vorhandenen Hütekinder dem Schulinspektor einzureichen und darin anzugeben, welche von den Kindern mit vorschriftsmäßigen Erlaubnisscheinen bei ihm angemeldet und welche nicht angemeldet sind.

Auf Grund dieser Spezialzeugnisse und seiner eigenen Nachforschungen macht darauf der Schulinspektor eine Hauptübersicht aller im Kirchspiel vorhandenen Hütekinder, geordnet nach Schulsozietäten und nach den einzelnen zu diesen gehörigen Orten, sowie mit der dreifachen Rubrik:

„mit Erlaubnisschein angemeldet",
„mit Erlaubnisschein, aber nicht angemeldet",
„ohne Erlaubnisschein".

Diese Übersicht übersendet derselbe zum 1. Juni dem Landrate des Kreises, behufs Ausführung der Bestimmungen ad 4, beziehungsweise weiterer Veranlassung. Zum selbigen Termine übersendet der Schulinspektor eine Abschrift der Hauptübersicht dem Kreis-Schulinspektor.

Auf den prompten Eingang der Spezialverzeichnisse (zum 20. Mai) und deren Vollständigkeit haben die Schulinspektoren sorgsames Augenmerk zu richten, und wir ermächtigen sie hiermit, Fahrlässigkeit und Unordnung der Schullehrer dabei mit angemessener Ordnungsstrafe zu rügen, wovon sie uns in jedem Falle (durch Vermittelung des Kreis-Schulinspektors) Anzeige zu machen haben.

C. Ebenso reicht zum 20. Mai jedes Jahres jeder Ortsvorstand ein namentliches Verzeichnis der im Orte vorhandenen Hütekinder unter Angabe, von wem diese zum Hüten gemietet sind oder überhaupt dazu verwendet werden, dem Landrate ein.

Dem Landrate liegt es ob, nach diesen Notizen (B. und C.) in betreff der nicht mit Erlaubnisscheinen versehenen Dienstherren (Mieter), Pfleger und Eltern, sowie der nur nicht angemeldeten Hütekinder sofort einzuschreiten.

Zeigen sich bei Vergleichung der Verzeichnisse (B. u. C.) Pflichtversäumnisse seitens der Ortsvorstände, oder ergiebt sich gar, daß diese das unerlaubte Verwenden von Kindern zum Viehhüten irgend wie begünstigen, so ist solches Verhalten der Ortsvorstände strenge mit Ordnungsstrafe zu rügen. Auch die Kreis- und Lokalschulinspektoren haben, wo ihnen ein Versäumnis der Ortsvorstände bei Ermittelung und Anzeige der Hütekinder kund wird, darüber unverweilt dem Landrate Mitteilung zu machen.

Außerdem aber wird den Landräten zur Pflicht gemacht, so viel wie möglich persönlich und durch ihre Organe über die Richtigkeit und Vollständigkeit der Verzeichnisse örtliche Revisionen vorzunehmen, damit jede Kontravention und jede Pflichtversäumnis der Ortsvorstände hinsichtlich der Hütekinder schleunig entdeckt und unverweilt mit Polizeistrafe, Exekution oder disziplinarisch eingeschritten werde.

D. Jeder Ortsschullehrer führt eine besondere Liste der Schulversäumnisse der Hütekinder und reicht dieselbe wöchentlich dem Schulinspektor ein; dieser fügt den Betrag der Strafe (ad 7) zu jedem einzelnen Falle bei und übersendet so die Listen der zuständigen Polizeibehörde (für Domänenortschaften dem Landrate, für adlige Orte dem Dominio, in den Städten dem Magistrate), behufs sofortiger Festsetzung und Vollstreckung. Die mit der Bescheinigung hierüber versehenen Listen sind sodann von der Polizeiobrigkeit dem Schuldirektor zuzusenden.

E. Der Schulinspektor hat über alle die Hütekinder angehenden Angelegenheiten ein besonderes Aktenstück zu führen, zu welchem auch jene Versäumnislisten (D.) gehören.

Der Kreis-Schulinspektor hat auch hierüber, und ob die Ortsschulinspektoren überhaupt nach vorstehenden Bestimmungen verfahren, genaue Kontrolle zu führen und in jedem Schulvisitationsberichte über seine Wahrnehmungen und Anordnungen, auch wenn er über bemerkte Verstöße Anzeige gemacht habe, sich auszusprechen. Ebenso hat der Kreis-Schulinspektor zur Kontrolle der Lehrer sich in diesen, bei der Kirchen- und Schulvisitation mit den Diarien und Tagebüchern von jedem Lehrer auch die (ad 8 A) geführten Verzeichnisse der mit Erlaubnisschein angemeldeten Hütekinder besonders vorlegen und nach Befinden sofort Rüge oder Strafe eintreten zu lassen.

§ 72. Bekanntmachung der Regierung zu Gumbinnen vom 1. März 1857.

Durch Verordnung vom 9. März 1853 (Amtsblatt 1853 S. 54—58) ist bestimmt worden:

1. Kein schulpflichtiges Kind darf ohne schriftliche Erlaubnis des Kirchspielsschulinspektors zum Viehhüten gemietet oder überhaupt verwendet werden 2c. (Hier folgen die Bestimmungen 1 bis 7 der vorbezeichneten Verordnung.)

Indem wir diese Bestimmungen hiermit republizieren, verordnen wir zugleich zusätzlich:

a) Der Schulinspektor ist verpflichtet, sobald er den Erlaubnisschein für ein solches Kind ausstellt, welches — bis dahin zu einer Schule seines Kirchspiels gehörig — zum Viehhüten nach einem Orte eines andern Kirchspiels (auch des Regierungsbezirks Königsberg) vermietet wird, eine Abschrift des Erlaubnisscheins unverzüglich dem Schulinspektor des andern Kirchspiels zu übersenden, desgleichen in jedem Falle für Berichtigung des Schülerverzeichnisses derjenigen Schule zu sorgen, zu welcher das Kind bis dahin gehörte, auch wenn dieses durch das Vermieten nun zu einer andern Schule des Kirchspiels pflichtig wird.

b) Um die Anmeldung der mit Erlaubnisscheinen versehenen Kinder bei dem zuständigen Lehrer (Nr. 3 der Verordnung) mehr zu sichern, beziehungsweise die sofortige Bestrafung der Eltern, Pfleger oder Dienstherren, welche unangemeldet Kinder zum Hüten verwenden, herbeizuführen, hat jeder Schulinspektor am Schlusse jeder Woche, in welcher er (vom 1. Mai anfangend) Erlaubnisscheine ausstellte, von diesen dem zuständigen Lehrer Nachricht zu geben.

c) So wie in keinem Falle auch nur von einer der vier Voraussetzungen, unter welchen (Nr. 2 der Verordnung) überhaupt nur die Zulassung der Sommerschule der Hütekinder stattfinden soll, dispensiert werden darf, so muß mit Strenge auch darauf gehalten werden, daß niemals vor dem 1. Mai schulpflichtige Kinder zum Viehhüten verwendet werden. Dies zu verhüten, die sofortige Entlassung der gesetzwiderig der Schule entzogenen Kinder zu erzwingen und die Bestrafung der Kontravenienten schleunigst herbeizuführen (Nr. 4 und 5 der Verordnung), ist ebenso die Pflicht der Ortsvorstände und Polizeibehörden, als die Schulinspektoren, der Schulvorsteher und die Schullehrer darauf hinzuwirken berufen sind.

Die unter Nr. 7 der Verordnung bestimmten Schulversäumnisstrafen für Hütekinder kommen — neben der Polizeistrafe — auch in allen den Fällen zur Anwendung, in welchen vor dem 1. Mai Kinder durch das Verwenden zum Viehhüten von der Schule zurückgehalten werden; deshalb haben die Schullehrer die wöchentliche Einreichung der Liste der Schulversäumnisse der Hütekinder (Nr. 8 D. der Verordnung), schon von dem Tage vor dem 1. Mai zu beginnen, an welchem ihnen das Ausbleiben eines zum Viehhüten verwendeten Kindes angezeigt oder bekannt wird.

d) Bei der Kirchen- und Schulvisitation sollen auch die Hütekinder insgesamt dem Kreisschulinspektor vorgestellt und von diesem geprüft werden (Zirkular-Verfügung vom 4. Juni 1855), und soll jeder Lehrer die von ihm geführten Verzeichnisse der Hütekinder vorlegen (Nr. 8 E. der Verordnung). Um den Zweck dieser Anordnung sicherer zu erreichen, bestimmen wir, daß fortan die bei der Kirchen- und Schulvisitation dem Kreis-Schulinspektor vorzustellenden Hütekinder jenem ihre Erlaubnisscheine vorzuzeigen haben. Ermitteln sich dabei Hütekinder ohne Erlaubnisschein oder ohne Anmeldung, so ist jedesmal sogleich das gesetzliche Verfahren behufs der Zurückführung der unlegitimierten Hütekinder und Bestrafung der Eltern oder Pfleger und Dienstherren zu veranlassen.

e) Was hinsichts der Festsetzung der Polizei- und Schulversäumnisstrafe hinsichts der Kinder, welche vor dem 1. Mai zum Viehhüten verwendet werden, vorstehend — Littr. c. — bestimmt worden, gilt auch für alle Fälle, in welchen schulpflichtige Kinder nach dem 1. November durch Verwendung derselben zum Viehhüten der Schule entzogen werden.

Vergleiche Verfügung derselben Regierung vom 2. März 1857, Nr. 5182/3.

Nach der Verfügung der Regierung zu G. vom 1. Oktober 1852, Nr. 5424/8 sollen Konfirmanden, besonders wenn sie in ihrem Wissen schwach sind, weshalb sich ihrer die Lehrer besonders annehmen sollen, das ganze Jahr vor der Konfirmation ununterbrochen die Schule besuchen und dürfen daher in dieser Zeit nicht zum Viehhüten vermietet werden. Die Verfügung vom 4. Juni 1855 giebt den Superintendenten auf, bei der Schulvisitation sich besonders die Hütekinder vorführen zu lassen, sie über ihre Kenntnisse zu prüfen und über den Befund derselben gutachtlich zu berichten.

§ 73. Schulbesuch hütender und dienender Kinder.

a) Verordnung der Königlichen Regierung zu Königsberg vom 29. Januar 1869. Nr. 277/9. II. (Amtsbl. S. 29.)

Nachdem wir die Herren Kreisschulinspektoren und die Herren Landräte gehört haben, ordnen wir folgendes in betreff der Erteilung von Erlaubnisscheinen an schulpflichtige Kinder zum Viehhüten oder Vermieten hierdurch an:

1. Die Erlaubnis zum Hüten und zum Vermieten darf nur für solche Kinder gegeben werden, welche entweder gar keine Ernährer und Versorger haben oder deren Eltern arbeitsunfähig und notorisch außer Stande sind, die Kinder zu unterhalten, so daß der eigene Erwerb derselben und der Eintritt in fremden Dienst das einzige Auskunftsmittel ist, um sie vor Betteln und Vagabondieren, vor leiblichem und geistigem Verkommen zu schützen. Hiernach hat der Lokalschulinspektor in jedem einzelnen Falle sorgfältig zu ermitteln und sich genau zu überzeugen, ob für das betreffende Kind die Notwendigkeit vorliegt, daß es zum Viehhüten verwendet werde oder in fremde Dienste trete. Wo sich dieses nicht hinlänglich erweisen läßt, da ist der Erlaubnisschein zu versagen. Mädchen sind überhaupt nicht zum Viehhüten zuzulassen, und nur an Knaben ist event. die Erlaubnis zu erteilen.

2. Als Bedingung für die Ausstellung eines Erlaubnisscheines zum Hüten und Dienen ist nicht blos fließendes und geläufiges Lesen, sondern auch genügende Kenntnis und Fertigkeit im Schreiben, Rechnen und in der Religion zu fordern.

3. Die Erlaubnis zum Dienen und Hüten darf nur solchen Kindern erteilt werden, welche das elfte Lebensjahr vollendet haben. Jedoch soll mit Rücksicht auf die durch den Notstand verursachten besonderen Verhältnisse für dieses Jahr noch ausnahmsweise gestattet sein, daß auch solche Schüler, welche erst das zehnte Lebensjahr zurückgelegt haben, wenn sie sonst allen anderen Anforderungen genügen, Erlaubnisscheine erhalten.

Um es zu ermöglichen, daß die Schüler den ad 2 angeführten Kenntnissen und Fertigkeiten genügen, ist darauf hinzuwirken, daß sie mit dem Beginn des schulpflichtigen Alters, also mit dem vollendeten sechsten Lebensjahre und regelmäßig die Schule besuchen, da die Schüler sonst schwerlich den gestellten Anforderungen entsprechen werden. Bei der Erteilung der Erlaubnis ist daher hierauf auch mit Rücksicht zu nehmen.

4. Die Hüte- und dienenden Kinder haben wöchentlich an zwei Vormittagen den gewöhnlichen Schulunterricht mit den übrigen Kindern zu besuchen. Der getrennte Unterricht der dienenden und hütenden Kinder und die deshalb verkürzte Schulzeit der übrigen Schüler wird hiermit aufgehoben. Vielmehr ist in jeder Schule, welcher Hütekinder angehören, der Stundenplan so einzurichten, daß in den Stunden, an denen die Hütekinder Teil nehmen, Lesen, Schreiben, Rechnen und Religion genügend vertreten sind.

Der Vormittagsunterricht ist in derselben Zeit zu halten, welche bisher dazu bestimmt war. Selbstverständlich kann es nicht in das Belieben der Kinder oder der Dienstherren und Eltern gestellt werden, an welchen Tagen die Hüte- und dienenden Kinder die Schule besuchen wollen, auch genügt es nicht, daß der Lehrer oder Lokalschulinspektor für jede Schule diese Tage bestimmt, sondern um der besseren Kontrolle willen ist es nötig, daß der Kreisschulinspektor die zwei Tage, an denen auch die Hüte- und dienenden Kinder den Vormittagsunterricht besuchen sollen, für seine ganze Inspektion anordnet.

Wir weisen daher die Herren Kreisschulinspektoren hierdurch an, die erforderlichen Einrichtungen zu treffen.

5. Um einen regelmäßigen Besuch zu erzielen, machen wir es den Herren Schulinspektoren zur Pflicht, die Lehrer anzuhalten, daß sie die Absentenliste ordnungsmäßig und pünktlich am Ende jeder Woche einreichen und jedem Kinde, welches sich zum dritten Male einer nicht gerechtfertigten Schulversäumnis schuldig gemacht hat, die Erlaubnis zum Hüten oder Dienen sofort und unnachsichtlich entziehen.

6. Da erwiesenermaßen viele Kinder durch das Hüten der sittlichen Verwahrlosung verfallen und durch mancherlei Verbrechen in die Strafanstalten gekommen sind, so ist vor Erteilung des Erlaubnisscheines nicht blos sorgfältig zu prüfen, ob die betreffenden Kinder die erforlichen Schulkenntnisse besitzen und regelmäßig zur Schule gekommen sind, sondern es ist auch namentlich festzustellen, ob das einzelne Kind durch Fleiß und gute sittliche Führung in und außerhalb der Schule Aussicht giebt, daß ihm das Hüten und Dienen nicht Versuchungen bringt, von denen sich nach der Charaktereigentümlichkeit annehmen läßt, daß es ihnen nicht gewachsen sei. Haben sich Schüler leichtfertig, roh und zur Verwahrlosung hinneigend gezeigt oder gröberer sittlicher Vergehen schuldig gemacht, so darf solchen die erwähnte Erlaubnis nicht erteilt werden.

Da mithin die Erlaubnis von der Feststellung aller in Betracht kommenden Verhältnisse und Gesichtspunkte abhängt, so ist es von jetzt ab unzulässig, daß die Lehrer auf Antrag der Interessenten und für diese eine Bescheinigung bezüglich der Kenntnisse oder des sittlichen Verhaltens gewisser Schüler, die für das Dienen oder Hüten in Aussicht genommen werden sollen, ausstellen. Die bezüglichen Anträge sind vielmehr stets und ausschließlich an den Lokalschulinspektor zu richten, welcher sich demnächst mit dem betreffenden Lehrer in Beziehung setzen wird.

7. Niemandem darf mehr als ein Kind zum Hüten oder Dienen überlassen werden.

Es dürfen auch künftig Kinder außerhalb des Kirchspiels, in welchem sie ihre Heimat haben, nicht vermietet werden. Auch muß das Vermieten oder das Verwenden zum Hüten mit demjenigen Jahre aufhören, in welchem das Kind von seinem Pfarrer zum Konfirmanden- oder Katechumenenunterrichte herangezogen wird.

Was die Kontrolle über die Hüte- und dienenden Kinder anlangt, so bleiben folgende bisherige Bestimmungen in Kraft:

a) Bis zum 15. Mai, oder — wenn es für nötig erachtet wird — bis zum 1. Juni jedes Jahres hat jeder Lehrer seinem Lokal-Schulinspektor ein von den betreffenden Ortsvorständen als richtig und vollständig attestirtes Verzeichnis der im Schulbezirke vorhandenen Hüte- und dienenden Kinder einzureichen mit der Anzeige, welche von denselben mit dem vorschriftsmäßigen Erlaubnisscheine angemeldet sind und welche nicht. Der Schulinspektor zeigt die nicht angemeldeten Hütekinder der Ortspolizeibehörde an und stellt, nach den Ortschaften geordnet, ein Verzeichnis sämtlicher Hüte- und dienenden Kinder des Kirchspiels zusammen, das er mit den erforderlichen Vermerken in betreff der nicht angemeldeten Kinder dem Kreisschulinspektor einreicht.

b) Ebenso reicht bis zum 15. Mai oder nach Umständen bis zum 1. Juni jeder Ortsvorstand der Ortspolizeibehörde ein Verzeichnis der im Orte wohnenden Hüte- und dienenden Kinder ein, mit der Bescheinigung des Lehrers darüber, welche von denselben vorschriftsmäßig angemeldet sind, und mit der Anzeige, bei wem dieselben dienen resp. das Vieh hüten. Die Polizeibehörde hat in betreff der nicht angemeldeten sofort nach unsern Bestimmungen einzuschreiten.

c) Ortsvorstände und Lehrer, welche ihre Pflicht hierin nicht vollständig erfüllen, werden unnachsichtlich in Ordnungsstrafe genommen.

d) Der Lehrer hat eine besondere Liste über die Versäumnisse der Hütekinder zu führen und diese wöchentlich am Sonnabend seinem Lokal-Schulinspektor einzureichen.

e) Der Schulinspektor hat über alle die Hütekinder betreffenden Angelegenheiten ein besonderes Aktenstück anzulegen.

Die Herren Kreis-Schulinspektoren und Ortspolizeibehörden haben auf jede Weise darauf hinzuwirken, daß unsere Anordnungen genau befolgt werden.

Den Herren Kreis-Schulinspektoren übertragen wir zur Vermeidung zeitraubender Erörterungen, und da sie den zu berücksichtigenden Verhältnissen näher stehen, zunächst die Entscheidung über die wegen Verweigerung oder Entziehung der Erlaubnis zum Dienen oder Hüten vorkommenden Beschwerden. An sie sind daher die Interessenten mit ihren Beschwerden lediglich zu verweisen.

Wir vertrauen, daß die Herren Kreis-Schulinspektoren, unter Berücksichtigung aller Verhältnisse, die Entscheidungen sorgfältig treffen werden.

Alle früheren von uns über die Verwendung schulpflichtiger Kinder zum Dienen und Hüten erlassenen Bestimmungen werden hiermit aufgehoben, da sie, soweit sie noch Geltung behalten, in die gegenwärtige Zirkular-Verfügung und in unsere Amtsblatts-Bekanntmachung vom 27. Januar d. J., Nr. 442/1 II, auf welche wir noch besonders aufmerksam machen, aufgenommen sind.

Die Herren Landräte haben diese Bekanntmachung vom 27. Januar sofort durch die Kreisblätter zu publizieren und zwar mit der Anordnung, daß die Ortsvorstände die Gemeinden mit dem Inhalte genau bekannt zu machen haben. Auch ist die Publikation durch das Kreisblatt alljährlich rechtzeitig zu wiederholen.

b) Polizeiverordnung der Königl. Regierung, Abteilung für Kirchen- und Schulwesen und des Innern, zu Königsberg vom 27. Januar 1869 und 8. Mai 1874.

Unter Aufhebung unserer Amtsblatts-Bekanntmachungen v. 26. Februar 1853, vom 29. Februar und 6. April 1864, betreffend die dienenden und Hütekinder, erlassen wir hiermit auf Grund des § 11 des Gesetzes über die Polizeiverwaltung vom 11. März 1850 für den Umfang unseres Verwaltungsbezirks nachstehende Polizeiverordnung:

I. Kein schulpflichtiges Kind darf zum Hüten oder zum Dienen oder zu sonstigen ländlichen Arbeiten während der Zeit des Schulunterrichts vermietet oder verwendet werden, ohne schriftliche Erlaubnis des Lokalschulinspektors der Heimat des Kindes.

II. Die Erlaubnis zum Hüten und Vermieten überhaupt ist von folgenden Bedingungen abhängig:

1. daß die betreffenden Kinder entweder gar keinen Ernährer und Versorger haben, oder daß ihre Eltern notorisch außer stande sind, sie zu unterhalten, so daß der Eintritt in fremde Dienste das einzige Mittel ist, um sie vor Betteln und Vagabondieren zu schützen.

Den Lakalschulinspektoren ist sorgfältige Prüfung für jeden einzelnen Fall von uns zur Pflicht gemacht. Ausnahmsweise darf auch solchen Schulknaben die Erlaubnis erteilt werden, deren Eltern zwar imstande sind, sie zu unterhalten, aber zu arm, um noch ein fremdes Hütekind, dessen sie in ihrer Wirtschaft benötigt sind, zu unterhalten und zu bezahlen — Polizeiverordnung vom 8. Mai 1874. (Amtsblatt, S. 164.) —

2) daß derartige arme Kinder nicht blos fließend und geläufig lesen, sondern auch im Schreiben, Rechnen und in der Religion genügende Kenntnis und Fertigkeit sich erworben haben. Daher ist auch darauf Rücksicht zu nehmen, ob sie mit dem Eintritte des schulpflichtigen Alters die Schule regelmäßig besucht und durch Fleiß und gute sittliche Führung sich als zuverlässig und ordentlich bewiesen haben. Schülern, welche leichtfertig und roh sind, sich zur Verwahrlosung hinneigen oder gar gröberer sittlicher Vergehen schuldig gemacht haben, ist die Erlaubuis entschieden zu versagen;

3) daß die Kinder das elfte Lebensjahr vollendet haben, aber nicht zum Konfirmanden- und Katechumenenunterrichte herangezogen sind. Hiernach ist das vierzehnte Lebensjahr jedenfalls vom Vermieten und Hüten ausgeschlossen.

Ausnahmsweise darf die Erlaubnis auch für Schulknaben erteilt werden, welche den Konfirmanden- und Katechumenenunterricht besuchen, wenn dieselben entweder gar keine Ernährer und Versorger haben, oder wenn ihre Eltern notorisch außer stande sind, sie zu unterhalten, oder wenn bei den Letzteren die oben (II, 1. Abschnitt 3) bezeichneten Verhältnisse zutreffen — Polizei-Verordnung vom 8. Mai 1874 (Amtsblatt, S. 164) —

4) daß die Mädchen, für welche die Erlaubnis nachgesucht wird, nicht zum Viehhüten verwendet werden dürfen;

5) daß Niemand mehr als ein Kind zum Hüten und Dienen überlassen erhalten und verwenden darf;

6) daß eine Verwendung des Kindes zum Hüten und Dienen nicht außerhalb des Kirchspieles stattfinden darf, in welchem dasselbe seine Heimat hat.

Um bei dem Lokalschulinspektor die betreffende Erlaubnis nachzusuchen, bedarf es keiner Bescheinigung des Lehrers in betreff der Leistungen und der Führung des Kindes, sondern die bezüglichen Anträge sind vielmehr ausschließlich an den Lokalschulinspektor zu richten, welcher sich demnächst mit dem betreffenden Lehrer in Beziehung setzen wird.

III. Die Dienstherren haben gegen die Kinder, welche ihnen zum Hüten oder Mieten verstattet werden, folgende Verpflichtungen zu erfüllen:

1) Die Hüte- und dienenden Kinder sind während der Hütezeit vom 1. Mai bis 1. November wöchentlich an zwei vom dem Kreisschulinspektor für alle Schulen seines Bezirkes bestimmten Vormittagen je drei Stunden zu dem gewöhnlichen Schulunterrichte mit den übrigen Kindern zu senden. Auch sind sie zu den Visitationen dem Kreisschulinspektor zur Prüfung zu stellen;
2) wer ein schulpflichtiges Kind zum Hüten oder Dienen verwendet, hat dasselbe binnen 3 Tagen nach dem Eintritte in den Dienst dem Lehrer des Orts, wo dieses geschieht, vorzustellen, dasselbe zum Schulbesuche anzumelden und den Erlaubnisschein vorzuzeigen;
3) an Sonn- und Feiertagen ist den hütenden und dienenden Kindern diejenige Zeit frei zu lassen, welche sie zur Teilnahme an dem Gottesdienste ihrer Konfession nach den Ordnungen ihrer Kirche nötig haben. Die Nichtbefolgung der sub Nr. I., II., 4, 5 und 6 und III enthaltenen Vorschriften wird für jedes Kind mit Geldbuße bis zu zehn Thalern bestraft. Außerdem wird, wenn ein Kind sich zum dritten Male einer nicht gerechtfertigten Schulversäumnis schuldig macht, die Erlaubnis zum Hüten oder Dienen für dasselbe durch den Lokalschulinspektor sofort und unnachsichtlich entzogen.

Dabei bleibt es den Behörden auch jederzeit vorbehalten, den Erlaubnisschein zurückzunehmen, den vollständigen Schulbesuch eines schulpflichtigen Kindes zu verlangen und selbst durch die erforderlichen Anordnungen im polizeilichen Exekutionswege herbeizuführen. Beschwerden über Versagung oder Entziehung der Erlaubnis zum Dienen oder Hüten sind bei den Herren Kreisschulinspektoren, denen die Entscheidung darüber von uns zunächst übertragen ist, anzubringen.

Die Herren Landräte haben diese Verfügung sofort durch die Kreisblätter zu publizieren und zwar mit der Anordnung, daß die Ortsvorstände die Gemeinden mit dem Inhalte genau bekannt zu machen haben. Auch ist die Publikation durch das Kreisblatt alljährlich rechtzeitig zu wiederholen. (Amtsbt. S. 29.)

c) Verordnung der Königlichen Regierung, Abteilung für Kirchen- und Schulwesen, zu Königsberg vom 9. Mai 1874. (425/4 II).

Nach eingeholter gutachtlicher Äußerung der Herren Landräte und Kreisschulinspektoren haben wir zur Ergänzung unserer Verordnung vom 29. Januar 1869 und der entsprechenden Polizeiverordnung vom 27. Januar 1869 bezüglich der Verwendung von Schulkindern zum Dienen und Hüten folgendes angeordnet:

1. Die Halbtagsschule darf — außer dort, wo die übergroße Zahl der Schüler oder die unzureichenden Klassenräume eine solche ohnehin schon notwendig machen (§ 3 der allgemeinen Bestimmungen vom 15. Oktober 1872) — nur an denjenigen Orten eingerichtet werden, wo wegen der notorischen Armut der Bewohner ein unabweisliches Bedürfnis der Verwen-

dung des größeren Teiles der Schulkinder zum Dienen oder Hüten vorhanden ist. Über das Vorhandensein dieses Bedürfnisses hat der Landrat des Kreises in Gemeinschaft mit dem Kreisschulinspektor auf Antrag der Lokalschulvorstände zu entscheiden.

2. Die Halbtagsschule besteht für die Zeit vom 1. Mai bis zum 1. November. In derselben werden an allen 6 Schultagen der Woche a) die Kinder der Ober- und Mittelstufe zusammen in 2 Stunden, b) die Kinder der Unterstufe in 3 Stunden unterrichtet, so daß der Lehrer wöchentlich 30 Unterrichtsstunden zu erteilen hat.

Die Wahl der Tageszeit für den Unterricht der beiden Abteilungen bleibt dem Ermessen der Kreisschulinspektoren im Einvernehmen mit den Lokalschulinspektoren, jedoch mit der Maßgabe überlassen, daß die Kinder der Ober- und Mittelstufe den Unterricht morgens erhalten, und daß zwischen dem Unterricht der beiden Abteilungen zu a und b eine Zwischenpause von mindestens einer halben Stunde stattfinden muß. Diese Bestimmungen gelten von der einklassigen Volksschule.

In der zweiklassigen mit 2 Lehrern darf der Halbtagsunterricht nur in der ersten, bei dreiklassigen mit 3 Lehrern nur in den beiden ersten Klassen in der vorbezeichneten Bestimmung entsprechender Weise eingeführt werden, während die unterste Klasse immer Volltagsunterricht empfängt.

3. Wo Halbtagsunterricht eingeführt ist, dürfen Erlaubnisscheine zum Dienen und Hüten nicht erteilt werden.

4. Auf die regelmäßige Beteiligung der Schulkinder an dieser zu 2 bezeichneten, verkürzten Unterrichtszeit muß mit voller Strenge event. unter Anwendung der zulässig höchsten Strafmittel nach Maßgabe des § 4 der Schulordnung vom 11. Dezember 1845 gehalten werden.

Wo Halbtagsschule nicht eingerichtet ist, bleiben die durch unsere Verordnung vom 29. Januar 1869 und die entsprechende Polizeiverordnung vom 27. Januar 1869 über Verwendung von Schulkindern zum Dienen und Hüten in Kraft. Nur wollen wir in Berücksichtigung einzelner zur Sprache gebrachten Übelstände nachgeben, daß

I. (zu II. 1 der Polizeiverordnung) ausnahmsweise auch solchen Schulkindern die fragliche Erlaubnis erteilt werden darf, deren Eltern zwar imstande sind, sie zu unterhalten, aber zu arm, um noch ein fremdes Hütekind, dessen sie in ihrer Wirtschaft benötigt sind, zu unterhalten und zu bezahlen;

II. (zu II. 3 der Polizeiverordnung) ausnahmsweise auch Schulknaben, welche den Konfirmanden- und Katechumenenunterricht besuchen, der Erlaubnisschein zum Dienen und Hüten erteilt werden darf, wenn dieselben entweder gar keinen Ernährer und Versorger haben oder wenn ihre Eltern notorisch außer stande sind, sie zu unterhalten, oder wenn bei den Letzteren die zu I. bezeichneten Verhältnisse zutreffen.

§ 74. Zirkular-Verfügung der Regierung zu Königsberg vom 9. Dezember 1852, den Schulunterricht der Hütekinder betreffend.

Der Herr Oberpräsident hat über den Schulunterricht der Hüte- und dienenden Kinder sich von sämtlichen Regierungen der Provinz Vorschläge machen lassen und nach Erwägung derselben mit Berücksichtigung der deshalb von den einzelnen Regierungen bereits getroffenen Anordnungen behufs Herbeiführung eines gleichmäßigen Verfahrens in dieser Angelegenheit sich zunächst dahin entschieden, daß die Verwendung schulpflichtiger Kinder zum Hüten des Viehes und zum Dienen überhaupt bei dem jetzigen Stande des landwirtschaftlichen Gewerbes nicht wohl zu verhindern sei, solche Kinder daher zu dem vollständigen gewöhnlichen Schulunterrichte während des Sommerhalbjahres nicht angehalten werden dürfen, vielmehr mit denselben in betreff des Schulbesuchs in der erwähnten Zeit Ausnahmen zu machen sein werden. Hierbei kommt es zunächst darauf an, daß

1. jene Ausnahmen — ohne dem Zwecke dadurch, daß zuviel verlangt wird, zu schaden — doch in so geringem Maße und so wenig schädlich als möglich gemacht, und daß

2. die Ausführung der desfallsigen Bestimmungen so viel als möglich sicher gestellt werde.

I. In betreff der Andeutung ad 1 setzen wir demnach fest,

a) daß nur solche schulpflichtigen Kinder, welche das 10. Jahr schon erreicht haben, welche schon, wenigstens notdürftig, lesen können, welche im Winter die Schule regelmäßig besucht haben und arm sind, zum Viehhüten verwendet werden dürfen;

b) daß diese Kinder in der Hütezeit, zwischen dem 1. Mai und 1. November, wenn es irgend die Umstände gestatten, — mit Ausschluß der Ferienzeit — täglich eine oder ein Paar Stunden, sonst aber in jeder Woche mindestens an einem oder besser an zwei Tagen die Schule vor- und nachmittags besuchen müssen. Daß der tägliche Besuch, wenn auch nur in einer, oder besser in zwei Stunden — die dann möglichst bequem in die frühen Morgen-, die Mittags- oder Abendstunden zu legen sind — dem Schulbesuch an nur einem oder an 2 Tagen in der Woche vorzuziehen sei, wird nicht geleugnet werden können. Wo aber die Entfernung der zur Schule gehörigen Orte resp. der Hüteplätze von der Schule zu bedeutend ist, oder wo die Kinder zum Hüten von Vieh, das den ganzen Tag aber auf der Weide bleibt, gebraucht werden, oder wo eine Morgen-, Mittags- oder Abendschule sich aus anderen Gründen nicht wohl einrichten läßt, wird zu dem Unterrichte nur an 1 oder an 2 Tagen in der Woche geschritten werden müssen. Diese verbürgte Unterrichtszeit werden wir fortan mit dem Ausdruck „Sommerschule" bezeichnen. Hierüber werden für jede Schule, wo Hüte- oder sonst dienende Kinder vorhanden sind, von dem Kreisschulinspektor in Verbindung mit dem Landrat des Kreises Festsetzungen zu treffen sein, die in zweifelhaften Fällen vorher bei uns beantragt werden müssen. — Besonders wird hierbei zu beachten sein, daß hinsichtlich des Schulbesuchs der Hüte- oder sonst dienenden Kinder nicht mehr verlangt wird, als sich unter den obwaltenden Umständen, ohne zu große Belästigung der dienenden Kinder und ihrer Dienstherrschaft ausführen läßt, da die Erfahrung gelehrt hat, daß alsdann oft gar nichts erreicht wird.

II. Was die vorher ad 2 erwähnte Sicherstellung der Ausführung obiger Bestimmungen betrifft, so wird deshalb nachstehendes angeordnet:

a) Kein schulpflichtiges Kind darf ohne schriftliche Erlaubnis des Lokal-Schulinspektors zum Hüten oder zum Dienen überhaupt vermietet oder überhaupt verwendet werden. Ein solcher Erlaubnisschein ist dem Lehrer vorzuzeigen, in dessen Schulbezirke das Kind zur Viehhut oder zu anderweiten Diensten vermietet ist oder verwendet wird. Dieser Lehrer trägt alsdann auf Grund jenes Erlaubnisscheins das Kind in ein von ihm zu führendes besonderes Verzeichnis der zur Sommerschule angemeldeten dienenden oder Vieh hütenden Kinder ein. Der Lokalschulinspektor hat bei strenger Ahndung den Erlaubnisschein erst dann zu erteilen, wenn er sich von dem Vorhandensein der ad I a. angegebenen Erfordernisse vollständig überzeugt hat. Daß und wie dies geschehen, hat derselbe in dem Erlaubnisscheine ausdrücklich anzugeben.

b) Wer ein schulpflichtiges Kind ohne Erlaubnisschein des Schulinspektors zum Hüten oder Dienen mietet oder verwendet, oder diesen Erlaubnisschein dem Lehrer nicht vorzeigt und das Kind zur Sommerschule nicht anmeldet, verfällt in eine Polizeistrafe von 1—10 Thalern und ist im Wege der Exekution dazu anzuhalten, das Kind aus dem Dienste zu entlassen resp. zum Hüten nicht mehr zu verwenden, oder den Erlaubnisschein des Schulinspektors nachträglich beizubringen und die Eintragung in das Verzeichnis der Sommerschule nachzuweisen.

c) Bis zum 15. Mai, oder — wenn es für nötig erachtet wird — bis zum 1. Juni jeden Jahres hat jeder Lehrer seinem Lokalschul-Inspektor ein von den betreffenden Ortsvorständen als richtig und vollständig attestiertes Verzeichnis der in dem Schulbezirke vorhandenen Hütekinder einzureichen mit der Anzeige, welche von denselben mit dem vorschriftsmäßigen Erlaubnisscheine zur Sommerschule angemeldet sind, und welche nicht. Der Schulinspektor zeigt die nicht angemeldeten Hütekinder behufs Ausführung der Bestimmung ad II b. dem Landrat resp. dem Domänenrentamt an und stellt aus sämtlichen Verzeichnissen seines Kirchspiels, nach den einzelnen Ortschaften geordnet, ein Hauptverzeichnis zusammen, daß er mit der Bemerkung, in betreff welcher Hüte- oder sonst dienenden Kinder jene Anzeige gemacht sei, dem Kreisschulinspektor einreicht.

d) Ebenso reicht bis zum 15. Mai oder nach den Umständen zum 1. Juni jeder Ortsvorstand dem Landrate resp. dem Domänenrentamte ein Verzeichnis der im Orte vorhandenen Hütekinder ein, mit der Bescheinigung des Lehrers darüber, welche von denselben vorschriftsmäßig zur Sommerschule angemeldet sind, und mit der Anzeige, bei wem dieselben dienen, resp. das Vieh hüten. Der Landrat resp. das Domänenrentamt schreitet in betreff der Nichtangemeldeten sofort nach der obigen Bestimmung ad II b. ein.

e) Ortsvorstände und Lehrer, welche ihre Pflicht hierin nicht vollständig erfüllen, werden unnachsichtlich in Ordnungsstrafe genommen.

f) Der Kreisschulinspektor, der Landrat und die Domänen-Rentmeister haben so viel als möglich selbst örtliche Revisionen über die Richtigkeit und Vollständigkeit der ihnen eingereichten Verzeichnisse vorzunehmen;

der Landrat hat überdies solche öfters durch die Gendarmen vornehmen zu lassen.

g) Für jede verschuldete Schulversäumnis der Hüte- oder dienenden Kinder werden, wo die Kinder täglich 1—2 Stunden zur Sommerschule gewiesen sind, die bestimmten Schulversäumnisstrafen, im ersten und zweiten Falle mit 4 Pf. und in den folgenden Fällen mit 5 Sgr. für jeden versäumten Schultag, von den Eltern, wenn diese selbst die Kinder zum Hüten oder Dienen brauchen, sonst aber von der Dienstherrschaft unnachsichtlich in ordentlichem Wege eingezogen. — Da, wo die Hütekinder nur an 1 oder 2 Tagen in der Woche die Schule besuchen sollen, wird für jede Versäumnis die Strafe resp. für eine ganze Woche oder für eine halbe Woche eingezogen. Daß die Schulversäumnisstrafe auch gegen die Dienstherrschaft der Hütekinder verhängt werden kann, ist deshalb anzunehmen, weil die Dienstherrschaft nicht blos als solche, sondern zugleich als Pflegerin der bei ihr dienenden Kinder zu erachten ist, unter den Pflegern in § 4 der Schulverordnung aber nicht Pflege-Eltern allein im streng juristischen Sinne des „Allgemeinen Landrechts" verstanden verden können.

h) Der Lehrer führt eine besondere Liste über die Versäumnisse der Hütekinder und reicht diese wöchentlich seinem Lokalschulinspektor ein. Dieser versieht die Liste mit der Angabe des Betrages der Strafe uud übergiebt sie der zur Vollstreckung der Strafen im § 4 der Schulordnung bestimmten Behörde behufs der Festsetzung und Einziehung der Strafen. Die letztere endlich stellt nach Vollstreckung der Strafen die Liste mit der Bescheinigung über die Vollstreckung dem Schulinspektor zurück.

i) Der Schulinspektor hat über alle die Hütekinder betreffenden Angelegenheiten ein besonderes Aktenstück anzulegen, in welches namentlich auch jene Versäumnislisten zu heften sind.

k) Der Kreisschulinspektor überzeugt sich bei jeder jährlich zu haltenden Schul-Visitation von dem Vorhandensein dieser Akten und davon, daß nach denselben, soweit dies daraus ersichtlich, die vorstehenden Bestimmungen gehörig befolgt sind. — In jedem Visitationsberichte ist davon, daß dies geschehen, Anzeige zu machen. Bemerkte Verstöße sind jedenfalls durch den Bericht zur Anzeige zu bringen.

Nach vorstehenden Anordnungen ist vom künftigen Jahre ab zu verfahren und haben die Herren Kreisschulinspektoren von den ihnen hierbei zugehenden Exemplaren dieser Verfügung jedem Lokal-Schulinspektor ein Exemplar zuzustellen.

§ 75. Zirkular-Verfügung der Regierung zu Königsberg vom 20. Dezember 1855, den Unterricht der Hütekinder betreffend.

Über den Unterricht der Hüte- und dienenden Kinder haben wir die in dem Zirkular-Erlaß vom 9. Dezember 1852 Nr. 1204/10 K. S. getroffenen Anordnungen, welche sich auf bis dahin gemachte Erfahrungen gründeten, für ausreichend erachtet. — Es erscheint uns jedoch zweckmäßig, im Anschlusse an jene Anordnungen noch fehlende insonderheit auf die Erziehung jener unglücklichen Kinder bezüglichen Bestimmungen zu treffen:

1. Zunächst werden die Herren Lokal-Schulinspektoren, desgleichen auch die Schulvorsteher darauf hinzuwirken haben, daß den Hüte-, überhaupt den dienenden Kindern — besonders da, wo es in den Häusern ihrer Eltern oder sonstigen Angehörigen an einem christlichen Familienleben fehlt — der Aufenthalt bei den Dienstherrschaften und somit die geregelte Benutzung der Schule auch während des Winters gesichert werde. — Zu diesem Ende wird, so viel irgend möglich, darauf zu dringen und zu ermitteln sein, daß Hüte- und dienende Kinder nicht auf einen kürzeren Zeitraum als auf ein ganzes Jahr gemietet werden. Dabei werden die Wirte immer noch sehr wohlfeile Hirten finden.

2. Die Lehrer sind anzuweisen,

a) die Kinder in den Unterrichtsstunden mit Aufgaben für die Zeit des eigentlichen Hütens zu versehen. Eine biblische Geschichte, ein Abschnitt des Katechismus, einige Verse eines Liedes, einige Sprüche oder ein Stück des Kinderfreundes oder Lesebuches sollen sie an jedem Tage während des Hütens zu lesen und teilweise zu lernen haben. Auch die Beschäftigung mit einer Handarbeit, sei es Holzschnitzen, Korbflechten, Stricken und Ähnliches wird zur Abwechselung zu empfehlen sein;

b) den Unterricht der Hütekinder während der Sommerzeit auf das Notwendigste: Religion, Lesen, Schreiben und Gesang zu beschränken und diesen Unterricht möglichst zu konzentrieren, in der Weise, daß z. B. ein bis zwei Liederverse erst in würdiger Weise vom Lehrer den Kindern in der Sommerschule vorgesprochen, dann, wo es durchaus notwendig, kurz erörtert, dann von den Kindern gelesen, dann niedergeschrieben, dann gesungen, endlich zum Erlernen auf dem Felde aufgegeben werden;

c) den Unterricht vorzugsweise zur einfachen Erörterung der vorerwähnten Aufgaben und zur Ermittelung ob und wie solche gelöst seien, zu benutzen.

Die vorerwähnte Anweisung wird allerdings da leichter durchführbar sein, wo die dienenden Kinder täglich eine bis zwei Stunden, als da, wo sie nur in jeder Woche an einem oder an zweien Tagen in die Schule kommen, wie denn überhaupt die zuerst erwähnte Maßnahme, wie sich bereits unsere Verordnung vom 9. Dezember 1852 dahin ausspricht, vor der zweiten den Vorzug verdient und möglichst allgemein zu machen sein wird.

3. Ferner sind die Schulinspektoren, Schulvorsteher und Lehrer zu ermuntern, die Hütekinder auf den Hüteplätzen unvermutet zu besuchen.

4. Endlich werden die Lokal-Schulinspektoren dafür zu sorgen haben, daß sämtliche dienenden Kinder den Kreis-Schulinspektoren bei den jährlichen Schulvisitationen vorgestellt werden. Das Ausbleiben derselben wird am Brodherrn ebenso strenge wie die Schulversäumnisse zu ahnden sein.

Nach vorstehenden Verordnungen ist, nächst der Zirkular-Verfügung vom 9. December 1852, vom k. Jahre ab zu verfahren.

§ 76. Verfügung der Regierung zu Königsberg

vom 17. Mai 1858. (Amtsblatt S. 104).

Die Verwendung eines jeden schulpflichtigen Kindes zu ländlichen Arbeiten während der Zeit des Schulunterrichts ohne Erlaubnisschein des Lokal-Schulinspektors wird hiermit untersagt.

Arbeitgeber, welche dieser Polizeivorschrift entgegenhandeln, verfallen für jedes Kind, welches sie während der für den Schulunterricht festgesetzten Stunden beschäftigen, in eine Strafe bis zu 10 Thalern.

§ 77. Der Erlaß der Königlichen Regierung zu Königsberg

vom 29. Februar 1864. (Ctrbl. S. 304) verordnet:

1. Es dürfen fortan keine Kinder mehr außerhalb des Kirchspiels, in welchem sie ihre Heimat haben, zum Viehhüten verwendet werden. Vor Erteilung der Genehmigung haben die Lokalschulinspektoren sich daher zu vergewissern, bei welchem Wirt das betr. Kind zum Hüten verwendet werden soll. Gehört derselbe nicht zu dem Kirchspiel des Kindes, so ist der Erlaubnisschein zu versagen.

2. Die Altersjahre, in welchen den Kindern armer Eltern die event. Erlaubnis zum Hüten erteilt werden darf, werden dahin festgestellt, daß vor vollendetem 10. Lebensjahre der Kinder das Vermieten derselben zum Hüten untersagt ist, und daß dasselbe auch mit demjenigen Jahre aufhören muß, in welchem das betr. Kind von seinem Pfarrer zum Konfirmanden- oder Katechumenen-Unterricht herangezogen wird. Hiernach ist das 14. Lebensjahr jedenfalls ausgeschlossen.

3. Keinem Wirt oder Eigentümer dürfen mehr als 2 Kinder zum Hüten überlassen werden.

4. Als Termin für den Anfang des Hütens wird der 1. Mai jeden Jahres festgehalten, und wird es den Lokal-Schulinspektoren anempfohlen, die Erlaubnisscheine nicht früher auszustellen, als es mit Rücksicht auf diesen Termin notwendig ist.

5. Als Bedingung für die Ausstellung eines Erlaubnisscheins in betreff der Lesefertigkeit ist die Bescheinigung des Lehrers beizubringen, daß das Kind nicht blos notdürftig, sondern wenigstens mechanisch fertig zu lesen imstande ist.

6. Der Unterricht der Hütekinder darf nicht in die Mittagsstunde verlegt werden; entweder sind die Morgenstunden von 6 Uhr ab vorzugsweise zu wählen, oder 2 halbe Tage in jeder Woche festzusetzen, welche zum Unterricht der betr. Kinder allein verwendet werden.

7. Die Wirte sind verpflichtet, den hütenden Kindern an Sonn- und Feiertagen diejenige Zeit freizulassen, welche sie zur Beteiligung am Gottesdienste ihrer Konfession nach den Ordnungen ihrer Kirche nötig haben.

8. Die Wirte sind verpflichtet, diejenigen Kinder, welche sie zum Hüten erhalten, die aber ihre Heimat nicht in dem Schulbezirke haben, in welchem sie selbst wohnen, binnen 3 Tagen nach dem Eintritt der Kinder in den Dienst dem Lehrer des Ortes vorzustellen, damit derselbe Kenntnis von dem Vorhandensein der Kinder habe und ihren Schulbesuch während der festgesetzten Zeit kontrollieren kann.

9. Die Frage, ob namentlich bei verwaisten und solchen Kindern, welche dem Betteln verfallen sind, dahin gewirkt werden soll, daß die betreffenden Wirte solche Kinder schon den Winter vorher in ihr Haus aufnehmen und sie von dort aus zur Schule senden sollen, empfehlen wir den Lokal-Schulinspektoren zur sorgsamen Erwägung. Erscheint es wünschenswert und zweckmäßig, so wollen die Herren eine entsprechende Vermittelung eintreten lassen.

Insoweit in Vorstehendem nicht etwas anderes angeordnet ist, bleiben die bisherigen Bestimmungen, namentlich unsere Zirkular-Verfügungen vom 9. Dezember 1852 und vom 20. Dezember 1855 in Kraft.

§ 78. Erlaß der Regierung zu Königsberg

vom 4. August 1871. (Ctrbl. S. 562).

Durch die Zirkular-Verfügung vom 29. Januar 1869 und die entsprechende Polizei-Verordnung vom 27. Januar 1869 ist die Erteilung der Erlaubnis an Schulkinder zum Viehhüten und zum Vermieten überhaupt außer den unterrichtlichen Erfordernissen von ihrer guten sittlichen Führung abhängig gemacht und ausdrücklich bestimmt worden, daß Schüler, welche leichtfertig und roh sind, sich zur Verwahrlosung hinneigen oder gröberer sittlicher Vergehen schuldig gemacht haben, die Erlaubnis entschieden zu versagen ist, und daß es den Behörden jeder Zeit vorbehalten bleibt, den bereits erteilten Erlaubnisschein zurückzunehmen, den vollständigen Schulbesuch des schulpflichtigen Kindes zu verlangen und selbst durch die erforderlichen Anordnungen im polizeilichen Exekutionswege herbeizuführen. Der letztbezeichnete Vorbehalt muß da zur Geltung gebracht werden, wo ein Kind während seines Dienstverhältnisses die Zeichen der sich bei ihm anbahnenden sittlichen Verwilderung so deutlich an den Tag legt, daß die Polizeibehörde mit Festsetzung von Strafen gegen dasselbe vorgeht. Den Schulinspektoren, welche zur Erteilung der in Rede stehenden Erlaubnisscheine befugt sind, ist ausdrücklich zur Pflicht gemacht, daß sie fortan in jedem derartigen Falle, wo ihnen die Hinneigung der hütenden oder dienenden Schulkinder zur Verwahrlosung durch Anzeige der Polizeibehörde oder auch anderweit zuverlässig bekannt wird, ungesäumt von dem ihnen zustehenden Rechte der Rücknahme des erteilten Hüte- oder Dienstscheins Gebrauch machen, event. die Lösung des Dienstverhältnisses und die Wiederherstellnng des vollständigen Schulbesuchs jener Kinder herbeiführen. — Die Polizeibehörden haben von jedem Falle des bei ihnen zur Anzeige gebrachten und nachgewiesenen leichtfertigen oder rohen Verhaltens dienender oder hütender Schulkinder sofort den zur Entziehung erteilten Erlaubnisscheins berechtigten Lokalschulinspektor zu benachrichtigten. Letzterem wird dann auch am zweckmäßigsten die event. Bewirkung der disziplinaren Bestrafung des schuldigen Kindes zu überlassen sein 2c.

§ 79. Verfügung der Königlichen Regierung zu Danzig vom 8. März 1873.

Die Königl. Regierung zu Danzig hat unterm 8. März 1873 über das Viehhüten schulpflichtiger Kinder nachstehende Bestimmungen getroffen.

Die Verordnung vom 5. Dezember 1852 — Amtsbl. 1852 S. 375 ff. — über die Einrichtung der Sommerschule für Dienst- und Hütekinder ist aufgehoben. An Stelle derselben treten die nachstehenden Bestimmungen:

1. Kein schulpflichtiges Kind darf ohne schriftliche Erlaubnis des Lokalschulinspektors derjenigen Schule, welche es bisher zu besuchen hatte, zum Viehhüten gemietet und verwendet werden. Auch wer sein eigenes Kind zum Viehhüten während der Schulzeit benutzen will, muß dazu vorher einen Erlaubnisschein des Schulinspektors einholen.

Erlaubnisscheine zur Verwendung schulpflichtiger Kinder während der Schulzeit zu häuslichen oder anderweiten landwirtschaftlichen Arbeiten, auf eine längere Zeitdauer, dürfen überhaupt nicht erteilt werden. Bezüglich der hierauf gerichteten Anträge bleibt es bei den Bestimmungen des § 3 der Schulordnung.

2. Der Erlaubnisschein darf nur für solche schulpflichtigen Kinder gegeben werden, welche

a) das eilfte Lebensjahr zurückgelegt haben,
b) bis dahin die Schule regelmäßig besucht haben,
c) genügende Lesefertigkeit erlangt haben,
d) deren Armut durch Atteste der zuständigen Polizeiobrigkeit nachgewiesen ist,
e) nicht den Konfirmandenunterricht genießen.

3. Der Schulinspektor darf, bei eigener Verantwortlichkeit, den Erlaubnisschein erst erteilen, wenn er sich von dem Vorhandensein der vorstehend aufgeführten Bedingungen vollständig überzeugt hat. Daß und wie dies geschehen, ist im Erlaubnisschein ausdrücklich zu vermerken.

4. Wer sein eigenes oder ein fremdes schulpflichtiges Kind zum Viehhüten zu verwenden beabsichtigt, hat den Erlaubnisschein dazu dem Lehrer seines Wohnorts persönlich oder schriftlich vorzulegen und das Hütekind zur Sommerschule anzumelden.

5. Wer dies unterläßt oder ein schulpflichtiges Kind ohne Erlaubnisschein zum Viehhüten verwendet, verfällt, in Gemäßheit der polizeilichen Verordnung vom heutigen Tage, in eine Polizeistrafe von 3 bis 10 Thlr. und ist im Wege der administrativen Exekution anzuhalten, das Schulkind zum Hüten nicht mehr zu verwenden oder den Erlaubnisschein und die geschehene Anmeldung zur Sommerschule nachträglich nachzuweisen.

6. Der Erlaubnisschein zum Viehhüten darf immer nur auf ein Jahr und im demselben für die Zeit vom 1. Mai bis 1. November erteilt werden. Bei Erneuerung der Erlaubnis hat stets wieder eine besondere Prüfung der allgemeinen Erfordernisse einzutreten. Der Schulinspektor ist berechtigt, den Erlaubnisschein auch vor Ablauf der Zeit, für welchen er erteilt ist, wieder zu entziehen, wenn er dies im Interesse des Unterrichts für erforderlich erachtet. Er hat hiervon in jedem einzelnen Fall dem Landrat zur weiteren Veranlassung Anzeige zu machen.

7. Jedes schulpflichtige Hütekind muß, wenn es im Schulorte selbst wohnt, den Unterricht täglich 2 Stunden, wenn es nicht über $^1/_4$ Meile vom Schulorte entfernt wohnt, an 2 Tagen der Woche je 3 Stunden, und wenn es weiter, als eine viertel Meile entfernt wohnt, wöchentlich mindestens einen ganzen Schultag, also 6 Stunden, den Unterricht besuchen.

8. Die für den Unterricht der Hütekinder zu verwendenden Stunden resp. Tage werden vom Schulinspektor ein für allemal im voraus bestimmt.

9. Für jede unentschuldigte Schulversäumnis eines zur Sommerschule verstatteten Kindes werden die Schulversäumnisse im ersten und zweiten Fall mit 2 Sgr., in den folgenden aber mit 5 Sgr. für jeden Tag von der Dienstherrschaft resp. von den Eltern eingezogen oder in die entsprechende Gefängnishaft umgewandelt. Wo für die Sommerschule nur 2 resp. 1 Tag wöchentlich angesetzt ist, da wird die Strafe für solch einen versäumten Tag gleich der für eine halbe resp. ganze Woche gerechnet.

10. Für Beantragung und Einziehung der Schulversäumnisstrafen der Hütekinder gelten die allgemeinen Vorschriften für Behandlung der Schulversäumnisstrafen. Die genaue und pünktliche Befolgung ist aber ganz besonders notwendig. Für die Hütekinder ist aber eine besondere Schulversäumnisliste anzufertigen und einzureichen, damit deren vorzugsweise schnelle Erledigung gesichert wird. In den Kontrollelisten der Schulinspektoren und Lehrer ist für die Versäumnislisten der Hütekinder ein besonderer Vermerk einzutragen.

11. Die unter Nr. 5 bestimmten Polizeistrafen und die unter Nr. 9 bestimmten Schulversäumnisstrafen für Hütekinder kommen auch in allen den Fällen zur Anwendung, in welchen vor dem 1. Mai oder nach dem 1 November schulpflichtige Kinder durch das Verwenden zum Viehhüten von der Schule zurückgehalten werden.

12. Bis zum 20. Mai jeden Jahres ist von jedem Ortsvorstande ein amtlich beglaubigtes vollständiges Verzeichnis der im Ort vorhandenen Hütekinder mit der Angabe, bei wem dieselben hüten und mit der Bescheinigung des Lehrers darüber, welche Kinder ihm vorschriftsmäßig zur Sommerschule angemeldet sind, versehen, dem Landrate einzureichen. Die Lehrer haben ihrer Bescheinigung die Erlaubnisscheine beizufügen. Ortsvorstände und Lehrer, welche ihren Obliegenheiten hierin nicht pünktlich und gewissenhaft nachkommen, werden ohne vorgängige nochmalige Androhung in eine Exekutivstrafe von 1—2 Thlr. genommen. Die Landräte schreiten auf Grund dieser Listen sofort gegen die in Nr. 5 bezeichneten Eltern oder Dienstherrschaften ein, haben sich auch so viel als möglich durch örtliche Revisionen von der Vollständigkeit und Richtigkeit der ihnen eingereichten Listen zu überzeugen, auch von Zeit zu Zeit Revisionen derselben durch Gendarmen zu veranlassen. Ebenso ist von den Kreis- und Lokal-Schulinspektoren jeder zu ihrer Kenntnis kommende Fall einer Nichtbeachtung der vorstehenden Vorschriften alsbald zur Kenntnis des Landrats zu bringen.

§ 80. Polizei-Verordnung vom 8. März 1873, betreffend die Benutzung schulpflichtiger Kinder zum Viehhüten.

Auf Grund des § 11 des Gesetzes über die Polizei-Verwaltung vom 11. März 1850 und unter Aufhebung der Polizei-Verordnung vom 5. Dezember 1852 verordnen wir hierdurch für den Umfang des Regierungsbezirks Danzig was folgt:

Kein schulpflichtiges Kind darf ohne schriftliche Erlaubnis des Lokalinspektors derjenigen Schule, welche es bisher zu besuchen hatte, zum Viehhüten gemietet und verwendet werden. Auch wer sein eigenes Kind zum Viehhüten während der Schulzeit benutzen will, muß dazu vorher einen Erlaubnisschein des Schulinspektors einholen.

Erlaubnisscheine zur Verwendung schulpflichtiger Kinder während der Schulzeit zu häuslichen oder anderweiten landwirtschaftlichen Arbeiten auf eine längere Zeitdauer dürfen überhaupt nicht erteilt werden. Bezüglich der hierauf gerichteten Anträge bleibt es bei den Bestimmungen des § 3 der Provinzial-Schulordnung vom 11. Dezember 1845.

Wer sein eigenes oder fremdes schulpflichtiges Kind zum Viehhüten zu verwenden beabsichtigt, hat den Erlaubnisschein dazu dem Lehrer seines Wohnortes persönlich oder schriftlich vorzulegen und das Hütekind zur Sommerschule anzumelden.

Wer dies unterläßt oder ein schulpflichtiges Kind ohne Erlaubnisschein zum Viehhüten verwendet, verfällt in eine Polizeistrafe von 3 bis 10 Thlr. und ist im Wege der administrativen Exekution anzuhalten, das Schulkind zum Hüten nicht weiter zu verwenden oder den Erlaubnisschein und geschehene Anmeldung zur Sommerschule nachträglich nachzuweisen.

Für jede unentschuldigte Schulversäumnis eines zur Sommerschule verstatteten Kindes werden die Schulversäumnisse im ersten und zweiten Fall mit 2 Sgr., in den folgenden aber mit 5 Sgr. für jeden Tag von der Dienstherrschaft resp. von den Eltern eingezogen oder in die entsprechende Gefängnishaft umgewandelt. Wo für die Sommerschule nur 2 resp. 1 Tag wöchentlich angesetzt ist, da wird die Strafe für solch einen versäumten Tag gleich der für eine halbe, resp. für eine ganze Woche gerechnet.

Im Anschluß an die vorstehende Verordnung vom 8. März 1873 macht die Verfügung zu Danzig vom 14. April 1874, G. 1939/4 beim Herannahen der Hütezeit auf die genaue Beachtung der erlassenen Bestimmungen aufmerksam und ordnet an, daß diese Bestimmungen durch die Amtsblätter wiederholt zu veröffentlichen und die Lehrer auf deren strenge Beachtung hinzuweisen sind. Insbesondere sollen die Kreis-Schulinspektoren bei ihren Schulrevisionen davon sich Überzeugung verschaffen, daß besondere Schulversäumnislisten für Hütekinder angelegt und in diese Listen nur Hütekinder, welche den gegebenen Vorschriften vollständig genügt haben, aufgenommen sind, und daß die Hütekinder die für sie bestimmte Hüteschule ordnungsmäßig besuchen. Sie haben sämtliche Lehrer zur Einreichung einer Liste der betr. Schule ordnungsmäßig angemeldeten Hütekinder anzuhalten und diese Liste den Revisionen zu Grunde zu legen, insbesondere aber dieselben mit dem nach Nr. 12 der Verordnung vom 8. März 1873 von den Ortsvorständen den Landräten einzureichenden Verzeichnis der Hütekinder zu vergleichen und hiernach die Vollständigkeit und Übereinstimmung der Gemeinde- und Lehrerlisten zu prüfen, sowie sich davon Überzeugung zu verschaffen, daß die Erlaubnisscheine zum Hüten den gegebenen Vorschriften entsprechen. Die Landräte sollen daher die eingehenden Hütekinderverzeichnisse aus den einzelnen Ortschaften nach genommener Kenntnis an die betr. Kreisschulinspektoren zur Prüfung und eventl. weiteren Veranlassung möglichst bald absenden.

§ 81. Verordnung der Königlichen Regierung zu Marienwerder vom 15. März 1858 über Verwendung schulpflichtiger Kinder zum Viehhüten und den Schulbesuch der Hütekinder.

(Amtsblatt S. 54 ff. — erneuert im Amtsbl. pro 1859 S. 67 ff.)

Auf Grund des § 11 des Gesetzes über die Polizei-Verwaltung vom 11. März 1850 und unter Aufhebung der Amtsblattbekanntmachung vom

16. November 1852 werden in nachstehendem die Vorschriften über Verwendung schulpflichtiger Kinder zum Viehhüten und den Schulbesuch der Hütekinder zusammengestellt und zur genauen Befolgung in Erinnerung gebracht:

1. Zum Viehhüten dürfen schulpflichtige Kinder nur dann verwendet werden, wenn sie

a) das zehnte Lebensjahr zurückgelegt,
b) bis dahin die Schule regelmäßig besucht und
c) genügende Lesefertigkeit erlangt haben,
wenn ferner
d) ihre Armut durch ein Attest der zuständigen Ortsobrigkeit erwiesen ist und wenn sie
e) mit einem vorschriftsmäßigen Erlaubnisschein versehen sind.

2. Dieser Erlaubnisschein wird von dem zuständigen Ortsschulinspektor derjenigen Konfession, welcher der Lehrer angehört, immer nur für die Hütezeit des laufenden Jahres und zwar erst dann erteilt werden, wenn derselbe sich von dem Vorhandensein der sub 1 a., b., c. und d. namhaft gemachten Erfordernisse vollständig überzeugt hat. Daß und wie dies geschehen, ist in dem Erlaubnisschein ausdrücklich anzugeben. Die sub 1 d. erwähnten Armutsatteste sind nur dann für gültig zu erachten, wenn sie für Kinder aus Domänenortschaften von Königl. Domänenrentämtern, für Kinder aus adligen Ortschaften von den Dominien, für Kinder aus Städten von den Magistraten ausgefertigt sind.

3. Für die mit vorschriftsmäßigem Erlaubnisschein versehenen Hütekinder wird während der Hütezeit, welche vom 1. Mai bis zum 1. November zu rechnen ist, Hüteschule in wenigstens 6 Stunden wöchentlich gehalten. Zu derselben ist jedes Hütekind im Schulbezirk, sobald es vom gewöhnlichen Schulbesuch zurückgehalten werden soll, durch die Eltern, Pfleger oder Dienstherren unter Vorzeigung des Erlaubnisscheines beim Lehrer anzumelden. Alle übrigen Kinder besuchen die Schule auch im Sommer in 30 Stunden wöchentlich oder, wo eine gesonderte Hüteschule gehalten wird, in allen denjenigen Stunden, die nach Abrechnung der für die Hüteschule verwendeten von 30 wöchentlichen Schulstunden noch verbleiben. Für die Hüteschulen gelten ferner folgende Bestimmungen:

a) Nur denjenigen Schulen, denen eine verhältnismäßig große Zahl von Hütekindern überwiesen ist, ist es auf Anordnung des Ortsschulinspektors gestattet, eine gesonderte Hüteschule zu halten.

Wo dagegen die Zahl der einer Schule überwiesenen Hütekinder verhältnismäßig klein ist, findet eine gesonderte Hüteschule nicht statt. Vielmehr werden die Hütekinder dann mit den übrigen Schulkindern gemeinschaftlich täglich in 2 Stunden unterrichtet; der Lehrer ist in diesem Falle verpflichtet, die Hütekinder, soweit dies möglich ist, mit der ersten Abteilung gemeinschaftlich zu unterrichten, ihnen jedoch seine Sorgfalt und Thätigkeit vorzugsweise zuzuwenden.

b) Die gesonderte Hüteschule findet entweder täglich in 2 Stunden — von 5 bis 7 Uhr morgens oder von 11 bis 1 Uhr mittags — oder Mittwochs und Sonnabends in je 3 Stunden nach der im Einverneh men mit dem Kreisschulinspektor vom Ortsschulinspektor dem örtlichen Bedürfnis gemäß zu treffenden Festsetzung statt. Diese Festsetzung erfolgt für jede der betr. Schulen sofort beim Beginn der Hütezeit, wird in geeigneter Weise etwa von der Kanzel bekannt gemacht und während der ganzen Hütezeit unverändert beibehalten. Für sämtliche zu einer Schule gehörigen Hütekinder darf immer nur eine der gedachten Festsetzungen erfolgen.

c) Der Unterricht in der gesonderten Hüteschule hat sich auf Religion, Lesen, Kopfrechnen und Gesang zu beschränken. Die übrigen Kinder derjenigen Schulen, mit welchen eine gesonderte Hüteschulen verbunden ist, werden in resp. 18 oder 24 Stunden wöchentlich nach einem von dem Ortsschulinspektor zu entwerfenden Lehrplan in allen Lehrgegenständen wie zur Zeit der Winterschule, doch in der durch die verkürzte Schulzeit gebotenen Beschränkung gefördert. Nur der Religionsunterricht darf keine Beschränkung erfahren.

d) Schulen, die in Halbtagsschulen geteilt sind, werden während der Hütezeit, wenn mit ihnen gesonderte Hüteschulen verbunden sind, nach den vorgedachten Bestimmungen eingerichtet.

4. Für jede verschuldete Schulversäumnis der Hütekinder werden die für unerlaubte Schulversäumnisse bestimmten Schulstrafgelder, im ersten und zweiten Fall von 4 Pf., in den folgenden Fällen von 5 Sgr. pro Tag von den Eltern, wenn diese ihre eigenen Kinder zum Viehhüten brauchen, sonst von der Dienstherrschaft unnachsichtlich im Wege der gewöhnlichen Exekution eingezogen. Wenn die Hütekinder nur Mittwochs und Sonnabends die Schule zu besuchen verpflichtet sind, so ist für jede Versäumnis eines dieser Tage die Strafe für eine halbe Woche, also für den ersten und zweiten Fall mit 1 Sgr., das 3. Mal und weiter mit 15 Sgr. einzuziehen.

5. Der Lehrer ist verpflichtet, sämtliche Hütekinder des Schulbezirks aufs sorgfältigste zu überwachen, die bei ihm nicht angemeldeten beim Ortsvorstande und bei seinem Ortsschulinspektor zur Anzeige zu bringen und in einer besonderen Liste alle Hütekinder des Schulbezirks nach den unter 7 vorgeschriebenen Rubriken zu verzeichnen. Rücksichtlich der zur Hüteschule angemeldeten Hütekinder reicht er die nach derselben gefertigte Schulversäumnisliste wöchentlich dem Ortsschulinspektor ein. Dieser versieht die Liste mit der Angabe des Betrages der Strafen und übergiebt sie der zur Vollstreckung der Strafen bestimmten Polizeibehörde, behufs Festsetzung und Einziehung der Strafen. Die letztere endlich stellt nach Vollstreckung der Strafen die Versäumnisliste mit der Bescheinigung der Vollstreckung dem Schulinspektor zurück, der sie seinen Akten einverleibt.

6. Der Ortsschulinspektor ist verpflichtet, vom 1. Mai jeden Jahres ab am Schlusse jeder Woche dem zuständigen Schullehrer von den erteilten Erlaubnisscheinen Kenntnis zu geben. Wird der Erlaubnisschein einem Kinde erteilt, das nach einem andern Orte eines Kirchspiels vermietet wird, so ist eine Abschrift desselben unverzüglich dem Schulinspektor dieses Kirchspiels zu übersenden. In diesem Falle und auch dann, wenn das Hütekind zu einer anderen Schule seines Kirchspiels pflichtig wird, welcher das betr. Kind bis dahin angehört hat. Ingleichen trägt er die Namen der Hütekinder, für welche er Erlaubnisscheine ausstellt, mit Angabe des Alters und der zuletzt besuchten Winterschule, sowie die Namen der Eltern, Pfleger und

Dienstherren in ein von ihm für jedes Jahr besonders anzulegendes Verzeichnis. In einer Rubrik desselben werden auch die Namen derjenigen Kinder und ihrer Dienstherren aufgenommen, von denen er weiß, daß sie ohne Erlaubnis zum Viehhüten verwendet werden.

7. Bis zum 20. Mai jeden Jahres hat der Lehrer, an zwei- und mehrklassigen Schulen jedesmal der erste Lehrer der Schule, dem Ortsschulinspektor ein von dem Ortsvorstande als richtig und vollständig bescheinigtes Verzeichnis der in dem Schulbezirk vorhandenen Hütekinder, und wenn dergleichen nicht vorhanden sind, eine Vakatanzeige in 3 Exemplaren einzureichen. Das Verzeichnis ist mit der dreifachen Rubrik zu versehen:

a) mit Erlaubnisschein angemeldet,
b) mit Erlaubnisschein, aber nicht angemeldet,
c) ohne Erlaubnisschein.

Der Ortsschulinspektor sendet bis zum 1. Juni jeden Jahres ein Exemplar der von sämtlichen Lehrern des Kirchspiels eingegangenen Verzeichnisse, denen er das Ergebnis seiner eigenen Nachforschungen beifügt, dem Königlichen Kreislandrat, ein zweites dem Königlichen Kreisschulinspektor, das dritte nimmt er zu seinen Akten. Über alle die Hütekinder betreffenden Angelegenheiten ist vom Ortsschulinspektor ein besonderes Aktenstück zu führen.

8. Der Ortsschulinspektor hat die Lehrer seines Kirchspiels nötigenfalls durch Ordnungsstrafen zur sorgfältigen Anfertigung der Verzeichnisse und zur vorschriftsmäßigen Führung der Liste über die Schulversäumnis der Hütekinder, sowie zur prompten Einsendung derselben anzuhalten, auch Versäumnisse der Ortsvorstände bei Ermittelung der Hütekinder, soweit sie zu seiner Kenntnis kommen, dem Königlichen Kreislandrat unverweilt anzuzeigen.

9. Der Kreisschulinspektor überzeugt sich bei jeder Visitation von dem Vorhandensein der Akten, die Hütekinder betreffend und davon, daß nach denselben, so viel dies daraus ersichtlich, die vorstehenden Bestimmungen gehörig befolgt sind, kontrolliert die den Lehrern übertragene Führung der (sub 5) vorgeschriebenen Listen, prüft die ihm vorzustellenden, mit ihren Erlaubnisscheinen versehenen Hütekinder und macht davon, daß dies geschehen, in dem Visitationsbericht Anzeige.

Bemerkte Verstöße, sowie das Ergebnis der zuletzt gedachten Prüfung sind ebenfalls durch den Bericht zur Anzeige zu bringen.

10. Der Kreisschulinspektor und der Landrat haben soviel als möglich selbst örtliche Revisionen über die Richtigkeit und Vollständigkeit der ihnen eingereichten Verzeichnisse vorzunehmen, der Landrat hat überdies solche öfters durch die Gendarmen vornehmen zu lassen.

11. Wer ein schulpflichtiges Kind, sei es sein eigenes oder ein fremdes, während der Schulstunden ohne vorschriftsmäßigen Erlaubnisschein zum Viehhüten verwendet, ingleichen wer es unterläßt, das Hütekind binnen der ersten drei Tage, daß er es in seine Dienste genommen, unter Vorlegung des Erlaubnisscheines dem Ortsschullehrer vorzustellen und zur Hüteschule anzumelden, verfällt in eine Polizeistrafe von 1—10 Thlr. Außerdem ist er im Wege der Exekution anzuhalten, den Erlaubnisschein nachträglich beizubringen und die Anmeldung der Hüteschule nachzuweisen, oder aber das betr. Kind aus dem Dienst zu entlassen.

§ 82. Verfügung der Königlichen Regierung zu Marienwerder vom 17. März 1870.

Nr. 550 G. C. II. und vom 28. Mai 1870 Nr. 1296 C. II.

Aus den uns infolge unserer Zirkular-Verfügung vom 12. Oktober pr. 262 G. C. erstatteten Berichten über die Hüteschule haben wir ersehen, daß die Hütekinder in manchen Schulen wöchentlich nur 6 bis 10 Stunden Unterricht erhalten. In Übereinstimmung mit dem Herrn Minister rc. Angelegenheiten halten wir diese Zahl der wöchentlichen Unterrichtsstunden nicht für ausreichend und bestimmen hiermit, daß der Unterricht für die Hütekinder von nun an in wenigstens 12 wöchentlichen Stunden erteilt werde. Bezüglich der Dauer der Hütezeit behält es bei den Bestimmungen unserer Verordnung vom 15. März 1858, wonach dieselbe vom 1. Mai bis 1. November gerechnet wird, bis auf weiteres sein Bewenden. Die Herren Lokalschulinspektoren werden hierdurch beauftragt, diese Verfügung den betreffenden Lehrern zur Kenntnis zu bringen und für die Ausführung derselben Sorge zu tragen. Die Herren Kreis-Schulinspektoren haben in den Schulrevisionsprotokollen anzugeben, ob die Hütekinder den Unterricht wöchentlich in wenigstens 12 Stunden erhalten.

§ 83. Verfügung der Königlichen Regierung zu Marienwerder vom 10. Juli 1880.

Nr. 2328 C. II.

In neuerer Zeit ist von Lehrern und Schulinspektoren über den unregelmäßigen Besuch der Hütekinder geklagt. Da diese betrübende Erscheinung zum Teil ihren Grund darin hat, daß die von uns gegebenen Bestimmungen nicht zur Ausführung gelangen, so finden wir uns veranlaßt, auf einige Bestimmungen unserer Verordnung vom 15. März 1858 hinzuweisen, welche darauf berechnet sind, den regelmäßigen Schulbesuch der Hütekinder zu fördern.

Nach Nr. 4 der Verordnung ist im ersten Falle die Strafe von 4 Pf., in den folgenden Fällen aber die von 50 Pf. für den Tag festzusetzen. Auch ist der Lehrer nach Nr. 5 der Verordnung verpflichtet, die nach der Schulbesuchsliste gefertigte Schulversäumnisliste wöchentlich dem Ortsschulinspektor, bezw. der städtischen Schuldeputation einzureichen. Die mit den Strafanträgen versehene Liste ist demnächst der zuständigen Polizeibehörde behufs Festsetzung und Einziehung der Strafen zuzufertigen. Die letztere endlich stellt nach Vollstreckung der Strafen die Versäumnisliste mit der Bescheinigung der Vollstreckung dem Schulinspektor, bezw. der Schuldeputation oder mit der Kontrolle des Schulbesuchs besonders beauftragten Mitgliede derselben zurück. Da die Strafvollstreckung nur den Erfolg verspricht, wenn sie schleunigst stattfindet, so bestimmen wir, daß von dem Lehrer die Versäumnisliste an jedem Sonnabend an den Lokal-Schulinspektor, bezw. die Schuldeputation einzureichen, die mit den Strafanträgen versehene Liste an jedem Dienstage der Polizeibehörde zuzufertigen und von dieser spätestens bis zum nächsten Sonnabend mit der Bescheinigung der Vollstreckung dem Lokalschulinspektor bezw. der Schuldeputation zurückzustellen ist.

Die Bestimmung der vorstehenden Verordnung, nach welcher die Versäumnisse der Hütekinder am Mittwoch und Sonnabend für den 1. und 2. Fall mit 10 Pf. für den 3. bereits mit 1,50 M. zu bestrafen sind, setzen wir außer Kraft, weil wir die derselben zu Grunde liegende Auffassung, daß eine Versäumnis der genannten Wochentage bei Hütekindern als Versäumnis der halben Woche anzusehen ist, nach wiederholter Prüfung nicht als mit den gesetzlichen Bestimmungen der Schulordnung in Einklang stehend erachten können.

Schließlich weisen wir noch darauf hin, daß nach unserer Zirkularverfügung vom 17. März 1870 die Hütekinder mindestens 12 Stunden wöchentlich die Schule besuchen müssen. Wir machen es den Herren Schulinspektoren und städtischen Schuldeputationen dringend zur Pflicht, sich die Ausführung der vorstehenden Bestimmungen angelegen sein zu lassen, und empfehlen auch den Herren Kreisschulinspektoren und Kreis-Landräten, nach Möglichkeit darauf hinzuwirken, daß seitens der Polizeibehörden und der Schulbehörden unserer Anordnung entsprochen wird.

Durch Verordnung der Königlichen Regierung zu M. vom 30. März 1858 (Amtsbl. S. 95) und vom 21. April 1826 (Amtsbl. S. 65) ist mit Bezug auf § 11 des Gesetzes vom 11. März 1850 über die Polizeiverwaltung bei einer Strafe bis zu 30 M. für jedes Kind verboten, schulpflichtige Kinder, welche nicht zur eigenen Familie gehören, während der gesetzlichen Schulzeit zur Verrichtung gewerblicher oder ländlicher Arbeiter irgend welcher Art zu benutzen. Inbetreff der Verwendung von Kindern zum Viehhüten gelten die dieserhalb ergangenen besonderen Bestimmungen.

§ 84. Verordnung der Königlichen Regierung zu Oppeln vom 25. April 1862.

(Ctrbl. 1862, S. 367 ff.)

(Auszug). Wir haben bereits mittels Zirk.-Verf. vom 29. Januar 1855 angeordnet, daß den Sommerschulen, auch Hüteschulen genannt, eine größere Sorgfalt zugewendet werden sollte, als dies bis dahin geschehen war; dennoch herrscht in Bezug auf diese Schulen immer noch eine so große Verschiedenheit, daß wir uns veranlaßt finden, nachstehendes zur Nachachtung anzuordnen.

Das Schulreglement vom 18. Mai 1801 gestattet zwar, daß der Schulunterricht auf dem platten Lande in der Zeit von Georgi bis Martini auf den Vormittag beschränkt werden darf; damit ist aber keineswegs ausgesprochen, daß er nicht auch nachmittags erteilt werden dürfte. Von dieser Auffassung, wir erwähnen dies gern zum Lobe pflichtgetreuer und berufsfreudiger Lehrer, haben alle diejenigen Lehrer sich leiten lassen, welche den halbtägigen Unterricht auf die größeren Kinder, deren die Eltern im Sommer zu den verschiedenen Hilfeleistungen im Haushalte und in der Landwirtschaft bedürfen, erst dann beschränkt haben, nachdem die untere Abteilung bereits in den Morgenstunden den erforderlichen Unterricht erhalten hatte. Diese Einrichtung empfiehlt sich als die zweckmäßigste und wird in Zukunft an allen Schulorten dergestallt zur Ausführung zu bringen sein, daß bei einklassigen Schulen die kleineren Kinder getrennt von den größeren in zwei Abteilungen, nicht neben- sondern nacheinander durch je 3 Stunden unterrichtet werden.

Die Ansetzung der Stunden wird sich selbstverständlich nach den örtlichen Verhältnissen und nach der Entfernung der zur Schule gehörigen Ortschaften richten.

In keinem Falle aber darf ferner gestattet werden, daß während der Sommermonate die Kinder aller Klassen neben einander zu gleicher Zeit unterrichtet werden. Wo etwa die für das Gedeihen der Schule höchst nachteilige Einrichtung noch bestehen sollte, nach welcher sowohl der Hauptlehrer, als auch der Hilfslehrer sämtliche Kinder während der Mittagszeit unterrichtet, so ist dieser Unfug sofort abzustellen und die Einrichtung wenigstens dahin zu treffen, daß der Hilfslehrer die untere Klasse in den Morgenstunden und der Hauptlehrer die obere Klasse in den späteren Stunden unterrichtet, je nachdem sie zur Sammlung möglichst sämtlicher größeren Kinder nach den örtlichen Verhältnissen am geeignetsten erscheinen.

§ 85. Verfügung der Königlichen Regierung zu Frankfurt a/O. vom 1. März 1870.

(Ctrbl. 1870, S. 367).

(Auszug). Überall da, wo zwei oder mehrere Lehrer an einer Schule angestellt sind, würde angeordnet werden können, daß den Kindern aller Klassen ein dreistündlicher Unterricht täglich von 7—10 Uhr vormittags erteilt wird, so daß jede Klasse wöchentlich 18 Stunden Unterricht empfangen würde. In den Schulen mit einem Lehrer würde die Einrichtung getroffen werden können, daß die obere Abteilung dreimal in der Woche von 7—10 Uhr, dreimal aber von 7—9, also in 15 wöchentlichen Stunden, unterrichtet wird, während die übrigen 15 Vormittagsstunden für den Unterricht der jüngeren Kinder zu bestimmen sein würden.

Wir nehmen Abstand davon, diese Einrichtung von Aufsichtswegen überall schon jetzt anzuordnen, empfehlen aber den Herren Kreis- und Lokalschulinspektoren dringend, wenn und wo es die Umstände irgend gestatten, eine Änderung des Anfangs der Lehrstunden und der Stundenzahl in dem angedeuteten Sinne vorzunehmen.

Daß Schulkinder im Heimatsorte selbst vor dem vollendeten zwölften Lebensjahre zum Hüten des Viehes nicht vermietet werden, ist in hohem Maße wünschenswert. Geschieht es dennoch, so sind die Arbeitgeber gehalten, die gemieteten Kinder regelmäßig zur Schule zu senden. Entziehen sie sich dieser Pflicht, so verfallen sie nach Maßgabe der Polizeiverordnung vom 20. April 1866 in eine Strafe von 5 Thalern.

Daß ein häufiger Wechsel der Schule für die stetige Entwickelung namentlich jüngerer Kinder von großem Nachteile ist, bedarf keiner Auseinandersetzung. Um diese Nachteile möglichst zu beschränken, ordnen wir an, daß kein Kind vor vollendetem zwölften Lebensjahr nach auswärts vermietet werden darf, und auch dann nur, wenn wenigstens eine ausreichende Lesefertigkeit nachgewiesen wird.

Die nach auswärts zum Hüten vermieteten Kinder dürfen in die Schule desjenigen Ortes, wohin sie vermietet worden sind, nur gegen Vorzeigung eines von dem Lokalschulinspektor des Heimatsortes ausgestellten Erlaubnisscheins aufgenommen werden, um aber zu verhindern, daß sich Kinder der

Schule überhaupt entziehen, hat der Lokalschulinspektor des Heimatsortes jedesmal demjenigem Revisor der bezüglichen Schule, wohin das Hütekind vermietet worden ist, schriftliche Anzeige von dem Thatbestande zu erstatten. Nach Beendigung der Hütezeit ist dem Hütekinde ein von dem Ortslehrer ausgestelltes und von dem Revisor mitvollzogenes Zeugnis über den regelmäßigen Schulbesuch, den Fleiß und das Betragen desselben auszustellen, welches beim Wiedereintritt in die eigentliche Ortsschule vorzulegen ist. Wird ein unregelmäßiger Schulbesuch attestiert, so ist für den nächsten Sommer der Erlaubnisschein zu versagen.

§ 86. Einrichtung von Halbtagsschulen aus Anlaß wirtschaftlicher Verhältnisse, insbesondere die Erteilung von Hütescheinen.

Nach den geltenden Vorschriften kann mit unserer Genehmigung die Halbtagsschule dort eingerichtet werden, wo die Anzahl der Kinder über achtzig gestiegen ist, oder das Schulzimmer auch für eine geringere Zahl nicht ausreicht und die Verhältnisse die Anstellung eines zweiten Lehrers nicht gestatten, so wie da, wo andere Umstände dies notwendig erscheinen lassen. Allerdings ist in allen Fällen die Halbtagsschule nur als ein Notbehelf anzusehen, dessen Beseitigung durch Anstellung vermehrter Lehrkräfte nach Möglichkeit erstrebt wird. Bis dahin jedoch, daß die letztere zu erreichen ist, wollen wir von der uns zustehenden Befugnis in den obengedachten Fällen, insbesondere für diejenigen Schulbezirke Gebrauch machen, in welchen die wirtschaftlichen Verhältnisse die den Lokalschulinspektoren unter gewissen Voraussetzungen zustehende Ausstellung von Hüteerlaubnisscheinen in größerem Umfange unbedingt erfordern, während dieselbe durch die Einrichtung der Halbtagsschule vollständig vermieden werden kann.

Voraussichtlich wird dies in zahlreichen Fällen möglich sein, da bei der Einrichtung der Halbtagsschule auch ohne Erteilung von Hütescheinen das vorhandene Bedürfnis nach Arbeitskräften für wirtschaftliche Zwecke erfüllt werden kann. Gerade mit Rücksicht hierauf wird sich vielfach die Einrichtung der Halbtagsschule empfehlen.

Die Herren Kreisschulinspektoren haben von dieser Verfügung sämtlichen Herren Lokalschulinspektoren ihres Bezirks Kenntnis zu geben und dieselben aufzufordern, in allen Fällen obiger Art, in welchen die letzteren durch Einführung der Halbtagsschule die fernere Erteilung von Hüteerlaubnisscheinen für nötig erachten, unsere Genehmigung zu dieser Maßregel schleunigst zu beantragen.

Verf. der Königlichen Regierung zu Danzig vom 23. Mai 1877 (Ctrbl. 1877, S. 524).

§ 87. Schulbesuch der Hüte= ꝛc. Kinder.

Ministerial-Reskript, Berlin, den 19. Dezember 1872. U. 31519. (Ctrbl.=Bl. S. 56, Nr. 26 pro 1873.)

Die Rechtsbeständigkeit der Polizei=Verordnung der Königlichen Regierung vom 27. November 1869 kann nicht für zweifelhaft erachtet werden. Durch die Bestimmungen derselben ist die den Eltern zustehende Befugnis hinsichtlich der Erziehung und Unterbringung ihrer Kinder nicht beschränkt. Nach dem

Gesetz (§ 43 Allg. L.=R. II. 12; § 76 Allg. L.=R. II. 2 und § 1 der Schulordnung vom 11. Dezember 1845) ist jeder Einwohner, welcher den nötigen Unterricht für seine Kinder in seinem Hause nicht besorgen kann, verbunden, dieselben in die Schule zu schicken. Die Polizei=Verordnung vom 27. Januar 1869 bezieht sich lediglich auf solche schulpflichtige Kinder, welche zum Hüten oder zum Dienen oder zu sonstigen ländlichen Arbeiten während der Zeit des Schulunterrichts vermietet oder verwendet werden sollen. Die Festsetzung der Bedingungen, unter denen eine derartige Vermietung und die damit verbundene Befreiung von der Teilnahme an dem vollständigen Schulunterrichte stattfinden darf, sowie die Beschränkung dieser Freiheit auf das gehörige Maß liegen um so mehr in der Pflicht der zu dieser Normierung berechtigten Behörde, als die Folgen des Hütewesens durch Schulkinder, deren intellektuelle und sittliche Ausbildung gefährden und diese Vermietungen einen Umfang erreicht haben, welcher mit einem geordneten Unterrichtswesen nicht im Einklang steht.

Das Königliche Landratsamt hat deshalb mit Recht die Ausführung der auf Grund jener Polizei=Verordnung von dem Schulinspektor gestellten Anträge angeordnet. Die Weigerung, diese Anordnung auszuführen, ist nicht begründet, und derselben ungesäumt Folge zu geben.

§ 88. Schulbesuch der Hütekinder.

Regierungs=Verfügung, Potsdam, den 5. März 1877. II. S. L. 354.

Die begründeten Klagen der Schulinspektoren und der Lehrer über den unregelmäßigen Schulbesuch der sogenannten schulpflichtigen Dienst= oder Hütekinder, sowie die Erfahrung, daß die Polizeibehörden nicht überall sofort nach Eingang der Schulversäumnislisten und mit allem Ernste gegen die Dienstherrschaften wegen unregelmäßigen Schulbesuchs ihrer schulpflichtigen Dienst= oder Hütekinder vorgegangen sind, veranlassen uns, die desfallsigen für den diesseitigen Regierungsbezirk geltenden Bestimmungen seit 1810 in kurzer Zusammenfassung zu genauer Beachtung nochmals bekannt zu machen.

Die Heranziehung schulpflichtiger Kinder zu Arbeiten im Hause und auf dem Felde bei verkürzter Schulzeit im Sommer soll ursprünglich nur zu Gunsten der eigenen Eltern, oder bei Waisen der Stellvertreter der Eltern gestattet sein. Teils aber hat die Not, teils der lockende Verdienst ärmere Eltern veranlaßt, ihre noch schulpflichtigen Kinder zu vermieten, woraus für eine geordnete und erfolgreiche Schulbildung schwere Unzuträglichkeiten entstanden sind. Um ihnen möglichst entgegen zu treten, ist angeordnet worden, daß die zu vermietenden Schulkinder rechtzeitig von den Eltern oder deren Stellvertreter beim Lokalschulinspektor und Lehrer des Wohnortes unter Angabe der Dienstherrschaft und deren Wohnort vor Beginn des Sommerhalbjahres abgemeldet und mit einem Schulentlassungsschein (auf dem Entlassungstag, Name der Dienstherrschaft, und deren Wohnort vermerkt sein muß) versehen werden sollten, den sie an dem Vermietungsorte dem dortigen Lokalschulinspektor sofort vorzuzeigen haben. Nur für Kinder, welche bereits der Oberabteilung der Schule angehören, dürfen solche Scheine ausgestellt werden.

Der Lokalschulinspektor im Heimatsorte des zu vermietenden Kindes hat dem Lokalschulinspektor des Ortes, wohin das Kind in den Dienst tritt, eine Abschrift des Schulentlassungsscheines, die der Lehrer unentgeltlich anzufertigen hat, zu übersenden, damit jener für rechtzeitige und regelmäßige Beschulung des Kindes Sorge tragen kann.

Beim Dienstaustritt des Kindes erfolgt dasselbe Verfahren, nur in umgekehrter Folge, es hat die Dienstherrschaft die Abmeldung rechtzeitig beim Lokalschulinspektor und Lehrer anzubringen.

Wird diese Abmeldung von dem dazu Verpflichteten unterlassen, so haben sie die Schulversäumnisstrafen für das in der Schule fehlende und nicht abgemeldete Kind zu entrichten.

Solche Schulentlassungsscheine sollen in der Regel nur Ostern und Michaelis erteilt werden.

Die Lehrer haben die sorgfältig zu führenden Versäumnislisten regelmäßig an den Ortsschulvorstand und dieser sie an die Ortspolizeibehörde*) (Amtsvorsteher) sofort zum weiteren Verfolg abzugeben.

Dienstherrschaften, welche die bei ihnen im Dienst stehenden schulpflichtigen Kinder nicht regelmäßig zur Schule schicken, haben für unentschuldigt versäumte Schultage derselben die doppelte Strafe zu zahlen.

Die Oberstufe der Sommerschule soll aller Orten täglich mindestens 3 Stunden Unterricht haben.

Es dürfen demnach schulpflichtige Kinder von der festgesetzten täglichen Unterrichtszeit in der Schule durchaus nicht durch Lohnarbeit, welcher Art sie auch sei, bei 3—15 M. Strafe zurückbehalten werden.

Die Regierung macht noch besonders auf die hierher bezüglichen Bestimmungen vom 12. April 1834 (A.-Bl. S. 126), vom 11. Januar 1847 (A.-Bl. S. 28) und vom 22. April 1858 (A.-Bl. S. 144) aufmerksam.

IV. Dispensation vom Schulbesuch.

§ 89. Verfahren bei Dispensation noch nicht konfirmierter Kinder vom Schulbesuch.

Ministerial-Erlaß vom 6. November 1873 U. 34907. (Ctrbl. 1873, S. 722—23).

In Bezug auf das Verfahren bei Dispensation noch nicht konfirmierter Kinder vom Schulbesuch vermag ich der Auffassung der Königl. Regierung über die Lage der Sache nicht beizutreten.

Sowohl bei Beurteilung der Spezialfälle als auch in der Darlegung der bisher befolgten Praxis, bei welcher die Königliche Regierung glaubt verbleiben zu sollen, ist das Schulaufsichtsgesetz vom 11. März v. J. völlig außer Acht gelassen. Durch dasselbe ist aber die Sachlage wesentlich anders geworden.

Es kann nicht zweifelhaft sein, daß der Schulbesuch und alles, was mit demselben zusammenhängt, in das Bereich der Schulaufsicht gehört und daß daher auch im einzelnen Fall die Befreiung von der Schulpflichtigkeit

*) Schulstrafen. Verfügung des Ministers des Innern und des Kultusministers vom 22. Juli 1878 (Ctrbl. S. 588). Bei Verhängung von Schulversäumnisstrafen, wo die Schule und der Wohnort der Eltern in verschiedenen Amtsbezirken liegen, ist die Ortspolizeibehörde des Wohnortes der Eltern zur Vollstreckung der Strafe befugt.

von einem bestimmten Zeitpunkt an nicht von einer Stelle ausgehen darf, welche mit dem Auftrage zur Schulaufsicht nicht versehen ist. Demgemäß sind Gesuche um Dispensation noch nicht konfirmierter Kinder vom Schulbesuch nicht bei dem betreffenden Seelsorger, wenn derselbe nicht zugleich Schulinspektor ist, sondern bei dem letztern resp. bei der mit der Schulaufsicht befaßten Ortsschulbehörde anzubringen. Dies schließt jedoch nicht aus, daß von diesen Instanzen aus noch die gutachtliche Äußerung des Seelsorgers erfordert und gebührend berücksichtigt wird. Die Entscheidung selbst muß den erstern vorbehalten bleiben.

§ 90. Die Schuldeputation hat bei der Entscheidung über Gesuche um Dispensation vom Schulbesuch mitzuwirken.

Ministerial-Erlaß vom 31. Januar 1877. U. III. 5242. (Ctrbl. 1877, S. 153—54).

Da die den Gemeinden und deren Organen zustehende Teilnahme an der Schulaufsicht durch das Gesetz vom 11. März 1872 unberührt geblieben ist, die städtischen Schuldeputationen aber entsprechend der Bestimmung in § 48, Tit. 12, Teil II. des „Allg. Landrechts“ in Verbindung mit § 43 a. a. O. durch Nr. 11 der Instruktion vom 26. Juni 1811 berufen sind, zur Herbeiführung und Beförderung des regelmäßigen und ordentlichen Schulbesuchs sämtlicher schulfähiger Kinder mitzuwirken, überdies die Spezialaufsicht, welche Prediger, d. h. Lokalschulinspektoren außer den Schuldeputationen ausüben, gemäß Nr. 14 a. a. O. mit der allgemeinen Oberaufsicht der Schuldeputationen in Verbindung gesetzt werden soll, so kann ich, wie ich der Königl. Regierung auf den Bericht vom 27. Dezember v. J. hiermit eröffne, es nicht für angemessen erachten, daß bei den Entscheidungen über Gesuche um Dispensation vom Schulbesuch resp. um vorzeitige Entlassung von Schulkindern aus der Schule jede Beteiligung der städtischen Schuldeputationen ausgeschlossen wird.

Vielmehr wird davon auszugehen sein, daß, entsprechend dem Erlaß vom 6. November 1873*) Gesuche um Dispensation schulpflichtiger Kinder vom Schulbesuch bei dem Lokalschulinspektor resp. bei der mit der Schulaufsicht befaßten Ortsschulbehörde, worunter in den Städten die Schuldeputationen zu verstehen sind, anzubringen sind und daß über solche Gesuche zunächst die letztern selbst befinden und zwar dergestalt, daß dieselbe, wenn sie die Gesuche unbegründet findet, wogegen den Beteiligten alsdann freisteht, die Entscheidung des Kreisschulinspektors anzurufen, daß sie dagegen, wenn sie die Gesuche begründet findet, solche dem Kreisschulinspektor zur Entscheidung vorlegen, welche die Verordnung der Königl. Regierung vom 24. März 1853 unter Nr. 5 dem letztern vorbehalten hat.

Die Königl. Regierung veranlasse ich, dem entsprechend fortan eine Beteiligung der städtischen Schuldeputation in N. an der Entscheidung über Gesuche um Dispensation schulpflichtiger Kinder vom Schulbesuche nicht auszuschließen und hiernach dem Magistrat in N. auf seine Beschwerde mit Bescheid zu versehen.

---

*) cf. § 89.

In gleicher Weise ist zu verfahren, wenn andere Magistrate sich veranlaßt finden sollten, eine Teilnahme der Schuldeputation an der Entscheidung über Gesuche um Dispensation vom Schulbesuche in Anspruch zu nehmen.

§ 91. Die Beurlaubung der Schüler der Volksschule zum Zweck der Teilnahme am Katechumenen- und Konfirmanden-Unterricht.

Regulativ des **Oberpräsidenten zu Königsberg** vom 1. Mai 1876, Nr. 5088, O. P.

Nach dem Ergebnis der angestellten Ermittelungen haben sich in verschiedenen Teilen der Provinz erhebliche Nachteile für das Schulwesen daraus ergeben, daß in Folge der vielfach überaus frühzeitigen oder zu gehäuften Heranziehung der schulpflichtigen Kinder zu dem, in die Schulstunden fallenden Katechumenen- und Konfirmanden- bezw. Beicht- und Kommunionunterrichte die Schulkinder in ihrem Bildungsgange beeinträchtigt und in ihrer Entwickelung gehemmt worden sind. Diese Unzuträglichkeiten haben sich in denjenigen Schulen, deren Schüler verschiedener Konfession sind, oder zu verschiedenen Parochien gehören, unter dem Einfluß des Umstandes, daß eine größere Zahl von Geistlichen die Einrichtung getroffen hat, daß die den pfarramtlichen Religionsunterricht besuchenden Kinder in zwei, nach Maßgabe der Befähigung und der Vorbildung oder nach dem Geschlecht oder auch in den utraquistischen Bezirken nach der Sprache gesonderten Abteilungen unterrichtet werden, in dem Maße gesteigert, daß in einer Reihe von Schulen die Lehrer selten oder niemals die Schüler der Oberklassen vollzählig beisammen gehabt haben.

Diese Mißstände erheischen eine durchgreifende Abhilfe. Die Versuche, insbesondere da, wo bei einem Schulbezirke zwei oder mehrere Geistliche von derselben oder von verschiedener Konfession beteiligt sind, eine Beseitigung der vorbezeichneten Unzuträglichkeiten durch die Förderung einer Übereinkunft unter den betreffenden Geistlichen über die Wahl derselben Wochentage und Stunden zur Erteilung des Unterrichts herbeizuführen, haben zu keinem Resultate geführt und es erübrigt daher nur, die Beurlaubung der Kinder zum Zweck der Teilnahme am Katechumenen- oder Konfirmandenunterrichte einer anderweiten und bestimmten Regelung bei gehöriger Berücksichtigung der, im Interesse eines ausreichenden, von den geistlichen zu erteilenden Religionsunterrichtes zu erhebenden Ansprüche zu unterziehen. Ich bestimme daher auf Grund der, mir vom Herrn Minister der geistlichen 2c. Angelegenheiten erteilten Ermächtigung für die Volksschulen der Provinz Preußen folgendes:

1. Vor vollendetem 12. Lebensjahre ist eine Dispensation der Schulkinder von dem Schulunterrichte zum Zwecke der Teilnahme an dem Katechumenen- und Konfirmanden- bezw. Beicht- und Kommunion-Unterrichte überhaupt nicht statthaft.

2. In den städtischen Schulen sind die Stundenpläne dergestalt einzurichten, daß während des in den Oberklassen erteilten Religionsunterrichtes die Kinder in den beiden letzten Schuljahren an dem ad 1 bezeichneten pfarramtlichen Religionsunterrichte teilnehmen können.

3. Falls die Notwendigkeit vorliegt, den von den Geistlichen zu erteilenden Religionsunterricht auf 2 Stunden hintereinander auszudehnen, so ist dahin Vorsorge zu treffen, daß in die zweite ausfallende Stunde ein minder erheblicher Unterrichtsgegenstand gelegt wird.

4. Außerhalb der bezeichneten Stunden findet eine Beurlaubung zum Zwecke der Teilnahme am Katechumenen- und Konfirmanden- bezw. Beicht- und Kommunion-Unterrichte nicht statt.

5. In den Landschulen, welche sich mit dem Pfarramte an demselben Orte befinden, ist die unter Nr. 2 und 3 bezeichnete Einrichtung mit der aus Nr. 4 sich ergebenden Maßgabe zu treffen und es ist an den betreffenden Tagen eine Beurlaubung an zwei Vormittagsstunden, einschließlich der Religionsstunde statthaft, wobei dafür Vorsorge zu treffen ist, daß in die zweite Schulstunde, welche für die den pfarramtlichen Religionsunterricht besuchenden Schulkinder ausfällt, ein minder erheblicher Unterrichtsgegenstand gelegt wird. Dasselbe gilt, wenn das Pfarramt sich zwar nicht am Schulorte befindet, der pfarramtliche Unterricht aber am Schulorte erteilt wird.

6. Für die andern Landschulen werden von der zuständigen Königl. Bezirks-Regierung 2 Tage in der Woche bestimmt, an welchen sämtlichen den Katechumenen- und Konfirmanden- bezw. Beicht- und Kommunion-Unterricht besuchende Kinder zum Zweck der Teilnahme an diesem Unterricht nach Maßgabe der folgenden vom Schulunterrichte dispensiert werden können.

7. Sind die von den Schulkindern nach dem Orte des Pfarramtes, oder nach dem Orte, wo der pfarramtliche Religionsunterricht erteilt wird, bezw. nach dem Schulorte zurückzulegenden Entfernungen gering, d. h. übersteigen dieselben zwei Kilometer nicht, so tritt eine Dispensation bei Berücksichtigung der, auf den Hin- und Rückweg zu verwendenden Zeit nur für den betreffenden Teil der Vormittagsstunden ein, während der Schulunterricht je nach der Lage des pfarramtlichen Unterrichts vor oder nach demselben wahrgenommen werden muß.

8. Haben die Schulkinder weitere Entfernungen zurückzulegen, so tritt eine Dispensation für den ganzen Vormittag ein.

9. Außer diesen beiden Tagen ist eine Beurlaubung der Kinder zum Zweck der Teilnahme an den Katechumenen- und Konfirmanden-, bezw. Beicht- und Kommunionunterricht nicht statthaft.

10. Die Dispensation von der Teilnahme am Schulunterrichte in dem angegebenen Umfange kann in den beiden letzten Schuljahren jedes Kindes entweder für die Dauer eines Jahres vom Beginne des Monats Oktober bis zum Oktober des nächsten Jahres, bezw. vom Beginn des Monats April bis zum September, oder auch in zwei Winterhalbjahren je vom Oktober bis zum März des nächsten Jahres erteilt werden.

11. Für jede Schule darf die Dispensation nur in einer der vorbezeichneten Arten erteilt werden. Es ist nicht statthaft einen Teil der Kinder für ein volles Jahr und einen andern für zwei Sommerhalbjahre oder für zwei Winterhalbjahre vom Schulunterrichte zu dispensieren.

12. Die durch die vorstehenden Anordnungen bedingten Einrichtungen werden für jede Schule von dem zuständigen Kreisschulinspektor getroffen, welchem auch die Entscheidung über den Umfang der Dispensation in den oben unter Nr. 3, 7, 8 und 10 ausgeführten Fälle zusteht.

13. Von den zuständigen Kreisschulinspektoren ist dahin Vorsorge zu treffen, daß für die zu einer Parochie gehörenden Schulen dieselben Einrichtungen getroffen werden, damit die Geistlichen in den Stand gesetzt sind,

sämtliche an dem pfarramtlichen Religionsunterrichte teilnehmenden Kinder an den festgesetzten Tagen um sich zu versammeln.

14. Greift ein Pfarramtsbezirk oder der Bezirk einer katholischen Missionsgemeinde in verschiedene Kreisschulinspektionsbezirke hinein, so haben die beteiligten Kreisschulinspektoren die Sache gemeinsam im Sinne der vorstehenden Vorschrift zu regeln. Kommt eine Einigung nicht zu Stande, so entscheidet die zuständige Königliche Bezirksregierung.

15. Insoweit ganz besondere örtliche Verhältnisse, namentlich ungewöhnlich weite Entfernungen bis zum Sitze des Pfarramtes oder von diesem bis zum Schulorte Abweichungen von den vorstehend getroffenen Bestimmungen notwendig machen, dürfen dieselben nur auf Verfügung der Königlichen Bezirksregierung eintreten.

16. Die Kreis- und Lokalschulinspektoren haben die Ausführung dieser Bestimmungen sorgfältig zu überwachen und dafür Sorge zu tragen, daß in den alljährlich den Königlichen Bezirksregierungen zu erstattenden tabellarischen Schulberichten die infolge dieses Regulativs für jede einzelne Schule getroffenen Einrichtungen behufs Teilnahme der Schulkinder an dem pfarramtlichen Religionsunterrichte speziell aufgeführt werden, damit die Königlichen Regierungen in den Stand gesetzt werden, etwa vorgekommenen Abweichungen von diesen Bestimmungen unverzüglich abzustellen.

§ 92. Dispensation vom Unterrichte behufs Teilnahme am Konfirmandenunterricht.

Verordnung der Königlichen Regierung zu Danzig vom 19. Juni 1876. Nr. 308/5 G.

Die beiden Wochentage, an welchen die Kinder behufs Teilname am Katechumenen- 2c. Unterrichte vom ganzen Vormittagsunterricht dispensiert werden, sind Dienstag und Freitag. Die frühere Anordnung, wonach die Mittwoch- und Donnerstag-Nachmittage schulfrei sein dürfen, wird dahin modifiziert, daß dafür die Dienstag- und Freitag-Nachmittage gewählt werden. Die Kreisschulinspektoren werden angewiesen, etwaige Anträge der Pfarrämter auf eine anderweitige, ausnahmsweise vielleicht notwendig werdende Auswahl der Tage für die Dispensation der Schüler vom Schulunterrichte der Regierung zur Prüfung und event. Genehmigung vorzulegen. Vor erfolgter Genehmigung ist eine Abweichung von vorstehenden Bestimmungen nicht statthaft.

§ 93. Verordnung der Königlichen Regierung zu Marienwerder vom 20. Oktober 1876.

Nr. 1999 C. G. II.

In Ausführung des Regulativs des Herrn Oberpräsidenten der Provinz Preußen vom 1. Mai 1876 ordnet die Königliche Regierung an, daß der Dienstag und Freitag jeder Woche als diejenigen Tage festzuhalten sind, an welchen der fragliche Unterricht und zwar in der Zeit von 10—12 Uhr vormittags zu erteilen ist. Damit die Kinder rechtzeitig behufs Teilnahme an den qu. Konfirmandenunterrichte sich in dem Unterrichtslokale einfinden können, sind die betreffenden Lehrer dahin anzuweisen, daß sie die Kinder pünktlich entlassen. Behufs genauer Regelung der seitens der Konfirmanden zu versäumenden

Schulzeit bestimmen wir hiermit, daß in denjenigen Schulorten, in denen der qu. Unterricht selbst erteilt wird, die Kinder genau um 10 Uhr zu dem Konfirmandenunterricht entlassen werden. In denjenigen Schulen, deren an dem Konfirmandenunterricht teilnehmende Kinder eine Entfernung bis zu 2 Kilometer zurückzulegen haben, sind dieselben eine Stunde vor Beginn dieses Unterrichts zu entlassen. In solchen Schulen, deren Entfernung von dem Orte, in welchem der Konfirmandenunterricht erteilt wird, mehr als 2 bis 5 Kilometer beträgt, hat die Entlassung zwei Stunden vor Beginn des qu. Unterrichts zu erfolgen, und wenn die Kinder behufs Teilnahme an dem qu. Unterrichte über 5 Kilometer zurückzulegen haben, sind sie für die Dienstage und Freitage während der Dauer des Konfirmandenunterrichts vom Schulbesuch befreit. Die Lektions- bezw. Stundenpläne sind für die einzelnen Schulen bezw. Schulklassen so einzurichten, daß die eine dieser Stunden an den Dienstagen und Freitagen von 10—12 dem Religions- besonders dem Katechismusunterricht, die andern einem minder wichtigen Unterrichtsgegenstande wie z. B. dem Zeichnen- und Schreib- oder Gesang- und dem Turnunterrichte gewidmet wird; überhaupt sind dieselben für die Zeit des Konfirmandenunterrichts so einzurichten, daß an den beiden festgesetzten Tagen nur weniger wichtige Gegenstände durchgenommen werden.

§ 94. Verordnung der Königlichen Regierung zu Königsberg

vom 7. April 1873. Nr. 1500/3 II.

Die auf unsere Zirkular-Verfügung vom 5. November v. J. eingegangenen Berichte, zusammengehalten mit andern Wahrnehmungen, haben aufs überzeugendste dargethan, daß in nicht wenigen Pfarreien der Katechumenen-Unterricht bezw. die Vorbereitung der Schulkinder ad sacra die bedenklichste und eine völlig unzulässige Störung und Schädigung des Schulwesens überhaupt im Gefolge gehabt haben, indem dieser Unterricht bald über den größten Teil der Wochentage in den Sommermonaten ausgedehnt, bald bereits in einem Alter begonnen wurde, wo eine Dispensation vom Schulunterricht unstatthaft ist. Selbstverständlich ist es nicht unsere Sache, zu bestimmen, mit welchem Alter die Kinder zu den heiligen Sakramenten zugelassen werden. Solches ist und bleibt Sache der geistlichen Oberbehörden. Aber wir können im Interesse des Schulwesens nicht zugeben, daß die Schulkinder in ihrem Schulbildungsgange beeinträchtigt und in ihrer besten Entwickelung gehemmt oder um den vorschriftsmäßigen Schulunterricht verkürzt werden, etwa lediglich zum Zwecke früherer Annahme ad sacra. Eine teilweise Nachsicht vom gewöhnlichen Schulbesuche behufs Förderung des Katechumenen-Unterrichts können wir nur für die beiden letzten Sommerhalbjahre des schulpflichtigen Alters (13. und 14. Lebensjahr) zugeben. Daher müssen wir es

1. aufs ausdrücklichste verbieten, daß zum Zwecke der Vorbereitung zur Beichte Kinder von 10—12 oder überhaupt unter 13 Jahren auch nur für etliche Wochen aus dem Schulunterricht ferngehalten werden. Da, wo ein besonderer Beichtunterricht für solche Kinder wünschenswert oder notwendig erscheint, darf derselbe nur in die schulfreie Zeit fallen.

2. Ebensowenig ist es gestattet, an Schultagen und während der Schulzeit Kinder unter dem angehenden 13. Lebensjahre zum Katechumenen-Unterricht heranzuziehen. Wo Kinder solchen Alters schon am Katechumenen-Unterricht teilnehmen sollen, da darf dieser Unterricht ebenfalls nur in die schulfreie Zeit fallen.
3. In den Städten ist event. durch zweckmäßige Legung des Schulunterrichts der Oberklassen möglichst dafür zu sorgen, daß auch die Kinder des 13. und 14. Lebensjahres eine Kürzung des sonstigen Schulunterrichts nicht erleiden.
4. Für die Landschulen da, wo weite Entfernung solches notwendig macht, wollen wir gestatten, daß in den Sommermonaten zwei getrennt liegende Vormittage den Katechumenen des 13. und 14. Lebensjahres, aber auch nur solchen von diesem Alter, freigegeben werden behufs Besuchs des Katechumenen-Unterrichts. An allen übrigen Vormittagen und sämtlichen Nachmittagen haben dieselben den gewöhnlichen Schulunterricht zu besuchen. Dort hingegen, wo nur eine Kirchschule ist oder die übrigen Schuldörfer in geringer Entfernung liegen, ist der Katechumenen-Unterricht so zu legen, daß keinerlei Kürzung des regelmäßigen Schulunterrichts erfolge.
5. Wo für Kinder des 13. und 14. Lebensjahres wegen Vernachlässigung des Religions-Unterrichts ein mehr als zweimaliger wöchentlicher Katechumenen-Unterricht von ca. $1\frac{1}{2}$ Stunden notwendig sein sollte, darf nur die schulfreie Zeit oder Sonn- und Festtag für eine weitere Lektion herangezogen werden. Wir erwarten aber auch, daß uns diejenigen Lehrer, welche sich solche mangelhafte Betreibung des Religionsfaches haben zu Schulden kommen lassen, namhaft gemacht werden, damit wir dieselben mit allen Mitteln der Disziplin zur Erfüllung ihrer Pflicht anhalten können.

An sämtliche katholische Schulinspektoren.

§ 95. Dispensation jüdischer Schulkinder vom Sonnabends-Unterricht.

Verordnung der Königl. Regierung, Abteilung für Kirchen- und Schulwesen zu Königsberg vom 14. März 1879. (406/2 II.)

Auf den Bericht vom 12. v. M. eröffnen wir Ew. Wohlgeboren, daß nach einem Reskripte des Herrn Ministers der geistlichen 2c. Angelegenheiten vom 6. Mai 1859 — U. 9333 — (Ctrbl. pro 1859 S. 523), welches auch auf Elementarschulen Anwendung findet, die Schulverwaltung den Ansprüchen solcher jüdischer Eltern, welche aus religiösen Motiven ihre Kinder am Sonnabend ganz oder für die Stunden des Gottesdienstes vom Schulbesuche entbunden zu sehen wünschen, die gebührende Berücksichtigung nicht versagen darf. In denjenigen Fällen, wo die Eltern darum einkommen, ist jüdischen Schülern die gedachte Dispensation zu erteilen, wobei erstere darauf hinzuweisen sind, daß die Schule keinerlei Verantwortung für die aus derartigen Schulversäumnissen bei den betreffenden Schülern entstehenden Folgen übernimmt. Das Dispensationsgesuch ist an den Schulvorstand zu richten, welcher dasselbe seinerseits Ihnen zur Kenntnisnahme vorzulegen hat. Selbstredend sind also gegen alle diejenigen Eltern, welche ihre Kinder ohne Entschuldigung am Sonnabend vom Schulbesuche fern halten, Schulversäumnisstrafen festzusetzen.

§ 96. Dispensation vom Turnunterricht wegen Wiederimpfung.

Zirkular-Verfügung der Königl. Regierung, Abteilung für Kirchen- und Schulwesen, zu Königsberg vom 23. Juli 1878. (556/6 II.)

Obwohl im allgemeinen angenommen werden kann, daß revaccinierte Schulkinder während der Zeit der Entwickelung und Abheilung der Impfblattern zu den Turnübungen nicht herangezogen werden, so nehme ich doch Veranlassung, noch besonders darauf aufmerksam zu machen, daß diese Dispensationen auf die Dauer von 14 Tagen, von der Vollziehung der Wiederimpfung an gerechnet, zu erteilen sind.

Berlin, den 18. Juni 1878.

Der Minister der geistlichen 2c. Angelegenheiten.

Abschrift erhalten die Herren Kreisschulinspektoren und Stadtschul-Deputationen mit dem Veranlassen, danach die Lehrer mit der erforderlichen Anweisung zu versehen.

§ 97. Dispensation von dem reglementsmäßigen Alter für die Konfirmation in Pommern.

Verfügung des Königl. Konsistoriums zu Stettin vom 9. September 1862. (Ctrbl. 1862. S. 614—615).

Das Reglement vom 24. Juni 1850 enthält zwar die Bedingungen, unter welchen die Dispensation vom konfirmationsfähigen Alter nachgesucht werden darf, allein die vermehrte Zunahme der Dispensations-Anträge in der letzten Zeit läßt uns besorgen, daß der Inhalt der §§ 6 und 7 des gedachten Reglements über die Reife der Konfirmanden von den Herren Geistlichen nicht immer hinreichend beachtet wird, während die Gemeindeglieder nur zu oft von äußerlichen Rücksichten sich bestimmen lassen und in dieser Richtung immer weiter fortschreiten, je mehr die Seelsorger sich ihren Wünschen willfährig zeigen.

Wir erinnern deshalb die Herren Geistlichen, welche es angeht, an die Wichtigkeit der Altersreife für den Erfolg des Konfirmanden-Unterrichts und für den Eindruck des Konfirmations-Akts selbst und legen ihnen die oft unterlassene Erwägung nahe, daß die Vollendung des 14. Lebensjahres die niedrigste Altersstufe für den Abschluß des Konfirmanden-Unterrichtes und die darauf folgende Einsegnung ist. Im kirchlichen Interesse müssen wir aber darauf Bedacht nehmen, der Häufung der Dispensationsgesuche für die Folge eine Schranke zu setzen und eröffnen deshalb den Herren Geistlichen zur weiteren Mitteilung an die Gemeinden, daß da, wo eine zweimalige Einsegnung im Jahre stattfindet, die Gesuche um Dispensation von mehr als 3 Altersmonaten in der Regel nur unberücksichtigt bleiben werden, an den andern Orten aber nur aus ganz besonderen Gründen genehmigt werden können. Die den Herren Superintendenten beigelegte Befugnis, innerhalb dreier Monate die Alters-Dispensation zu erteilen, sowie die an vielen Orten stattfindende Observanz einer zweimaligen Einsegnungsfeier machen es möglich, auch den äußeren Lebensverhältnissen der Konfirmanden eine billige Berücksichtigung angedeihen zu lassen, und besonders durch die letztgenannte Observanz wird dem Bedürfnisse weitgreifender Dispensationen vorgebeugt. Zur Beseitigung der letzteren ist daher nur nötig, daß bei Annahme der Katechumenen eine angemessene Vorsicht geübt wird, um unberechtigten Hoffnungen auf eine verfrühte Konfirmation von vorne herein entgegenzutreten.

Ein weiterer Übelstand in der vorliegenden Sache betrifft die Formen der Dispensationsgesuche. In der Regel werden dieselben für jeden einzelnen Fall mittelst besonderer Anträge der Beteiligten direkt bei uns angebracht, und häufig unterlassen es die Herren Geistlichen, jenen Eingaben, auch wenn sie vorher zu ihrer Kenntnis gelangen, ihr Gutachten beizufügen, so daß es erst mehrfacher Korrespondenzen bedarf, um von hier aus den endlichen Bescheid erteilen zu können. Es darf angenommen werden, daß die von den Herren Ephoren zu erteilenden Dispensationen ähnlichen Weitläufigkeiten unterliegen und gleichfalls zeitraubende Belästigungen herbeiführen. Wir erachten deshalb eine Beschränkung dieser Weiterungen für nötig und bestimmen, daß künftig hin die Gesuche um Alters-Dispensationen der Konfirmanden sowohl an die Herren Superintendenten als auch an uns nicht in vereinzelten Schriftstücken, sondern in summarischen Zusammenstellungen eingereicht werden. Die Herren Geistlichen werden demnach angewiesen, 3 Monate vor jedem Einsegnungstermin ein tabellarisches Verzeichnis aller Konfirmanden, für welche die Dispensation vom vorschriftsmäßigen Alter nachgesucht wird, bei den Herren Superintendenten einzureichen. Diese fügen dann in der betreffenden Kolumne die ihnen zustehenden Gutachten resp. Entscheidungen hinzu und geben die Listen zur Nachachtung und demnächstigen Aufbewahrung im Pfarrarchive zurück, wenn diesseitige Genehmigungen nicht einzuholen sind. Ist letzteres aber der Fall, so sind die Listen, nachdem sie von den Herren Superintendenten vorschriftsmäßig ausgefüllt sind, durch die letzteren bei uns einzureichen. Auch unsererseits wird der zu erteilende Bescheid in die dazu bestimmte Kolumne gesetzt und die Tabelle danach zurückgegeben werden. Zur Vereinfachung des Geschäftsverkehrs müssen wir aber wünschen, daß die Herren Superintendenten die Listen aller Parochieen möglichst in einer Sendung hierher befördern. Andere als in vorstehend bezeichneter Form abgefaßte Dispensationsgesuche werden für die Folge nicht berücksichtigt werden. Die Herren Geistlichen werden daher wohlthun, ihre Gemeindeglieder davon in Kenntnis zu setzen, damit sich dieselben nicht in die Lage bringen, auf unmittelbare Eingaben ohne Bescheid zu bleiben. Auch den Lehrern ist von dieser Verordnung Kenntnis zu geben, weil in vielen Fällen die bisherigen Gesuche von denselben koncipiert worden sind.

§ 98. Dispensation schulpflichtiger Kinder vom Schulbesuch in Berlin.

Verordnung des Königl. Provinzial-Schulkollegiums der Provinz Brandenburg vom 30. August 1862. (Ctrbl. 1862, S. 700—701.)

Auf Grund des Reskripts der Herren MM. der g. A. und des Inn. vom 6. August d. J. wird unter Abänderung des § 11 des Regulativs zur Konstatierung des Schul- und Konfirmanden-Unterrichts-Besuchs vom 21. Oktober 1844 für die Stadt Berlin nachstehendes verordnet:

§ 1. Jedes Kind ist im allgemeinen so lange, bis es die Reife für die Konfirmation erlangt hat, als schulpflichtig zu betrachten. Doch darf bei Kindern von 12—14 Jahren, welche in Fabriken im Sinne des Gesetzes vom 16. Mai 1853 Beschäftigung finden, die Beschränkung auf einen täglich 3stündigen Schulbesuch verstattet werden. Diese Dispensation von dem vollen Schulunterricht tritt erst dann in Kraft, wenn nach vorgängiger Erteilung des Schulzeugnisses nach § 2 des Regulativs vom 9. März 1839 und nach § 3 des Gesetzes vom 16. Mai 1853, Nr. 3 das Arbeitsbuch ausgefertigt und der Schulbehörde vorgezeigt ist.

§ 2. Bei Kindern von 12—14 Jahren, welche in Betriebsstätten, die nicht zu den Fabriken im gesetzlichen Sinne gehören, beschäftigt werden sollen, kann eine gleiche Beschränkung auf täglich dreistündigen Schulunterricht nur ausnahmsweise nachgegeben werden, wenn die Verhältnisse der Eltern hierzu eine dringende Veranlassung geben, und wenn die Arbeitgeber sich schriftlich verpflichten, die Kinder während der festgesetzten Unterrichtszeit von der Arbeit frei zu lassen. Wird die täglich dreistündige Unterrichtszeit ohne hinreichende Entschuldigung nicht inne gehalten, so tritt die Verpflichtung zum vollständigen Schulbesuch sofort wieder in Kraft.

§ 3. Kinder von 12—14 Jahren, deren Dispensation von dem vollen Schulunterricht wegen häuslicher Notstände nachgesucht wird, können von der Tagesschule dispensiert und einer Sonntagsschule zugewiesen werden, wenn jene Notstände von der betreffenden Armenkommission nachgewiesen sind, und zugleich durch die Bescheinigung des Seelsorgers dargethan wird, daß die betreffenden Kinder den Konfirmanden-Unterricht besuchen.

§ 99. Dispensation vom Schulbesuch zum Zweck der Teilnahme am kirchlichen Religions-Unterricht.

a) Verfügung der Königl. Regierung zu Düsseldorf vom 8. März 1875. I. V. B. 856.

Der Herr Minister der geistlichen 2c. Angelegenheiten hat sich dahin ausgesprochen, daß keine Bedenken dagegen zu erheben sind, daß den schulpflichtigen Kindern, welche das 12. Lebensjahr zurückgelegt haben, an vier Wochentagen — Mittwoch und Sonnabend einschließlich — die Zeit von 11—12 Uhr vormittags für den Besuch der Konfirmandenstunden freigegeben werde.

Auf Grund dieser Ermächtigung sind für alle diejenigen Schulklassen, deren Kinder, sofern sie das 12. Lebensjahr zurückgelegt haben, für den — sei es evangelischen oder katholischen — kirchlichen Konfirmanden- bezw. Kommunion-Unterricht in Anspruch genommen werden, von Ostern d. J. ab die nötigen Anordnungen zu treffen. Insonderheit ist in diesen Schulklassen, wenn in ihnen lehrplanmäßig nur 30 oder weniger Unterrichtsstunden wöchentlich erteilt werden, die Zeit am Mittwoch und Sonnabend von 11 bis 12 Uhr vormittags vom Schulunterrichte ganz frei zu lassen. Darüber aber, an welchen beiden andern Tagen der Woche solchen Schulkindern, welche das 12. Lebensjahr zurückgelegt haben, die Zeit von 11—12 Uhr vormittags zum Besuch des kirchlichen Konfirmanden- bezw. Kommunion-Unterrichts etwa noch frei zu geben sein wird, ist eine Vereinbarung zwischen dem Schulvorstande und den betreffenden Geistlichen zu treffen. In diese beiden Schulstunden sind dann möglichst solche Gegenstände zu verlegen (Turnen, Handarbeiten ꝛc.) deren Versäumnis mit den verhältnismäßig geringsten Nachteilen für die Schulkinder verbunden ist.

b) Verfügung vom 20. März 1876. I. V. B. 1399.

Der Herr Minister hat bestimmt, daß Anordnungen zu treffen sind, daß die an den vier Wochentagen zum Besuch des kirchlichen Religions-Unterrichts freizugebenden Schulstunden zu diesem Unterrichte auch ganz benutzt werden können und daß daher denjenigen Schulkindern, welche, um zu dem Pfarrorte zu gelangen, noch einen längern Weg zurück zu legen haben, die hierzu erforderliche Zeit von der auf 10—11 Uhr vormittags fallenden Schulstunde freigegeben wird.

§ 100. Verordnung der Königl. Regierung zu Münster vom 12. September 1875.

Da über die Auslegung unserer Verfügung vom 12. Juli 1874 Zweifel entstanden sind, so haben wir uns veranlaßt gesehen folgendes zu bestimmen:

1. Schulpflichtige Kinder, welche von den Herren Geistlichen zur ersten Kommunion vorbereitet werden sollen, können erst dann von der Beiwohnung des Schulunterrichts für zwei volle Stunden wöchentlich dispensiert werden, wenn sie das 12. Lebensjahr zurückgelegt haben. Diese Dispensation ist ferner nur gestattet für die Zeit von 8 Wochen vor Ostern, und zwar bis zu dem Tage, an welchem die Kinder herkömmlich zur heiligen Kommunion zugelassen werden.

2. Für Kinder, welche bereits zur heiligen Kommunion zugelassen worden sind, ist das fernere Fortbleiben aus der Schule behufs Beiwohnens eines Kommunionsunterrichts nicht gestattet.

3. Müssen schulpflichtige Kinder sich außerhalb des Schullokals begeben, um dem Religionsunterrichte beizuwohnen, so dürfen sie neben den obigen 2 Stunden so lange von dem Unterrichte entbunden werden, als sie Zeit gebrauchen, um den Weg zu dem Wohnorte des Herrn Geistlichen zurückzulegen. Die näheren Bestimmungen trifft der Kreisschulinspektor.

4. Behufs Beiwohnung eines sogenannten Beichtunterrichts ist eine Dispensation schulpflichtiger Kinder vom Schulunterrichte nicht zulässig.

§ 101. Verfügung der Königl. Regierung zu Oppeln vom 29. Juni 1875.

Die Verfügung erklärt zunächst, daß der katholische Beicht-Unterricht ebenso wie der evangelische Konfirmations-Unterricht ein kirchlicher Religions-Unterricht sei und unterliege deshalb nicht wie der lehrplanmäßige Schulunterricht der Aufsicht des Staates, sodann gestattet sie die Benutzung der Schullokalien für die Erteilung des Beicht- und Konfirmations-Unterrichts. Endlich heißt es:

Dispensation der Schulkinder von einzelnen Schulunterrichtsstunden oder für einzelne Schultage zum Zwecke der Teilnahme an einem während der Schulzeit stattfindenden Beicht- oder Konfirmanden-Unterricht dürfen nur in besondern Notfällen stattfinden und nur von den Herren Kreisschulinspektoren selbst erteilt werden.

§ 102. Dispensation vom Schulbesuch und Entlassung aus der Schule.

Verordnung der Königl. Regierung zu Frankfurt a. O. vom 18. Oktober 1866.

Da der § 5 unserer Verordnung vom 24. März 1853 vielfach nicht richtig aufgefaßt wird und nicht selten Fälle vorkommen, daß Kinder teils ohne jeden Grund, teils von dem Zeitpunkte ab wo sie den Konfirmanden-Unterricht zu besuchen anfangen, von dem Schulbesuch dispensiert werden, teils die Schule ohne weiteres, sobald sie das 14. Lebensjahr vollendet haben, verlassen, ehe sie noch konfirmiert worden sind, sehen wir uns veranlaßt, in Beziehung auf die Ausschulung der Kinder folgendes anzuordnen:

Als Schluß der Schulzeit ist in evangelischen Schulen der Regel nach nicht das vollendete 14. Lebensjahr, sondern die Konfirmation des Kindes anzusehen. Was diejenigen Fälle betrifft, in denen Dispensation eintreten könnte, so sind zu unterscheiden zeitweise Dispensationen und förmliche Entlassungen aus der Schule. Erstere können in jedem Lebensalter eintreten, meist gesundheitlicher Rücksichten wegen, und es gehört zur Kompetenz der Lehrer resp. der Lokalschulinspektoren, über deren Zulässigkeit zu befinden.

Es können indeß auch Fälle vorkommen, wo eine gänzliche Entbindung vom Schulbesuch wünschenswert und gerechtfertigt erscheint. Dabei ist es möglich, daß an dem Lebensalter von 14 Jahren noch einige Monate fehlen oder aber, daß das Kind das 14. Lebensjahr bereits überschritten hat, ohne noch konfirmiert zu sein. Eine Ausschulung darf aber in den bezeichneten Fällen überhaupt nur dann erfolgen, wenn sowohl die sittliche Tüchtigkeit des zu entlassenden Kindes, als auch dessen Schulreife konstatiert ist.

Um in konkreten Fällen zu ermitteln, ob ein Kind, dessen Entlassung aus der Schule beantragt wird, die für seinen Stand notwendigen Kenntnisse, die „Schulreife" erworben hat, genügt es indeß nicht, daß dasselbe notdürftig lesen, schreiben und rechnen kann, sondern es kommt auf den Nachweis an, ob das vorgeschriebene Maß von Kenntnissen und Fertigkeiten erworben ist. In der Regel werden hiernach Kinder aus den Mittelklassen der Schulen nicht zu dispensieren sein, obgleich die Möglichkeit vorliegt, daß in gehobenen Stadtschulen auch in einer Mittelklasse schon das notwendige Maß des Wissens erworben worden ist. Über alle Schuldeputationsgesuche muß sich daher zunächst der Lehrer in der Weise äußern, daß er einerseits sich über das sittliche Verhalten des zu entlassenden Kindes, und andererseits über den Grad der Schulreife desselben bestimmt ausspricht. Auf Grund des von demselben ausgestellten Zeugnisses hat der Lokalschulinspektor nach Maßgabe der Bestimmungen mit dem Kinde eine Prüfung vorzunehmen und den Befund dem Herrn Superintendenten zu berichten, dem es in zweifelhaften Fällen zusteht, auch seinerseits eine Prüfung vorzunehmen. Wenn derselbe die für die Entlassung des Kindes aus der Schule angegebenen

Gründe für ausreichend und das Maß der nachgewiesenen Kenntnisse und Fertigkeiten für befriedigend erklärt, kann er die Ausschulung aussprechen, wobei es sich von selbst versteht, daß für ein ordnungsmäßig entlassenes Kind Schulgeld ferner nicht zu zahlen ist. Es wird sich dabei im Interesse des Schulunterrichts empfehlen, Dispensation in der Regel nur beim Semesterschluß eintreten zu lassen.

§ 103. Schulversäumnisse durch Besuch des kirchlichen Religions-Unterrichts.

Verfügung der Königl. Regierung zu Arnsberg vom 13. Januar 1878. (Pr. L.-Ztg. Nr. 11).

Die Zirkular-Verfügung vom 4. April v. J. — A. V. b. 470 — wird in Veranlassung des Ministers dahin deklariert, daß die des kirchlichen Religions-Unterrichts wegen den Schülern zu erteilende Dispensation vom Schulunterrichte sich nicht allein auf den Konfirmanden-Unterricht, sondern auch auf den Katechumenen-Unterricht erstreckt. Die Verteilung der für den gesamten Religions-Unterricht bewilligten vier Stunden pro Woche auf den Konfirmanden- und den Katechumenen-Unterricht bleibt den kirchlichen Organen überlassen. Die zu dem Gange nach dem Kirchorte erforderliche Zeit ist den auswärtigen Katechumenen ebenso wie den auswärtigen Konfirmanden freizugeben.

§ 104. Altersdispensation für Schulkinder.

Verordnung der Königlichen Regierung zu Liegnitz vom 27. Februar 1878. (Pr. L.-Ztg. Nr. 71).

Die Königliche Regierung ist ministeriellerseits ermächtigt, durch die Kreisschulinspektoren solchen Kindern, welche in dem Quartale vom 1. Juli bis zum 30. September geboren sind, sofern sie die Schule acht Jahre regelmäßig besucht haben und in den häuslichen Verhältnissen dringende Gründe ihrer Entlassung am Ostertermine vorliegen, Altersdispensationen zu erteilen. Hiernach haben die Kreisschulinspektoren nicht bloß diejenigen Gesuche, welche ihnen künftig zugehen werden, sondern auch alle die, welche ihnen für das laufende Jahr schon vorgelegen haben, aber nach den bisher maßgebenden Bestimmungen ablehnend beschieden werden mußten, einer eingehenden Prüfung zu unterziehen und, soweit zulässig, nach den oben bezeichneten Bedingungen Dispensationen eintreten zu lassen, so daß die Schulentlassung nicht zum Michaelis-, sondern schon zum Ostertermine erfolgen darf.

Der Königlichen Regierung ist zur Pflicht gemacht, diese Angelegenheit unter Kontrolle zu behalten. Deshalb bestimmt die Königliche Regierung folgendes:

1. Die Kreisschulinspektoren haben streng darauf zu halten, daß kein Lokalschulinspektor ohne ihre ausdrückliche Genehmigung den Schulkindern Altersdispens erteilt.

2. Dispensationsgesuche für Kinder, welche nach dem 30. September des betreffenden Kalenderjahres das 14. Lebensjahr vollenden, sind ohne Ausnahme abschlägig zu bescheiden und können auch von der Regierung nicht genehmigt werden.

3. Um feststellen zu können, in welchem Umfange von den Kreisschulinspektoren Dispensationen erteilt worden sind, werden dieselben veranlaßt, daß der Regierung bis zum 1. Mai angezeigt wird, wie viele Kinder, welche im III. Quartal das 14. Lebensjahr vollenden und daher erst Michaelis zur Entlassung kommen sollen, infolge der vom Kreisschulinspektor erteilten Dispensationen Ostern die Schule verlassen haben.

§ 105. Dispensation vom Schulbesuch.

Verfügung der Königlichen Regierung zu Schleswig vom 25. März 1878. (Pr. L.=Ztg. Nr. 89).

Die Schulaufsichtsbehörden werden ermächtigt, für diejenigen Distrikte, auf welchen sich die landrätlichen Anordnungen in betreff des Vertilgens der Maikäfer erstrecken, die Dispensation der Schulkinder vom Schulbesuch während der Zeit des Maikäfer=Sammelns zu gestatten. Die nähere Anordnungen in dieser Hinsicht werden von den Lokalschulinspektoren für die betreffenden Schuldistrikte zu treffen sein. Es empfiehlt sich daher, daß die Schulinspektoren und event. auch die Lehrer sich an den vorbereitenden Verhandlungen der Gemeindevertreter beteiligen, damit die Beteiligung der Kinder im voraus geregelt wird, und sobald das Sammeln der Käfer beginnen soll, unverzüglich ins Werk gesetzt werden kann, ohne den Schulunterricht mehr als nötig zu unterbrechen. Es ist dabei im allgemeinen zu beachten, daß nur die nach den örtlichen Verhältnissen erforderliche Zahl von Schulkindern, event. in angemessenem Wechsel, und diese nur für die zum Sammeln erforderliche Tageszeit zu dispensieren sind.

§ 106. Dispensation vom Turnunterricht nach erfolgter Impfung.

Ministerial=Erlaß vom 18. Juni 1878. U. III. 9266. (Ctrbl. 1878, S. 374).

Obwohl im allgemeinen angenommen werden kann, daß revaccinierte Schulkinder während der Zeit der Entwickelung und Abheilung der Impfblattern zu den Turnübungen nicht herangezogen werden, so wird doch Veranlassung genommen, noch besonders darauf aufmerksam zu machen, daß diese Dispensation auf die Dauer von 14 Tagen von der Vollziehung der Wiederimpfung an gerechnet, zu erteilen ist.

§ 107. Dispensation jüdischer Kinder vom Unterricht am Sonnabend.

Ministerial=Erlaß vom 4. April 1868. U. 5813. (Ctrbl. 1868, S. 333—34).

Auf die Vorstellung vom 18. Februar d. J., die Teilnahme jüdischer Kinder am Sonnabendunterricht in öffentlichen Schulen betreffend, erwidere ich dem Magistrate, daß der vom dortigen Königlichen Provinzial=Schul=Kollegium unter dem 21. Januar d. J. in der Sache erlassene Bescheid (Anlage a) die Grundsätze genau bezeichnet, nach welchen von der diesseitigen Schulverwaltung in der Angelegenheit überall verfahren wird, und die auch in andern neu erworbenen Landesteilen bereits zur Anwendung gebracht worden sind. Hiernach kann ich mich nicht veranlaßt finden, die gedachte Verfügung des Königlichen Provinzial=Schul=Kollegiums, wie der Magistrat wünscht, aufzuheben, bemerke jedoch, daß die betreffende Dispensation jedenfalls auf den Sonnabend zu beschränken ist, und nicht schon Freitag nachmittags anzufangen hat.

a. Wir haben erhalten, was der Magistrat in dem Berichte vom 8. d. Mts in Beziehung auf das Gesuch des israelitischen ꝛc. N. um Dispensation seiner, hiesige höhere Schulen besuchende Kinder A, Schüler der Realschule, und B und C, Schülerinnen der höhern Töchterschule, vorgetragen hat, sehen uns jedoch außer stande, dem Antrag des Magistrats entsprechend den Bittsteller abschlägig zu bescheiden.

Vielmehr geben wir der Ministerialverfügung vom 6. Mai 1859 Anwendung, in deren Gemäßheit die Schulverwaltung den Ansprüchen jüdischer Eltern, welche aus religiösen Motiven ihre Kinder am Sonnabend ganz oder für die Stunden des Gottesdienstes vom Schulbesuch entbunden zu sehen wünschen, die gebührende Berücksichtigung nicht versagen soll. Demgemäß ist bestimmt, daß in den Fällen, wo die Eltern selbst bei dem Königlichen Provinzial-Schulkollegium darum nachsuchen, jüdischen Schülern die gedachte Dispensation erteilt werden, wobei erstere darauf hinzuweisen sind, daß die Schule keinerlei Verantwortung für die aus derartigen Schulversäumnissen bei den beteiligten Schülern entstehenden Folgen übernimmt.

§ 108. Teilnahme jüdischer Kinder am Sonnabendunterricht.

Ministerial-Erlaß vom 6. Mai 1859. U. 9333. (Ctrbl. 1859, S. 524.)

Die Annahme, daß es für jüdische Eltern zu den bürgerlichen Pflichten gehöre, ihre Kinder auch am Sonnabend am Unterricht teilnehmen zu lassen, und daß deshalb eine Dispensation der jüdischen Schüler für diesen Tag nicht zu gestatten sei, kann als zutreffend nicht angesehen werden. Die Schulverwaltung kann den Ansprüchen solcher Eltern, welche aus religiösen Motiven ihre Kinder am Sonnabend ganz oder für die Stunden des Gottesdienstes vom Schulbesuch entbunden zu sehen wünschen, die gebührende Berücksichtigung nicht versagen. Demgemäß bestimme ich, daß in den Fällen, wo *die Eltern selbst darum nachsuchen, jüdischen Schülern die ganze Dispensation erteilt* werde, wobei erstere darauf hinzuweisen sind, daß die Schule keinerlei Verantwortung für die aus derartigen Schulversäumnissen bei den betreffenden Schülern entstehenden Folgen übernimmt.

§ 109. Dispens vom Schulbesuch behufs Beschäftigung bei Bauten oder Verwendung zu ländlichen Arbeiten.

Polizei-Verordnung der Königlichen Regierung zu Königsberg vom 12. Oktober 1875.

Mit Bezug auf §§ 1 und 2 der Schulordnung vom 11. Dezember 1845 und im Anschluß an unsere Polizeiverordnung vom 27. Januar 1869 und 8. Mai 1874 (Amtsbl. S. 29 und 164) und die §§ ff. der Gewerbeordnung vom 21. Juni 1869 wird hiermit auf Grund der §§ 6 und 11 des Gesetzes über die Polizeiverwaltung vom 11. März 1850 nachstehende Polizeiverordnung erlassen:

1. Kinder unter 12 Jahren dürfen während der Schulzeit mit keinerlei Arbeiten und Dienstleistungen bei Bauten beschäftigt werden.

2. Vor vollendetem 14. Lebensjahre des Kindes ist eine derartige Beschäftigung nur gestattet, wenn dasselbe vor dem Kreisschulinspektor ausreichende Fertigkeit im Lesen, Schreiben und Rechnen und genügende Kenntnis in der Religion nachgewiesen und letzterer die schriftliche Erlaubnis erteilt hat.

3. Wer den Vorschriften der §§ 1 und 2 zuwider während der Schulzeit Kinder beschäftigt, beschäftigen läßt oder zu solchen Beschäftigungen hingiebt, hat eine Strafe von 10—30 M., im Unvermögensfalle verhältnißmäßige Haft verwirkt. (Amtsbl. S. 268).

V. Schulversäumnisse.

§ 110. Pflicht der Gutsherren für einen regelmäßigen Schulbesuch mitzuwirken.

Ministerial-Erlaß vom 13. Dezember 1865. U. 20914. (Ctrbl. 1865, S. 762).

Die Stellung vieler Gutsherren zur Schule, indem dieselben sich nicht nur in der ihnen obliegenden Mitwirkung bei Verhütungen und Bestrafungen der Schulversäumnisse lässig zeigen, sondern auch in ihrem Interesse die Schulversäumnisse ihrer Gutseinwohner befördern, ist sehr beklagenswert. Ich möchte annehmen, daß in solchen Fällen der Versuch des Königlichen Regierungspräsidiums persönlich auf die betreffenden Gutsherren einzuwirken, des gewünschten Erfolges nicht entbehren dürfte, wo dies aber nicht anzunehmen, oder nicht der Fall sein sollte, muß ich wünschen, daß die Königliche Regierung von den ihr zu Gebote stehenden Straf- und Zwangsmitteln unnachsichtlich und nachdrücklich Gebrauch macht.

§ 111. Förderung des regelmäßigen Schulbesuchs.

Ministerial-Erlaß vom 23. August 1828 (Annal XII. S. 690) und vom 25. September 1837 (Annal XXI. S. 681).

Beide Erlasse empfehlen den Königlichen Regierungen, den Schulinspektoren, Schulvorständen und Lehrern ans Herz zu legen, auf einen regelmäßigen Schulbesuch durch Einsprache auf Eltern und Pfleger hinzuwirken.

§ 112. Behandlung der Schulversäumnisse.

Ministerial-Erlaß vom 19. März 1874. U. III. 3186. (Ctrbl. 1874, S. 404).

Die Königliche Regierung wird ermächtigt, dem Schulvorstande unter Hinweis auf den Erlaß vom 17. Juli v. J. zu eröffnen, daß das Recht der Polizeibehörden die Schulversäumnisstrafe festzusetzen, auch das Recht involviere die Erheblichkeit der bei den einzelnen Schulversäumnissen vorgebrachten Entschuldigungsgründe zu prüfen und über dieselben zu befinden.

§ 113. Schulversäumnisse zu vermeiden.

a. Zirkularverfügung der Königlichen Regierung zu Königsberg vom 27. Dezember 1866, Nr. 394/12 II.

Wenn die Volksschulen das ihnen gesteckte Ziel erreichen und alle ihnen anvertrauten Kinder mit den genügenden Schulkenntnissen ausrüsten sollen, so ist durchaus notwendig, daß sämtliche Lehrer die ihnen zu Gebote stehende Schulzeit auf das gewissenhafteste benutzen und mit ganzer Liebe und Hingabe dem Unterrichte sich widmen.

Da durch die Sommer- und Herbstferien ohnehin zwei Monate für den Schulunterricht in Landschulen in Wegfall kommen, da ferner durch ungünstiges Wetter, Krankheit und andere Hindernisse unvermeidliche Schulversäumnisse entstehen, so muß mit aller Sorgfalt darauf gehalten werden, daß weitere Verkürzungen der Schulzeit nicht eintreten. Von den Lehrern erwarten wir daher, daß sie sich keiner vermeidlichen Schulversäumnis schuldig machen. Keiner darf, wie dies bisher leider öfter vorgekommen ist, ohne die ausdrückliche Erlaubnis des Lokalschulinspektors den Unterricht ausfallen lassen, um seinen Privatgeschäften nachzugehen oder zu verreisen. Auch ist es nicht gestattet, daß der Urlaub erst, nachdem den Kindern der Ausfall der Schule bereits angekündigt ist, eingeholt oder statt desselben dem Schulinspektor nur eine schriftliche Anzeige gemacht wird. Diejenigen Lehrer, welche sich einer Nichtachtung dieser Vorschriften schuldig machen, sind uns sofort anzuzeigen, und werden wegen pflichtwidriger Vernachlässigung ihres Amtes von uns bestraft werden.

Es ist auch zu unserer Kenntnis gekommen, daß einzelne Lehrer ohne genügenden Grund Urlaub nehmen und an Schultagen verreisen, anstatt dies an schulfreien Tagen zu thun. Wir ordnen daher hierdurch an, daß die Schulinspektoren bei derartigen Anträgen genau prüfen und feststellen, ob die Reisen unumgänglich notwendig sind, und ob sie sich nicht verschieben lassen oder ganz unterbleiben können. Für den erteilten Urlaub bleiben die Schulinspektoren verantwortlich.

Ferner haben dieselben streng darauf zu halten, daß die in § 7 der Geschäftsanweisung für die Schulvorstände vom 28. September 1856 enthaltenen Bestimmungen pünktlich innegehalten werden und weder eine eigenmächtige Verlegung noch eine Verlängerung stattfindet.

Daher ist auch mit Strenge gegen diejenigen Eltern vorzugehen, welche ihre Kinder schon vor Beginn der Sommer- und Herbstferien, z. B. bald nach der Kirchenvisitation, von dem Schulbesuche zurückhalten oder dieselben nicht alsbald beim Wiederbeginn des Unterrichts senden.

Ew. Hochwürden veranlassen wir deshalb, bei den jährlichen Revisionen der Schulen genaue Einsicht von den Absentenlisten zu nehmen und sich zu überzeugen, wie es mit dem Schulbesuche überhaupt und insbesondere in den gedachten Zeiten gestanden hat, und ob Lehrer, Lokalschulinspektor und Schulvorstand die ihnen zu Gebote stehenden Mittel sorgfältig benutzt haben, um einen regelmäßigen Schulbesuch herzustellen. Wie die Lehrer ihrerseits Alles zu vermeiden haben, wodurch eine Verkürzung des Schulunterrichts herbeigeführt wird, so haben dieselben auch die Unterrichtszeit mit Gewissenhaftigkeit und Sorgfallt auszukaufen.

Dahin gehört, daß sie die Schule pünktlich zu der bestimmten Stunde beginnen und vor derselben nicht schließen, daß sie im Schulzimmer schon anwesend sind, wenn die Kinder sich zu sammeln beginnen, daß sie gut vorbereitet zum Unterricht kommen, nach einem durchdachten zweckmäßigen Plane und in geregelter Ordnung die verschiedenen Abteilungen beschäftigen, jede Verzögerung und Zeitverschwendung vermeiden, sich nicht in breites Gerede verlieren, sondern knapp und bestimmt im eignen Worte und die Selbstthätigkeit der Schüler fortwährend anregend und benutzend einen raschen Fortschritt in den Unterricht bringen und in jeder Stunde genügende und bestimmte Resultate erzielen.

Die Schulinspektoren haben die Schulen mindestens innerhalb der vorgeschriebenen Fristen eingehend zu revidieren und dabei nicht nur die Leistungen der Lehrer genau zu erforschen, sondern sich auch über das außeramtliche Verhalten derselben zu informieren, dabei auch darauf zu sehen, daß sich diese nicht in fremde Angelegenheiten mischen und mit allerlei Geschäften abgeben, durch welche sie in der Wahrnehmung und gewissenhaften Erteilung des Unterrichts gestört werden. Ebenso ist zu ermitteln, ob die Unterrichtsstunden nach Maßgabe der Absentenliste gehalten worden sind.

Werden Lehrer durch eigne Krankheit genötigt, die Schule auszusetzen, so ist am Tage der Erkrankung dem Lokalschulinspektor Anzeige zu machen. Dasselbe hat beim Wiederbeginn des Unterrichtes zu geschehen.

Ew. Hochwürden haben sämtlichen Lokalschulinspektoren, Schuldeputationen und Lehrern Ihres Aufsichtskreises von dieser Verfügung zur genauen Befolgung Kenntnis zu geben.

b. Zirkular-Verfügung der Königlichen Regierung, Abteilung für Kirchen- und Schulwesen zu Königsberg vom 8. November 1867. (223/10. II).

Ew. Hochwürden haben wir durch unsere Zirkular-Verfügung vom 27. Dezember v. J., Nr. 394/12 II., dringend ans Herz gelegt, wie nötig es ist, daß die sämtlichen Lehrer die ihnen zu Gebote stehende Schulzeit auf das Gewissenhafteste benutzen und, soweit dies von ihnen abhängt, jede Versäumnis vermeiden. Dabei haben wir auf diejenigen Gesichtspunkte aufmerksam gemacht, auf welche es besonders ankommt, damit der Unterricht regelmäßig, gewissenhaft und mit entsprechendem Erfolge erteilt wird. Wir sind der Überzeugung, daß die Herren Schulinspektoren bei der Wichtigkeit der Sache die von uns getroffenen hierher gehörigen Anordnungen aufs pünktlichste beachtet und zur Durchführung gebracht haben, und daß die Lehrer mit gesteigerter Sorgfalt und Energie die Schulzeit benutzen und auskaufen.

Indem wir Ew. Hochwürden wiederholt empfehlen, die erwähnten Anordnungen bei jeder sich darbietenden Gelegenheit einzuschärfen und auf strikte Befolgung derselben zu halten, bestimmen wir im Anschlusse an die Eingangs gedachte Verfügung zu gleichem Zwecke noch folgendes:

Es ist in vielen Sozietäten eine tief eingewurzelte Unsitte, daß, nachdem die jährliche Schulvisitation vom Herrn Superintendenten abgehalten worden ist, die Schulen sich in bedenklicher Weise leeren, nicht selten so sehr, daß es sich nach der Meinung einzelner Lehrer nicht mehr lohnt, Unterricht zu halten, und so dieser allmählich vor Beginn der Ferien aufhört. Der Nachteil, welcher daraus entsteht, ist sehr empfindlich. Denn, namentlich wenn die Visitation zeitig, z. B. Anfang Juni, abgehalten wird, so beginnen thatsächlich für die Mehrzahl der Kinder die Ferien schon mit dieser Zeit. Dabei ist noch in Betracht zu ziehen, daß der Besuch des Unterrichts nach dem Schlusse der Sommerferien ebenfalls meist sehr spärlich und dünn ist und in der Weise bis zu den Michaelisferien nicht bloß fortdauert, sondern sich auch nach diesen bis weit in den Oktober hinein fortsetzt. Es steht demnach in vielen Land- und städtischen Armenschulen so, daß von Ende Mai bis gegen Ende Oktober nicht einmal der vierte Teil der Schüler den Unterricht regelmäßig benutzt. Dadurch ist es dahin gekommen, daß die Lehrer meist den Winter als diejenige Zeit ansehen, in der es ihnen allein möglich ist, die ganze Schule tüchtig zu fördern. Erwägt man aber, daß die Ungunst der Witterung und Mangel an Kleidern dem Besuche der Schule wochenlang neue Hindernisse in den Weg stellen, so ist dringend geboten, daß mit der Schulzeit im Sommer möglichst haushälterisch umgegangen wird, und daß auch an sich gering erscheinende Versäumnisse vermieden werden. Vor Allem ist deshalb mit Entschiedenheit und allen zu Gebote stehenden Mitteln dahin zu wirken, daß nach der Schulvisitation bis zu den Sommerferien und zwischen diesen und den Herbstferien die Schule regelmäßig besucht wird. Außerdem aber ist jede Unterbrechung des Unterrichts thunlichst zu vermeiden. Es sind daher die monatlichen Konferenzen, wenn es die Verhältnisse gestatten, so zu legen, daß keine, oder nur wenige Stunden ausfallen. Auch soll der Tag nach der Schulvisitation nur dann schulfrei sein, wenn der Herr Kreisschulinspektor es wegen besonderer Verhältnisse für durchaus notwendig hält und ausdrücklich anordnet. Wegen des Besuches der Schulvisitation in anderen Kirchspielen die Schule auszusetzen, ist nicht gestattet. Bei der vielfach bewährten Treue der großen Mehrzahl unserer Lehrer halten wir uns überzeugt, daß der eigene Eifer und Trieb zu gewissenhafter Pflichterfüllung ausreichen wird, um die Schulzeit sorgfältig zu benutzen. Wo sich aber Lässigkeit zeigen sollte, ist mit Entschiedenheit unseren Anordnungen Nachdruck zu geben.

Schulversäumnisse in Preußen.

§ 114. Festsetzung der Schulversäumnisstrafe durch die Polizei.

Ministerial-Erlaß vom 31. Januar 1872. U. 790. (Ctrbl. 1872, S. 66.)

Die Domänen-Rentämter und die Ortspolizeibehörden gehören nicht zu den in Schulverwaltungssachen kompetenten Behörden. Nur die Festsetzung und Betreibung der Schulversäumnisstrafe ist als mehr polizeilicher Natur den Ortspolizeibehörden durch den § 4 a. a. O. übertragen.

§ 115. Behandlung der Schulversäumnisse in der Provinz Preußen.

Ministerial-Erlaß vom 17. Juli 1873. U. 14056. (Ctrbl. 1873, S. 686—87.)

Auf den Bericht vom 27. März d. J. betreffend die Beschwerde des Landrats N. über die bezüglich der Behandlung und Festsetzung der Schulversäumnisstrafen erlassenen Verfügung vom 11. Februar d. J., eröffne ich der Königlichen Regierung folgendes:

Nach § 4 der Schulordnung für Preußen vom 11. Dezember 1845 haben die Schulvorstände auf Grund der von dem Schullehrer geführten Versäumnislisten nach Anhörung der Entschuldigungsgründe oder nach vergeblicher Vorladung die Eltern oder Pfleger der Kinder, die Versäumnisstrafen bei den Ortspolizeibehörden zu beantragen und haben diese die Strafen festzusetzen und beizutreiben. Bereits in dem Erlasse meines Herrn Amtsvorgängers vom 25. Januar 1864 — U. 22380 — ist hervorgehoben, daß das Recht resp. die Pflicht einer Behörde Strafen festzusetzen, auch das Recht involviere, ihr unbegründet erscheinende Strafanträge abzulehnen. Indem die allegierte Bestimmung der Schulordnung dem Schulvorstande die Anhörung bezw. Vorladung der Eltern und Pfleger vor Feststellung der Strafanträge zur Pflicht macht, hat sie, wie Motive zur Schulordnung ausdrücklich bemerken, dahin Vorsorge treffen wollen, daß nicht ohne Not und mit der durch die Natur der Sache gebotenen Schonung zur Anwendung von Zwangsmaßregeln geschritten wird.

Eine ausschließliche Berechtigung, die Lage des Falles auf die vorgesehene Weise zu erörtern, ist dem Schulvorstande dadurch nicht eingeräumt. Es kann somit nicht gerechtfertigt erscheinen, aus dieser Bestimmung die Folgerung herzuleiten, daß der Ortspolizeibehörde eine nähere Ermittelung der ihr zur Prüfung des Antrages erforderlich scheinenden thatsächlichen Verhältnisse überhaupt nicht gestattet sei. Die Verfügung der Königlichen Regierung vom 17. Dezember v. J. und vom 11. Februar d. J. gehen daher zu weit, wenn sie den Ortspolizeibehörden das Recht gänzlich absprechen, die Angehörigen der Kinder zu vernehmen, und thatsächliche Ermittelungen anzustellen. Wenn es auch anzuzweifeln ist, ob ein praktisches Bedürfnis zu einer nochmaligen Vernehmung vorhanden ist, so muß ich doch Anstand nehmen, eine Anordnung aufrecht zu halten, welche den Ortspolizeibehörden jede Berechtigung zu weitern thatsächlichen Ermittelungen absprechen. Hingegen liegt den Ortspolizeibehörden auf entsprechendes Ersuchen die Verpflichtung ob, den Schulvorständen bezw. dem Schulinspektor Nachricht zu geben, ob und in wieweit den gestellten Strafanträgen entsprochen ist, und es wird Sache der Schulbehörden sein, unberechtigt erscheinenden Ablehnungen oder Ermäßigungen der Strafanträge nach Maßgabe des bereits erwähnten Erlasses vom 25. Januar 1864 entgegen zu wirken.

§ 116. Verwaltung und Verwendung der Schulversäumnisstrafgelder in der Provinz Preußen.

Ministerial-Erlaß vom 31. Juli 1874. U. III. 8694. (Ctrbl. 1874, S. 552.)

Der Königlichen Regierung , daß ich die Beschwerde des Schulvorstehers N. und Genossen in N. gegen die Verwaltung und Verwendung der dortigen Schulstrafgelder für unbegründet nicht erachten kann. Der § 4 der Schulordnung für die Provinz Preußen vom 11. Dezember 1845 bestimmt, daß die Schulversäumnisstrafen für Zwecke der Schule verwendet werden sollen. Es steht somit an und für sich nichts entgegen, daß sie unter anderm auch dem besondern Zwecke der Anschaffung von Lehr- und Lernmittel dienen. Dagegen fehlt es an einer gesetzlichen Grundlage für die zu N. stehende Einrichtung, wonach diese Gelder von dem Lokalschulinspektor asserviert und von diesem — wenn auch unter gewissenhafter Rechnungslegung — verwendet werden. Die Schulversäumnisstrafen sind vielmehr als eine Intrade der Schulkasse gleich den übrigen im § 67 der Schulordnung bezeichneten Abgaben und Leistungen zur Schulkasse einzuziehen. Die Disposition über diese Einnahme steht aber nach der Bestimmung des § 32 sub 2 a. a. O. dem Schulvorstande und nicht dem Lokalschulinspektor zu. Selbstverständlich hat die

Aufsichtsbehörde darauf zu halten, daß der entsprechende Betrag der Intraden der Schulkasse behufs Anschaffung der nötigen Lehrmittel verfügbar ist. Für die Anschaffung der Lernmittel, insbesondere für arme Kinder, können dagegen nach § 68 a. a. O. nur die Überschüsse der Schulkassen verwendet werden, und hat auch hierüber in erster Linie der Schulvorstand zu befinden.

§ 117. Aufnahme in die Schule und Verfolgung der Schulversäumnisse.

a) Verordnung der Königl. Regierung, Abtheilung für Kirchen- und Schulwesen, zu Königsberg vom 3. September 1878.

I. Verfahren behufs Einschulung der schulpflichtigen Kinder.

A. Auf dem Lande.

§ 1. Spätestens vierzehn Tage vor Ostern und Michaelis, als den zur Aufnahme von Schülern bestimmten Terminen, haben die Gemeinde- bezw. Gutsvorsteher dem Lehrer, bei mehrklassigen Schulen dem ersten oder Hauptlehrer derjenigen Schule, bei welcher die betreffende Ortschaft eingeschult ist, eine Liste aller im Orte vorhandenen Kinder im Alter von 6 bis 14 Jahren mit Angabe des Geburtsjahres und Geburtstages der Kinder, der Konfession und der Namen der Eltern, Pfleger oder Dienstherren zukommen zu lassen, welche Liste mit einer Bescheinigung über die Vollständigkeit des Verzeichnisses zu versehen ist. Diese Schülerstammliste ist nach dem nachfolgenden Formular A aufzustellen und dabei in der Spalte „Bemerkungen" zutreffenden Falles anzugeben, daß das Kind Privatunterricht erhält, oder welche andere öffentliche oder Privatschule es besucht. In gleicher Form ist dem Lehrer von den Gemeinde- und Gutsvorständen Mitteilung zu machen, wenn in der Zwischenzeit von einem Aufnahmetermin zum andern infolge von Zuzug Kinder im schulpflichtigen Alter in den Schulbezirk eintreten, oder wenn solche Kinder den Schulbezirk verlassen oder Privat-Unterricht erhalten oder eine andere öffentliche oder eine Privatschule besuchen.

§ 2. In die Schülerstammliste sind nicht allein diejenigen Kinder aufzunehmen, welche zur Zeit der Aufstellung der Liste das sechste Lebensjahr vollendet haben, sondern auch diejenigen, welche in den auf den Monat des Aufnahmetermins folgenden drei Monaten ihr sechstes Lebensjahr vollenden.

§ 3. Sofern die Kinder aus einem Gemeinde- oder Gutsbezirke zu verschiedenen Schulen gehören, sind zwei oder mehrere Schülerstammlisten aufzustellen und den betreffenden Lehrern oder ersten Lehrern einzureichen, deren jede aber nur die jeder einzelnen Schule überwiesenen schulpflichtigen Kindern aufführen darf.

§ 4. Gehen diese Schülerstammlisten bei dem Lehrer nicht rechzeitig ein, so hat derselbe dem Lokalschulinspektor hiervon sofort Anzeige zu machen, welcher seinerseits verpflichtet ist, ohne Verzug bei dem Kreislandrat, als Vorsitzenden des Kreisausschusses, die erforderlichen Anträge zu stellen, damit der säumige Gemeinde- oder Gutsvorstand zur Erfüllung seiner Pflicht angehalten werde.

§ 5. Die Gemeinde- und Gutsvorsteher sind verpflichtet, bei Aufnahme der in das schulpflichtige Alter tretenden Kinder in die Schülerstammliste den Eltern und Pflegern derselben zu eröffnen, daß die Kinder mit dem nächsten Aufnahmetermin die Schule zu besuchen hätten.

§ 6. Auf Grund der Schülerstammliste und der Ergänzungen derselben hat der Lehrer demnächst ein Schülerverzeichnis in dem nachfolgenden Formular B aufzustellen, in welches die erweislich Privatunterricht erhaltenden oder eine andere öffentliche oder Privatschule besuchenden Kinder nicht aufzunehmen sind.

B. In den kleineren Städten.

§ 7. In denjenigen Städten, deren Einwohnerzahl 5000 nicht übersteigt, finden die §§ 1—6 mit folgenden Modifikationen Anwendung.

Die von dem Magistrate aufzustellende Schülerstammliste ist zunächst der Stadtschuldeputation zu übergeben, welche aus derselben diejenigen schulpflichtigen Kinder ausscheidet, welche durch Privatunterricht oder auf einer Schule mit höheren Unterrichtszielen ausgebildet werden, oder erweislich zum Besuch einer öffentlichen Schule unfähig sind.

Etwaige Zweifel hierüber sind durch entsprechende Aufforderungen an die Eltern, Pfleger oder Vormünder aufzuklären.

Die also berichtigte Schülerstammliste ist dem ersten oder Hauptlehrer zuzustellen.

Sofern zwei oder mehrere Volksschulen sich in der Stadt befinden, hat die Stadtschuldeputation die neu eintretenden Schüler den betreffenden Schulen zu überweisen und setzt die Eltern, Pfleger oder Vormünder der Kinder von der Überweisung in Kenntnis.

In diesem Falle ist für jede Schule eine besondere Stammliste aufzustellen.

C. In den größeren Städten.

§ 8. In den Städten über 5000 Einwohner erläßt die Stadtschul-Deputation spätestens bis zum 15. Februar und am 15. August jedes Jahres in ortsüblicher Weise eine Bekanntmachung an die Eltern, Pfleger und Vormünder schulpflichtiger, aber noch nicht eingeschulter Kinder, in welcher dieselben zur Vermeidung zwangsweiser Einschulung der Kinder aufgefordert werden, dieselben bei dem ersten oder Hauptlehrer der ihrer Wohnung zunächst belegenen Schule bis zu einem darin zu bezeichnenden Termine anzumelden.

Hierzu ist das nachfolgende Formular C zu verwenden.

§ 9. Der erste oder Hauptlehrer hat nach Ablauf der Anmeldefrist ein Schülerverzeichnis, welches sämtliche Schüler mit Einschluß der besonders zu bezeichnenden neu aufgenommenen enthält, nach dem nachfolgenden Formular B aufzustellen und dasselbe ohne Verzug der Stadtschuldeputation einzureichen.

Sind die Anmeldungen für eine Schule so zahlreich, daß die angemeldeten Schüler nicht sämtlich in der betreffenden Schule Aufnahme finden können, so sind die Schüler, welchen keine Aufnahme hat gewährt werden können, in eine besondere Liste einzutragen, welche gleichzeitig der Stadtschul-Deputation einzureichen ist.

Die Letztere überweist diese Schüler demnächst einer anderen Schule in möglichster Nähe der Wohnung der Eltern durch die nach dem Formular D aufgestellte Überweisungsliste, nach welcher das Schülerverzeichnis von dem Hauptlehrer zu berichtigen ist, und benachrichtigt die Eltern, Pfleger oder Vormünder von der bewirkten Einschulung durch eine nach dem nachfolgenden Formular E gefaßte Benachrichtigung.

§ 10. Bis zum 1. April und 1. Oktober jeden Jahres hat die zuständige Polizeibehörde (Polizei-Präsidium, Polizei-Direktion, Stadtpolizei-Verwaltung) der Stadtschul-Deputation ein Verzeichnis derjenigen Kinder zu übersenden, welche in dem betreffenden Halbjahr vom 1. Januar bis 30. Juni und vom 1. Juli bis zum 31. Dezember das sechste Lebensjahr vollenden, sowie derjenigen Kinder, welche in schulpflichtigem Alter neu angezogen sind.

§ 11. Seitens der Stadtschul-Deputation werden diese Listen mit den von den Hauptlehrern eingereichten Verzeichnissen verglichen. Findet sich hierbei, daß Kinder in schulpflichtigem Alter noch nicht eingeschult sind, so werden die Eltern, Pfleger oder Vormünder durch ein nach dem nachfolgenden Formular F abzufassendes Schreiben aufgefordert, binnen 14 Tagen nachzuweisen, daß das Kind einer Schule zugeführt sei, oder aus welchen Gründen dasselbe einer Schule nicht übergeben werden könne.

Wird dieser Nachweis nicht geführt, so überweist die Stadtschul-Deputation die einzuschulenden Kinder mit der nach dem nachfolgenden Formular D anzufertigenden Überweisung einer der Volksschulen der Stadt.

Auf Grund dieser Überweisung werden die betreffenden Kinder in das Schüler-Verzeichnis aufgenommen und als eingeschult angesehen.

Gleichzeitig werden die Eltern, Pfleger oder Vormünder mittels des nach dem nachfolgenden Formular G abzufassenden Schreibens von der erfolgten Einschulung in Kenntnis gesetzt und aufgefordert, das Kind der bezeichneten Schule zuzuführen.

§ 12. Am 1. jeden Monats hat die Polizeibehörde, (Polizei-Präsidium, Polizei-Direktion, Stadtpolizei-Verwaltung) der Stadtschul-Deputation ein Verzeichnis derjenigen Kinder in schulpflichtigem Alter zuzustellen, welche im Laufe des vergangenen Monats aus dem Stadtbezirke abgezogen sind.

Die Stadtschul-Deputation hat den Hauptlehrern jeder Volksschule, aus welcher durch Abzug Schüler ausgeschieden sind, auszugsweise Abschriften dieses Verzeichnisses zuzustellen, wonach das Schülerverzeichnis zu berichtigen ist.

§ 13. Die ersten oder Hauptlehrer sind verpflichtet, jeden der in ihre Schule aufgenommenen oder derselben überwiesenen Schüler so lange im Schülerverzeichnisse zu führen, bis der Abzug desselben aus dem Stadtbezirke auf vorstehende Art festgestellt, der Tod oder die Unfähigkeit desselben zu fernerem Schulbesuch in zuverlässiger Weise konstatirt, die regelmäßige Entlassung des Kindes erfolgt oder endlich eine Umschulung nachgewiesen ist.

§ 14. Die ersten oder Hauptlehrer der Volksschulen und die Rektoren und Dirigenten von Mittel- oder solchen Schulen, deren Unterrichtsziele über die der Volksschule hinausgehen, dürfen keinen früheren Schüler einer Volksschule derselben Stadt ohne Vorlegung des nach dem nachfolgenden Formular H aufzustellenden Entlassungsscheins aufnehmen und werden verpflichtet, dem neu aufgenommenen Schüler nach Aufnahme in das Schülerverzeichnis einen Aufnahmeschein nach dem nachfolgenden Formular zu erteilen.

Erst nach Vorlegung dieses Aufnahmescheines ist der Schüler in dem Schülerverzeichnis der Schule, die er verlassen hat, zu löschen.

Von jeder Umschulung ist der Stadtschuldeputation von den ersten oder Hauptlehrern bezw. Dirigenten beider beteiligten Schulen Anzeige zu machen.

§ 15. Denjenigen Städten mit mehr als 5000 Einwohnern, deren Verhältnisse und Einrichtungen es gestatten, bleibt es unter unserer Zustimmung überlassen, in betreff der Einschulung der schulpflichtigen Kinder das im § 7 bezeichnete Verfahren zu beobachten.

II. Verfolgung der gerechtfertigten Schulversäumnisse.

§ 16. Auf Grund des Schülerverzeichnisses hat jeder Lehrer eine Absentenliste nach dem nachfolgenden Formular K aufzustellen, in welcher die Versäumnis eines halben Schultages durch einen von rechts nach links gezogenen schrägen Strich und die Versäumnis eines ganzen Schultages durch ein Kreuz bezeichnet wird, während bei einem durch Krankheit veranlaßten Ausbleiben ein lateinisches K, bei dem Vorhandensein sonstiger für zureichend erachteter Entschuldigungsgründe ein lateinisches E und in den Fällen der Beurlaubung zum Zwecke der Teilnahme an dem von dem Geistlichen der betreffenden Konfession erteilten Religionsunterrichte ein lateinisches C einzutragen ist.

§ 17. Bei der Verzeichnung der Schulversäumnisse gilt der Vormittagsunterricht wie der Nachmittagsunterricht für je einen halben Tag. Findet aber an einem Tage nur Vormittagsunterricht statt, so gilt das Wegbleiben aus demselben für die Versäumnis eines ganzen Schultages.

Wenn Halbtagsschulen eingerichtet sind, so gilt die jeder Abteilung zugewiesene Zeit als ganzer Schultag.

Die gleiche Regel ist in den Fällen anzuwenden, wo ein besonderer Unterricht für Hütekinder eingerichtet ist, so daß die Versäumnis der für den Unterricht der Hütekinder bestimmten Stunden als Versäumnis eines ganzen Schultages gerechnet wird.

§ 18. In dringenden Fällen ist der Lehrer auch dann, wenn die Schule sich am Wohnorte des Lokalschulinspektors befindet, ermächtigt, einzelne Schüler wegen besonderer Hindernisse bis zu zwei Schultagen zu beurlauben, wenn Umstände vorliegen, welche es nicht gestatten, den Urlaub bei dem Lokalschulinspektor nachzusuchen.

Im Übrigen behält es bei den Bestimmungen des § 3 der Schulordnung sein Bewenden, mit der Maßgabe, daß unter dem Pfarrer der Lokalschulinspektor zu verstehen ist, und daß in den Städten an die Stelle des Schulvorstandes die Stadtschul-Deputation tritt.

§ 19. Schriftliche Nachrichten und Ausweise, welche Schulversäumnisse zu rechtfertigen, oder Anträge, welche dieselben zu entschuldigen bestimmt sind, werden von dem Lehrer als Beläge gesammelt und aufbewahrt.

Über mündlich angebrachte Anträge und Entschuldigungen ist ebenso wie über die notorischen Tatsachen oder Ereignisse, welche den Schulbesuch verhindert haben, von dem Lehrer ein kurzer Vermerk in die Absentenliste einzutragen.

§ 20. Am Ende jeder Woche hat der Lehrer eine Schulversäumnisliste nach dem nachfolgenden Formular L für die verflossene Woche auf Grund der Absentenliste aufzustellen, in welcher alle Versäumnisse mit Einschluß der von dem Lehrer als gerechtfertigt oder entschuldigt angesehenen mit Angabe des Entschuldigungs- oder Beurlaubungsgrundes und unter Bezeichnung der Nummer der etwa dazu gehörigen Beläge aufzuführen sind. Nur die Schulversäumnisse der noch nicht sechs Jahre alten Kinder sind wegzulassen.

Auf der Liste hat der Lehrer die Richtigkeit der in derselben enthaltenen Angaben amtlich zu versichern. Gehören mehrere Gemeinden oder Gutsbezirke zu einer Schule, so hat der Lehrer für jeden Ort bezw. für die aus demselben der Schule überwiesenen Kinder eine besondere Versäumnisliste auszufertigen.

§ 21. Am Montage der nächstfolgenden Woche hat der Lehrer die Schulversäumnisliste dem Schulvorstande z. H. des Lokalschulinspektors, in den Städten der Schuldeputation zu überreichen, und das Datum der Einreichung, die Zahl der in derselben aufgeführten Schüler und die Gesamtzahl der versäumten Tage, wie die Anzahl der beigefügten Beläge in die nach dem nachfolgenden Formular N anzulegende Jahresnachweisung der Schulversäumnislisten einzutragen.

Sind überhaupt keine Versäumnisse vorgekommen, so ist eine Vakatanzeige einzureichen.

§ 22. Die Herren Lokalschulinspektoren und die mit den Revisionen der Schulen beauftragten Mitglieder der Stadtschul-Deputationen, sowie die Herren Kreisschulinspektoren haben die richtige Aufstellung und pünktliche Einsendung der Versäumnislisten auf das Sorgfältigste zu überwachen und in geeigneten Fällen Remedur oder entsprechende Belehrung eintreten zu lassen, wiederholte Verzögerungen aber und Fälle, in denen erweislich unrichtige Angaben in die Versäumnisliste aufgenommen sind, zur Kenntnis der zuständigen Königlichen Bezirks-Regierung zu bringen.

§ 23. Die Schulvorstände bezw. Stadtschul-Deputationen haben die Eltern, Pfleger oder Dienstherren der in der Versäumnisliste aufgeführten Kinder, deren Versäumnisse nach den Angaben des Lehrers nicht bereits als entschuldigt angesehen werden können, zu einem Tage im Laufe der Woche behufs Angabe der Entschuldigungsgründe mit der Verwarnung vorzuladen, daß im Falle ihres Ausbleibens angenommen werde, sie hätten zur Sache nichts anzuführen.

Die Vorladungen erfolgen durch den Lehrer im Namen des Schulvorstandes bezw. der Schuldeputation nach dem nachfolgenden Formular M für den Terminstag der Woche. Sie sind gleichzeitig mit der Aufstellung der Versäumnisliste (§ 20) auszufertigen und am folgenden Montag (§ 21) durch in der Nähe der Vorzuladenden wohnende zuverlässige Schulkinder denselben zuzustellen.

Terminstag und Stunde sowie die Person desjenigen, welcher die Entschuldigungsgründe entgegenzunehmen hat, sind von dem Schulvorstande bezw. der Stadtschul-Deputation ein für allemal zu bestimmen und vor dem Beginn jedes Schulhalbjahres in ortsüblicher Weise bekannt zu machen.

Es bleibt den Schulvorständen bezw. Stadtschul-Deputationen überlassen, mit diesen Verhandlungen den Lokalschulinspektor oder einzelne ihrer anderen Mitglieder zu beauftragen. Von dieser Befugnis wird in der Regel überall da, wo mehrere Gemeinde= bezw. Gutsbezirke die Schulgemeinde bilden, Gebrauch zu machen sein und zwar mit der Maßgabe, daß dem Lokalschulinspektor die Verhandlungen für seinen Wohnort, den dem Schulvorstande angehörigen Gemeinde= bezw. Gutsvorstehern aber die Verhandlungen für die anderen Ortschaften zufallen.

In der Stadt Königsberg können mit den Verhandlungen die Hauptlehrer der einzelnen Schulen beauftragt werden.

§ 24. In dem Falle, wo es sich um die Rüge der ersten unentschuldigten Schulversäumnis handelt, kann die vorgeschriebene Vorladung und Verwarnung durch eine entsprechende schriftliche, gegen Empfangsschein zuzustellende Mahnung nach dem nachstehenden Formular O ersetzt werden.

§ 25. Erscheinen die vorgeladenen Eltern, Pfleger oder Dienstherren nicht, oder können die von denselben vorgebrachten Entschuldigungsgründe nicht als genügend anerkannt werden, so werden gegen diejenigen, welche die betreffenden Kinder zur Schule zu schicken verpflichtet sind, Versäumnisstrafen nach Maßgabe des § 4 der Schulordnung in Antrag gebracht.

Dem Ermessen der Schulvorstände und Stadtschul=Deputationen ist es überlassen, nachdem die wiederholte Anwendung geringerer Strafen sich als unwirksam erwiesen hat, höhere Strafen in Antrag zu bringen. Hierbei wird im allgemeinen als Regel festzuhalten sein, daß die höhere Strafe nicht zur Anwendung kommt, wenn seit der Beitreibung bezw. Verbüßung der letzten Strafe eine den Umständen nach erhebliche Zeit, etwa ein Jahr, vergangen ist, ohne daß ungerechtfertigte Schulversäumnisse zu rügen gewesen sind.

§ 26. Die Strafanträge werden in die dazu bestimmte Kolonne 12 der Liste eingetragen, und es werden die beiden Exemplare der Liste nach entsprechender Ausfüllung der Kolonne 13 und nach Ausfüllung und Vollziehung des Antrages spätestens am letzten Tage der auf die Versäumnisse folgenden Woche der Ortspolizeibehörde (Amtsvorsteher, Stadtpolizeiverwaltung Königliches Polizei=Präsidium oder Polizei=Direktion) zur weiteren Veranlassung eingesendet.

§ 27. Die zur vorläufigen Straffestsetzung befugten Beamten oder Behörden haben so bald als möglich die Anträge zu prüfen und die Strafen nach den Bestimmungen des Gesetzes vom 14. Mai 1852 bezw. des die Ausführung dieses Gesetzes betreffenden Reglements vom 30. September 1852 festzusetzen und bezw. beizutreiben.

Wird in einzelnen Fällen den Anträgen keine Folge gegeben oder das beantragte Strafmaß herabgesetzt, so ist die beantragende Behörde hiervon sogleich zu benachrichtigen, damit dieselbe in den geeigneten Fällen in den Stand gesetzt wird, bei der vorgesetzten Behörde Beschwerde zu führen.

§ 28. Die eingezogenen Strafen sind an die Ortsschulkassen in längstens acht Wochen vom Eingange des Strafantrages, dessen Kolonne 14 und folgende entsprechend auszufüllen sind, mit dem Duplikat des Antrages abzuführen.

§ 29. In denjenigen Fällen, in welchen auf gerichtliche Entscheidung provoziert ist, liegt es der Behörde, welche den Strafantrag gestellt hat, ob, event. durch Requisition des betreffenden Gerichtes den Abschluß der Sache festzustellen und die Abführung der erkannten und beigetriebenen Strafe zu erwirken.

§ 30. Bei Volksschulen mit zwei oder mehreren Klassen finden die in der vorstehenden Verordnung hinsichtlich des Lehrers getroffenen Bestimmungen auf den ersten oder Hauptlehrer Anwendung mit Ausschluß der Bestimmung über die Führung der Absentenliste, welche für jede Klasse besonders von dem betreffenden Lehrer zu führen ist.

§ 31. Die Kosten, welche aus der Verwendung der in den vorstehenden Bestimmungen bezeichneten Formulare erwachsen, werden von den Ortsschulkassen bezw. Kämmereikassen bestritten.

Erlassen auf Grund des § 72 der Elementarschulordnung für die Provinz Preußen vom 11. Dezember 1845 mit Genehmigung der vorgesetzten Behörde.

Formular A.

Stammliste der schulpflichtigen Kinder zu . . . .

(Für das Land.)

Ich bescheinige hierdurch, daß außer den in der nachstehenden Liste aufgeführten Kindern keine schulpflichtigen Kinder im Alter von 6 bis 14 Jahren in . . . . vorhanden sind.

. . . . den . . ten . . . .

Der Gemeinde- (Guts-) Vorsteher.

(Für die kleineren Städte.)

Wir bescheinigen hierdurch, daß außer den in der nachstehenden Liste aufgeführten Kindern keine schulpflichtigen Kinder im Alter von 6 bis 14 Jahren in . . . . vorhanden sind, welche den Volksschulen zuzuführen sind.

. . . . den . . ten . . . .

Der Magistrat.

1.	2.	3.			4.	5.	6.	7.
Lauf. Nr.	Vor- und Zunamen der schulpflichtigen Kinder.	Geburt.			Konfession.	Vor- und Zunamen, sowie Stand der Eltern.	Vor- und Zunamen, sowie Stand der Pfleger, Dienstherren 2c.	Bemerkungen.
		Tag.	Monat.	Jahr.				

Formular B.

Schüler-Verzeichnis der Volksschule zu . . . .

1.	2.	3.			4.	5.	6.	7.
Lauf. Nr.	Vor- oder Zunamen der der Schule überwiesenen Kinder.	Alter der Kinder.			Konfession.	Vor- und Zunamen, Stand u. Wohnort (Wohnung) der Eltern.	Vor- und Zunamen, Stand und Wohnort (Wohnung) der Pfleger, Dienstherren 2c.	Bemerkungen.
		Tag der Geburt.	Monat	Jahr				

Formular C.

Bekanntmachung.

Allen Eltern, Pflegern und Vormündern schulpflichtiger, aber noch nicht eingeschulter Kinder bringen wir hierdurch in Erinnerung, daß die Schulpflicht mit dem sechsten Lebensjahre beginnt, und daß die Unterlassung der rechtzeitigen Einschulung eines Kindes die gesetzlichen Zwangsmaßregeln zur Folge hat.

Zugleich fordern wir hierdurch auf, die schulpflichtigen Kinder, welche in dem Halbjahr vom . . . . bis . . . . ihr sechstes Lebensjahr vollenden, alsbald, jedenfalls aber vor dem am . . ten . . . . . erfolgenden Schluß der Schulen bei der, ihrer Wohnung zunächst gelegenen Schule und zwar bei dem Hauptlehrer derselben außerhalb der Schulstunden in den durch besonderen Aushang im Schulhause bestimmten Amtsstunden anzumelden.

. . . . den . . ten . . . .
Die Stadtschuldeputation.

Formular D.

Benachrichtigung für den Hauptlehrer
der städtischen . . . . Volksschule.

D . . . .
Sohn — Tochter . . . .
geboren am . . ten . . . .
bevormundet von . . . .
in Pflege . . . .
wohnhaft . . . .
ist Ihrer Schule vom . . ten . . . .
ab überwiesen worden und ist in das Schülerverzeichnis aufzunehmen.

. . . . den . . ten . . . .
Die Stadtschuldeputation.

(Erforderlichen Falles ist der Benachrichtigung die Form einer den Rubriken des Schülerverzeichnisses entsprechenden Liste zu geben, in welchem Falle zu sagen wäre:)

Die in der umstehenden Liste aufgeführten schulpflichtigen Kinder sind Ihrer Schule vom . . ten . . . . ab überwiesen worden, und sind dieselben in das Schülerverzeichnis aufzunehmen.

. . . . den . . ten . . . .
Die Stadtschuldeputation.

Formular E.

Da der Anmeldung d . . (Name des Kindes) bei der . . . . . . (näher zu bezeichnenden) Volksschule wegen Überfüllung derselben keine Folge hat gegeben werden können, haben wir das vorbezeichnete schulpflichtige Kind der unter der Leitung des Hauptlehrers — (Namen) — stehenden — (näher zu bezeichnenden) — Volksschule vom . . ten . . . . überwiesen.

Wir fordern Sie auf, den — (Namen) — dieser Schule zuzuführen mit dem Bemerken, daß das schulpflichtige Kind von dem vorgedachten Zeitpunkt in dem Schülerverzeichnis dieser Schule geführt wird, und daß bei dem Ausbleiben desselben die gesetzlichen Schulversäumnisstrafen verhängt werden.

. . . . den . . ten . . . .
Die Stadtschuldeputation.

An
d . . . .

Die Benachrichtigung der Stadtschuldeputation über die Einschulung d . . . in die . . . . Volksschule habe ich erhalten.

. . . . den . . ten . . . .

N. N.

Formular F.

Nachdem die Einsicht der Schüler-Verzeichnisse ergeben hat, daß Sie Ihre — Sohn — Tochter — Pflegesohn — Mündel . . . (Namen) . . . . geboren am . . ten . . . . einer Schule nicht zugeführt haben, fordern wir Sie auf, uns binnen 14 Tagen nachzuweisen, daß das vorbezeichnete schulpflichtige Kind einer Schule zugeführt worden ist, oder aus welchen Gründen dasselbe einer Schule nicht übergeben werden kann.

Sollte binnen der vorbezeichneten Frist der eine oder der andere Nachweis nicht erbracht sein, haben Sie zu gewärtigen, daß wir das vorbezeichnete Kind einer von uns auszuwählenden Volksschule überweisen.

. . . . den . . ten . . . .

Die Stadtschuldeputation.

An

d . . . .

Die Aufforderung zur Einschulung des der . . . . habe ich empfangen.

. . . . den . . ten . . . .

N. N.

Formular G.

Nachdem Sie unsere Aufforderung, uns den Nachweis zu führen, daß d . . . . geboren den . . ten . . . . einer Schule zugeführt sei, oder aus welchen Gründen das vorbezeichnete schulpflichtige Kind einer Schule nicht überwiesen werden könne, unbeachtet gelassen haben, benachrichtigen wir Sie, daß wir dasselbe der unter der Leitung des . . . (Namen des Hauptlehrers) . . . stehenden . . . . Volksschule zugewiesen haben, und daß dasselbe vom . . ten . . . . . . ab in dem Schülerverzeichnis dieser Schule geführt wird.

Wir fordern Sie auf, d . . . . nunmehr dieser Schule zuzuführen mit der Verwarnung, daß im Falle des Ausbleibens des Kindes die gesetzlichen Schulversäumnisstrafen verhängt werden.

. . . . den . . ten . . . .

Die Stadtschuldeputation.

An

d . . . .

Die Benachrichtigung der Stadtschuldeputation über die erfolgte Einschulung d . . . . in die . . . . habe ich erhalten.

. . . . den . . ten . . . .

N. N.

Formular H.

Zeugnis behufs der Anmeldung des Eintrittes in eine andere Schule.

D . . . (Namen des Kindes) . . . geboren . . . . besuchte die . . (zu bezeichnende) . . Volksschule von . . . . bis . . . .

Das Verhalten war . . . .
und der Fleiß . . . .

Der Schüler wird auf Grund dieses Attestes noch nicht in dem Schülerverzeichnis der vorbezeichneten Schule gestrichen, sondern erst dann, wenn die Aufnahme in eine andere Schule nachgewiesen ist.

. . . . den . . ten . . . .

. . . .
Hauptlehrer der . . . . Volksschule.

Formular I.

D . . . (Namen des Kindes) . . . welche . . . bisher nach dem vorgebrachten Zeugnis die . . . (näher zu bezeichnende) . . . Schule besucht hat, ist nach erfolgter Anmeldung vom . . ten . . . . in die . . . . . . Schule aufgenommen und in das Schülerverzeichnis eingetragen.

. . . . den . . ten . . . .
(Unterschrift des Hauptlehrers, Rektors oder Dirigenten.)

Formular K.

Absentenliste der Schule zu . . . .

1.	2.	3.	4.	5.	6.	7.	8.			9.
Lauf. Nr.	Nr. d. Schülerverzeichnisses.	Abteilung.	Vor- und Zunamen der Kinder.	Geburtstag.	Konfession.	Monat. 1., 2.—31.	Summe.	Entschuldigt.	Rückfälle.	Bemerkungen.

Formular L.

Schulversäumnisliste für die Schule zu . . . .
für die Woche vom . . . . bis . . . .

Die Zahl der Schulkinder beträgt . . . .
Zahl der Schultage . . . .
Zahl der Versäumnistage . . . .
Prozentsatz des Schulbesuchs im Ganzen . . . .

Ich bescheinige hierdurch amtlich die richtige und ordnungsmäßige Führung der Absentenliste für die vorstehend bemerkte Zeit und die genaue Ausfertigung der umstehenden Schulversäumnisliste nach der Absentenliste.

. . . . den . . ten . . . .
N. N.
Lehrer.

Strafantrag
des Schulvorstandes (der Stadtschuldeputation) wegen der Schulversäumnisse in der . . . . . Schule für die Woche vom . . . . . bis . . . . .
aus dem Bezirk . . . . .

Wir bescheinigen hiermit, daß die in Kol. 10 Nr. der umstehenden Liste aufgeführten Eltern, Pfleger oder Dienstherren die Schulversäumnisse der aufgeführten Kinder ausreichend zu entschuldigen nicht vermocht haben bezw. auf Vorladung nicht erschienen sind und beantragen deren Bestrafung auf Grund des § 4 der Schulordnung vom 11. Dezember 1845 und dieser Liste, welche die Beweiskraft eines amtlichen Protokolls hat. Die Geldstrafen fließen in die Schulkasse, und ersuchen wir daher ergebenst, dieselben an den Rendanten . . . . nach erfolgter Beitreibung abzuführen. In dem beigefügten Duplikat ersuchen wir ergebenst die Kolonnen 14 und folgende seiner Zeit auszufüllen und dasselbe demnächst zu remittieren, in den Fällen aber, in denen keine Strafe festgesetzt werden sollte, uns sofort davon bei Angabe der Gründe Mitteilung zu machen.

. . . . den . . ten . . . .
Der Schulvorstand (Die Schuldeputation).
N. N.

An
den. . . . .

Formular M.

D . . . . (Name des Schulkindes) . . . . . . ist in der Woche vom . . . . bis . . . . mit einer ungerechtfertigten Schulversäumnis von . . . . Tagen eingetragen. Etwaige Entschuldigungsgründe sind sofort schriftlich oder am . . . . Uhr mündlich bei dem . . . . anzubringen. Im Falle des Ausbleibens wird angenommen, daß nichts anzuführen ist.

. . . . den . . ten . . . .
Im Auftrage des Schulvorstandes (der Schuldeputation):
Der Lehrer (Unterschrift).

Formular N.

Nachweisung der Schulversäumnislisten des Lehrers zu. . . . .
pro . . . .

Lauf. Nr.	Bezeichnung des Zeitraums.	Datum der Einreichung der Liste.	Zahl der aufgeführten Schüler.	Zahl der versäumten Tage.	Bemerkungen.

Gehört zu Formular L.

1.	2.	3.	4.	5.	6.	7.	8.	9.	10.	11.	12.		13.	14.		15.	16.	17.		18.	19.
Laufende Nr.	Nr. der Absentenliste.	Vor- und Zuname der Kinder, welche die Schule versäumt haben.	Datum der versäumten Tage.	Ganzer Tag.	Halber Tag.	Sa. der versäumten Tage.	Alter der Kinder.	Angabe d. Entschuldigungsgründe, der Nummer des Belags dafür und Angabe der Rückfälle.	Vornamen, Zunamen und Stand der haftbaren Eltern, Pfleger und Dienstherren.	Wohnort derselben.	Der Schulvorstand beantragt Strafe		Datum der Abgabe des Antrages an die Polizeibehörde.	Die Geldstrafe ist festgesetzt auf		Dauer der substituierten Haft.	Ob auf gerichtliche Entscheidung provoziert, und Datum des Abganges.	Die Geldstrafe ist beigetrieben mit		In welcher Zeit die Haft verbüßt ist.	Bemerkungen.
											pro Tag.	zus. M. Pf.		M.	Pf.			M.	Pf.		

Formular O.

D . . . . (Namen des Kindes) . . . . hat in der Woche vom . . . . bis . . . . die Schule ohne zureichende Gründe während . . . . . Schultage versäumt.

Sie werden hierdurch ermahnt, d . . selben die Wohlthat eines geordneten Schulunterrichts nicht zu entziehen und künftig für den regelmäßigen Besuch des Schulunterrichts zu sorgen, da Sie bei einer Versäumnis die gesetzliche Geld= oder im Unvermögensfalle Haftstrafe zu gewärtigen haben.

. . . . den , . ten . . . .

Der Schulvorstand. (Die Schuldeputation.)

An

d . . . .

Die Verwarnung wegen der Schulversäumnis d . . . . . . (Namen des Kindes) . . . . in der Woche vom . . . . bis . . . . habe ich erhalten.

. . . . den . . ten . . . .

(Unterschrift.)

b) Verordnung der Königl. Regierung, A. f. K. u. Sch., zu Königsberg v. 21. Juni 1881.

Nachdem die gegen einzelne Bestimmungen unserer Verordnung, betreffend die Förderung des regelmäßigen Schulbesuchs in den Volksschulen und die Verfolgung ungerechtfertigter Schulversäumnisse vom 3. September 1878 erhobenen Bedenken einer sorgfältigen Prüfung unterworfen worden sind, bestimmen wir in Ergänzung bezw. Abänderung der gedachten Verordnung mit Genehmigung des Herrn Ministers der geistlichen 2c. Angelegenheiten folgendes:

1. Die Schüler=Stammlisten (§§ 1 bis 6 der Verordnung) sind fernerhin nur einmal im Jahre, und zwar vierzehn Tage vor Michaelis in der vorgeschriebenen Weise aufzustellen. Dagegen sind spätestens vierzehn Tage vor Ostern nach dem für die Schüler=Stammlisten gegebenen Formular A Nachtragslisten von den Gemeinde= und Gutsvorstehern und den Magisträten der kleineren Städte aufzustellen, und den Lehrern, ersten oder Hauptlehrern zuzustellen, nachdem diese Listen an Stelle der auf dem Formular A befindlichen Bescheinigung mit folgender Bescheinigung versehen worden sind:

> Ich bescheinige (Wir bescheinigen) hierdurch, daß außer den in der Schüler=Stammliste vom . . . ten . . . . und in der vorstehenden Nachtragsliste aufgeführten Kindern keine schulpflichtigen Kinder in dem Alter von 6 bis 14 Jahren, oder solche Kinder, welche in den nächsten drei Monaten das sechste Lebensjahr vollenden, in der Gemeinde (dem Gutsbezirk) . . . . vorhanden sind.

. . . . den . . ten . . . .

Der Gemeinde=Vorsteher.
(Der Gutsvorsteher.)
(Der Magistrat.)

In diese Nachtragsliste sind alle Kinder im Alter von 6 bis 14 Jahren einschließlich aufzunehmen, welche durch Zuzug seit der Anfertigung der letzten Schüler=Stammliste in den Gemeinde= bezw. Gutsbezirk eingetreten sind, ferner diejenigen, welche in den letzten drei Monaten ihr sechstes Lebensjahr vollendet haben, sowie diejenigen, welche in den Monaten April, Mai und Juni ihr sechstes Lebensjahr vollenden.

2. In dem Formular K zur Absentenliste (§ 16 d. V.) sind die Kolonnen 3 und 6, welche zur Angabe der Abteilung der Klasse, der das ausgebliebene Schulkind angehört und der Konfession desselben bestimmt sind, fortan in Wegfall zu bringen.

3. Die Schulversäumnislisten (§ 20 fgd. d. V.) sind fortan nicht wöchentlich, sondern monatlich in der vorgeschriebenen Weise aufzustellen und am ersten Montage des folgenden Monats dem Schulvorstande zu Händen des Lokalschulinspektors, bezw. der Schuldeputation einzureichen, welche gemäß § 23 d. V. die Eltern, Pfleger oder Dienstherren der in der Schulversäumnisliste aufgeführten Kinder im Laufe derselben Woche zur Angabe der etwaigen Entschuldigungsgründe vorzuladen haben. Durch diese Bestimmung erleiden die Formulare L, M, O insofern eine Abänderung, als in denselben statt der „Woche vom . . . . . . bis . . . . . ." der betreffende Monat zu setzen ist.

4. Die noch vorhandenen Vorräte von den bisher vorgeschriebenen bezw. im Gebrauch gewesenen Formularen können unter handschriftlicher Vornahme der vorgeschriebenen Abänderungen verbraucht werden.

Diese Nachtragsverordnung tritt von Michaelis d. J. ab in Kraft. (A.-Bl. S. 166.)

§ 118. Der regelmäßige Schulbesuch auf dem Lande.

Regulativ der Königl. Regierung zu Gumbinnen vom 29. April 1833.

Vielfältige Erfahrungen beweisen es, daß in betreff des Schulbesuchs und der Schulversäumnisse teils die bestehenden Verordnungen nicht gehörig beachtet worden und in Vergessenheit geraten, teils die veränderten Verhältnisse Ergänzung und Modifikation nötig machen; wir haben daher in der nachfolgenden Instruktion dasjenige zusammengefaßt, was in dieser Beziehung für die Landschulen unseres Departements zu beobachten ist und wollen, daß sowohl die Eltern, Dienstherren oder sonstige häuslichen Vorgesetzten der schulpflichtigen Jugend, als auch die betreffenden aufsichtsführenden und polizeilichen Behörden sich für die Zukunft genau darnach richten. Alle diejenigen Bestimmungen, welche bisher bestanden haben und durch gegenwärtige Instruktion nicht modifiziert worden, bleiben daneben in ihrer vollen Kraft und Gültigkeit.

1. Jedes Kind von dem vollendeten 6. bis zum vollendeten 14. Jahre soll eines regelmäßigen, vollständigen und genügenden Unterrichts genießen. Es heißt daher im weitern Sinne schulpflichtig.

7. Bei ungewöhnlichen Verhältnissen, welche sich infolge dessen ergeben können (z. B. durch gänzliche Lähmung, Blödsinn), macht das Landratsamt die betreffenden Kinder dem Pfarrer namhaft, welcher den Schullehrer autorisiert, diese Kinder durch ein Vermerk zunächst vom Schulbesuche auszuschließen.

8. Ein häuslicher Unterricht, welcher die Schule ersetzen soll, muß nachweisbar von der in § 1 bezeichneten Art sein. Ein solcher kann daher

1. von seiten der Eltern selbst nur dann erteilt werden, wenn dieselben
   a) die dazu erforderliche Kenntnis und Lehrgeschicklichkeit besitzen, und
   b) kein Geschäft treiben, welches sie hindert, den Unterricht regelmäßig und genügend zu erteilen,
2. von anderen Personen in der Regel nur dann, wenn dieselben durch die gesetzlichen Prüfungen ihre Befähigung zum Lehramte nachgewiesen haben und wenn sie kein anderes Geschäft daneben treiben.

Tritt der eine oder der andere dieser beiden Fälle vollständig ein, so sind die Kinder des betreffenden Hauses von der gewöhnlichen Schulkontrolle, so lange dieses Verhältnis dauert, ausgeschlossen.

9. Mehrere Familien dürfen sich zur Haltung eines gemeinschaftlichen Privatlehrers ohne ausdrückliche Genehmigung von unserer Seite nicht verbinden und unter der Angabe, daß sie solches gethan, ihre Kinder von der öffentlichen Volksschule zurückhalten. Jedenfalls darf ein Antrag dieser Art nur auf einen solchen Lehrer gerichtet sein, wie ihn § 8 Nr. 2 bezeichnet und es darf auch dann unsere Genehmigung nur unter besonders motivierten Umständen erwartet werden.

10. Alle Diejenigen in den Listen verzeichneten Kinder, auf welche die in §§ 7, 8 und 9 benannten Ausnahmen keine Anwendung leiden, bilden das lernende Schulpersonal und sind in betreff des Schulbesuchs vermittelst der Diarien regelmäßig und genau durch die Lehrer zu kontrollieren. Sie werden Schulkinder genannt. Diejenigen Kinder, welche den Unterricht auf eine der ad §§ 8 und 9 genannten Weise genießen (also auch die zu einer innerhalb der Sozietät bestehenden Interimsschule gehörigen) — wobei vorausgesetzt wird, daß diese von unserer Seite genehmigt worden, sind zwar im Diario mit aufzuführen; aber es ist dabei auf jedem Monatsblatt summarisch zu bemerken, daß ihre Schulversäumnis entschuldigt sei.

11. Der Schulunterricht wird das ganze Jahr hindurch täglich mit Ausnahme des Sonnabends und Sonntags und der gesetzlichen Ferien, in den dazu angeordneten Stunden für sämtliche Schulkinder erteilt.

12. Der Sonnabend ist zu den wöchentlichen Lehrerkonferenzen am Kirchorte bestimmt, welche pünktlich zu halten sind, und welche alle Lehrer wahrzunehmen haben.

13. Tritt der Fall ein, daß zur Zeit bei engem Schulraume wegen Überfüllung es angemessen scheint, die Schulkinder in zwei Coetus zu teilen und jeden derselben in besonderer Zeit zu unterrichten, so ist dazu unsere ausdrückliche Genehmigung und besondere Anweisung erforderlich.

15. Erfordern es ungewöhnliche und dringende Umstände, die Schule außer den genannten Ferien auszusetzen, so muß der betreffende Pfarrer dazu die Genehmigung des geistlichen Kreisschulinspektors nachsuchen. Ist die Zeit dazu zu kurz, so muß die nachherige Anzeige an denselben unverzüglich erfolgen. Betrifft das Gesuch ein Aussetzen der Schule über eine Woche, so ist unsere Bewilligung dazu erforderlich. Die Herren Superintendenten haben jährlich am 1. Oktober ein Verzeichnis derjenigen Gesuche und Anzeigen dieser Art, welche im Laufe des Jahres bei ihnen eingegangen und resp. von ihnen bewilligt worden sind, in tabellarischer Form nach den Kirchspielen und einzelnen Schulen bei uns einzureichen.

17. Jedes Schulkind ist verpflichtet an jedem Schultage während der ganzen Schulzeit den Unterricht von seinem Anfange bis zu seinem Schlusse wahrzunehmen. Die häuslichen Vorgesetzten (seien es nun die Eltern oder Pflegeeltern, Dienstherren, Lehrherren oder dergleichen) bleiben für jedes ihrerseits verschuldete Hindernis verantwortlich.

Kinder, welche zum Konfirmandenunterricht gehen, sind nur für die Tage, an welchem dieser ihnen erteilt wird, vom Schulbesuch dispensiert.

18. Ein geeigneter Grund, die Schule zu versäumen, findet nur statt bei eigener Krankheit des Kindes.

19. Wenn kleinere Kinder aus Ortschaften, welche vom Schulorte entfernt liegen, bei sehr bösem Wetter oder sehr bösem Wege die Schule versäumen, so gelten sie für entschuldigt.

20. Zu den kleineren Kindern sind in der Regel diejenigen zu rechnen, welche das volle 10. Jahr noch nicht erreicht haben.

21. Muß ein Kind wegen Krankheit die Schule versäumen, so haben die häuslichen Vorgesetzten sich zu bemühen, daß der Lehrer durch persönliche Anzeige oder auf andern Wege von der Ursache des Schulversäumnisses bald möglichst in Kenntnis gesetzt werde.

,22. Tritt der in § 19 bezeichnete Fall ein, so haben die größern Kinder, sobald sie in die Schule kommen, dem Lehrer anzuzeigen, daß die kleinern Kinder aus dem angeführten Grunde nicht kommen können. Findet der Lehrer nach Maßgabe des Wetters, Weges, der Entfernung, oder weil mehre kleinere Kinder desselben Orts wirklich zur Schule gekommen sind, Ursache, diesen Grund nicht für zureichend gelten zu lassen, so hat er dieses sowohl im Diario als in der nächsten einzureichenden Absentenliste zu bemerken.

23. Hat ein Kind aus den § 17 und 18 angegebenen Gründen die Schule versäumen müssen, so ist es verbunden, das erste mal, wenn es wieder zur Schule kommt, sich dem Lehrer unaufgefordert selbst vorzustellen und seine Entschuldigung persönlich anzugeben. Falsche Angabe wird als grobe Lüge bestraft und im Diario die Versäumnis als nicht entschuldigt vermerkt.

24. Alle Schulversäumnisse, welche nicht durch die in § 17 und 18 bezeichneten Umstände veranlaßt werden, heißen mutwillige und sind strafbar.

25. Mutwillige Schulversäumnisse einzelner Stunden, sowie das Zuspätkommen, fällt der Schuldisziplin anheim.

26. Jeder Lehrer ist verpflichtet, täglich in den gesetzlichen Stunden unverkürzt den Unterricht der anwesenden Kinder persönlich wahrzunehmen und darf die Schule außerhalb der gesetzlichen Ferien nicht eine Stunde, geschweige denn einen halben Tag versäumen.

28. Wird der Lehrer durch persönliche und bedeutende Krankheit genötigt, die Schule auszusetzen, so hat er davon unverzüglich dem Kreisschulaufseher Anzeige zu machen, und es treten dann die Bestimmungen des § 15 in Anwendung, so daß, wenn das Hindernis länger als eine Woche dauert, sogleich an uns zu berichten ist.

29. Beide Fälle, wie sie § 26 und 28 bezeichnet, sind in die § 15 angeordnete jährliche Nachweisung mit aufzunehmen.

30. Der Lehrer hat an jedem Schultage in dem Diario genau und gewissenhaft diejenigen Kinder zu notieren, welche die Schule nicht besucht haben, auch dabei zu bemerken, ob und wodurch die Schulversäumnis genügend

entschuldigt ist. Ob ein halber oder ein ganzer Tag versäumt ist, wird durch besondere Zeichen vermerkt.

31. Pünktlich nach dem Schlusse jeden Monats übergiebt der Lehrer als Auszug aus dem Diario ein genaues namentliches Verzeichnis derjenigen Kinder, welche die Schule ohne genügenden Grund versäumt haben, dem betreffenden Geistlichen. Darin müssen bei jedem Kinde die versäumten Tage oder halben Tage mit dem Datum angegeben und hieraus eine Summe (zwei halbe Tage für einen ganzen gerechnet) gezogen werden.

32. Hat in einem Monat etwa gar keine nicht entschuldigte Schulversäumnis stattgefunden, so hat der Lehrer dieses ebenfalls am Schlusse des Monats dem Schulinspektor schriftlich anzuzeigen.

34. Der Lehrer bemerkt jedesmal im Diario den Tag, an welchem die Liste eingereicht ist.

36. Die Vakatanzeigen sind in folgender Art abzufassen: „daß im ganzen Monate N. N. aus der Schulsozietät N. N. nach Ausweis des Diariums kein Kind die Schule ohne genügende Entschuldigung versäumt hat, bescheinigt hiermit".

(Datum der Übergabe.)
(Unterschrift.)

37. Von dem betreffenden Geistlichen wird erwartet, daß er die Eltern oder überhaupt die häuslichen Vorgesetzten der Kinder bei jeder Gelegenheit wiederholentlich auf die Wichtigkeit eines regelmäßigen Schulbesuchs hinweise und sie durch Ermahnungen zur Sorge für denselben anhalte, auch das Sträfliche einer Nachlässigkeit von ihrer Seite ihnen eindringlich und anschaulich mache.

49. Die Schulinspektoren haben die Schullehrer, es mögen dieselben an fundierten oder an sogenannten Interimsschulen den Unterricht erteilen, nach Inhalt dieser Verfügung genau zu informieren und zu instruieren, die Gemeinden in Kenntnis zu setzen und sich selbst genau darnach zu richten.

§ 119. Schulversäumnisse in Schlesien.

a. Ministerial-Erlaß vom 3. November 1873. N. 34603. (Ctrbl. 1874, S. 224).

Wir erklären uns mit Ew. Hochwohlgeboren einverstanden, daß das in den Regierungsbezirken Breslau und Oppeln in betreff der Ahndung der Schulversäumnisse noch bestehende Exekutivverfahren nicht ferner beizubehalten ist.

Es ist vielmehr Anordnung zu treffen, daß fortan in der ganzen Provinz wie bereis im Regierungsbezirk Liegnitz geschieht, die Schulversäumnisse als Übertretungen in dem durch das Gesetz vom 14. Mai 1853 (Ges.-S. S. 245) vorgeschriebenen Verfahren verfolgt werden. Mit dieser bereits in dem Erlasse vom 22. April d. J. als notwendig bezeichneten Änderung wird gleichzeitig die Strafe für Schulversäumnisse hinsichtlich der evangelischen Schulen durch Polizei-Verordnungen der betreffenden Regierung auf Grund des Gesetzes vom 11. März 1850 festgesetzt werden müssen, weil es für diese Schulen in der dortigen Provinz an einer ausreichenden Strafbestimmung fehlt, während eine solche für die katholischen Schulen in in dem § 39 des Schulreglements vom 18. Mai 1801 enthalten ist. Indem diese neuen Polizeiordnungen den generellen Bestimmungen des deutschen

Strafgesetzbuches angepaßt werden müssen, die erwähnte Strafbestimmung des gedachten Reglements hiegegen der Änderung auf gleiche Weise nicht unterliegt, weil dasselbe Gesetzeskraft hat, so wird allerdings in der beregten Beziehung ein sachlich nicht gerechtfertigter Unterschied zwischen den katholischen und evangelischen Schulen eintreten. Dieser Übelstand läßt sich bei der gegenwärtigen Lage der Gesetzgebung nicht vermeiden und wird erst durch das bevorstehende Unterrichtsgesetz seine Erledigung finden können.

Daß übrigens neben der Bestrafung der Eltern eine zwangsweise Gestellung der Kinder zur Förderung eines regelmäßigen Schulbesuchs zulässig erscheint, ist bereits in dem Erlasse vom 9. Juli 1872 — N. 21 119 — (Ctrbl. S. 570) ausgeführt.

§ 120. Instruktion über die Behandlung der Schulversäumnisse in den Elementarschulen des Regierungsbezirks Köln.

Verordnung der Königlichen Regierung zu Köln vom 26. Januar 1866. (Ctrbl. 1866, S. 434–36).

Der Herr Minister der geistlichen ꝛc. Angelegenheiten hat die unterm 6. Februar 1845 über das Verfahren bei Bestrafungen der Schulversäumnisse in den Elementarschulen der Rheinprovinz (Amtsbl. 1845 S. 11) erlassene Instruktion, nachdem die Verfügung den bezüglichen Geld- und Gefängnisstrafen infolge der Veränderung in der Gesetzgebung wieder als zum Ressort der Polizei-Gerichte gehörig betrachtet werden muß, durch Erlaß vom 4. Dezember 1865 außer Kraft gesetzt und gleichzeitig uns ermächtigt, für unsern Verwaltungsbezirk diejenigen Instruktionen wegen Verfolgung der Schulversäumnisse ergehen zu lassen, welche zur Herbeiführung und Überwachung der Regelmäßigkeit des Schulbesuchs, sowie zur Handhabung einer sichern Ordnung in Bezug auf die Versäumnisse notwendig sind.

Auf Grund dessen verordnen wir demnach wie folgt:

1. Längstens 14 Tage vor Beginn des neuen Schulsemesters hat die Ortspolizeibehörde eine vollständige Liste der im Schulbezirke lebenden Kinder von 5 bis 14 Jahren aufzustellen und dem betreffenden Schulvorstande zu übergeben.

Dieser bestimmt vor Beginn des Semesters mit Rücksicht auf etwaige Abgänge zu andern Schulen und auf die stattgefundenen Entlassungen, Dispensationen und Klassenversetzungen, welche Kinder zum Besuche der betreffenden Elementarschule resp. der einzelnen Schulklassen derselben verpflichtet bleiben. Das betreffende Lehrerpersonal hat dabei die von dem Schulvorstande etwa verlangte Hülfe zu leisten.

2. Die in solcher Weise festgestellte Liste der schulpflichtigen Kinder wird vom Schulvorstande dem betreffenden Lehrer übergeben und dient demselben mittels täglicher Kontrolle pünktlich zu führenden Versäumnislisten zur Grundlage. Der Bürgermeister hat zu diesem Zwecke jedem Lehrer in seiner Bürgermeisterei alljährlich aus Gemeindemitteln ein für zwei Schulsemester ausreichendes gedrucktes Formular zur Verfügung zu stellen, und der Lehrer hat in dasselbe die Namen sämtlicher zu seiner Schule resp. Schulklasse gehörigen Kinder einzutragen und daneben nach Tag und Monat alle vorkommenden Versäumnisse ohne Unterschied zu vermerken.

Diese Jahreslisten sind vom Lehrer sorgfältig aufzubewahren und am Schlusse jedes Schuljahres zum Schulinventar zu bringen.

3. Aus der Versäumnisliste (2.) hat der Lehrer am Samstage jeder Woche einen Auszug über die vorgekommenen Versäumnisse, unter Vermeidung aller willkürlichen Auslassungen anzufertigen und falls Entschuldigungsgründe (6.) in zuverlässiger Weise zu seiner Kenntnis gelangt sind, dieselben an betreffender Stelle anzuführen, resp. die beigebrachten schriftlichen Entschuldigungen beizufügen.

Diese Auszüge, für welche gleichfalls die erforderlichen gedruckten Formulare in hinreichender Anzahl aus Gemeindemitteln zu beschaffen sind, hat der Lehrer an demselben Tage dem Schulvorstande in der Person des Pfarrers persönlich zu überreichen, für den Fall aber, daß keine Versäumnisse vorliegen eine schriftliche Negativ-Anzeige zu machen.

Der Schulvorstand, resp. ein von ihm beauftragtes Mitglied hat jedesmal innerhalb der nächsten Woche die eingereichte Versäumnisliste sorgfältig zu prüfen, zu dem Ende die Eltern oder Vormünder derjenigen Kinder, deren Versäumnisse nicht bereits als genügend entschuldigt bescheinigt sind, in ihrer Rechtfertigung zu hören und darüber in der Liste das Erforderliche zu bemerken. Im ersten Falle, wo bei einer ungerechtfertigten Versäumnis sich nicht böser Wille als Ursache herausstellt, wird eine den Eltern oder Vormündern vom Schulvorstande (resp. dem Pfarrer oder sonstigen Beauftragten) zu erteilende ernste Mahnung genügen, um für die Folge den regelmäßigen Schulbesuch der betreffenden Kinder herbeizuführen. Im Wiederholungsfalle aber und wo sträfliche Widersetzlichkeit sich gleich anfangs kundgiebt, hat der Schulvorstand den betreffenden Fall dem Bürgermeister ohne Verzug zur Anzeige zu bringen, und dieser hat demnächst noch vor Ablauf der nächsten acht Tage die Eltern oder Vormünder auf sein Bureau vorzuladen und denselben daselbst eine protokollarische Verwarnung zu erteilen mit dem Bemerken, daß eine fernere ungerechtfertigte Versäumnis unnachsichtlich die gerichtliche Verfolgung nach sich ziehen werde.

5. Wer in einem der beiden vorstehend (4) gedachten Termine nicht erscheint, oder bei wem auch die protokollarische Verwarnung nicht fruchtet, der ist, unter Einreichung der bisherigen Verhandlungen von dem Bürgermeister dem betreffenden Polizeianwalte mit dem Antrage auf Bestrafung in Gemäßheit der Bestimmungen des § 1 der Allerh. Kabinets-Ordre vom 14. Mai 1825 und des § 33 des Ressort-Reglements vom 20. Juli 1818 zur Anzeige zu bringen. Dem Bürgermeister sind zu dem Ende die sämtlichen Auszüge aus den Versäumnislisten wöchentlich nach dem sie vom Schulvorstande gemäß 4 erledigt sind, zur weitern Veranlassung einzureichen, und dieser hat am Schlusse jedes Monats die dazu angethanen Fälle dem Polizeianwalt zu bezeichnen:

6. Schulversäumnisse können nur entschuldigt werden:

1. Durch schriftlichen Urlaub des Pfarrers oder dessen Stellvertreters. Wenn derselbe einem Schulkinde mehr als drei Tage Urlaub erteilt, so hat der Bürgermeister solches durch Vermittelung des Schulpflegers dem Landrate anzuzeigen und letzterer nach Befinden sich künftig die Genehmigung zu längern Urlaubsbewilligungen vorzubehalten.

2. Durch Krankheit des Schulkindes, von welcher dem betreffenden Lehrer sofort Anzeige zu machen ist, um denselben in den Stand zu setzen, erforderlichenfalls sich persönlich vom Thatbestande zu überzeugen.
3. Für Schulkinder, die über Land zur Schule gehen müssen durch ein Unwetter, welches nach vernünftigem Ermessen den Schulbesuch unmöglich machte, worüber die betreffende Notiz in den Versäumnislisten nicht fehlen darf.

7. Das in dieser Instruktion bezüglich der Lehrer Bestimmte, bezieht sich selbstredend ebenso auf die Lehrerinnen.

8. Bei Versäumnis des Religionsunterrichts, welchen der Geistliche den schulpflichtigen Kindern außer der Schulzeit erteilt, tritt dasselbe Verfahren ein und hat der Geistliche die Liste über die ohne Erlaubnis stattgefundenen Versäumnisse dem Bürgermeister zu der Zeit, wo auch die Schulversäumnisliste an diesen gelangt, zuzustellen.

9. Die Landräte führen unter Mitwirkung der Schulpfleger die Aufsicht über die Ausführung dieser Instruktion. Sie sind berechtigt, die Versäumnislisten einzufordern und Vernachlässigungen, welche sich die Lehrer, die Schulvorstände und die Bürgermeister dabei zu Schulden kommen lassen, mit Ordnungsstrafe bis zur Höhe von 9 M. zu rügen.

10. Für die Stadt Köln bleiben bezüglich der in dieser Instruktion den Bürgermeistern übertragenen Funktionen besondere Anordnungen vorbehalten, einstweilen sind diese Funktionen von den bis jetzt mit der Bestrafung der Schulversäumnisse beauftragt gewesenen Königlichen Polizei-Kommissarien wahrzunehmen.

§ 121. Bestrafung der Schulversäumnisse.

Verfügung der Königlichen Regierung zu Potsdam vom 8. Februar 1878. (Amtsbl. Stück 8.)

Es ist zur Kenntnis der Regierung gelangt, daß einzelne Amtsvorsteher bei Bestrafung der Schulversäumnisse noch die Regierungsverordnung vom 12. April 1834 (cfr. Amtsbl. S. 126 ff.) zur Anwendung bringen, nach welcher erst zehn im Laufe eines Monats versäumte halbe bezw. fünf ganze Schultage eine Bestrafung nach sich ziehen.

Es wird darauf hingewiesen, daß die gedachte Verordnung vom 12. April 1834 durch die neue Polizeiverordnung vom 12. Juli 1869 (cfr. Amtsbl. S. 193 ff.) aufgehoben worden ist, und daß die letztere schon die Versäumnis des Unterrichts in einzelnen Stunden für strafbar erklärt.

§ 122. Schulversäumnisse.

Regierungs-Verfügung, Potsdam, den 12. Juni 1869. (Brd. Schulbl. de 1870, S. 70) — cfr. Schul-Gesetzsammlung Theil I S. 60, Nr. 118a. §§ 1—3.

Zur Ergänzung der über die Schulpflichtigkeit der Kinder und die Bestrafung der Schulversäumnisse schulfähiger Kinder erlassenen Verordnungen bestimmt die Regierung auf Grund des § 11 des Gesetzes über die Polizeiverordnung vom 11. März 1850 (Ges.-S. S. 265) folgendes:

§ 1. Alle Kinder müssen, sobald sie in die Schule aufgenommen worden sind, diese bis zu ihrer Entlassung aus derselben fortgesetzt und regelmäßig besuchen. — Die Schulpflichtigkeit der Kinder erstreckt sich auf den gesamten Unterricht, der durch die Schule erteilt wird und dessen Besuch nicht ausdrücklich in das freie Ermessen der Eltern gestellt wird. Schulpflichtig bleibt jedes Kind, bis dasselbe nach den dafür bestehenden Vorschriften aus der Schule entlassen ist.

§ 4. Entschuldigt werden Schulversäumnisse nur: 1) durch Krankheit des Kindes, diese muß jedoch von den Eltern oder deren Vertretern sofort und binnen längstens zwei Tagen dem Lehrer angezeigt werden, damit sich derselbe von der Sachlage selbst überzeugen kann; 2) durch zeitweise Entbindung der Kinder vom Unterricht, wenn besonders dringende Gründe dies geboten erscheinen lassen; dieselbe kann auf die Dauer von 14 Tagen an Schulen, denen mit besonderer Instruktion versehene Rektoren vorstehen, durch diese, an den anderen Schulen durch den Lokalschulinspektor erfolgen und muß stets schriftlich erteilt werden; wird sie für längere Zeit erfordert, so entscheidet der Kreisschulinspektor nach Anhörung der Ortsschuldeputation resp. des Schulvorstandes; 3) wenn Kinder nicht am Orte der Schule wohnen und durch Unwetter vom Besuch der Schule zurückgehalten werden; das Urteil des Lehrers über den Sachverhalt muß in jedem solchen Falle in der Versäumnisliste bemerkt werden.

§ 5. Eltern und deren gesetzliche Vertreter (Pfleger, Dienstherren) müssen für den regelmäßigen Schulbesuch seitens der zu ihrer Familie gehörigen Kinder Sorge tragen und sind wegen der unentschuldigten Schulversäumnisse ihrer Kinder verantwortlich. Die Schuldeputationen und Schulvorstände sind daher berechtigt und verpflichtet, Eltern, deren Kinder die Schule versäumen, an die Erfüllung jener ihrer Pflicht nachdrücklich zu mahnen, und sie ernstlich zu verwarnen, und es darf hierbei in den Fällen bewenden, in denen die Ortsschulvorstände (Deputationen) nach ihrer gewissenhaften Überzeugung strengere Maßnahmen zur Erzielung eines regelmäßigen Schulbesuchs der schulsäumig gewesenen Kinder nicht für erforderlich erachten. Wo dies nicht der Fall ist, namentlich also, wo sich Ermahnungen und Verwarnungen bereits als nutzlos erwiesen haben oder zurückgewiesen worden sind, müssen die Schulvorstände (Deputationen) die Schulversäumnisse der Ortspolizeibehörde zur Bestrafung anzeigen. Dies geschieht durch Übersendung der beiden Exemplare der von dem Lehrer eingereichten Schulversäumnislisten, wobei die für entschuldigt erachteten oder durch Verwarnung erledigten Schulversäumnisfälle in der letzten Kolumne hervorzuheben und in der vorhergehenden zugleich etwaige, für die Abmessung der Strafe wesentliche Momente, wie namentlich frühere Versäumnisse desselben Kindes, besonders zu bemerken sind. Jene Verwarnung der Eltern resp. die Requisition der Polizeibehörde muß innerhalb 8 Tagen nach der durch den Lehrer geschehenen Überreichung der Versäumnisliste erfolgen.

§ 6. Die gegen die Eltern, bezüglich deren Vertreter, festzusetzende Strafe für die im Laufe der Tage, für welche die Schulversäumnisliste aufgestellt ist (§ 3 dieser Verordnung), vorgekommenen Schulversäumnisse eines Kindes besteht in Geldbuße von 5 Sgr. bis 5 Thlrn.; und im Unvermögensfalle in verhältnismäßiger Gefängnisstrafe. Die niedrigste, in der Verordnung vom 12. April 1834 (Amtsbl. S. 132) für die Versäumnis einer Schulwoche normirte Strafe von 5 Sgr. findet künftighin jedoch nur da Anwendung, wo es sich um die Versäumnis des Unterrichts in einzelnen Stunden oder höchstens an ein bis zwei Tagen handelt. In allen übrigen Fällen tritt eine angemessene Erhöhung der Strafe nach dem freien Ermessen der Polizeiobrigkeit, bezüglich des Richters ein. Die vorstehend für Schulversäumnisse der Kinder festgesetzte Strafe trifft die Eltern oder deren Vertreter auch dann, wenn sie 1) die rechtzeitige Anzeige von dem Kranksein ihrer schulpflichtigen Kinder an den Lehrer derselben versäumen (§ 4 sub 1); 2) ihre schulpflichtigen Kinder der Schule ihres Wohnsitzes entnehmen, um sie an einem andern Orte in Arbeit und Dienst zu geben, und hiervon nicht dem Lokalschulinspektor der bisher von den Kindern besuchten Schule binnen 3 Tage Anzeige machen und den Nachweis führen, daß ihre Kinder in einer andern Schule aufgenommen sind. Treten in diesem Falle schulpflichtige Kinder in den Hausstand einer Familie ein, so haftet das Haupt der letztern für den regelmäßigen Schulbesuch am Orte des Dienstes; andernfalls bleiben die Eltern dafür verhaftet. (Verordnung vom 12. April 1834 sub 8 und 13 b). Strafbare Fälle dieser Art sind den Ortspolizeibehörden von den Lokalschulbehörden zur Verfolgung anzuzeigen.

§ 7. Die Festsetzung und event. die Vollstreckung der Schulversäumnisstrafen erfolgt künftighin in jedem Falle durch die Ortspolizei-Behörden nach Maßgabe der Bestimmungen des Gesetzes über die vorläufige Straffestsetzung wegen Übertretungen vom 14. Mai 1852 (Ges.-S. S. 245). Die Insinuation des Strafmandats an die Eltern oder deren Vertreter muß so beschleunigt werden, daß dieselbe, wenn möglich binnen 14 Tagen nach Eingang der Requisition der Schulvertretung bewirkt ist, und binnen gleicher Frist der letzteren das eine Exemplar der Schulversäumnisliste, nachdem in der letzten Kolumne derselben die einzelnen festgesetzten Strafen vermerkt worden, zurückgegeben werden kann.

§ 8. Die Schulversäumnisstrafen fließen, wo dies bisher geschehen, zu den Ortsschulkassen (pos. 17 der Verordnung vom 12. April 1834 und § 1 alin. 2 des Gesetzes vom 26. März 1856, betreffend die Nutzungen und Lasten aus der vorläufigen Straffestsetzung wegen Übertretungen (Ges.-S. S. 225). Die Ortspolizei-Behörden haben für deren Abführung, und zwar nötigenfalls durch exekutivische Beitreibung, Sorge zu tragen, und die Schuldeputationen resp. Schulvorstände mit den erforderlichen Notizen und Belägen zur ordnungsmäßigen Kassenführung zu versehen.

In Fällen, in denen eine Einwirkung der Eltern oder deren Vertreter auf die Kinder zur Erzielung eines regelmäßigen Schulbesuchs nicht zu erwarten ist oder sich als fruchtlos erweist, haben die Ortspolizei-Behörden auf Requisition der Schuldeputation resp. Schulvorstände die Kinder nötigenfalls so lange, bis sie sich bessern, täglich durch ihr Organe zur Schule führen zu lassen.

§ 10. Arbeitgeber, Handwerksmeister und Dienstherren, welche schulpflichtige, nicht zu ihrer eigenen Familie gehörige Kinder während der Schulzeit beschäftigen oder die Beschäftigung solcher Kinder durch ihre Gesellen und Arbeiter in ihrem Dienste dulden, sollen, wenn die Kinder nicht vom Unterricht, gemäß § 4, Nr. 2 dieser Verordnung dispensiert worden sind, mit Geldbuße von 1 bis 5 Thlrn. für jedes beschäftigte Kind, sowie im Unvermögensfalle mit verhältnismäßigem Gefängnis bestraft werden. Die Ortspolizeibehörden, die Schuldeputationen und Schulvorstände haben darüber zu wachen, daß, wenn solche Übertretungen vorkommen, dieselben nicht ungeahndet bleiben.

§ 11. Glauben Lokalschulbehörden in der Sicherung eines regelmäßigen Schulbesuchs durch die Handhabung dieser Verordnung seitens der Ortspolizeibehörden nicht hinreichend unterstützt zu werden, so haben sie zunächst Abhülfe bei den Kreislandräten, denen die Fürsorge für die energische Durchführung vorstehender Bestimmungen obliegt, zu suchen.

§ 12. Alle dieser Verordnung entgegenstehenden Bestimmungen der Verordnung vom 12. April 1834, sowie der hierzu ergangenen späteren Verfügungen, insbesondere der vom 14. März 1843 (Amtsbl. S. 64), werden hiedurch aufgehoben. Ferner tritt diese Verordnung an die Stelle der Bestimmungen im § 6 sub a. und b. und im § 7 der Verordnung vom 11. Januar 1847 (Amtsbl. S. 28), betreffend den Schulbesuch der zum Viehhüten gebrauchten Kinder, welche in ihrem übrigen Inhalte durch vorstehende Bestimmungen nicht aufgehoben wird. Insoweit in anderen Verordnungen, insbesondere in der vom 30. Mai 1852 (Amtsbl. S. 214), betreffend die Beaufsichtigung der in den Torfstichen arbeitenden Schulkinder, auf die Verfügung vom 12. April 1834 Bezug genommen ist, kommen künftighin auch hier die bezüglichen Bestimmungen dieser Verordnung zur Anwendung.

§ 123. Schulversäumnisse im Regierungsbezirk Kassel.

Regierungsverfügung vom 31. Oktober 1877. (Pr. Lehrer-Ztg. Nr. 20.)

Wenngleich in der Zirkularverfügung vom 12. November 1874, Nr. 144B. eine ausdrückliche Bestimmung darüber nicht gegeben ist, und wenngleich nach der dort bestehenden Praxis in den monatlichen Schulsitzungen die Schulversäumnisse geprüft werden, so wird es doch für erforderlich gehalten, daß, wie dies auch anderwärts geschieht, der Lokalschulinspektor von den von ihm ausgehenden Urlaubserteilungen an Schulkinder dem betreffenden Lehrer Mitteilung zugehen läßt, damit letzterer in Stand gesetzt wird, den Grund der Schulversäumnis zu beurteilen. Nicht minder muß es als zweckmäßig beurteilt werden, daß vor Erteilung des bei dem Lokalschulinspektor nachzusuchenden Urlaubs an Schulkinder dem Lehrer zur gutachtlichen Äußerung Gelegenheit gegeben werde.

§ 124. Behandlung der Schulversäumnisse in Schleswig.

Verfügung der Königl. Regierung zu Schleswig, vom 13. Februar 1869. (Ctrbl. 1869, S. 248—249.)

Es wird folgendes Verfahren zur Herbeiführung der Bestrafung der Schulversäumnisse hiermit angeordnet: Die Schullehrer haben am 1. Sonntag jeden Monats eine aus dem Schulprotokoll extrahierte Liste, in welcher alle in dem letztverflossenen Monat vorgekommenen Schulversäumnisse mit den nötigen Bemerkungen verzeichnet sein müssen, dem Schulinspektor einzuhändigen event. demselben anzuzeigen, daß keine Schulversäumnisse vorgekommen sind.

Der Schulinspektor hat sodann vor dem zweiten Sonntag jeden Monats die von den Lehrern eingereichten Schulversäumnislisten, nachdem er in einer desfalls einzurichtenden Rubrik bemerkt hat, welche der angezeigten Schulversäumnisse nach seinem Erachten als strafwürdig erscheinen, ob die betreffenden ermahnt sind, sowie ob und wie oft bereits Schulversäumnisse derselben Kinder bestraft worden sind, die der Ortspolizeibehörde zuzustellen.

Von letzterer ist nach Maßgabe des Gesetzes vom 14. Mai 1852, betreffend die vorläufige Straffestsetzung wegen Übertretungen zu verfahren und das Resultat des Verfahrens in einer desfalls einzurichtenden fernern Rubrik der bald thunlichst dem Schulinspektor zu remittierenden Schulversäumnislisten einzutragen.

Als Strafmaß sind die in jenem Distrikt oder Ort herkömmlichen Straffsätze festzuhalten, so weit nicht, wie in den Distrikten des Herzogtums Schleswig, in denen das dänische Schulgesetz vom 29. Juli 1814 gilt, bestimmte Strafen gesetzlich angeordnet sind.

Die von der Polizeibehörde zurückgesandten Listen sind vom Schulinspektor vierteljährlich den Kirchenvisitatoren resp. in den Städten den Schulkollegien mitzuteilen und von diesen nach genommener Einsicht dem Schulinspektor zu remittieren, welcher sie im Archiv aufzubewahren hat.

Sofern gegen die Anwendung des vorstehend bezeichneten Verfahrens in einzelnen Distrikten oder Orten der Provinz aus besondern Gründen Bedenken obwalten sollten, haben die Schulaufsichtsbehörden desfalls an die Regierung zu berichten. Andernfalls ist das angegebene Verfahren künftig zu beobachten und haben die Kirchenvisitatoren in ihren an die Regierung zu erstattenden Visitationsberichten über das Resultat und die Wirkungen desselben Bericht zu erstatten.

3. Die von den Polizeibehörden auf Grund des genannten Gesetzes festgesetzten Schulversäumnisbruchgelder, soweit diese bisher für Königliche Kasse zu erheben waren und nicht regulativmäßig oder herkömmlich in einzelnen Distrikten oder Orten schon bisher anderen Kassen, insonderheit den Schulkassen, zugeflossen sind, fallen künftig den betreffenden Polizeikassen zu. Hinsichtlich der desfalls für nötig zu erachtenden Kontrollmaßregeln haben die Landräte ihres Kreises das Erforderliche zu veranlassen.

§ 125. Instruktion über die Behandlung der Schulversäumnisse in den Elementarschulen des Regierungsbezirks Düsseldorf

vom 13. Februar 1874. I. V. A. 330. (Giebe, S. 224 ff.)

Indem wir die früher geltenden Instruktionen hierdurch aufheben, treffen wir an deren Stelle folgende vom 1. April ab in unserem ganzen Regierungsbezirk zur Geltung zu bringenden Bestimmungen.

1. Längstens 14 Tage vor Beginn jedes neuen Schuljahres, mit welchem die nach Nr. 5 unserer Zirkularverfügung vom 28. März pr. I. V. A. 2138 — jährlich nur einmalige Aufnahme neuer ins schulpflichtige Alter getretener Kinder erfolgen soll, hat die Ortspolizeibehörde eine vollständige Liste der im Schulbezirk lebenden Kinder von 5 bis 14 Jahren aufzustellen und dem betreffenden Schulvorstande zu übergeben.

Dieser bestimmt vor Beginn des Schuljahres, mit Rücksicht auf etwaige Abgänge zu andern Schulen und auf die stattgefundenen Entlassungen, Dispensationen und Klassenversetzungen, welche Kinder zum Besuche der betreffenden Elementarschule resp. der einzelnen Schulklassen derselben verpflichtet bleiben.

Das betreffende Lehrerpersonal hat dabei, unter Beachtung unserer die Funktionen des Hauptlehrers betreffenden Zirkularverfügung vom 3. v. Mts. — I. V. A. 9354 — die von dem Schulvorstande etwa verlangte Hülfe zu leisten.

Die in solcher Weise festgestellte Liste der schulpflichtigen Kinder wird vom Schulvorstande dem betreffenden Lehrer ebenfalls die Beachtung der vorstehend in Bezug genommene Zirkularverfügung, übergeben und dient demselben bei der mittelst täglicher Kontrolle pünktlich zu führenden Versäumnisliste zur Grundlage.

Der Bürgermeister hat zu diesem Zweck jedem Lehrer in seiner Bürgermeisterei alljährlich aus Gemeindemitteln ein für zwei Schulsemester ausreichendes gedrucktes Formular*) nach dem beifolgenden Muster A. zu stellen.

Der Lehrer hat in dasselbe die Namen sämtlicher zu seiner Schule resp. Klasse gehörenden Kinder einzutragen und daneben nach Tag und Monat alle vorkommenden Versäumnisse ohne Unterschied zu vermerken, und zwar unabänderlich wie folgt:

I. Die unentschuldigte Abwesenheit:

a. während der ganzen täglichen Unterrichtszeit durch zwei sich kreuzende Striche (X).

b. während der halben täglichen Unterrichtszeit durch einen schrägen Strich (/) in der Tageskolonne;

c. Bruchteile der versäumten täglichen Unterrichtszeit sind als 1/3, 1/4 und / f in der Tageskolonne zu vermerken.

II. Die entschuldigte Abwesenheit ist zu bezeichnen:

a. wenn sie wegen ausdrücklich angezeigten oder dem Lehrer auf andere Art zuverlässig bekannt gewordener Krankheit stattfindet mit dem Buchstaben k in der Tageskolonne für die ganze, mit $\frac{k}{2}$ für die halbe, mit $\frac{k}{3}$ und / f für Bruchteile der täglichen Unterrichtszeit;

b. wenn sie mit vorschriftsmäßig erteilter Dispensation stattfindet durch den Buchstaben d in Tageskolonnen für die ganze, durch d/2, d/3 und / f. für halbe oder Bruchteile der täglichen Unterrichtszeit;

c. wenn sie wegen Unwetters oder anderer unter § 7 sub 3 dieser Instruktion näher bezeichneten Ursachen stattgefunden hat, mit einer durchstrichenen Null. Die jedesmalige Veranlassung dieser entschuldigten Abwesenheit ist als „Bemerkung an geeignetem Orte der Liste näher anzugeben.

Die vorstehend vorgeschriebenen Zeichen dürfen nicht mit Bleistift, sondern müssen mit Tinte gemacht werden, da die amtlich geführte Schulbesuchsliste erforderlichenfalls auch als Beweismittel vor dem Richter zur Geltung gebracht werden muß.

Die Anwesenheit wird in der Tageskolonne nicht bezeichnet, so daß alle darin ohne Zeichen gebliebenen Stellen die Anwesenheit der betreffenden Kinder während der ganzen Unterrichtszeit bedeuten.

---

*) Erfolgt die Unterhaltung der Schule durch eine Schulsozietät, so hat diese die Kosten für die Formulare zu bestreiten. Verf. v. 27. Mai 1874.

Die hiernach zu führenden Listen sind von dem Lehrer jeder Schule resp. Schulklasse aufzubewahren und am Schlusse jedes Schuljahres zum Schulinventar zu bringen.

3. Aus der Versäumnisliste hat der Lehrer am Samstage jeder Woche einen zweifachen Auszug*) über die bei dem zum obligatorischen Unterrichte gehörigen Gegenstände vorgekommenen Versäumnisse — ohne Unterschied der Veranlassung derselben — anzufertigen und falls Entschuldigungsgründe in zuverlässiger Weise zu seiner Kenntnis gelangt sind, dieselben an betreffender Stelle anzuführen, resp. die eingebrachten schriftlichen Entschuldigungen und Dispensationen beizufügen.

Von diesen Auszügen, für welche gleichfalls die erforderlichen gedruckten Formulare nach dem beifolgenden Muster B in hinreichender Zahl aus Gemeindemitteln zu beschaffen sind, hat der Lehrer an demselben Tage ein Exemplar dem Schulvorstande in der Person des Vorsitzenden, für den Fall aber, daß kein Versäumnis vorliegt, eine schriftliche Negativanzeige zu machen.

4. Der Schulvorstand, resp. ein von ihm damit beauftragtes Mitglied desselben prüft die ihm vorliegende Versäumnisliste und teilt sie am Montage der nächsten Woche dem Bürgermeister mit.

5. Nachdem die Mitteilung erfolgt oder die dafür bestimmte Frist ohne Mitteilung abgelaufen ist, hat der Bürgermeister vor Ablauf derselben Woche die Eltern oder Vormünder derjenigen Kinder, deren Versäumnisse nicht als entschuldigt zu erachten sind, auf sein Bureau oder auf ein näher gelegenes Gemeindehaus vorzuladen und denselben eine protokollarische Verwarnung mit dem Bemerken zu erteilen, daß eine fernere ungerechtfertigte Versäumnis unnachsichtlich die gerichtliche Verfolgung nach sich ziehen werde.

6. Wer in dem vorgedachten Termine nicht erscheint oder bereits innerhalb der letzten drei Monate ohne Erfolg verwarnt worden ist, der ist unter Einreichung der bisherigen Verhandlungen von dem Bürgermeister dem betreffenden Polizeianwalt mit dem Auftrage auf Bestrafung sofort zur Anzeige zu bringen.

7. Schulversäumnisse können nur entschuldigt werden:

1. durch den schriftlichen Nachweis der gehörig erfolgten Beurlaubung resp. Dispensation;
2. durch Krankheit des Schulkindes, von welcher dem betreffenden Lehrer sofort Anzeige zu machen ist, um denselben in den Stand zu setzen, erforderlichenfalls sich persönlich vom Thatbestand zu überzeugen;
3. für Schulkinder, die übers Land zur Schule gehen müssen, durch Naturbegebenheiten oder sonstige unabwendbare Hindernisse, welche nach vernünftigem Ermessen den Schulbesuch unmöglich machen, worüber die betreffende Notiz in den Schulversäumnissen nicht fehlen darf.

8. Bei Versäumnis des Religionsunterrichts, welchen der Geistliche den schulpflichtigen Kindern zufolge der seitens der zuständigen Behörde getroffenen Anordnung außer der Schule erteilt, tritt, sofern dieser Unterricht zu dem in den Elementarschulen zu erteilenden obligatorischen Religions-

*) Durch Ministerial-Erlaß vom 13. Januar 1878 ist von der doppelten Ausstellung der Schulversäumnislisten abzusehen.

unterricht gehört, dasselbe Verfahren ein, und hat der Geistliche die Liste über die ohne Erlaubnis stattgefundenen Versäumnisse dem Bürgermeister am Samstage jeder Woche zuzustellen.

9. Die Landräte führen, unter Mitwirkung der Schulinspektoren, die Aufsicht über die Ausführung dieser Instruktion.

Sie sind berechtigt, die Versäumnislisten einzufordetn und Vernachlässigungen, welche sich die Lehrer, Schulvorstände und Bürgermeister dabei zu Schulden kommen lassen, mit einer Ordnungsstrafe bis zur Höhe von 9 Mark zu rügen.

§ 126. Verfahren bei Feststellung und Verfolgung ungerechtfertigter Schulversäumnisse.

Verordnung des Oberpräsidenten von Westpreußen*) publiziert von der Königlichen Regierung zu Danzig unterm 3. Januar 1881 (Amtsbl. Nr. 3) und von der Königlichen Regierung zu Marienwerder unterm 22. Dezember 1880 (Amtsbl. pro 1881 Nr. 2).

4. Auf Grund des Schülerverzeichnisses hat jeder Lehrer bezw. erste Lehrer oder Hauptlehrer eine Absentenliste (Formular D) nach dem beigefügten Formulare aufzustellen, in welcher die Versäumnis eines halben Schultages durch einen von rechts nach links gezogenen schrägen Strich und die Versäumnis eines ganzen Tages durch ein Kreuz bezeichnet wird, während bei einem durch Krankheit veranlaßten Ausbleiben ein K, bei Beurlaubungen ein B einzutragen ist.

Sonst angebrachte Entschuldigungsgründe sind in der Spalte „Bemerkungen" anzugeben.

5. Bei der Verzeichnung der Schulversäumnisse gilt der Vormittagsunterricht wie der Nachmittagsunterricht für einen halben Tag. Findet aber an einem Tage nur Vormittagsunterricht statt, so gilt das Wegbleiben aus demselben für die Versäumnis eines ganzen Schultages.

Wenn Halbtagsschulen eingerichtet sind, so gilt die jeder Abteilung zugewiesene Zeit als ganzer Schultag. Die gleiche Regel ist in den Fällen anzuwenden, wo ein besonderer Unterricht für Hütekinder eingerichtet ist, so daß die Versäumnis der für den Unterricht bestimmten Stunden als Versäumnis eines ganzen Schultages gerechnet wird.

6. In dringenden Fällen ist der Lehrer, bei mehrklassigen der erste oder Hauptlehrer ermächtigt, einzelne Schüler bis zu zwei Schultagen zu beurlauben, wenn Umstände vorliegen, welche es nicht gestatten, den Urlaub bei dem Lokalschulinspektor nachzusuchen.

7. Unmittelbar nach Ablauf eines jeden Monats hat der Lehrer eine Schulversäumnisliste (Formular E) nach dem anliegenden Formulare anzustellen, in welcher alle Versäumnisse des verflossenen Monats unter Angabe der etwaigen Entschuldigungsgründe aufzuführen sind.

Nur die Schulversäumnisse der noch nicht sechs Jahre alten Kinder sind wegzulassen.

Als Rückfälle sind nur die betreffenden Schulversäumnisse des laufenden Schuljahres aufzuführen.

---

*) cfr. § 12.

Bei mehrklassigen Schulen sind die Versäumnislisten für jede Klasse von den betreffenden Klassenlehrern anzufertigen und dem ersten oder Hauptlehrer zu übergeben.

Die Versäumnislisten sind bis zum 3. jeden Monats an den Schulvorstand zu Händen des Lokalschulinspektors bezw. an die Schuldeputation abzuliefern und dies in der Jahresnachweisung zu vermerken. (Formular F.)

8. Die Schulvorstände bezw. Schuldeputationen haben die Eltern, Pfleger oder Dienstherren derjenigen schulpflichtigen Kinder, welche ohne Erlaubnis des Lokalschulinspektors oder des Lehrers die Schule versäumt haben, zu einem Termine in der ersten Hälfte jeden Monats zur Angabe der Entschuldigungsgründe mit der Verwarnung vorzuladen, daß im Falle ihres Ausbleibens angenommen werde, sie hätten zur Sache nichts anzuführen.

Zeit und Ort dieser Termine sind von dem Schulvorstande, bezw. der Schuldeputation für jeden Gemeinde- und Gutsbezirk ein für alle Mal zu bestimmen und vor dem Beginn eines jeden Schuljahres in ortsüblicher Weise bekannt zu machen. Die Entschuldigungsgründe werden von einem Bevollmächtigten des Schulvorstandes bezw. der Schuldeputation entgegengenommen. Die Bevollmächtigten haben die von ihnen als entschuldigt befundenen Schulversäumnisse in der Versäumnisliste Spalte „Bemerkungen" unter Angabe der Entschuldigungsgründe zu vermerken.

Glaubt der Lokalschulinspektor die von den Bevollmächtigten angenommenen Entschuldigungsgründe nicht anerkennen zu können, so bleibt ihm überlassen, die Entscheidung des Schulvorstandes einzuholen.

In gleicher Weise haben die Schuldeputationen über die Annahme der Entschuldigungsgründe zu befinden.

9. Nach fruchtloser Ermahnung ist von dem Lokalschulinspektor bezw. der Stadtschuldeputation die Versäumnisstrafe in Antrag zu bringen.

Die als entschuldigt angenommenen Schulversäumnisse sind in der Liste zu streichen, und ist die Letztere demnächst an die Ortspolizeibehörde (Amtsvorsteher, Stadtpolizeiverwaltung, Königliche Polizeidirektion) abzugeben.

10. Die zur vorläufigen Straffestsetzung befugten Beamten oder Behörden haben die Strafen nach den Bestimmungen des Gesetzes vom 14. Mai 1852 bezw. des die Ausführung dieses Gesetzes betreffenden Reglements vom 30. September 1852 und § 453 ff. der Strafprozeßordnung vom 1. Februar 1877 festzusetzen bezw. die Einziehung der festgesetzten Strafen oder die Vollstreckung der substituierten Haft zu betreiben.

Wird in einzelnen Fällen den Anträgen keine Folge gegeben, so ist die beantragende Behörde hiervon sogleich zu benachrichtigen, damit dieselbe in geeigneten Fällen in den Stand gesetzt wird, bei der vorgesetzten Behörde Beschwerde zu führen.

11. Die eingezogenen Strafen sind an den Rendanten der Ortsschulkasse der Regel nach in längstens 8 Wochen abzuführen.

Die Schulversäumnisliste ist nach Ausfüllung der Spalten 9—13 an den Lokalschulinspektor bezw. an die Schuldeputation abzugeben, welche dieselbe nach Kenntnisnahme an den Rendanten der Schulkasse als Belag für die zu vereinnahmende Schulstrafe gelangen zu lassen hat.

Die Rendanten sind verpflichtet, die Versäumnislisten wie die übrigen Rechnungsbelege aufzubewahren.

12. In denjenigen Fällen, in welchen auf gerichtliche Entscheidung angetragen ist, liegt es der Behörde, welche den Strafantrag gestellt hat, ob, event. durch Ersuchen des betreffenden Gerichtes den Abschluß der Sache festzustellen und die Abführung der erkannten und beigetriebenen Strafe zu erwirken.

13. Die Kosten, welche aus der Verwendung der in den vorstehenden Bestimmungen bezeichneten Formulare erwachsen, werden von den Ortsschulkassen bezw. Kämmereikassen bestritten.

Anweisung für die Unternehmer von Privatanstalten.

14. Die Unternehmer von Privatunterrichtsanstalten sind verpflichtet:

1. Die § 4 vorgeschriebene Absentenliste zu führen,
2. vierteljährlich dem Lokalschulinspektor, bezw. in Städten der Stadtschuldeputation ein Verzeichnis der aufgenommenen und im vergangenen Quartale entlassenen Schüler einzureichen. Bei den entlassenen Schülern ist anzugeben, ob und in welche andere Schule dieselben übergetreten sind.

Formular D.

(Titelblatt.)

Absentenliste der Schule zu . . . . für die Woche vom . . . . . bis . . .

1.	2.	3.	4.			5.						6.			7.
Laufende Nr.	Nr. des Schulverzeichnisses.	Vor- und Zuname des Kindes.	Datum der Geburt.			Monat						Summe.	Entschuldigt.	Rückfälle.	Bemerkungen.
			Tag.	Mon.	Jahr.	1.	2.	3.	4.	bis	31.				

Formular E.

(Titelblatt.)

Schulversäumnisliste für die Schule zu . . . . für den Monat . . . . . .

Ich bescheinige hierdurch amtlich die richtige und ordnungsmäßige Führung der Absentenliste.

. . . . den . . ten . . . .

N. N.

Lehrer.

Strafantrag

des Schulvorstandes (der Schuldeputation) wegen der Schulversäumnisse in der Schule . . . . für den Monat . . . .

Die Bestrafung wird auf Grund des § 4 der Schulordnung vom 11. Dezember 1845 und dieser Liste, deren Richtigkeit der bescheinigende Lehrer vertreten wird, beantragt.

Die Geldstrafen fließen in die Schulkasse und ersuchen wir daher, dieselbe an den Rendanten . . . . nach erfolgter Beitreibung abzuführen.

. . . . den . . ten . . . .

Der Schulvorstand (die Schuldeputation).

N. N.

An

den . . . .

. . . .

Formular F.

Nachweisung der Schulversäumnislisten des Lehrers . . . . zu . . . .
pro 18 . . .

Lauf. Nr.	Bezeichnung des Zeitraumes.	Datum der Einreichung der Liste.	Zahl der aufgeführten Schüler.	Zahl der versäumten Tage.	Bemerkungen.

VI. Ferien.

§ 127. Sommer- und Herbstferien bei den Volksschulen in der Provinz Preußen.

Ministerial-Reskript, Berlin, den 7. April 1873. U 19328. (Ctrbl. S. 357, Nr. 182.)

Eine völlige Gleichmäßigkeit hinsichtlich der Sommer- und Herbstferien bei den Volksschulen der Provinz herbeizuführen, erscheint insofern nicht durchgängig erforderlich, als sich nicht überall bei der bisherigen Praxis Übelstände bemerklich gemacht haben. Bei den abweichenden örtlichen Verhältnissen in den einzelnen Bezirken würde sie auch nicht unbedenklich sein.

Nach einigen Seiten hin ist jedoch eine Regulierung der Sache notwendig und wird bestimmt, daß die Sommer- und Herbstferien in keinem Regierungsbezirk länger als zusammen sechs Wochen dauern dürfen. Ob aber die für die Getreideernte bestimmten Sommerferien vier Wochen und die für die Kartoffelernte bestimmten Herbstferien zwei Wochen, oder jene wie diese drei Wochen dauern sollen, darüber zu bestimmen wird der Königlichen Regierung überlassen.

Notwendig erscheint ferner, daß für die Sommerferien ein Anfangstermin von jeder Bezirks-Regierung festgestellt werde. Wo dies bereits geschehen ist, kann es hierbei verbleiben. Ausnahmsweise soll aber auch hier eine Verlegung des Anfangstermins gestattet sein, wenn dies besondere Umstände erforderlich machen. Die Bestimmung haben alsdann die Landräte im Verein mit den Kreisschulinspektoren zu treffen.

Für die Herbstferien ist bisher von keiner der Bezirks-Regierungen ein Anfangstermin festgesetzt worden und kann es bei der in jedem Bezirk bisher geübten Praxis, welche mit Rücksicht auf die schon in kleineren Kreisen vorhandene Verschiedenheit der örtlichen, wirtschaftlichen und klimatischen Verhältnisse für eine individuelle Behandlung der Sache Raum läßt, sein Bewenden behalten. Nur wird nirgends den Lokalschulinspektoren allein die Bestimmung über den Beginn der Herbstferien zu überlassen sein. Sie haben dieselben vielmehr im Verein mit dem Schulvorstande zu treffen (cfr. Ctrbl. pro 1867, S. 239, Nr. 83).

§ 128. Ferienordnung.

Regierungs-Verordnung, Potsdam, den 19. Februar 1839. (Amtsbl. S. 77.)

a. Für Stadtschulen dauern die Ferien:

1. Zu Weihnachten: vom 23. Dezember bis 2. Januar fut.;
2. Zu Ostern: vom Mittwoch vor Gründonnerstag bis Montag nach der Osterwoche;
3. Zu Pfingsten: vom Freitag vor bis zum Montag nach dem Pfingstfest;
4. Zur Erntezeit (Hundtagsferien): 14 Tage;
5. Zu Michaelis 8 Tage.

(Die Michaelisferien können nach der Zirkular-Verfügung vom 26. September 1866 nach Bedürfnis von der Schul-Kommission auf 14 Tage verlängert werden).

b. Die Dauer der Ferien für Landschulen:

1. Zu Weihnachten: wie ad a 1;
2. Zu Ostern: vom Mittwoch vor Gründonnerstag bis Donnerstag nach Ostern;
3. Zu Pfingsten: vom Freitag vor bis Donnerstag nach dem Pfingsfest;
4. Sommerferien, zur Getreide-, Tabaks- und Kartoffelernte im Ganzen nicht über 6 Wochen.

§ 129. Verordnung der Königlichen Regierung, Abteilung für Kirchen- und Schulwesen zu Königsberg.

Vom 31. Dezember 1878 (376/11 II).

Für die Dauer der Ferien in den ländlichen und städtischen Schulen des diesseitigen Bezirks sind bisher unsere Zirkular-Verfügungen vom 20. Februar 1833 Nr. 903/12 K. S., 19. Juni 1854 Nr. 285/6 II, 18. Februar 1859 Nr. 364/1 II, 23. Februar 1867 Nr. 875/10 II und 5. Mai 1873 Nr. 931/4 II maßgebend gewesen. Unter Aufhebung derselben wird folgende Ferienordnung zur Beachtung für die Folge festgesetzt.

A. Für die ländlichen Schulen:

a) die Weihnachtsferien dauern vom heiligen Abende vor Weihnachten bis zum 2. Januar einschließlich, im Ganzen 10 Tage, darunter 3 Feiertage . . . . 7 Ferientage,

b) die Osterferien dauern vom Gründonnerstage bis zum Donnerstage nach Ostern einschließlich, im Ganzen 6 Tage, darunter 3 Feiertage . . . . 3 Ferientage,

c) die Pfingstferien dauern vom heiligen Abende vor Pfingsten bis zum Dienstage nach dem Feste einschließlich, im Ganzen 4 Tage, darunter 2 Feiertage, 2 Ferientage,

d) die Sommer- oder Getreideernteferien dauern 3 Wochen, beginnend mit dem Montage, der auf den 24. Juli folgt, oder mit dem 24. Juli, falls dieser auf einen Montag fällt, im Ganzen 21 Tage, darunter 3 Sonntage. . . . . 18 Ferientage,

e) die Michaelis- oder Kartoffelernteferien dauern 3 Wochen. Der Anfangstermin wird nach den örtlichen Verhältnissen vom Lokalschulinspektor in Gemeinschaft mit dem Schulvorstande bestimmt. Im Ganzen 21 Tage, darunter 3 Sonntage . . . . 18 Ferientage,

Von der getroffenen Bestimmung ad e hat der Lokalschulinspektor dem Landrate und dem Kreisschulinspektor sogleich Mitteilung zu machen. Ausnahmsweise, wenn besondere Umstände solches erforderlich machen, können die Sommerferien auf 4 Wochen verlängert werden; die Michaelisferien dauern dann 2 Wochen.

Auch ist eine Verlegung des Anfangstermins der Sommerferien ad d mit Rücksicht auf die Getreideernte zulässig. Die Bestimmung darüber haben die Landräte in Gemeinschaft mit den Kreisschulinspektoren; doch ist uns vom Geschehenen sofort Anzeige zu machen.

Ein Zusammenlegen der Sommer- und Herbstferien ist unstatthaft.

f) der erste Tag des Jahrmarkts in der dem Schulorte zunächst belegenen Stadt ist frei, im Ganzen jährlich 4 Tage . . . . 4 Ferientage,

zusammen 52 Ferientage

außer den Sonn- und Festtagen.

B. Für die städtischen Elementar-, Mittel- und höheren Mädchenschulen mit Ausnahme der hiesigen höheren Mädchenschulen:

a) die Weihnachtsferien dauern vom heiligen Abende vor Weihnachten bis zum 2. Januar einschließlich, im Ganzen 10 Tage, darunter 3 Feiertage . . . . 7 Ferientage,

b) die Osterferien dauern vom Gründonnerstage bis Dienstag nach Ostern einschließlich, im Ganzen 6 Tage, darunter 3 Feiertage . . . . 3 Ferientage,

c) die Pfingstferien dauern vom heiligen Abende vor Pfingsten bis zum Dienstage nach dem Feste einschließlich, im Ganzen 4 Tage, darunter 2 Feiertage . . . 2 Ferientage,
d) die Sommer- oder Ernteferien dauern 4 Wochen im Ganzen 28 Tage, darunter 4 Sonntage . . . 24 Ferientage,
e) die Michaelis- oder Kartoffelferien 1 Woche, darunter 1 Sonntag . . . . 6 Ferientage,

Bezüglich des Anfangstermins gilt das ad A d und e Gesagte mit der Abänderung, daß eine anderweite Verlegung oder Verteilung der Sommer- und Herbstferien auf Antrag der Stadtschuldeputation unserer Genehmigung bedarf.

f) Jahrmarktstage . . . . 4 Ferientage,
g) der Tag nach der jährlichen öffentlichen Prüfung . 1 Ferientag,

zusammen 47 Ferientage

außer den Sonn- und Festtagen.

C. Für die hiesigen städtischen höheren Mädchenschulen:

a) die Weihnachtsferien; sie dauern von Sonnabend vor Weihnachten bis Montag nach Neujahr. Fällt das Weihnachtsfest oder der Weihnachtsheiligeabend auf einen Sonnabend, so schließt der Unterricht am Mittwoch vor Weihnachten und beginnt wieder am Donnerstag nach Neujahr.
b) die Osterferien; dauern von Sonnabend vor Palmarum bis Montag nach Quasimodogeniti,
c) die Pfingstferien; dauern von heiligen Abend vor Pfingsten bis Mittwoch nach dem Feste einschließlich,
d) die Sommerferien; beginnen am ersten Sonnabend im Juli und dauern 4 Wochen,
e) die Michaelis- oder Herbstferien; beginnen am 29. September wenn, dieser auf einen Sonnabend fällt, oder am nächsten Sonnabend und dauern bis Mittwoch in der zweiten darauf folgenden Woche einschließlich, im Ganzen 1½ Woche.

Die sub C angeordnete Ferienordnung gilt auch für die höheren Mädchenschulen in denjenigen Städten, in welchen sich ein Gymnasium befindet.

Die Herren Kreis- und Lokalschulinspektoren und die Stadtschuldeputationen haben den Lehrern von dieser Ferienordnung Nachricht zu geben.

§ 130. Neue Ferienordnung für den Regierungsbezirk Minden.

Regierungsverfügung vom 18. Februar 1878. (Pr. Lehrerztg. Nr. 84.)

Unter Aufhebung aller entgegenstehenden Bestimmungen, insbesondere der Zirkularverfügung vom 20. September 1840 (Amtsbl. S. 358) und vom 11. März 1875 — I. 665 — wird in Bezug auf die Ferien in den der Regierung unterstehenden öffentlichen und Privatschulen hierdurch folgendes festgesetzt:

I. Schulfrei soll künftig sein:
1. die Tage von Gründonnerstag bis Mittwoch nach dem Osterfeste, beide Tage einschließlich;
2. der Sonnabend vor, und der Dienstag und Mittwoch nach dem Pfingstfeste;
3. die Weihnachtswoche einschließlich des 24. Dezember. Der Unterricht beginnt wieder am 2. Januar oder falls dieser auf einen Sonntag fällt, am 3. Januar;
4. der Geburtstag Sr. Majestät des Kaisers und Königs und der Sedantag (2. September). An beiden findet eine passende Schulfeier statt;
5. überhaupt 6 Wochen, die mit Rücksicht auf die Sommer- und Herbstferien auf die entsprechenden Zeiten zu verteilen sind, entweder mit je 3 Wochen oder mit 4 Wochen Sommer- und 14 Tage Herbstferien.

II. Den jedesmaligen Beginn und Schluß der Hauptferien (1—5) setzt der Schulvorstand fest, der 8 Tage vor dem Beginn derselben hierüber eine Anzeige an den Kreisschulinspektor durch Vermittelung des Landrats zu erstatten hat. Die Verteilung der Hauptferien auf je 3 resp. 4 Wochen und 14 Tagen ist nach Anhörung der Schulvorstände durch den Kreisschulinspektor im Einvernehmen mit dem Landrate für die einzelnen Schulen ein für alle Mal festzusetzen und hierbei auf eine thunlichste Übereinstimmung innerhalb desselben Kreises bezw. Inspektionsbezirkes hinzuwirken. Der Regel nach haben sich die Sommerferien zwischen dem 25. Juli und 25. August zu bewegen; die Herbstferien dürfen nicht vor dem 25. September beginnen.

III. In den Städten, in denen sich höhere Lehranstalten befinden, darf die Verteilung der Ferien mit Rücksicht auf die Ferien an den höheren Lehranstalten erfolgen. Auch diese Ordnung ist ein für alle Mal festzustellen und der Regierung hierauf bezügliche Anträge bald thunlichst zur Genehmigung vorzulegen.

IV. In den katholischen Schulen bleiben außerdem die in der Zirkular-Verfügung vom 11. März 1875 aufgeführten kirchlichen Feiertage schulfrei.

V. Für jüdische Schulen treten die Modifikationen ein, daß außer den selbstverständlich freibleibenden Sabbathen und den einzelnen in die Schulzeit fallenden jüdischen Fasttagen die achttägigen Osterferien mit dem ersten Tage des Passahfestes und die Herbstferien mit dem jüdischen Neujahrsfeste zu beginnen haben.

VI. Andere allgemeine schulfreie Tage können nur von der Regierung festgesetzt werden.

§ 131. Verordnung der Königlichen Regierung zu Münster vom 1. März 1825, die Ferien in den Volksschulen betreffend.

(Ctrbl. 1869, S. 560 ff.)

Um die Anordnung den in den Volksschulen unseres Verwaltungsbezirks üblichen Ferien eine gewisse Gleichförmigkeit zu bringen und zu verhüten, daß in dieser Beziehung Willkür eintrete; wird mit höherer Genehmigung hierdurch folgendes festgesetzt:

Die gesetzlichen Ferien sollen sein:

1. In jeder Woche zwei Nachmittage. Da wo die Kinder einen besonders weiten Schulweg haben, oder andere örtlichen Umstände es anrätlich machen, darf statt dieser zwei Nachmittage ein ganzer Tag festgesetzt werden.

2. Zur Weihnachtszeit von dem Tage vor dem Feste bis zum Tage nach dem Feste einschließlich.

3. Zur Osterzeit vom grünen Donnerstage bis zum Osterdienstage einschließlich.

4. Zur Pfingstzeit von dem Tage vor dem Feste bis zum Tage nach dem Feste einschließlich.

5. Zur Erntezeit wie bisher, sechs Wochen, wobei es aber unter Vorbehalt unserer besondern Genehmigung den Schulvorständen überlassen bleibt, statt des bisherigen üblichen Anfangs am Ende des Monats August nach den örtlichen Verhältnissen einen frühern oder spätern Anfang dieser Ferien festzusetzen.

6. Die hin und wieder noch üblich gebliebenen Fastnachts- und alle sonstigen mißbräuchlicher Weise eingeführten Ferien sollen von nun an wegfallen.

In die Hauptferien zur Erntezeit sind die Ausbesserungen und Bauten am Schulgebäude, wie auch alle Arbeiten, welche den Unterricht stören würden, also auch das Ausweißen der Lehrzimmer zu verlegen.

Vorstehende Verordnung wird durch die Verfügung vom 2. Juli 1869 mit folgenden Bemerkungen in Erinnerung gebracht.

Zu 1. Es ist unstatthaft, daß, wenn auf den ganz- oder einen halbschulfreien Tag ein Feiertag fällt, für den ausgefallenen ein anderer Feiertag substituiert wird.

Zu 2, 3 und 4. Alle sonstigen aus Anlaß einer kirchlichen Feier eingeführten Ferien sind, sofern erstere nicht als eine öffentliche unter Beteiligung der ganzen Gemeinde begangen wird, als ungesetzlich abzustellen und darf auch bei solcher Feier nur am Tage derselben ausgesetzt werden.

Zu 5. Wo der Ernte wegen eine Teilung der Hauptferien bisher üblich war, kann es bis auf weiteres hierbei überall dort verbleiben, wo nicht von dem Schulvorstande im Einverständnis mit dem Königlichen Landratsamte und dem Schulinspektor eine Aufhebung dieser Einrichtung im Interesse des Unterrichts für angemessen erachtet wird.

Es wird jedoch auf das strengste untersagt, daß diese Ferien in ihrer Gesamtdauer die Frist von 6 Wochen überschreiten.

Zu 6. Es sind außer den Fastnachtsferien insbesondere noch hierher zu rechnen: Markt-, Schützenfest-, Geburtstags- oder Namenstagsferien, letztere mit alleiniger Ausnahme eines schulfreien Tages bei denjenigen Schulen oder Schulklassen, welche den Geburts- oder Namenstag des Lehrers bezw. der Lehrerin herkömmlicher Weise zu feiern pflegen.

Wo aus Anlaß einer solchen Feier ein gemeinschaftlicher Ausgang der Schule stattfindet, ist derselbe entweder an dem Tage der Feier selbst auszuführen oder auf einen schulfreien Nachmittag zu verlegen.

In betreff der Feier des Geburtstages Sr. Majestät des Königs bleiben die früheren Verordnungen in Kraft.

Um eine genaue Kontrolle des Schulferienwesens zu ermöglichen, hat jedes Mitglied des Lehrerpersonals eine auf Kosten der Schulkasse anzuschaffendes Ferienbuch zu führen, in welchem sämtliche Ferien des Schuljahres die gesetzlich angeordneten sowohl, wie die sonst etwa vorfallenden, auch wenn letztere nicht länger als einen halben Tag währen, nach Anfang und Dauer regelmäßig zu verzeichnen sind.

Bei den nicht gesetzlich angeordneten Ferien sind jedesmal zugleich die besondern Umstände anzugeben, durch welche sie veranlaßt worden sind.

Die Herren Schulinspektoren beauftragen wir, bei ihren jährlichen Revisionen von dem Ferienbuche Einsicht zu nehmen, und über den Befund derselben in ihren Jahresberichten, vom Jahre 1870 anfänglich, in einem besondern Abschnitte unter der Überschrift „Schulferien" sich zu äußern.

§ 132. Ferienordnung für die Volksschulen der Provinz Hannover.

Verordnung des Oberpräsidenten vom 25. Januar 1879. (Ctrbl. 1879, S. 294— 96).

Um die große Ungleichheit der auf die Ferien der Volksschulen bezüglichen Bestimmungen in den einzelnen Bezirken der Provinz und der noch größern Ungleichmäßigkeit der bezüglich der Zeit wie der Dauer der Ferien in einigen Bezirken herrschenden Praxis zu beseitigen, wird unter Aufhebung aller entgegenstehenden allgemeinen und besonderen Bestimmungen, einschließlich der in einzelnen Schulordnungen enthaltenen bezüglichen Normen, im Auftrage des Herrn Ministers der geistlichen 2c. Angelegenheiten die nachfolgende Ferien-Ordnung für die Volksschulen der Provinz hiermit erlassen.

Dauer der Ferien.

§ 1. Die gesamte Ferienzeit im Verlaufe eines Schuljahres wird auf 63 Tage festgesetzt, mit Einschluß der in die Ferien fallenden Sonn- und Festtage (beziehungsweise für jüdische Schulen: Sabbathe und jüdischen Festtage).

Schulfrei, jedoch in die Ferienzeit nicht einzurechen, sind die außerhalb der Ferien fallenden allgemeinen kirchlichen (bezw. jüdischen) Feiertage, der Geburtstag Sr. Majestät des Kaisers und Königs und der Sedantag. Dagegen sind rein örtliche Feste und Feiertage aller Art, wie auch solche Wochentage, an denen in einzelnen Gegenden der Unterricht in Veranlassung des Gottesdienstes ausgesetzt wird, wie die Freitage der Fastenzeit (bezw. in den jüdischen Schulen die Fast- und Halbfeiertage), auf obige 63 Tage einzurechnen.

Beginnt der Unterricht wieder an einem Montage (bezw. in jüdischen Schulen an einem Sonntage), so ist der diesen vorhergehende Sonntag (bezw. Sonnabend) nicht in die Ferienzeit einzurechnen.

§ 2. Für Schulen in Städten kann die Ferienzeit auf 49 Tage jährlich beschränkt werden, für deren Berechnung die Bestimmung in § 1 gleichfalls maßgebend ist.

§ 3. Unterrichtsausfälle, welche infolge von Beurlaubungen der Lehrer — behufs Teilnahme an Lehrerkonferenzen, an Prüfungen, zu militärischen Zwecken sonst — eintreten, werden bei Bestimmung der Feriendauer nicht berücksichtigt.

Verteilung der Ferienzeit.

§ 4. Die Ferien sind in der Regel so zu verteilen, daß
1. auf dem Lande und in den Städten 3—4 Wochen auf die drei kirchlichen Hauptfeste (bezw. in den jüdischen Schulen auf das Passah-, Wochen- und Laubhüttenfest),
2. die übrige Zeit der Ferien bei den Landschulen in die Erntezeit und bei den Stadtschulen in die Sommer- resp. Herbstzeit (bezw. in den jüdischen Schulen teils in die Sommer-, teils in die Winterzeit) fällt.

§ 5. Die Königlichen Konsistorien, der Königliche Oberkirchenrat zu Nordhorn, der Abt von Boccum, der Magistrat zu Osnabrück und die Aufsichtsbehörde für die Schule der niedersächsischen Konföderation in Kulle, sowie die Königlichen Landdrosteien inbetreff der jüdischen Schulen haben — eine jede Aufsichtsbehörde für ihren Bezirk — diejenigen Behörden zu bestimmen, welche die Ferienverteilung festsetzen, sowie dafür zu sorgen, daß für ihren Aufsichtskreis Gleichzeitigkeit der Ferien erstrebt wird.

Die genannten Behörden sind, wo dieselben es für nötig erachten, befugt, die erforderlichen Spezialbestimmungen selbst zu treffen.

Allgemeine Bestimmungen.

§ 7. Der Lehrer darf, wie mit Bezug auf § 3 bemerkt wird, nur nach vorher eingeholter Erlaubnis des Lokalschulinspektors die vorgeschriebenen Unterrichtsstunden aussetzen, diese Erlaubnis ist nur aus dringenden Gründen, und, wenn sie sich auf mehr als sechs Tage erstrecken soll, auf Vorschlag des Lokalschulinspektors durch den Kreisschulinspektor zu erteilen. Stehen der rechtzeitigen Einholung der Erlaubnis Schwierigkeiten entgegen, so ist dem Lehrer gestattet, ohne vorgängige Erlaubnis aus besonders dringenden Gründen, jedoch höchstens für einen Tag, den Unterricht auszusetzen. Nachträglich hat er hiervon so bald wie möglich motivierende Anzeige zu erstatten. Für die jüdischen Schulen tritt an die Stelle des Lokalschulinspektors der Schulvorstand und an die Stelle des Kreisschulinspektors der Landrabbiner des Bezirks.

An dem Schulgelde darf dem Lehrer wegen der Ferien nichts gekürzt werden.

§ 8. Diese Ferienordnung tritt mit dem 1. April 1879 in Kraft.

§ 133. Ferien im Regierungsbezirk Danzig.

Instruktion der Königl. Regierung zu Danzig vom 18. November 1877 für die weltlichen Lokalschulinspektoren.

In dem hiesigen Bezirke sind dort, wo nicht Halbtagsschule gehalten werden muß, oder wo nicht etwas anderes bestimmt ist, die Dienstag-, Freitag- und Sonnabend-Nachmittage schulfrei.

Die Dienstage und Freitage sind in der Regel für Erteilung des Konfirmandenunterrichts zu wählen.

Als Schulferien sind folgende Zeiten genehmigt:
a) zu Weihnachten vom 24. Dezember (also nach Schluß der Schule am 23.) bis zum 2. Januar exkl., falls dies nicht ein Sonntag ist;

b) zu Ostern vom Mittwoch (also nach Schluß der Schule am Dienstage) in der Karwoche bis zum Dienstag nach Ostern inkl.;

c) zu Pfingsten vom Sonnabende inkl. vor bis zum Dienstage inkl. nach dem Feste;

d) sechs Wochen Sommer- und Herbstferien, wovon für die ersteren 4 und für die letztere 2, oder für beide je 3 Wochen verwendet werden können.

Die Sommer- resp. Ernteferien haben nach der Zirkular-Verfügung vom 5. Mai 1873, G. 324/4 mit dem 24. Juli zu beginnen. Ausnahmen sind möglichst zu vermeiden.

Die vom Staate anerkannten Feiertage, an denen bei katholischen Schulen der Unterricht ausfällt, sind folgende sieben: 1. Epiphanie am 6. Januar, 2. Mariä Lichtmeß am 2. Februar, 3. Marie Verkündigung am 25. März, 4. Fronleichnam am Donnerstag nach Trinitatis, 5. Peter Paul am 29. Juni, 6. Allerheiligen am 1. November und 7. Mariä Empfängnis am 8. Dezember.

Außerdem werden am Mittwoch vor dem ersten Fastensonntage (Aschermittwoch) und dem Allerseelentage (2. November) die 2 ersten Stunden freigegeben.

An den genannten Tagen sind die katholischen Kinder immer, die kath. Lehrer und Lehrerinnen an Simultanschulen dann schulfrei, wenn sie den Wunsch, von dieser Befreiung Gebrauch zu machen, erkennen lassen. Eines ausdrücklichen Urlaubs bedürfen sie für diese Tage nicht.

§ 134. Im Regierungsbezirk Gumbinnen sind die gesetzlichen Ferien folgende:

1. Vom heiligen Abend vor Weihnachten bis einschließlich zum dritten Tage nach Neujahr;

2. vom Gründonnerstage bis und einschließlich zum Dienstage nach dem Osterfeste;

3. am Bußtage, Himmelfahrtsfeste, und am Pfingstfeste vom heiligen Abend bis und einschließlich zum Dienstage nach Pfingsten;

4. vier Wochen während der Getreideernte für sämtliche Schüler; diese Ferien beginnen mit dem Montage, der auf den 20. Juli folgt oder mit dem 20. Juli, falls dieser auf einen Montag fällt;

5. vierzehn Tage während der Kartoffelernte; auf welche Tage diese Ferien fallen, ist nach den örtlichen Verhältnissen und nach dem Ermessen des Lokalschulinspektors von diesem zu bestimmen;

6. der erste Tag jedes Kram-Jahrmarkts am Hauptorte des Kreises.

§ 135. Ferien im Regierungsbezirk Marienwerder.

Geschäftsanweisung für die Schulvorstände vom 4. November 1858, bestätigt vom Herrn Minister für g. 2c. Angelegenheiten am 15. Oktober 1858, U. 18170. (Ctrbl. 1859, S. 38 ff.)

In Zukunft sollen demnächst folgende Ferien stattfinden:

1. Von dem Tage vor Weihnachten bis zum Tage nach Neujahr;

2. vom grünen Donnerstage bis zum Donnerstage nach Ostern;
3. vom Tage der Pfingsten bis zum Donnerstage nach dem Feste;
4. die einzelnen gebotenen kirchlichen Festtage, wobei sich jede Schule nach der Kirche ihrer Konfession zu richten hat; gehören zu einer Schule Kinder sowohl evangelischer als katholischer Konfession, so sind die gebotenen Festtage sowohl der evangelischen als der katholischen Kirche freizugeben;
5. zur Zeit der Getreideernte 3 Wochen;
6. zur Zeit der Kartoffelernte 3 Wochen.

Die Ferien während der Getreideernte beginnen am Montage, der auf den 24. Juli folgt, oder mit dem 24. Juli, falls dieser auf einen Montag fällt.

VII. Schuldisziplin.

Handhabung der Schulzucht.

§ 136. Verfügung der Königl. Regierung zu Danzig
vom 16. Mai 1868, G. 753/5.

1. Die körperliche Züchtigung darf nie die Grenzen einer mäßigen elterlichen Zucht überschreiten. Ohrfeigen und Schläge an den Kopf, das Schlagen oder Stoßen mit der Hand oder Faust, mit einem Stocke, Lineal oder überhaupt mit einem harten Werkzeuge, das Reißen an den Haaren oder an den Ohren und ähnliche rohe Behandlungen der Schüler sind untersagt.

2. Wenn die Notwendigkeit es erfordert, in einzelnen Fällen zu körperlichen Züchtigungen zu schreiten, so darf dieselbe nur vermittels einer aus dünnen Birkenreisern gebundenen Rute auf die flache Hand erteilt werden.

3. Niemals darf ein Schüler geschlagen werden, so lange er noch zwischen Tischen und Bänken steht. Vielmehr darf die Züchtigung nur auf dem freien Raume des Lehrzimmers erfolgen. In der Regel darf dieselbe im Laufe des Unterrichts nicht vollzogen werden, sondern nur in den Zwischenstunden oder nach Schluß des Schulunterrichts.

4. Die Erteilung jeder körperlichen Strafe hat der Lehrer unter Angabe der Gründe und der Beschaffenheit der Strafe in das Tagebuch einzutragen.

5. Bedeutendere Vergehungen dürfen nur unter Genehmigung und im Beisein des Schulinspektors, oder — in mehrklassigen Schulen — auf Beschluß der Lehrerkonferenz und im Beisein des Hauptlehrers oder Rektors bestraft werden. Bei diesen Bestrafungen sind auch *andere*, jedoch *niemals harte Strafwerkzeuge zulässig.*

6. *Eine Entblößung des Körpers bei Ausübung der körperlichen Züchtigung ist untersagt.*

7. Die zur Züchtigung bestimmten Werkzeuge sind jederzeit im Schulschranke zu bewahren bis sie gebraucht werden sollen. Es ist unschicklich, wenn der Lehrer dieselben während des Unterrichts in der Hand hält.

8. Jede Bestrafung, die das Ehrgefühl tief verletzt oder bei den Mitschülern Schadenfreude erregt, ist untersagt. Dahin rechnen wir insbesondere das Knieenlassen, Schimpfworte u. a.

9. Das Nachbehalten der Schüler muß möglichst vermieden und darf niemals soweit ausgedehnt werden, daß dieselben deshalb bis zum Schluß der Nachmittagsschule nüchtern bleiben müßten, oder daß die Kinder nachmittags nicht noch bei Tage nach Hause gelangen könnten. Der Lehrer ist verpflichtet, die nachbleibenden Schüler zu beaufsichtigen, ingleichen hat er die erfolgte Bestrafung unter Angabe des Grundes und der Dauer des Nachbleibens in das Tagebuch einzutragen.

Gegen diejenigen Lehrer, welche bei Handhabung der Schulzucht obige Bestimmungen nicht genau befolgen sollten, werden wir mit Rüge, event. mit Ordnungsstrafen nachdrücklichst einschreiten. Auch behalten wir uns vor, solchen Lehrern, die es bei Vornahme von Strafen an der erforderlichen Besonnenheit und Ruhe fehlen lassen und nicht imstande sind, ihre Heftigkeit zu zügeln, für längere oder kürzere Zeit das Züchtigungsrecht zu entziehen.

§ 137. Die Schulzucht im Regierungsbezirk Marienwerder.

Verordnung der Königl. Regierung vom 29. Januar 1858.

Überschreitungen des dem Lehrer zustehenden Züchtigungsrechts und ungehörige Handhabung der Schulstrafmittel sind in letzter Zeit häufig Gegenstände von Beschwerden gewesen, haben in mehreren Fällen Rügen und Bestrafungen der betreffenden Lehrer zur Folge gehabt und veranlassen uns die Anwendung von Schulstrafen der sorgfältigsten Überwachung und Einwirkung der Schulinspektoren dringend zu empfehlen und dieselben aufzufordern, die dabei zu beobachtenden Grundsätze und die nachstehenden Anordnungen den Lehrern ihrer Inspektion in geeigneter Weise mitzuteilen und auf deren Befolgung zu halten. Die Schulstrafe soll zur Besserung führen und muß daher richtig gewählt und in möglichst geringem Maße in Anwendung gebracht werden, damit sie nicht die beabsichtigte Wirkung verfehlt und während sie ein Übel beseitigt, ein anderes und vielleicht größeres erzeugt. Diejenige Schule, welche keinen Gebrauch von der Strafe zu machen hätte, würde den untrüglichen Beweis eines völlig normalen, durch und durch gesunden Zustandes aller ihrer Glieder liefern. Je seltener und in je geringerem Maße eine Schule genötigt ist zu strafen, desto besser ist mit ihr bestellt. Der Lehrer kann viel thun, ja in seine Hand vorzugsweise ist es gelegt, die Anwendung von Schulstrafen zu beschränken. Freilich gehört dazu, daß er selbst erzogen ist im rechten, im heiligen Geist, daß er 1., mit rechter Liebe sein Amt verwaltet, Liebe hat zu der ihm anvertrauten Jugend, sich selbst und seine Gemütsstimmung zu beherrschen weiß, nicht mürrisch, noch tendelnd, noch krankhaft gereizt, sondern mit sich gleichbleibend im Ernst, mit gleicher Heiterkeit und Ruhe seines Erzieheramtes wahrnimmt, daß er 2., seine Zöglinge väterlich behandelt, väterlich für ihr geistiges Wohl und ihr Seelenheil besorgt ist und wo es sein muß, väterlich, also fern von aller Leidenschaftlichkeit und Härte, straft.

Wird er dabei von einer selbst bis auf anscheinende Kleinigkeiten sich erstreckende Schulordnung unterstützt, sorgt er dafür, daß er das Eintreten in das Schulzimmer und das Verlassen desselben, das Aufstehen und Sitzenbleiben, Sprechen und Schweigen und jede Art von Thätigkeit, selbst die

Art und Weise, wie jedes Kind seine Lernmittel zur Hand nimmt oder bei Seite legt, nach einer fest bestimmten, durch kurze Kommandowörter oder durch bloße Winke geregelten Ordnung ausgeführt wird, und läßt er es sich endlich angelegen sein, die Schüler in ihrer Gesamtheit und jeden einzelnen unter steter Aufsicht und in steter Thätigkeit zu erhalten, so wird er sich der härtern Strafmittel, insonderheit der körperlichen Züchtigung, beinahe völlig enthalten können. Im allgemeinen muß also der Lehrer bemüht sein, dem Vergehen des Schülers vorzubeugen, um dadurch die Anwendung von Strafen unnötig zu machen. Wo sie aber dennoch eintreten müssen, da hat er darauf zu achten, daß sie in angemessener Weise und im richtigen Geiste erteilt werden. Ihre Wahl muß, so weit das möglich ist, der Art des Vergehens angepaßt werden. Der Schüler, welcher seine Nachbarn stört, werde allein gestellt, der Schmutzige zur augenblicklichen Reinigung angehalten, der Verleumder widerrufe die Lüge vor den Mitschülern, der Träge werde zur Arbeit nach dem Schlusse der Schule angehalten u. s. w. Die Stufenfolge der Strafen beginne mit dem tadelnden oder warnenden Blick. Wo er hinreicht, werde auch nicht einmal der Finger drohend aufgehoben; wo es genügt diesen zu erheben, da folge kein strafendes Wort. Wo das strafende Wort zureicht, da muß es bei ihm bewenden; es werde zunächst ohne Zeugen, dann vor den Mitschülern, zuerst in milderer Form, dann mit größerm Ernst ausgesprochen. So schreite der Lehrer allmählich zur Androhung besonderer Srafen fort und wende die körperliche Züchtigung stets nur als letztes und äußerstes Strafmittel an. Wenn auf diese Weise mit den zu Gebote stehenden Strafmitteln hausgehalten wird, erhöht sich die Wirksamkeit ihrer Anwendung. Um sie aber auch angemessen anzuwenden, muß der Lehrer sich bewußt bleiben, daß er nicht Richter sondern Erzieher ist, daß er sich das zu bestrafende Kind recht sorgfältig ansehen und die Strafe desselben nach Alter, Geschlecht und körperlicher Beschaffenheit, vor allem aber nach der sittlichen Entwickelungsstufe, auf welcher dasselbe steht, abmessen muß. Das wohlerzogene, gutgeartete Kind wird durch einen strafenden Blick in demselben Maße gestraft, wie das in Roheit aufgewachsene mit der Rute. Erscheint dem Lehrer aber eine körperliche Züchtigung dennoch notwendig, so werden, um jeder Ungebühr hierbei vorzubeugen, für sämtliche Elementarschulen des Departements, ländliche und städtische, folgende Anordnungen teils in Erinnerung gebracht, teils neu getroffen:

1. Eine körperliche Züchtigung, die als wirkliche Strafe verhängt wird, darf niemals im Augenblicke des Zorns oder der Aufwallung und, so lange der zu bestrafende Schüler sich noch zwischen den Tischen und Bänken befindet, sondern stets nur im freien Raume des Lehrzimmers und in der Regel nach beendigter Unterrichtsstunde vollzogen werden.

2. Als Werkzeug der Züchtigung ist nur eine aus dünnen Zweigen bestehende Rute und in erheblichen Fällen, sowie bei den größern Knaben, ein biegsames Stöckchen in der Stärke eines mäßigen kleinen Fingers zulässig. Die Züchtigung selbst findet in der Regel nur auf die flache Hand statt.

3. Das Schlagen oder Stoßen mit der Faust, mit einem stärkern Stocke oder einem Lineal, das Reißen an den Haaren, an den Ohren und

an andern Teilen des Körpers sind untersagt, auch hat der Lehrer sich aller förmlichen Schimpfwörter, sowie der Beilegung von Spitznamen zu enthalten.

4. Wenn der Lehrer eine härtere körperliche Züchtigung für nötig hält, als die ihm unter Nr. 2 gestattete, so hat er in jedem einzelnen Falle gemäß § 10 der Schulordnung dem Ortsschulinspektor von dem strafbaren Falle Anzeige zu machen und von diesem weitere Weisung abzuwarten.

5. Die Erteilung jeder körperlichen Züchtigung ist unter Angabe der Gründe und des Maßes derselben in das Klassenbuch einzutragen.

Durch die Verfügung vom 24. März 1873, Nr. 804 G. C. II. ist angeordnet worden, daß jeder neu anzustellende Lehrer auf die Verordnung vom 29. Januar 1858 aufmerksam zu machen und von demselben eine Bescheinigung darüber, daß dies geschehen, auszustellen ist, welche zu den Schulakten genommen werden soll.

§ 138. Die Schuldisziplin im Regierungsbezirk Merseburg.

Regierungsverfügung vom 15. April 1863. (Ctrbl. 1865, S. 356—58.)

Obgleich wir in der Instruktion für die Schullehrer und Küster unseres Bezirks vom 1. August 1859 (Ctrbl. pro 1859, S. 537) §. 26 ff. die allgemeinen gesetzlichen Bestimmungen über Handhabung der Schulzucht den Lehrern wieder in Erinnerung gebracht haben, so sind doch in neuerer Zeit so vielfache Beschwerden über Überschreitung des dem Lehrer zustehenden Züchtigungsrechts und über ungehörige Anwendung der Strafmittel bei uns angebracht worden, daß wir uns veranlaßt sehen, die Handhabung der Schulzucht und die Anwendung von Schulstrafen der sorgfältigen Überwachung der Herren Ephoren und Lokalschulinspektoren zu empfehlen und dieselben aufzufordern, die nachstehenden Anordnungen den Lehrern ihrer Inspektion zur Beachtung mitzuteilen und auf deren Befolgung zu halten. Wir legen zu dem Grunde 1 Exemplar dieser Verfügung bei, damit jeder Schule ein Exemplar überwiesen und in das Inventarien-Verzeichnis eingetragen werde.

Jede Schulstrafe soll zur Besserung führen und muß daher richtig gewählt und in möglichst geringem Maße in Anwendung gebracht werden, damit sie nicht die beabsichtigte Wirkung verfehlt und während sie ein Übel beseitigt, ein anderes und vielleicht größeres erzeugt.

In seltener und in je geringerem Maße eine Schule genötigt ist, zu strafen, desto besser ist's mit ihr bestellt.

In die Hand des Lehrers ist es vorzugsweise gelegt, die Anwendung von Schulstrafen zu beschränken, indem er sich's angelegen sein läßt, dem, was eine Strafe nötig machen würde, möglichst vorzubeugen. Dies wird ihm um so mehr gelingen, je mehr er sich selbst in die rechte Zucht des Geistes nimmt, je wahrhafter er den Kindern in Liebe gegenübersteht, je sorgfältiger er alles, auch das Kleinste in der Schule durch eine bestimmte Ordnung geregelt hat, und je gewissenhafter er die Schüler unter Aufsicht und in Thätigkeit zu halten weiß.

Wo aber dennoch Strafen eintreten müssen, da ist darauf zu achten, daß sie in angemessener Weise und in dem rechten Geiste erteilt werden. Ihre Wahl muß, soweit das möglich ist, der Art des Vergehens angepaßt werden. Der Schüler, welcher seinen Nachbar stört, werde allein gestellt, der Schmutzige zur sofortigen Reinigung angehalten, der Verleumder widerrufe die Lüge vor seinen Mitschülern, der Träge werde zur Arbeit nach dem Schlusse der Schule angehalten, u. s. w.

Die Stufenfolge der Strafe beginnen mit dem tadelnden oder warnenden Blicke. Wo er hinreicht, werde auch nicht einmal der Finger drohend erhoben. Wo es genügt, diesen zu erheben, da folge kein strafendes Wort. Wo das strafende Wort zureicht, da muß es bei ihm bewenden; es werde zuerst ohne Zeugen, dann vor den Mitschülern, zuerst in milderer Form, dann mit größerm Ernste ausgesprochen. So schreite der Lehrer allmählich zur Androhung besonderer Strafen fort und wende die körperliche Züchtigung stets nur als letztes und äußerstes Strafmittel an.

Wenn auf diese Weise mit den zu Gebote stehenden Strafmitteln *hausgehalten* wird, so erhöht sich die Wirksamkeit ihrer Anwendung.

Um sie aber auch *angemessen* anzuwenden muß der Lehrer sich bewußt bleiben, daß er nicht *Richter*, sondern *Erzieher* ist, und daß er sich deshalb das zu bestrafende Kind recht sorgfältig ansehen und die Strafe desselben nach Alter, Geschlecht und körperlicher Beschaffenheit, vor allem aber nach der sittlichen Entwickelungsstufe, auf welcher dasselbe steht, abmessen muß. Das wohlerzogene, gut geartete Kind, wird durch einen strafenden Blick in demselben Maße gestraft, wie das in Roheit aufgewachsene mit der Rute oder dem Stock.

Erscheint dem Lehrer aber dennoch eine körperliche Züchtigung notwendig, so werden, um jeder Ungebühr hierbei vorzubeugen, für sämtliche Elementarschulen des Departements, ländliche und städtische, folgende Anordnungen teils in Erinnerung gebracht, teils neu getroffen:

1. Eine körperliche Züchtigung, die als Strafe verhängt wird, darf *niemals* im Augenblicke des Zorns oder der Aufwallung und so lange der zu bestrafende Schüler sich noch zwischen den Tischen und Bänken befindet, sondern stets nur im freiem Raume des Lehrzimmers und in der Regel nach beendigter Unterrichtsstunde vollzogen werden.
2. Als *Werkzeug* der Züchtigung ist nur *eine aus dünnen Reisern bestehende Rute* und in erheblichen Fällen, sowie bei den größern Knaben, ein biegsames Stöckchen von der Stärke eines kleinen Fingers zulässig. Die Züchtigung selbst findet bei Mädchen nur auf den Rücken, bei Knaben auf den Rücken oder das Gesäß statt. Es versteht sich, daß die genannten Körperteile nicht von den Kleidern entblößt werden dürfen.
3. Das Schlagen mit einem stärkern Stock oder mit einem Lineal, desgl. das Schlagen mit der Hand, der Faust oder dem Buch ins Gesicht und an den Kopf, das Reißen an den Haaren, an den Ohren und an andern Teilen des Körpers sind unbedingt untersagt. Auch hat sich der Lehrer aller Schimpfwörter, sowie der Beilegung von Spitznamen zu enthalten.
4. Wenn der Lehrer eine härtere körperliche Züchtigung für nötig hält, als die ihm unter Nr. 2 gestattete, so hat er in jedem einzelnen Falle nach Maßgabe von § 26 alinea 3 der Instruktion vom 1. August 1859 dem Lokalschulinspektor Anzeige zu machen und von diesem weitere Weisung abzuwarten.

5. Die Erteilung jeder körperlichen Züchtigung ist unter Angabe der Gründe und des Maßes derselben in das Klassenbuch einzutragen.

Schließlich werden die Lehrer darauf aufmerksam gemacht, daß sie nur bei genauer Beachtung dieser Bestimmungen zu 1, 2 und 3 gegen den Vorwurf, die Grenzen des ihnen zustehenden Züchtigungsrechtes überschritten zu haben, in Schutz genommen werden können, während jede Abweichung deren Rüge und geeigneten Falls Bestrafung zur Folge haben müßte. Es wird ferner daran erinnert, daß nach der Verordnung vom 14. Mai 1825*) wirkliche Verletzungen durch Mißbrauch des Züchtigungsrechtes der gerichtlichen Bestrafung unterliegen.

§ 139. Ausübung des Züchtigungsrechtes in den Elementarschulen im Regierungsbezirk Stettin.

Regierungsverfügung vom 12. Februar 1867. (Ctrbl. 1867. S. 184—86).

1. In der Verordnung vom Jahre 1845 ist auch von den Mitteln die bei körperlichen Züchtigungen anwendbar sind, die Rede, und es ist dort ein Strick, aus losen ledernen Riemen ohne Knoten bestehend, als eines der ungefährlichsten genannt. Obgleich dieses Instrument unschädlich in der Hand eines mildgesinnten und vorsichtigen Lehrers ist, so untersagen wir doch die fernere Anwendung desselben, und zwar deswegen, weil es einmal nicht überall vorschriftsmäßig angefertigt, und zweitens, weil es mit dem Namen Kantschuh' belegt worden ist und dadurch zu den ärgerlichsten Vorstellungen in diesen und jenen Schulgemeinden Anlaß gegeben hat.

2. Wenn die Notwendigkeit es erfordert, in einzelnen Fällen zu leiblicher Züchtigung zu schreiten, so sollen sich die Lehrer dazu keiner andern Mittel bedienen, als bei kleinen Kindern bis zu neun Jahren einer aus dünnen Reisern bestehenden Rute und bei ältern eines biegsamen Stöckchens von der Stärke eines kleinen Fingers.

3. Eine Entblößung des Körpers beim Gebrauch des einen oder des andern dieser Strafmittel wird ein für alle Mal hierdurch untersagt.

4. Die Teile des Leibes, wohin allein eine solche Züchtigung gerichtet werden darf, sind der Rücken und das Gesäß.

5. Niemals ist die Züchtigung an einem Kinde auf seinem Sitzplatz in der Schule zu vollziehen, sondern erst nach Hervorrufung desselben auf einen freien Schulzimmerraum. Es ist das erforderlich zum Schutz teils des Lehrers selbst vor plötzlichem leidenschaftlichen Zufahren, teils des zu züchtigenden Kindes, teils der dasselbe umgebenden Mitschüler.

6. In der Regel soll eine körperliche Züchtigung im Laufe des Unterrichtes nicht vollzogen werden, sondern in den sogenannten Zwischenstunden oder in der Zeit nach Schluß des Unterrichtes. Während des Religionsunterrichtes darf eine solche Bestrafung des Kindes niemals vorkommen.

7. Jede etwa vollzogene körperliche Züchtigung, ihre Weise, ihr Maß und ihr Grund soll von jetzt an in dem Unterrichtsbuch einer jeden Schule, und zwar in einer besonderen Kolonne desselben von dem Lehrer angegeben werden. Etwaige Nachlässigkeiten darin würden über den Lehrer ein ungünstiges

*) cf. § 143.

Urteil besonders in dem Falle erwecken, wenn eine Klage über ihn wegen vorgeblicher Überschreitung des Züchtigungsrechtes aufkäme.

8. Jede Weise leiblicher Züchtigung, welche gegen die hier ad 2—4 gegebenen Vorschriften verstößt, z. B. also Bestrafung mit Ohrfeigen, Schlägen auf die Hand oder auf die Fingerspitzen 2c. sind Überschreitungen des Züchtigungsrechtes. Rohe Behandlung der Kinder, z. B. durch Stoßen, Raufen, Werfen zur Erde oder an die Wand 2c. gehören zu den Mißhandlungen und müssen nachdrücklich gerügt und nach Befinden der Umstände sogleich bei dem ersten Vergehen dieser Art oder bei der Wiederkehr nach voraufgegangenen Rügen durch die nächsten Vorgesetzten des schuldigen Lehrers uns zur disziplinarischen Ahndung angezeigt werden.

9. Lehrern, welche sich harter Mißhandlungen haben zu Schulden kommen lassen, sowie denen, welche sich in roher Weise an Kindern vergreifen, wird von uns das Recht, selbst körperliche Bestrafungen vorzunehmen, auf längere oder kürzere Zeit abgesprochen werden, auch wenn vorgekommene Mißhandlungen bereits im gerichtlichen Wege bestraft sein sollten.

Wir werden stets diejenigen Lehrer am höchsten achten und vorzugsweise auch deren Bedürfnisse und Wünsche nach Vermögen berücksichtigen, welche, geleitet von christlicher Gesinnung, ihr edles und einflußreiches Amt und die ihnen anvertrauten Kinder im Licht unseres heiligen Glaubens würdigen und in notwendiger und gewisser Folge davon ihre Kräfte im Unterricht mit Selbstverleugnung und Hingebung der Jugend widmen, diesen dadurch und durch den Ausdruck väterlicher Freundlichkeit gegen sie die Schule und sich selbst zu einem Gegenstand ihrer kindlichen Achtung und Anhänglichkeit machen. Auch wo Lehrer dieser Trefflichkeit walten, wird zwar eine ernste Disziplin die in keiner Schule fehlen darf, die Jugend beherrschen, leiten und zu allem anhalten, was lieblich im Leben des lernenden und sich bildenden Kindes ist; aber leibliche Züchtigungen werden dort eine Seltenheit sein, weil christliche Weisheit und Liebe hier das Regiment führen und die Schule vor der Schmach bewahren werden, daß sie in den Ruf einer harten Zuchtanstalt allmählich hineingerät.

§ 140. Gebrauch des dem Lehrer zustehenden Züchtigungsrechts im Regierungsbezirk Köslin.

Regierungsverfügung vom 24. Februar 1868. (Ctrbl. 1868, S. 444—446).

Wo der Lehrer strafen muß, da geschehe es nur zur Herstellung der Ordnung, zur Weckung der Achtung vor dem göttlichen und menschlichen Gesetz und zur Besserung und zur Erziehung der Kinder zu sittlichem Verhalten. Am strafenden Lehrer müssen die Kinder väterlichen Ernst und Liebe, aber niemals *Leidenschaft*, *Willkür* und *Rache* erkennen.

1. Vor allen Dingen *beuge* der Lehrer durch angemessene Haltung vor den Kindern, durch sorgfältige Achtsamkeit auf die Haltung und durch fortwährende Beschäftigung derselben dem *vor*, *was sein Strafen nötig* machen würde.

2. Muß er aber strafen, so sei er ökonomisch mit der Strafe, um der Sache selbst und um des Gewichts und Nachdrucks der Strafe willen und *verfahre angemessen beim Züchtigen* in Berücksichtigung der ganzen

Natur, des Geschlechts, der Gemütsart und der sittlichen Entwickelung der Kinder, sowie der häuslichen Erziehung derselben.

3. Beim Strafen, wie überhaupt, vermeide er alle unnützen und unanständigen Worte, alle Schimpfworte, jede Anzüglichkeit auch gegen die Angehörigen der Kinder.

4. Wenn das Gesetz (Allg. Landr. a. a. O. § 53) bestimmt, daß bei keiner Bestrafung der Kinder die der elterlichen Zucht vorgeschriebenen Grenzen überschritten werden sollen, und anderwärts (Allg. Landr. II. 2 § 86) die Eltern selbst nur die der Gesundheit der Kinder unschädlichen Zuchtmittel zu gebrauchen berechtigt sein sollen, so ist hierin deutliche Andeutung gegeben, welcher Züchtigungsmittel der Lehrer sich bedienen darf, und erinnern wir ausdrücklich an die Bestimmung der „Allerhöchsten Kabinetsordre" vom 14. Mai 1825*), betreffend die Schulpflicht und die Schulzucht welche lautet:

> „Wird das Maß der Züchtigung ohne wirkliche Verletzung des Kindes überschritten, so soll dieses von der, dem Schulwesen vorgesetzten Provinzialbehörde durch angemessene Disziplinarstrafen an dem Lehrer geahndet werden. Wenn dagegen dem Kinde durch den Mißbrauch des Züchtigungsrechts eine wirkliche Verletzung zugefügt wird, soll der Lehrer nach den bestehenden Gesetzen im gerichtlichen Wege bestraft werden".

5. Es wird hiernach eine körperliche Züchtigung niemals im Zorn, oder in augenblicklicher Aufwallung, auch nicht während der zu bestrafende Schüler sich noch zwischen den Tischen und Bänken befindet, sondern stets im freien Raume des Lehrzimmers und in der Regel nach Beendigung der Unterrichtsstunde zu vollziehen sein.

6. Als Werkzeug der Züchtigung ist nur eine aus dünnen Reisern bestehende Rute und in erheblichen Fällen, sowie bei den größern Knaben, ein biegsames Stöckchen von der Stärke des kleinen Fingers anzuwenden.

7. Unbedingt untersagt ist das Schlagen mit einem stärkern Stock oder mit einem Lineal, desgleichen das Schlagen mit der Hand, der Faust oder dem Buch, das Reißen an den Haaren, den Ohren und andern Teilen des Körpers, das Stoßen auf Brust, Rücken und Kopf.

8. Die Züchtigung findet bei Knaben nur auf Gesäß und Rücken, bei Mädchen nur auf den Rücken statt, und es dürfen dabei selbstverständlich diese Körperteile von den Kleidern nicht entblößt werden. Niemals darf ins Gesicht oder an den Kopf geschlagen werden.

9. In den Fällen, wo der Lehrer eine härtere körperliche Züchtigung als die eben bezeichnete, für nötig hält, sowie in allen schwierigen Straffällen, namentlich auch, wo es die Bestrafung von Vergehungen gilt, die außerhalb der Schule begangen worden sind, ist dem Lokalschulinspektor Anzeige zu machen und dessen weitere Weisung zu gewärtigen 2c.

§ 141. Die Ausübung des Züchtigungsrecht in den Schulen im Regierungsbezirk Liegnitz.

Regierungsverfügung vom 9. August 1879.

Über die Ausübung des Züchtigungsrechtes in den Schulen des diesseitigen Regierungsbezirks bestimmen wir hiermit folgendes:

*) cfr. § 143.

1. Körperliche Züchtigung ist überhaupt nur in Fällen hartnäckiger Lügen, frecher Widersetzlichkeit, Rohheit, grober Unsittlichkeit, beharrlichen Unfleißes und wenn sonstige Zuchtmittel ohne Erfolg geblieben sind, statthaft.

Daher ist nicht zu dulden, das einzelne Lehrer gewohnheitsmäßig täglich oder gar stündlich von dieser Strafart Gebrauch machen. Es ist vielmehr dahin zu streben, daß kleine Kinder, sowie Mädchen überhaupt, wenn möglich nicht geschlagen werden.

2. Wird die Züchtigung in einzelnen Fällen notwendig, so darf der Lehrer sich bei kleinen Kindern bis zu neun Jahren nur einer aus dünnen Reisern bestehenden Rute, und bei ältern, besonders bei ältern Knaben, eines biegsamen Stöckchens von der Stärke eines kleinen Fingers bedienen.

3. Die Züchtigung darf bei Mädchen nur auf den Rücken, bei Knaben auf den Rücken oder das Gesäß und zwar in einer auch in der Stärke mäßigen Anzahl von Schlägen stattfinden. Es versteht sich von selbst, daß die genannten Körperteile nicht entblößt werden dürfen.

4. Das Schlagen mit einem stärkern Stock oder mit einem Lineale, desgl. das Schlagen mit der Hand, der Faust oder einem Buche ins Gesicht und an den Kopf, das Reißen an den Haaren, an den Ohren oder andern Teilen des Körpers, das Stoßen auf Brust, Rücken und Kopf und ähnliche rohe Behandlung wird als Überschreitung des Züchtigungsrechtes bestraft.

5. Die Züchtigung darf niemals vollzogen werden, so lange sich das Kind noch zwischen Tisch und Bank befindet, sondern stets nur im freien Raum des Lehrzimmers und soll in der Regel erst nach beendigter Unterrichtsstunde erfolgen, jedenfalls nicht in der Religionsstunde.

6. Daher soll der Lehrer Rute und Stock während des Unterrichts nicht zur Hand haben, sondern im Schulschrank verschlossen halten.

7. Er ist auch verpflichtet, die Erteilung jeder körperlichen Züchtigung unter Angabe der Gründe und des Maßes derselben in einer besonderen Spalte des Fortschrittsbuches einzutragen.

8. In den Fällen, wo der Lehrer eine härtere körperliche Züchtigung, als die oben bezeichnete, für nötig hält, sowie in allen schwierigen Straffällen, namentlich auch, wo es die Bestrafung von Vergehungen, die außerhalb der Schule begangen worden sind, gilt, ist dem Lokalschulinspektor Anzeige zu machen und die festzusetzende Strafe in dessen Beisein — in größern Schulen auf Beschluß der Lehrerkonferenz und in Anwesenheit des Rektors — zu vollziehen.

9. In der Allerh. Kabinets-Ordre vom 14. Mai 1825*), betreffend die Schulpflicht und Schulzucht ist folgende Bestimmung enthalten:

„Wird das Maß der Züchtigung ohne wirkliche Verletzung des Kindes überschritten, so soll dieses von der dem Schulwesen vorgesetzten Provinzialbehörde durch angemessene Disziplinarstrafen geahndet werden. Wenn dagegen dem Kinde durch den Mißbrauch des Züchtigungsrechtes eine wirkliche Verletzung zugefügt wird, soll der Lehrer nach den bestehenden Gesetzen im gerichtlichen Wege bestraft werden.“

Die Schulinspektoren sind daher nicht befugt, Beschwerden über Überschreitung des Züchtigungsrechts, selbst wenn sie körperliche Verletzungen nicht

*) cfr. § 143.

zur Folge gehabt haben, sofern sie sich als begründet erweisen, selbständig zu erledigen, vielmehr haben sie dieselben unter protokollarischer Feststellung des Sachverhalts zu unser Kenntnis zu bringen. Durch Verheimlichung würden sie für das Vergehen mit verantwortlich werden.

10. Lehrer, welche sich wiederholten Mißbrauchs und grober Überschreitung bei der Züchtigung gemacht haben, wird von uns das Recht, selbst körperliche Bestrafungen vorzunehmen, auf längere oder kürzere Zeit abgesprochen werden, auch wenn sie außerdem im Disziplinar- oder gerichtlichen Wege bestraft worden sind.

11. Um es dahin zu bringen, daß die berechtigten Klagen über unangemessene Behandlung der Kinder in der Schule immer seltener werden, und alle Lehrer im Geiste einer zwar strengen und ernsten, aber dabei doch väterlich milden Zucht in ihren Schulen walten und arbeiten, wird es ersprießlich sein, daß namentlich auch mit jüngern Lehrern die Handhabung einer zweckmäßigen Schulzucht öfter besprochen und die bestehenden amtlichen Verordnungen eingehend erörtert werden.

§ 142. Körperliche Züchtigung im Regierungsbezirk Schleswig.

Regierungsverfügung vom 5. August 1875. (Giebe, S. 435.)

Auf den Antrag vom 10. Juni d. J. erwidern wir dem Schulkollegium, daß die Erteilung einer eingehenden Instruktion betreffs des bei körperlichen Züchtigungen in der Schule zu beobachtenden Verfahrens, wie solche von den dortigen Lehrern gewünscht wird, unseres Erachtens kaum von Erfolg sein würde, da solche Vorschriften vor einem heftigen und zum Mißbrauche des Züchtigungsrechts geneigten Lehrer doch im einzelnen Falle nicht beachtet werden würde, ein besonnener und im Gebrauche körperlicher Züchtigungen das richtige Maß haltender Lehrer aber solcher Vorschriften nicht bedürfen wird.

Im allgemeinen werden die Lehrer darauf hingewiesen werden können, daß der Lehrer als der tüchtigste anzusehen ist, welcher die Schuldisziplin ohne häufige körperliche Züchtigungen aufrecht zu erhalten weiß, daß solche Züchtigungen, wenn sie auch nicht ganz vermieden werden können, in der Regel auf solche Fälle zu beschränken sind, in denen andere Strafmittel erfolglos geblieben sind, und daß insbesondere von einer Züchtigung der Mädchen im allgemeinen abzusehen ist. Sodann ist darauf aufmerksam zu machen, daß die körperliche Züchtigung in keinem Falle zu einer Mißhandlung werden darf, welche der Gesundheit der Kinder auch nur auf entfernte Art schädlich werden kann.

Wenn auch nach der Allerh. Kabinets-Ordre vom 14. Mai 1825 in solchem Falle die gesetzliche Bestrafung eines Lehrers nur dann eintreten soll, wenn eine wirkliche Verletzung zugefügt ist, so würde doch jede solche Mißhandlung unsererseits im Disziplinarwege strenge geahndet werden. Um einen solchen Mißbrauche des Züchtigungsrechts vorzubeugen, wird aber der Lehrer sich insbesondere davor zu hüten haben, unmittelbar die Hand oder einen in der Leidenschaft des Augenblickes ergriffenen Gegenstand zur Züchtigung zu benutzen, vielmehr ist ein dünner Stock für körperliche Züchtigungen zu bestimmen und sind die letztern niemals auf dem Platze des Schulkindes selbst zu vollziehen, sondern ist dasselbe von dem Lehrer selbst vorzufordern und sind dann die Schläge nur da zu erteilen, wo sie nicht schädlich werden können. Es ist endlich davon auszugehen, daß die Züchtigung weniger die Erregung körperlichen Schmerzes zum Zwecke hat, als eine Einwirkung auf das Ehrgefühl des Kindes. Letzteres würde aber abgestumpft werden und die Züchtigung daher ihren Zweck nicht erreichen können, wenn sie häufiger angewendet wird, als durchaus notwendig.

§ 143. Bestrafung bei Überschreitung des Züchtigungsrechts, bezw. Außerkraftsetzung der Allerhöchsten Kabinetsordre v. 14. Mai 1825.

(Reichsgerichts-Entscheidung).

Überschreitet ein Lehrer bei Ausübung des Züchtigungsrechts die ihm landesgesetzlich bestimmten Grenzen, so ist er nach einem Urteil des Reichsgerichts II. Straffenats, vom 18. Dezember v. J., wegen vorsätzlicher Körperverletzung in Ausübung seines Amtes aus § 340 Str.-G.-B. resp. wegen fahrlässiger Körperverletzung mit Übertretung seiner Amtspflichten aus § 230 Absatz 2 zu bestrafen. Die früheren landesgesetzlichen Bestimmungen, insbesondere die preußische Kabinetsordre vom 14. Mai 1825, nach welcher die Überschreitung des Züchtigungsrechts unter Umständen nicht strafrechtlich, sondern nur disziplinarisch an dem Lehrer zu ahnden sei, sind mit dem 1. Oktober 1879, dem Tage des Inkrafttretens der Reichsjustizgesetze, außer Kraft gesetzt.

§ 144. Züchtigungsrecht im Regierungsbezirk Düsseldorf.

Regierungsverfügung vom 7. September 1876.

Mehrfache in letzterer Zeit vorgekommene Überschreitungen des ihnen zustehenden Züchtigungsrechts durch Lehrer an Volksschulen unseres Bezirks, veranlassen uns, wiederholt darauf hinzuweisen, daß derartige Ungehörigkeiten, die nicht nur geeignet sind, das nötige Ansehen der Lehrer bei den ihnen untergebenen Schülern zu beeinträchtigen, sondern auch darthun, daß die Lehrer sich ihrer eigenen Würde und ihrer Stellung nicht immer genügend bewußt sind, fortan von uns auf das nachdrücklichste im Disziplinarwege werden geahndet werden, damit nicht die im Interesse der Schulen unerläßliche gerechte Handhabung der Schulzucht, wie leider mehrfach geschehen, beeinträchtigt werde. Sie wollen diesen Erlaß zur Kenntnis der Lehrer Ihres Bezirks bringen lassen, zu welchem Behuf die erforderliche Anzahl Abdrücke für die Herren Lokalschulinspektoren beigefügt ist und etwaige trotzdem sich ereignende Überschreitungen ihres Züchtigungsrechts durch dortige Lehrer, nach Konstatierung des Sachverhalts, sofort zu unserer Kenntnis bringen.

§ 145. Schulzucht bei Vergehen und Verbrechen von Kindern unter 12 Jahren.

Ministerial-Erlaß vom 28. März 1872. (Ctrbl. 1872, S. 369).

Die außerhalb der Schule von den Kindern begangenen und straflos gebliebenen Übertretungen sind von der Schulzucht nicht ausgeschlossen, die Schule hat daher den Beruf, derartige Handlungen der Kinder nach der ihr zuständigen Disziplinargewalt in einer den Zwecken der Erziehung entsprechenden Weise zu ahnden.

Die gegen eine solche Übung der Schulzucht von der Königlichen Regierung erhobenen Bedenken kann ich nicht teilen.

Zunächst ist es, wie die Königliche Regierung hervorhebt, allerdings möglich, daß in Folge des § 55 des Strafgesetzbuchs die Fälle, in denen die Schulzucht zur Anwendung kommen müßte, häufiger eintreten würden als früher. Die Bedeutung der Schule kann aber mit dem erweiterten Umfange dieses ihren Berufes nur gewinnen, und werden die Leiter der Schule ihre Aufgabe nur um desto ernster zu erfassen haben, namentlich aber nicht vor Konflikten mit den Eltern der Kinder zurückschrecken, welche freilich erfahrungsmäßig oft genug von der naturgemäß durch die Züchtigung ihrer Kinder bedingten innern Bewegung sich verleiten lassen, gegen die Anwendung der Zucht zu protestieren und darüber Beschwerde zu führen.

Ich zweifle nicht, daß in den meisten Fällen, in denen Schulstrafen für außerhalb der Schule begangene Handlungen der Kinder verhängt und vollzogen werden, es wesentlich dazu beitragen wird, jenen Klagen der Eltern vorzubeugen, wenn ihrer eigenen Strafbefugnis nicht vorgegriffen wird, die Schulzucht daher erst dann eintritt, wenn die Eltern resp. die Vormünder nicht im Stande oder nicht gewillt sind, wirksame Zucht zu üben.

Ich nehme hierzu auf eine im Ctrbl. pro 1872, S. 33, abgedruckte Zirkular-Verfügung der Königlichen Regierung zu Frankfurt vom 28. Oktober pr. Bezug.

Ein weiteres Bedenken der Königlichen Regierung geht dahin, daß die Schulzuchtmittel nicht für alle Fälle ausreichen werden.

Es bedarf zunächst keiner Erwähnung, daß die Schulzuchtmittel die durch die Kabinetsordre vom 14. Mai 1825 gesetzten Grenzen nicht überschreiten dürfen. Gewähren dieselben aber einerseits einen weiten Spielraum für geringere und härtere Strafen — von der Ermahnung bis zur empfindlichen körperlichen Züchtigung, so entspringt auch Innehaltung dieser Grenze der berechtigten Annahme zu dem § 55 des Strafgesetzbuches, daß Kinder unter 12 Jahren nicht mit dem Unterscheidungsvermögen handeln, welches die Vergehen und Verbrechen der Erwachsenen charakterisiert und deshalb eben die strafrechtliche Verfolgung rechtfertigt.

Aus dieser Erwägung muß dann auch eine entsprechende körperliche Züchtigung als das äußerste Maß der Ahndung dieser Handlungen der Kinder um so mehr für ausreichend erachtet werden, als sich an diese Züchtigung eine besondere Beobachtung und fortgesetzte erziehliche Handlung von Seiten des Lehrers anschließen wird, welche notwendig und geeignet erscheint, um Rückfällen vorzubeugen und die innere Wendung zur Besserung herbeizuführen.

Ein drittes Bedenken findet die Königliche Regierung darin, daß die Schule der nötigen Kräfte entbehrt, um den einzelnen Fall zur disziplinarischen Behandlung von Seiten der Schule vorzubereiten, also den Thatbestand festzustellen. In der Regel wird aber die Polizei, deren Beruf in dieser Beziehung durch den § 55 des Strafgesetzbuches nicht verändert ist, diese Feststellung nach wie vor besorgen, die Schule also weiterer Ermittelung überhoben sein, und nur ausnahmsweise Ergänzungen vorzunehmen haben.

Ich zweifle indessen auch nicht, daß, wenn von Seiten der Schule noch derartige weitere Ermittelungen und Feststellungen nötig erachtet werden sollten, die betreffenden Staatsbehörden den an sie gerichteten Ersuchen bereitwillig Folge leisten werden.

§ 146. Verfügung der Königlichen Regierung zu Frankfurt vom 28. Oktober 1871.

(Ctrbl. 1872, S. 33 ff.)

Nach § 55 des deutschen Strafgesetzbuches ist es ferner nicht gestattet, gegen Kinder unter 12 Jahren strafrechtlich einzuschreiten. Durch diese Bestimmung ist seitens der Gesetzgebung gegen die Jugend ein nicht zu unterschätzendes Wohlwollen dokumentiert worden. Dem gegenüber ist die Aufgabe der öffentlichen Erziehung dadurch eine ernstere und umfangreichere geworden. Nur in richtiger Voraussetzung und Erwartung, daß bei Kindern unter 12 Jahren die Erziehung oder die Zucht noch das Erforderliche zu leisten habe, und leisten werde, hat den Gesetzgeber vermögen können, bei Verbrechen oder Vergehen, welche von so jungen Kindern verübt werden, den Strafrichter außer Spiel zu lassen. Das Eintreten strenger Schulzucht ist daher die notwendig und unabweisbare Ergänzung zu der obigen Bestimmung des Strafgesetzbuches. Nachdem schon früher durch die Erkenntnisse 2c. die Berechtigung zur Ausübung der Schulzucht auch in Beziehung auf außerhalb der Schule begangenen Handlungen anerkannt war, haben wir in einzelnen Fällen, insbesondere durch unsere Zirkular-Verfügung vom 29. Juli 1864, vom 27. November 1865, vom 28. Februar 1866 und zuletzt vom 17. April 1871 (Ctrbl. pro 1866, S. 171, resp. 1871, S. 382) und 5. September cr. die Verpflichtung hierzu ausdrücklich festgestellt. Die Schule ist die vom Staate als notwendig anerkannte, von ihm beschützte, beaufsichtigte und geleitete Anstalt der öffentlichen Erziehung, die durch die angemessene Einwirkung auf die sittliche Entwickelung der Jugend den etwaigen Mangel des Hauses nicht minder zu ergänzen hat, wie durch den von ihr erteilten Unterricht. Wenn also Schulkinder unter 12 Jahren außerhalb der Schule sich Verbrechen oder Vergehen zu Schulden kommen lassen, so haben die Schulvorstände oder Schuldeputationen unter Zuziehung der betreffenden Lehrer nach empfangener Kenntnis und Feststellung des Thatbestandes zuförderst zu ermitteln, ob die Eltern oder Vormünder im Stande und gewillt sind, wirksame Zucht zu üben. Hiernach ist zu entscheiden, ob und in welcher Weise noch die betreffenden Schulkinder einer nachhaltigen Schuldisziplin zu unterstellen sind. Wird eine körperliche Züchtigung desselben für unumgänglich gehalten, so ist dieselbe vom Lehrer nach geschehener Vorladung der Eltern und möglichst in Gegenwart des Schulvorstandes oder Schulinspektors zu vollstrecken.

Die Verpflichtung zu der ebenso besonnenen wie energischen Handhabung der Schuldisziplin in den bezeichneten Fällen können die Lehrer in keiner Weise in Abrede stellen. Wir vertrauen, daß dieselben in rechter Würdigung ihres Berufes als Erzieher des nachwachsenden Geschlechtes ihres schweren Amtes auch nach dieser Seite hin in Treue und in Barmherzigkeit gegen die ihnen anvertraute Jugend warten werden. Sollte dies jedoch wieder Erwarten in einzelnen Fällen nicht geschehen, so haben uns die Lokalschulinspektoren behufs weiterer Maßnahmen ungesäumt Anzeige zu erstatten.

Selbstverständlich sind wir nicht der Meinung, daß die rechtzeitige und angemessene Ausübung der dem Lehrer zustehenden Strafgewalt allein genüge, um den verstärkten Anforderungen an seinen erziehlichen Beruf zu entsprechen. In weit höherem Grade wird es unter den obwaltenden Verhältnissen darauf ankommen, daß die Jugend in der Schule diejenigen sittlichen Motive in ihr Leben aufnehmen, welche sie vor etwaigen Konflikten mit dem bürgerlichen Gesetze am sichersten zu bewahren geeignet sind. Die Lehrer werden demnach aus unserer gegenwärtigen Verfügung den vermochten Antrieb zu entnehmen haben, ebenso durch den von ihnen erteilten Unterricht, wie durch alle ihre Erweisung in und außerhalb der Schule ihre Schüler sittlich zu kräftigen, seelsorgerisch anzufassen, in Sorgsamkeit zu überwachen und ärgerliche Wandel derselben mehr zu verhüten als zu bestrafen.

Bezüglich derjenigen Schulkinder, welche bereits das 12. Lebensjahr zurückgelegt haben, behält es, im Falle sie Verbrechen oder Vergehen verüben sollten, zunächst bei den Bestimmungen unserer Zirkular-Verfügung vom 28. Februar 1866 sein Bewenden. Requisitionen der Staatsanwaltschaft um Anwendung der Schuldisziplin ist demnach Folge zu geben. Dieselbe tritt jedoch auch dann ein, wenn von der strafrechtlichen Verfolgung gänzlich Abstand genommen werden sollte, und sind dann lediglich die obigen Bestimmungen maßgebend.

§ 147. Verfügung der Königlichen Regierung zu Trier vom 14. Oktober 1871.

(Ctrbl. 1872, S. 35—36).

Nach § 55 des Strafgesetzbuchs für den Norddeutschen Bund können Kinder unter 12 Jahren nicht strafrechtlich verfolgt werden. Während das Gesetz somit die zarte Jugend vor demoralisierenden Gefängnisstrafen bewahren will, geht es anderseits von der Voraussetzung aus, daß der erziehliche Einfluß der Schule und Kirche kräftig streben und mitwirken werde, um die Kinder vom Bösen abzuhalten.

Jedenfalls liegt hierin eine ernste Mahnung an die Lehrer, ihre erziehliche Wirksamkeit und ihre Aufsichtspflicht nicht bloß auf das Schulzimmer zu beschränken, sondern auch das Leben und Treiben der Schuljugend nach der Unterrichtszeit noch möglichst zu überwachen. Ohne deshalb ins Einzelne zu gehen oder bestimmte Vorschriften geben zu wollen, weisen wir nur darauf hin, daß ja die Frage, ob der Lehrer auch außer der Schule auf die Erziehung wirken solle längst von allen gewissenhaften Schulmännern zu der Klasse jener pharisäischen gerechnet wurde: „Ist es auch erlaubt am Sabbath zu heilen?" Sie kann und wird niemals von Lehrern erhoben werden, welche ihren Beruf und die Jugend aufrichtig lieben und somit die Pflicht anerkennen, auch für der letztern Seelenheil einzutreten.

Solche Lehrer werden zunächst diejenigen Kinder ganz besonders ins Auge fassen, deren häusliche Erziehung schlecht ist, oder welche wegen Armut der Eltern zu Beschäftigungen gebraucht werden, die mit mannigfachen Versuchungen zur Sünde verbunden zu sein pflegen. Zu diesen Beschäftigungen sind vor Allem Teilnahme am Hausierhandel, Viehhüten und das Holz- und Laubsammeln in Wäldern zu rechnen. Je leichter sich einzelne Erwachsene namentlich über dem Holzfrevel hinwegzusetzen pflegen, desto eindringlicher ist davor zu warnen und dessen Strafwürdigkeit hervorzuheben. Kinder, welche vielfach beim Hüten des Viehes durch Langeweile zum Bösen verleitet werden, ist durch passende Aufgaben und gute Lektüre ein angemessenes Schutzmittel zu bieten. Ebenso gehören Obstdiebereien, Baumfrevel und das Ausnehmen von Nestern der Singvögel und deren Fang zu den Fehlern, welche bei einer unbeschäftigten, aufsichtslosen Jugend leider gar häufig getroffen werden, aber um so energischer durch Warnung und Belehrung zu bekämpfen sind als sie oft genug den Anfang und Übergang zu spätern und größern Ausschreitungen bieten. Wenn der Lehrer einerseits gegen diese Fehler alle Mittel anwenden wird, welche der Religions- und biblische Geschichtsunterricht reichlich bietet, so darf er es auch nicht unterlassen sich mit den Eltern und Dienstherren der Kinder in Beziehung zu setzen, auf diese belehrend und ermahnend einzuwirken, oder von ihnen Nachrichten über das Verhalten der Pflegebefohlenen einzuziehen. Der ältern Schuljugend wird noch ganz besonders die Überwachung der kleinern Mitschüler und Geschwister als heilige Pflicht darzustellen und ernstlich darauf hinzuweisen sein, welche schwere Verantwortung die erwachsenere Jugend durch Verführung der Unschuld und durch Ärgernis der Kleinen auf sich laden würden.

§ 148. Ministerial-Erlaß vom 9. März 1874.

(Ctrbl. 1874, S. 361.)

Die generelle Verfügung dieser Behörde (Regierung) vom 23. April 1872 regelt das Eingreifen und die Handhabung der Schuldisziplin für die Fälle, daß Kinder unter 12 Jahren Handlungen begehen, welche sich objektiv als Verletzungen der Strafgesetze darstellen und mit den gesetzlich bestimmten Strafen zu belegen wären, wenn nicht der § 55 des deutschen Strafgesetzbuches die strafrechtliche Verfolgung derjenigen Personen, welche das zwölfte Lebensjahr noch nicht vollendet haben, überhaupt ausschlösse. Von den Handlungen dieser Art sind diejenigen zu unterscheiden, welche sich als Ungezogenheiten gemeiner Art charakterisieren. Begehen die einer bestimmten Schule angehörigen Kinder derartige Ungezogenheiten außerhalb derselben, so ist der Lehrer einer solchen Schule wohl befugt, gegen dieselben mit den innerhalb der Schulzucht liegenden Strafmitteln auch dann einzuschreiten, wenn eine vorherige Anzeige an die Eltern und deren Mitwirkung unthunlich erscheint oder die Wirkung des Zuchtmittels dann nicht erreicht werden würde. Es ist jedoch dabei als Regel festzuhalten, daß die Angelegenheit in der Schule selbst mit dem Kinde erörtert und dort der Strafakt vorzunehmen sei, um der möglichen Auffassung vorzubeugen, als enthielte das pflichtmäßige Einschreiten des Lehrers eine Übereilung oder einen Eingriff in das elterliche Erziehungs- und Züchtigungsrecht. Mit Rücksicht auf dieses Recht wird sich daher empfehlen, in den Fällen, welche zwar nicht unter die erwähnte Verfügung vom 23. April 1872 fallen, jedoch ihrer Erheblichkeit wegen eine schwere Bestrafung erheischen, zuvörderst den Eltern Mitteilung zu machen und ihnen auf Erfordern die Züchtigung zu überlassen.

§ 149. Verfügung der Königl. Regierung zu Koblenz

am 5. Februar 1877. (Ctrbl. 1877, S. 429.)

Auf den Bericht über die Verpflichtung der Lehrer zur Aufsichtsführung über das Verhalten der Schulkinder auch außerhalb der Schule eröffnen wir Ihnen hierdurch folgendes:

Wie durch frühere Entscheidungen des Königlichen Gerichtshofs für Kompetenzkonflikte das Recht der Schule, resp. der Lehrer zur entsprechenden disziplinarischen Ahndung der von den Schulkindern außerhalb der Schule begangenen Ungezogenheit und Gesetzesübertretung anerkannt ist, so ist durch das Reskript des Herrn Ministers vom 28. März 1872 ausdrücklich ausgesprochen, daß die Schule den Beruf hat, derartige Handlungen der Kinder nach der ihr zustehenden Disziplinargewalt in einer den Zwecken der Erziehung entsprechenden Weise zu ahnden. Die Verpflichtung der Lehrer, durch Aufsichtsführung und anderweit hierzu mitzuwirken, unterliegt daher keinem Zweifel.

Dabei sind jedoch nach Maßgabe des allegierten und des weitern Ministerial-Reskripts vom 9. März 1874 folgende Gesichtspunkte zu beachten:

1. Die Untersuchung und event. Bestrafung solcher Ungezogenheiten und Vergehungen ist in der Regel nicht außerhalb der Schule, sondern in derselben vorzunehmen.
2. Ist zur Feststellung des Thatbestandes die Vernehmung von noch andern Personen als Schulkindern notwendig, so ist erforderlichenfalls die Polizeibehörde, welche dem sich nicht entziehen wird, um dieselben zu ersuchen.
3. Wenn eine vorherige Anzeige an die Eltern der betreffenden Schulkinder resp. an deren Stellvertreter unthunlich, oder wenn deren Mitwirkung nicht zu erreichen ist, so hat der Lehrer auch ohne solche und ohne vor etwaigen Konflikten mit denselben zurückzuschrecken, die vorher festgestellten Ungezogenheiten und Vergehungen von Schulkindern unter Innehaltung der für die Handhabung der Schulzucht vorgeschriebenen Grenzen zu ahnden.
4. Im allgemeinen ist davon auszugehen, daß die Eltern, resp. deren Stellvertreter zunächst und zumeist verpflichtet sind, solchen Ungezogenheiten und Vergehungen ihrer Kinder erziehlich entgegenzuwirken. Der Lehrer hat daher, wenn er solche bemerkt und festgestellt hat, in der Regel zunächst jenen davon Anzeige zu machen, sie zur angemessenen Bestrafung aufzufordern und nur wenn sie zu derselben nicht imstande oder nicht bereit sind, selbst sie vorzunehmen.

§ 150. Einwirkung der Schule auf Verhütung von Baumfrevel.

(Regierungs-Verfügung zu Frankfurt a/O. vom 13. Juni 1871.)

Wir haben in neuerer Zeit wiederholt Gelegenheit genommen, auf den großen Wert der Obstbaumzucht im Interesse der Landeskultur hinzuweisen, auch Veranstaltungen getroffen, welche die Anlage und den rationellen Betrieb von Obstbaumpflanzungen seitens der Lehrer und eine angemessene theoretische Belehrung und praktische Übung der Schuljugend im Anpflanzen und in der Behandlung von Obstbäumen bezwecken. Nicht minder ist von Aufsichtswegen darauf hingewirkt worden, daß die öffentlichen Wege seitens der Gemeinden, wo es irgend angänglich, mit Obstbäumen bepflanzt werden.

Je erfreulicher es ist, daß die Lehrer in richtiger Würdigung des öffentlichen, wie selbst des eigenen Interesses sich der Kultur der Obstbaumzucht mit Eifer angenommen haben, und daß auch die Gemeinden Anstrengungen machen, die öffentlichen Wege mit einem ebenso nützlichen, als angenehmen

Schmuck zu versehen, desto mehr ist es angezeigt, diese Anpflanzungen vor mutwilliger Zerstörung so viel wie möglich zu schützen, und das um so mehr, da Baumfrevel aller Art leider nur zu häufig noch sowohl von Erwachsenen, als von der Jugend begangen werden.

Wenngleich von der Schuljugend Beschädigungen an Bäumen in der Regel mehr aus Leichtsinn und Mutwillen, als in beabsichtigtem Übelwollen vorgenommen werden, so tritt dann in einer derartigen Zerstörungslust immer eine gewisse Rohheit des Herzens hervor, welcher in ihren Keimen entgegenzutreten Aufgabe auch der Schule ist.

Die Lehrer werden es nicht unterlassen dürfen, in jedem Jahre und zwar wiederholentlich die Schulkinder vor mutwilliger Beschädigung und Zerstörung von Bäumen an den Landstraßen oder öffentlichen Anlagen eindringlich und ernstlich zu warnen, dabei auch auf die bürgerlichen Strafen hinzuweisen, mit denen Baumfrevel bedroht sind.

Ganz besonders kommt es darauf an, durch die gesamte erziehliche Thätigkeit die Jugend mit Abscheu vor allem Rohen und Gemeinen zu erfüllen, den Sinn für Erfassung des Schönen zu erschließen, die Gebilde der Natur als kunstvoll geordnete Werke Gottes zum Verständnis zu bringen, und die Kinder so mit Scheu vor jeder Verletzung dessen zu erfüllen, was den Menschen zum Nutzen und Ergötzen, der Erde aber zum Schmucke verliehen ist. Wenn der Unterricht es darauf absieht, den kunstvoll gegliederten Bau der Pflanzenwelt zu erschließen, die Lebensbedingungen kennen zu lehren, von denen namentlich auch die Entwickelung eines Baumes abhängig ist, und auf den Segen der Baumpflanzungen im Haushalte der Natur und ihre Bedeutung für die Kultur nachdrücklich hinzuweisen, so kann ein günstiger Erfolg kaum ausbleiben.

Die Lektüre der heiligen Schrift bietet gleichfalls mannigfache Gelegenheit die durch eine sachgemäße Unterweisung erworbenen naturkundlichen Erkenntnisse in das rechte Licht zu stellen und die Natur als das erfassen zu lassen, was sie ist, als eine Offenbarungsstätte Gottes, die in Größe und Vielheit seiner Werke seine Allmacht, in ihrer kunstvollen und zweckentsprechenden Anordnung seine Weisheit, in der Fülle seiner Gaben seine Güte den Menschen lebendig vor Augen gestellt hat. Ein Gemüt, welches sich mit diesen Gedanken lebendig durchdrungen hat, wird auch Scheu empfinden, die Werke Gottes mutwillig zu beschädigen und zu zerstören.

Wir legen es den Herren Lehrern dringend ans Herz, nach Maßgabe obiger Andeutungen in der Jugend frühzeitig und unausgesetzt diejenige Gesinnung zu erwecken und zu pflegen, welche allein geeignet ist, diese vor Begehungen von Baumfreveln zu bewahren. Es wird ihnen auch unschwer möglich werden, selbst auf die bereits aus der Schule entlassene Jugend und die ältern Ortsbewohner nach der bezeichneten Richtung hin einen segensreichen Einfluß auszuüben. Sollten aber nichtsdestoweniger von Schulkindern Baumfrevel verübt werden, so ist mit allen Mitteln der Schulzucht rücksichtslos einzuschreiten.

§ 151. Beschädigung gemeinnütziger Anstalten.

Regierungs-Verfügung Frankfurt a/O. vom 17. Oktober 1878. (Schulbl. S. 77 pro 1879.)

Die Zirkularverfügung vom 1. Juli 1873, betreffend die Beschädigung von Telegraphenleitungen, wird mit dem Bemerken in Erinnerung gebracht, daß zu den gemeinnützigen Anstalten des öffentlichen Verkehrs, zu deren Pflege und Schonung die Bevölkerung gewöhnt und schon die Jugend erzogen werden muß, in erster Linie die Eisenbahnen zu rechnen sind.

Da nach Mitteilungen von zuständiger Stelle wiederholt wahrgenommen ist, wie Schulkinder mit Steinen nach fahrenden Eisenbahnzügen und Maschinen werfen und dabei nicht nur Fensterscheiben zertrümmerten, sondern auch die Insassen belästigten, da ferner auch in manchen Fällen der Verdacht rege geworden ist, daß durch Knaben, die im schulpflichtigen Alter stehen, Steine auf die Schienen gelegt worden seien, so muß die sachgemäße Mitwirkung der Schule wiederholt in Anspruch genommen werden, um einen Unfug zu wehren, der die Betriebssicherheit auf den Bahnen stört und das reisende Publikum ernstlich zu gefährden vermag. Es kommt darauf an, daß dem Gegenstande, namentlich in solchen Ortschaften, die in der Nähe einer Eisenbahn liegen, fortgesetzte Aufmerksamkeit zugewendet bleibe, und daß überall die erforderlich scheinenden Belehrungen und Warnungen von den Lehrern regelmäßig von Zeit zu Zeit wiederholt und der Jugend nachdrücklich eingeschärft werden.

§ 152. Zu öffentlichen Schaustellungen dürfen Kinder nicht verwandt werden.

Erlaß des Oberpräsidenten von Brandenburg vom 23. Februar 1878. (Amtsbl. 10, S. 65.)

Auf Grund der §§ 6 und 12 des Gesetzes vom 11. März 1850 und des § 76 der Provinzialordnung vom 29. Juni 1875 wird unter Zustimmung des Provinzialrats für den ganzen Umfang der Provinz Brandenburg, mit Ausnahme der Stadt Berlin verordnet, was folgt:

1. Die Verwendung von Kindern, welche das schulpflichtige Alter noch nicht erreicht haben, oder noch nicht aus der Schule entlassen sind, zu öffentlichen Schaustellungen irgend einer Art, insbesondere auch zu Theatervorstellungen, sowie auch das selbständige Auftreten derselben mit solchen Schaustellungen ist untersagt. Für theatralische Vorstellungen kann die Ortspolizeibehörde in einzelnen Fällen Ausnahmen von dem vorstehenden Verbot gestatten.

2. Mit Geldstrafe bis zu 30 M. resp. entsprechender Haft werden bestraft:

a) die Unternehmer von Schaustellungen irgend welcher Art, welche entgegen dem § 1 Kinder zu denselben verwenden;
b) die Inhaber öffentlicher Lokale, welche gestatten, daß in denselben Schaustellungen mit Übertretung der Vorschrift im § 1 stattfinden;
c) die Eltern oder Vormünder, welche die Verwendung ihrer Kinder, bezw. Pflegebefohlenen zu Schaustellungen oder das selbständige Auftreten derselben in solchen zulassen.

3. Alle den vorstehenden Bestimmungen etwa widerstreitende Lokal- und Kreispolizeiverordnungen treten außer Kraft.

§ 153. Unterbringung verwahrloster Kinder.

Gesetz vom 13. März 1878. (Gesetz-Sammlungen S. 132).

§ 1. Wer nach Vollendung des 6. und vor Vollendung des 13. Lebensjahres eine strafbare Handlung begeht, kann von Obrigkeitswegen in eine geeignete Familie, oder in eine Erziehungs- und Besserungsanstalt untergebracht werden, wenn die Unterbringung mit Rücksicht auf die Beschaffenheit der strafbaren Handlung, auf die Persönlichkeit der Eltern oder sonstigen Erzieher des Kindes und auf dessen übrige Lebensverhältnisse zur Verhütung weiterer sittlicher Verwahrlosung erforderlich ist.

§ 2. Die Unterbringung zur Zwangserziehung erfolgt, nachdem das Vormundschaftsgericht durch Beschluß den Eintritt der Voraussetzung des § 1 unter Bezeichnung der für erwiesen erachtete Thatsachen festgestellt und die Unterbringung für erforderlich erklärt hat.

§ 3. Das Vormundschaftsgericht beschließt von Amtswegen oder auf Antrag. Die Staatsanwaltschaft ist verpflichtet, dem Vormundschaftsgericht von den in § 1 bezeichneten strafbaren Handlungen, welche zu ihrer Kenntnis gekommen sind, Mitteilung zu machen.

Das Vormundschaftsgericht soll vor der Beschlußfassung die Eltern oder sofern diese nicht leben, die Großeltern, den Vormund, den Pfleger, den Gemeindevorstand hören, falls deren Anhörung ohne besondere Schwierigkeiten erfolgen kann, sowie in allen Fällen die Ortspolizeibehörde oder einen andern, durch den Minister des Innern zu bestimmenden Vertreter der Staatsregierung.

Das Vormundschaftsgericht kann Zeugen eidlich vernehmen.

Der Beschluß des Vormundschaftsgerichts ist in einer Schlußverhandlung zu verkündigen. Von dem zur Schlußverhandlung anberaumten Termin sind außer den im zweiten Absatz dieses § genannten Personen und Behörden, der Schulvorstand und der Waisenrat zu benachrichtigen. Dieselben sind berechtigt, über den Gegenstand der Verhandlung ihre Erklärung in diesem Termine oder vorher schriftlich anzugeben.

§ 4. Gegen den Beschluß des Vormundschaftsgerichts steht den in § 3, Absatz 2 und 4 genannten Personen und Behörden das Recht der Beschwerde zu, den Eltern, bezw. den Großeltern jedoch nur dann, wenn der Schluß auf Unterbringung lautet.

Die Beschwerde hat aufschiebende Wirkung, wenn sie innerhalb einer Woche von Verkündigung des Beschlusses an gerechnet, bei dem Vormundschaftsgericht eingereicht wird.

§ 5. Hat die in § 3 angeordnete Anhörung der Eltern, bezw. Großeltern, des Vormundes oder Pflegers nicht stattfinden können, so sind dieselben jederzeit berechtigt, die Wiederaufnahme des Verfahrens zu verlangen.

§ 6. Das Vormundschaftsgericht übersendet seinen auf Unterbringung gerichteten Beschluß dem verpflichteten Kommunalverbande (§ 7) durch Vermittelung des Landrats (Amtshauptmannes).

§ 7. Verpflichtet zur Unterbringung ist derjenige Kommunalverband, in dessen Gebiete das beschließende Vormundschaftsgericht seinen Sitz hat.

§ 8. Die Unterbringung darf nicht in Anstalten erfolgen, welche zur Dentention der § 362 des Strafgesetzbuchs bezeichneten Personen oder zur Unterbringung von Kranken, Idioten, Landarmen und Gebrechlichen bestimmt sind.

§ 9. Die Kommunalverbände haben von der Unterbringung und von jedem Wechsel des Aufenthaltsortes Kenntnis zu geben, weil sie über nicht bevormundete Kinder eine geistliche Aufsicht üben, wie ihnen solche die Vormundschaftsordnung vom 5. Juli 1875, insbesondere in den §§ 53 und 54 in betreff der Mündel übertragen hat.

§ 10. Das Recht der Zwangserziehung hört, abgesehen von der Aufhebung des Überbringungsbeschlusses im Falle des § 5 auf:

1. mit dem vollendeten 14. Lebensjahre des Zöglings,
2. mit dem Beschlusse der Entlassung aus der Zwangserziehung.

Die Entlassung aus der Zwangserziehung ist von dem verpflichteten Kommunalverbande zu beschließen, sobald die Erreichung des Zwecks der Zwangserziehung anderweit sicher gestellt oder dieser Zweck erreicht ist. Ist dies zweifelhaft, so kann von dem Verbande eine widerrufliche Entlassung verfügt werden, welche das Recht zur Zwangserziehung nicht berührt.

§ 11. Die gerichtlichen Verhandlungen sind gebühren- und stempelfrei. Die baren Auslagen fallen der Staatskasse zur Last.

Beschwerden werden in dem für Vormundschaften bestehenden Instanzenzuge erledigt.

§ 12. Die § 7 genannten Kommunalverbände (Provinzialverbände) haben für die Einrichtung öffentlicher Erziehungs- und Besserungsanstalten zu sorgen, wenn und insoweit es an Gelegenheit fehlt, durch Abkommen mit geeigneten Familien, Vereine und Privatanstalten oder bestehenden öffentlichen Anstalten die Unterbringung der verwahrlosten Kinder zu bewirken.

Die Kosten, welche durch Einlieferung in die Familie oder Anstalt und die dabei nötige, reglementsmäßige erste Ausstattung des Zöglings und durch die Rückreise der Entlassenen erwachsen, fallen dem Ortsarmenverbande, in welchem der Zögling seinen Unterstützungswohnsitz hat, alle übrigen Kosten des Unterhalts und der Erziehung sowie der Fürsorge bei der Beendigung der Zwangserziehung den vorerwähnten Verbänden zur Last, soweit sie nicht aus dem eigenen Vermögen des Zöglings oder von denen aus privatrechtlichen Titeln zur Alimentation Verpflichteten eingezogen werden können.

§ 13. Die nähern Bestimmungen über die Verwaltung aus den Kommunalverbänden durch dieses Gesetz übertragenen Verwaltungszweiges, sowie der zu errichtenden Erziehungs- und Besserungsanstalten erfolgen durch besondere, von den Vertretungen der betreffenden Verbände zu erlassenden Reglements.

Diese Reglements bedürfen der Genehmigung des Ministers des Innern und des Ministers der geistlichen Angelegenheiten in betreff derjenigen Bestimmungen, welche sich auf die Aufnahme, die Behandlung, den Unterricht und die Entlassung der Zöglinge beziehen.

§ 14. Die zuständigen staatlichen Aufsichtsbehörden der in § 7 bezeichneten Kommunalverbände und in höherer Instanz der Minister des Innern haben Oberaufsicht über die zur Unterbringung von Zöglingen getroffenen Veranstaltungen zu führen; sie sind befugt, zu diesem Behufe Revision vorzunehmen.

§ 15. Wenn einer der in § 7 gedachten Verbände die ihm nach diesem Gesetz obliegenden, von der Behörde innerhalb der Grenzen ihrer Zuständigkeit festgestellten Leistungen zu erfüllen verweigert oder unterläßt, so entscheidet das Oberverwaltungsgericht auf Antrag des Oberpräsidenten.

§ 16. Die gesetzlichen Bestimmungen, wonach die zwangsweise Unterbringung von Kindern in eine geeignete Familie oder in eine Erziehungs- oder Besserungsanstalt auch ohne die Voraussetzung einer verübten strafbaren Handlung zugelassen ist, werden durch dies Gesetz überhaupt nicht berührt.

§ 17. Die gesetzlichen Bestimmungen über die religiöse Erziehung der Kinder gelten unverändert auch für die in diesem Gesetze geordnete Zwangserziehung.

§ 18. Dieses Gesetz tritt mit dem 1. Oktober 1878 in Kraft.

§ 154. Ausübung des Züchtigungsrechtes auch außerhalb der Schule und durch einen andern als den Klassenlehrer.

Entscheidung des Oberverwaltungsgerichts v. 18. Januar 1882. (Ctrbl. 1882, S. 458).

(Auszug). Der Beschuldigte ist Mitglied des Lehrerkollegiums an der Schule, welche der Knabe S. besucht. Demselben steht daher das Recht der Schulzucht zu. Die Schulzucht begreift das Erziehungsrecht in sich. Der Lehrer hat vermöge dessen die Pflicht, über das sittliche Verhalten der Schulkinder auch außerhalb der Schulzeit und der Schulzimmer zu wachen. Der Beschuldigte befand sich sonach, als er auf der Straße den Karl S. auf das Ungehörige seines Benehmens aufmerksam machte und denselben dafür strafte, in der rechtmäßigen Ausübung seines Amtes. Er würde deshalb in Gemäßheit der Allerhöchsten Kabinetsordre vom 14. Mai 1825 zur gerichtlichen Verantwortung nur dann gezogen werden dürfen, wenn er die Übung der Schulzucht bis zur Mißhandlung ausgedehnt hätte, welche der Gesundheit des Knaben Karl S. auch nur auf entfernte Art schädlich werden konnten. Dieser Fall liegt selbst nach den eigenen Angaben des Antragstellers nicht vor.

§ 155. Die Ausübung des Züchtigungsrechtes kann dem Lehrer entzogen werden.

Ministerial-Erlaß vom 8. Februar 1879, U. III. 13213, U. II. (Ctrbl. 1879, S. 282).

Auf den Bericht eröffne ich der Königl. Regierung folgendes:

Aus dem Rechte der Dienstaufsicht folgt, daß den Vorgesetzten der Lehrer die Befugnis zusteht, ihnen wegen Ausübung der Schulzucht — also sowohl wegen Anwendung von Zucht- oder Erziehungs- und Besserungsmitteln überhaupt, wie auch wegen Anwendung körperlicher Züchtigungen insbesondere — allgemeine und einzelne Weisungen zu erteilen, und demgemäß geeigneten Falls ihnen auch in der Anwendung der körperlichen Züchtigung bestimmte Schranken zu setzen.

Es sind deshalb die Verfügungen der Königl. Regierung vom — — an die städtische Schuldeputation in N. insoweit für begründet nicht zu erachten, als in diesen Verfügungen das Züchtigungsrecht als eine solche dem Lehrer zustehende Befugnis hingestellt worden ist, welche denselben von seinen Dienstvorgesetzten und selbst von der höhern vorgesetzten Dienstbehörde der Königlichen Regierung nicht entzogen werden könne.

VIII. Gesundheitspflege.

§ 156. Impfgesetz.

Vom 8. April 1874. (Reichsgesetzblatt S. 31, Nr. 996.)

§ 1. Der Impfung mit Schutzpocken soll unterzogen werden:

1. jedes Kind vor dem Ablauf des auf sein Geburtsjahr folgenden

Kalenderjahres, sofern es nicht nach ärztlichem Zeugnis die natürlichen Blattern überstanden hat;

2. jeder Zögling einer öffentlichen Lehranstalt oder einer Privatschule, mit Ausnahme der Sonntags- und Abendschulen, innerhalb des Jahres, in welchem der Zögling das 12. Lebensjahr zurückgelegt, sofern er nicht nach ärztlichem Zeugnis in den letzten 5 Jahren die natürlichen Blattern überstanden hat oder mit Erfolg geimpft worden ist.

§ 5. Jeder Impfling muß frühestens am 6., spätestens am 8. Tage nach der Impfung dem impfenden Arzt vorgestellt werden.

§ 6. Der Impfarzt nimmt in der Zeit von Anfang Mai bis Ende September jeden Jahres an den vorher bekannt zu machenden Orten und Tagen für die Bewohner des Impfbezirks Impfungen unentgeltlich vor. In jedem Bundesstaate werden Impfbezirke gebildet, deren jeder einem Impfarzt unterstellt wird.

§ 7. Für jeden Impfbezirk wird vor Beginn der Impfzeit eine Liste der nach § 1, Ziffer 1 der Impfung unterliegenden Kinder von der zuständigen Behörde aufgestellt. Über die auf Grund des § 1, Ziffer 2 zur Impfung gelangenden Kinder haben die Vorsteher der betr. Lehranstalten eine Liste anzufertigen.

Die Impfärzte vermerken in den Listen, ob die Impfung mit oder ohne Erfolg vollzogen, oder ob und weshalb sie ganz oder vorläufig unterblieben ist. Nach dem Schlusse des Kalenderjahres sind die Listen der Behörde einzureichen.

§ 10. Über jede Impfung wird nach Feststellung ihrer Wirkung von dem Arzt ein Impfschein ausgestellt. In dem Impfschein wird, unter Angabe des Vor- und Zunamens des Impflings, sowie des Jahres und Tages seiner Geburt, bescheinigt, entweder, daß durch die Impfung der gesetzlichen Pflicht genügt ist, oder, daß die Impfung im nächsten Jahre wiederholt werden muß.

§ 13. Die Vorsteher derjenigen Schulanstalten, deren Zöglinge dem Impfzwange unterliegen (§ 1, Ziffer 2), haben bei der Aufnahme von Schülern durch Einfordern der vorgeschriebenen Bescheinigungen festzustellen, ob die gesetzliche Impfung erfolgt ist.

Ist eine Impfung ohne gesetzlichen Grund unterblieben, so haben sie auf deren Nachholung zu dringen.

Sie sind verpflichtet, 4 Wochen vor Schluß des Schuljahres der zuständigen Behörde ein Verzeichnis derjenigen Schüler vorzulegen, für welche der Nachweis der Impfung nicht erbracht ist.

§ 15. Ärzte und Schulvorsteher, welche den ihnen auferlegten Verpflichtungen nicht nachkommen, werden mit Strafe bis zu 100 Mark bestraft.

§ 157. Dispensation vom Turnunterricht nach erfolgter Impfung.

Ministerial-Reskript, Berlin, den 18. Juni 1878. U. III. 9266. (Ctrbl. Nr. 134, S. 374).

Obwohl im allgemeinen angenommen werden kann, daß revaccinierte Schulkinder während der Zeit der Entwickelung und Abheilung der Impfblattern zu den Turnübungen nicht herangezogen werden, so wird doch Veranlassung genommen, noch besonders darauf aufmerksam zu machen, daß diese Dispensation auf die Dauer von 14 Tagen von der Vollziehung der Wiederimpfung an gerechnet, zu erteilen sei.

§ 158. Ausführung des Reichs-Impfgesetzes.

Gesetz vom 12. April 1875. (Gesetz-Sammlung S. 191 Nr. 8279).

§ 1. Die Kreise resp. Amtsverbände haben die Impfbezirke zu bilden, die Impfärzte anzustellen und die Kosten zu tragen, welche durch die Ausführung des Impfgesetzes vom 8. April 1874 (Ges.-S. S. 373, Nr. 94) entstehen.

§ 2. Zu den von den Kreisen und Amtsverbänden zu tragenden Kosten gehören die Remuneration der Impfärzte, die Kosten der erforderlichen Bureauarbeiten, sowie die Kosten für den Druck der nötigen Listen, Scheine und Zeugnisse. (Die Impfscheine sind stempelfrei.)

Dafür fallen den Kreisen und Amtsverbänden aber auch die Gebühren für die in den Impfterminen erteilten Bescheinigungen zu, soweit dieselben nach § 11 des Reichs-Impfgesetzes nicht gebührenfrei sind. Von den Gemeinden ist ein geeignetes Lokal und dem Impfarzt die dabei erforderliche Schreibhülfe zu gewähren.

§ 159. Das epidemische Auftreten der Diphtheritis.

Regierungs-Verfügung, Frankfurt a. O., den 2. Oktober 1877. (Brd. Schulblatt pro 1878, S. 57).

Es ist in neuerer Zeit mehrfach vorgekommen, daß Polizeiverwaltungen infolge eines vermeintlich epidemischen Auftretens der Diphtheritis und anderer ansteckenden und namentlich Kinder gefährdenden Krankheiten in den betroffenen Ortschaften die sofortige Schließung der Schulen bewirkt haben, während es, wie die nachfolgende Untersuchung durch den Kreisphysikus ergeben hat, im allgemeinen sanitätlichen Interesse ausgereicht hätte, wenn nur die gewissen Familienangehörigen oder in den infizierten Häusern wohnhaften Kinder vom Schulbesuche auf geraume Zeit ausgeschlossen worden wären. Um eine so empfindliche und nach verschiedenen Richtungen hin bedenkliche Störung vom Schulleben thunlichst fern zu halten, findet die Regierung sich veranlaßt, die in dem Regulativ vom 8. August 1835 (Ges.-Samml. S. 242 ff.) enthaltenen „sanitätspolizeilichen Vorschriften bei ansteckenden Krankheiten" in Erinnerung zu bringen. Durch dieselben ist hinsichtlich der Schulen folgendes bestimmt: „§ 14. Hinsichtlich der Schulen sollen zwar die gesetzlichen Bestimmungen, die den Schulbesuch befehlen, in einem von einer ansteckenden Epidemie heimgesuchten Orte zur strengen Anwendung kommen, doch soll auch die gänzliche Schließung der Schulen nicht ohne dringende Not erfolgen und nur von den Sanitätskommissionen besonders darauf gewacht werden, daß in den Schulzimmern stets reine Luft erhalten und Überfüllung vermieden werde.

An ansteckenden Krankheiten leidende Kinder müssen aus den Schulen, Fabriken und anderen Anstalten, in denen ein Zusammenfluß von Kindern stattfindet, entfernt werden, und sind nicht eher wieder zuzulassen, als bis ihre völlige Genesung und die Beseitigung der Ansteckungsfähigkeit ärztlich bescheinigt ist.

Ebenso ist aus Familien, in welchen Jemand an Pocken, Scharlach, Masern und andern, besonders Kindern gefährdenden, ansteckenden Krankheiten leidet, der Besuch der Schulen und ähnlichen Anstalten denjenigen Kindern nicht zu gestatten, welche mit dem Kranken in fortwährendem Verkehr stehen."

Hieraus ergeben sich die nachstehenden Anweisungen, welche in Fällen der gedachten Art sowohl von den Organen der Schulaufsicht und den Lehrern, wie von den Lokal-Polizei-Behörden zu beachten sein werden:

1. Kinder, welche notorisch an ansteckenden Krankheiten leiden oder deren Familien als infiziert angesehen werden müssen, sind ohne Verzug vom Schulbesuche zu dispensieren und bis zur Beseitigung der Ursache von der Teilnahme am öffentlichen oder gemeinsamen Unterrichte fern zu halten.

2. Ist der Fall so dringender Art, daß seitens der Polizei-Behörde die Schließung einer ganzen Schule in Aussicht genommen werden muß, so wird in der Regel dem zuständigen Königl. Landratsamte vorgängige Anzeige zu erstatten sein. Das Letztere wird alsdann der Kreisphysikus des Schleunigsten mit Auftrag zu versehen haben, um an Ort und Stelle die Natur der Krankheit, deren Charakter und Umfang durch Aufnahme eines Befundprotokolls festzustellen und entweder sofort die notwendigen Anordnungen zu treffen oder durch ein dem Landratsamte zu erstattendes Gutachten die angezeigten Maßregeln in Antrag zu bringen.

3. Ist jedoch die augenblickliche Not eine so dringende, daß nach dem pflichtmäßigen Ermessen der Lokal-Polizei-Behörde Gefahr im Verzuge liegt, so kann die letztere unter Benachrichtigung des Schulinspektors auch die sofortige Schließung der Schulen anordnen; nur gilt diese zunächst als eine vorläufige und muß dem Königl. Landratsamte behufs weiterer Untersuchung durch den Kreisphysikus und Herbeiführung definitiver Bestimmungen baldthunlichst Anzeige erstattet werden.

4. Die vorstehenden Bestimmungen ad 2, 3 gelten auch für den besonders zu beachtenden Fall, daß Erkrankungen an den Pocken, Masern, Scharlach, Diphtheritis, Typhus u. s. w. in den Familien solcher Lehrer sich ereignen sollten, welche ihre Wohnung im Schulhause haben.

5. Nach Maßgabe der gutachtlichen Äußerung des Kreisphysikus hat das Königl. Landratsamt auch darüber zu befinden, ob und auf welche Zeitdauer die bestehenden Vorschriften über den obligatorischen Schulbesuch nicht zur strengen Anwendung kommen und Schulversäumnisse mit Nachsicht behandeln bezw. als entschuldigt angesehen und nicht zur sonst üblichen Ahndung gebracht werden sollen.

6. Die Königl. Landratsämter haben in jedem einzelnen Falle von den ihrerseits getroffenen definitiven Anordnungen dem zuständigen Kreisschulinspektor Mitteilung, demnächst aber unter Vorlegung des Befundprotokolls und des Physikats-Gutachtens an die Regierung Bericht zu erstatten.

Nach Maßgabe der vorstehenden Anweisungen beauftragt die Regierung das Königl. Landratsamt, sämtliche Amtsvorsteher und die städtischen Polizei-

Verwaltungen mit Instruktion zu versehen, zu deren Erleichterung die gegenwärtige Verfügung in der angemessenen Anzahl von Exemplaren übermittelt wird.

Abschrift der vorstehenden Verfügung erhalten die Kreis- und Lokalschulinspektoren zur Kenntnisnahme und zur genauen Nachachtung. in betreff derjenigen Bestimmungen, welche ihre Kompetenz als Schulinspektor berühren.

Zugleich wird den Schulinspektoren hierdurch aufgegeben, in dem Falle, daß seitens der Polizeibehörde die sofortige Schließung einer ihrer Aufsicht unterstellten Schule oder Schulklasse entsprechend der oben unter Nr. 3 zugestandenen event. Ermächtigung verfügt werden sollte, auf erhaltene Anzeige unverzüglich der Kreisschulinspektion hiervon Bericht zu erstatten.

Endlich wollen die Schulinspektoren nicht blos durch die jetzt zu bewirkende Mitteilung der Regierungs-Verfügung, sondern auch, sofern es die Zeitumstände angezeigt erscheinen lassen sollten, durch wiederholte persönliche Erinnerung denjenigen Lehrern, welche in den Schulhäusern Wohnung haben, die dringende Verpflichtung einschärfen, daß sie von Krankheitsfällen der in Rede stehenden Art (vergl. oben Nr. 4), welche sich in ihren Familien zutragen sollten, ungesäumt der Polizei-Behörde zur Herbeiführung der im allgemeinen Interesse notwendigen Schutzmaßregeln Anzeige zu erstatten haben.

Die gegenwärtige Verfügung ist urschriftlich zu den Akten einer jeden Schule zu bringen und ist die zu diesem Behufe erforderliche Anzahl von Exemplaren beigeschlossen.

§ 160. Diphtheritis-Epidemie.

Regierungs-Verfügung, Liegnitz, den 10. Oktober 1877. (Pr. L.-Ztg. pro 1878, Nr. 1.)

Aus Anlaß der unter den Schulkindern aufgetretenen Diphtheritis wird verordnet:

Schulpflichtige Kinder, in deren Familie Diphtheritis (Rachenbräune) auftritt, sind vom Besuch der Schule so lange zu dispensieren, resp. fern zu halten, bis derselbe von einem Arzt hinsichtlich einer Weiterverbreitung dieser Krankheit durch die betreffenden Kinder für unbedenklich erklärt wird. Schulpflichtige Rekonvaleszenten von Diphtheritis dürfen erst nach einer mit ihnen auf Anordnung eines Arztes vorgenommenen Desinfektion zum Schulbesuche wieder zugelassen werden. Die betreffenden Klassenlehrer werden zur Verhütung einer epidemischen Verbreitung der Diphtherie unter den Schulkindern am meisten beitragen, wenn sie die Angehörigen von Schülern, die zu solcher Zeit am Husten oder an Halsbeschwerden leiden, baldigst veranlassen, für dieselben ein ärztliches Gesundheitsattest beizubringen, oder wenn sie in Ermangelung desselben sie bis auf Weiteres vom Schulbesuch dispensieren. Ein Schließen der Schule darf nur dann erfolgen, wenn dieses seitens des zuständigen Medizinal-Beamten als eine prophylaktische Notwendigkeit erklärt wird. Die betreffende Anzeige ist alsdann sofort an die Regierung unter Beifügung des Gutachtens des Medizinal-Beamten zu erstatten. Wurde eine Schule wegen großer Verbreitung der Diphtheritis unter Schulkindern geschlossen, so sind vor der Wiedereröffnung derselben getünchte Wände der Klassenzimmer frisch zu kalken (tünchen), die Schulbänke aber, der Fußboden oder andere aus Holz gefertigte Gegenstände sind mittest Laugen oder doch heißen Wassers zu reinigen. Auch ist die Klassenzimmerluft durch Chlor- oder schwefelig-saures Gas, wie die Krankenzimmer zu desinfizieren. Diese Räucherungen dürfen immer nur durch Sachverständige vorgenommen werden.

Im Interesse der öffentlichen Gesundheitspflege haben die Ärzte des Regierungs-Bezirks jeden Fall von Diphtherie, von welchem sie bei Ausübung ihres Berufs Kenntnis erlangen, der zuständigen Ortspolizei-Behörde baldigst zur Kenntnis zu bringen, und letztere bei der Ausführung ihrer bezüglichen Anordnungen zu unterstützen.

Zum Zweck einer eventuellen Belehrung oder des etwaigen Erlasses einer Polizeiverordnung empfiehlt es sich, bei Rachenbräune die ausgebrochenen oder ausgehusteten Massen in ein Gefäß mit leicht zu beschaffender Soda-Lösung zu verbringen. Nach Ablauf der Rekonvalescenz und in Todesfällen sind alle mit den Kranken in Berührung gekommenen Gegenstände, soweit dieses überhaupt angeht und ihre Verbrennung nicht etwa vorzuziehen ist, mittelst Soda-Lösung zu reinigen. Insbesondere ist der Fußboden des Krankenzimmers mit konzentrierter Soda-Lösung abzureiben und getünchte Wände dieses Zimmers oder doch die Wand, an welcher das Krankenbett stand, sind frisch zu kalken (tünchen). Die Krankenzimmer sind demnächst nach Anwendung von Chlor- oder schwefelsauren Dämpfen (Verbrennung von Schwefelspänen, Aufgießen einer stark verdünnten Säure auf Chlorkalk) gründlich zu lüften.

Die Königlichen Landratsämter wollen in vorkommenden Fällen das Weitere anordnen und zugleich Bericht erstatten.

§ 161. Rachenbräune.

Regierungs-Verfügung, Potsdam, den 24. Oktober 1869. (Amtsbl. S. 324).

Kindern aus Haushaltungen, in denen Jemand an der Diphtheritis oder bösartigen Rachenbräune krank darnieder liegt, ist der Schulbesuch nicht zu gestatten, damit sie den Ansteckungsstoff nicht auf andere Kinder übertragen. Ärzte, Landgeistliche und Ortsschulzen sind verpflichtet, von den in Familien und Häusern vorkommenden Erkrankungen an Diphtheritis der Ortspolizeibehörde ungesäumt Anzeige zu machen. (Cfr. Verf. vom 5. April 1835. Amts-Blatt S. 92).

§ 162. Pocken-Epidemie.

Ministerial-Reskript, Berlin, den 31. Oktober 1871. (Ctrbl. S. 705.)

In Bezug auf §§ 54 und 56 des durch die Kabinets-Ordre vom 9. August 1835 bestätigten Regulativs, die sanitätspolizeilichen Vorschriften bei ansteckenden Krankheiten betreffend, wird angeordnet, daß bei öffentlichen Schulen, deren Besuch nicht obligatorisch ist, hinfort die Aufnahme der Knaben, resp. Mädchen auch von der Beibringung eines Attestes über die stattgehabte Impfung resp. Revaccination abhängig ist.

§ 163. Cholera.

(Regierungs-Verfügung, Potsdam, den 20. Juli 1873. (Amts-Bl. Stück 30, S. 212.)

Die Cholera verbreitet sich in Europa, wie die Erfahrung bestätigt hat, nur durch Ansteckung, für welche der Mensch durch den Aufenthalt in schlechter

Luft und durch jegliches Unwohlsein besonders empfänglich gemacht wird. Da die Ansteckung sehr leicht durch Benutzung von Abtritten erfolgt, in welche Auslehrungen von Cholerakranken gelangt sind, so ist die Desinfektion recht gründlich und sorgfältig auszuführen, besonders täglich wiederholt in Schulen, Gasthöfen, Restaurationen, Fabriken u. s. w. durch Eisenvitriol, Karbolsäure und Chlorkalk. Bei ärmlichen Verhältnissen und bei Schulen hat die Ortsbehörde die Desinfektions-Materialien unentgeltlich zu liefern und sind der ärztlichen Hülfsleistung die Wege zu ebnen oder die Kranken in eine Krankenanstalt zu bringen. Das Schaustellen der Leichen, sowie das Versammeln des Leichengefolges in den Sterbewohnungen ist nicht zu gestatten und die Beerdigung so schnell, wie sie gesetzlich zulässig erscheint, zu bewirken.

Die Ärzte haben jeden Choleraerkrankungs- und Todesfall sofort der Polizeibehörde anzuzeigen.

§ 164. Sonnenstich.

Regierungs-Verfügung. Wiesbaden, den 11. August 1873. (B. Z. Nr. 192).

Da auf Grund amtlicher Ermittelungen sich herausgestellt hat, daß nicht allein Kinder der ersten Lebensjahre, sondern auch Schulkinder im Alter von 12 bis 14 Jahren bei andauernder großer Hitze dadurch den Tod erlitten haben, daß sie mit unbedecktem Haupte den Sonnenstrahlen ausgesetzt blieben und an den Folgen des Sonnenstichs starben, werden die Lehrer veranlaßt, die Kinder auf diese Gefahr aufmerksam zu machen, damit von Seiten der Schule die Kinder und Eltern rechtzeitig gewarnt und im eintretenden Falle die Kinder zum Gebrauche einer zweckdienlichen schützenden Kopfbedeckung angehalten werden.

§ 165. Verordnung des Regierungspräsidenten zu Königsberg, die Schließung der Schulen beim Ausbruch epidemischer Krankheiten betreffend.

(Lehrerzeitung für Ost- und Westpreußen pro 1883, Nr. 48).

Die Verfügung der frühern hiesigen Königlichen Regierung, Abteilung des Innern vom 4. August 1879 — Nr. 3663/7 I — betreffend die Schließung der Schulen beim Ausbruch epidemischer Krankheiten, hat in ihrer Ausführung zu Bedenken Anlaß gegeben. Ich sehe mich demzufolge veranlaßt, diese Verfügung aufzuheben und im Einverständnisse mit der hiesigen Königlichen Regierung, Abteilung für Kirchen- und Schulwesen, folgendes zu bestimmen.

Bei Ausbruch ansteckender Krankheiten ist zunächst in Gemäßheit des § 14 der Allerhöchsten Verordnung vom 8. August 1835 (G.-S. S. 240 ff.) und des Erlasses des Herrn Ministers der geistlichen, Unterrichts- und Medizinal-Angelegenheiten vom 19. Dezember 1866 (M.-Bl. für die innere Verwaltung von 1867 S. 72) zu verfahren.

Darnach sind an ansteckenden Krankheiten leidende Kinder aus Schulen, Fabriken und anderen Anstalten, in denen ein Zusammenfluß von Kindern stattfindet, zu entfernen und nicht eher wieder zuzulassen, als bis ihre völlige Genesung und die Beseitigung der Ansteckungsfähigkeit ärztlich bescheinigt ist; ebenso ist aus Familien, in welchen Jemand an Pocken, Scharlach,

Masern und andern besonders für Kinder gefährlichen, ansteckenden Krankheiten leidet, der Besuch der Schulen und ähnlicher Anstalten denjenigen Kindern nicht zu gestatten, welche mit den Kranken in fortwährendem Verkehr stehen. Leidet ein Mitglied der im Schulhause wohnenden Lehrerfamilie an einer ansteckenden Krankheit, so ist dasselbe entweder unverzüglich aus dem Hause zu schaffen, oder wenigstens in demselben derart zu isolieren, daß eine Ansteckung der die Schule besuchenden Kinder nicht zu befürchten ist. Endlich ist sorgfältig darauf zu halten, daß in den Schulzimmern stets reine Luft erhalten und jede Überfüllung vermieden werde und sind daher auch während der Dauer der Epidemie die Schulversäumnisse der Regel nach entschuldigt und straffrei zu lassen.

Die Schließung der Schulen erscheint, da sie von den erkrankten Kindern und solchen aus Familien, in denen die Krankheit herrscht, nicht besucht werden, mithin vor Ansteckung schützende Zufluchtsstätte der Kinder sind, auf die geregelte Beschäftigung der Kinder nur vorteilhaft und moralisch kräftigend wirken kann, in der Regel nicht angezeigt. Nur in außergewöhnlichen Fällen, insbesondere, wenn die ansteckende Krankheit im Hause des Lehrers selbst herrscht und vollständige Isolierung oder Entfernung der Kranken nicht möglich ist, hat die gänzliche Schließung der Schule zu erfolgen.

Der Antrag auf Schließung der Schule ist bei dem Amtsvorsteher (Bürgermeister) zu stellen und von diesem, wenn er nicht vom Kreisphysikus selbst gestellt und nach dem vorstehenden Gesichtspunkten motiviert worden ist, demselben sofort zur Begutachtung nach diesen Gesichtspunkten zu übersenden. Erachtet der Kreisphysikus die Schließung der Schule für geboten, so hat er den Antrag der Ortspolizeibehörde mit seinem Gutachten versehen sofort dem Landrate einzureichen, welcher die Schließung der Schule anordnet und durch den vom ihm dieserhalb zu ersuchenden Kreisschulinspektor ausführen läßt. Eine Schließung von Schulen ohne motivierten Antrag des Kreisphysikus ist unzulässig.

Von der erfolgten Schließung der Schule hat der Kreis-Schulinspektor umgehend dem Landrate wie der hiesigen Königlichen Regierung, Abteilung für Kirchen- und Schulwesen, Anzeige zu machen. Den sämtlichen beteiligten Behörden mache ich die größtmöglichste Beschleunigung bei der Behandlung dieser Fälle zur Pflicht.

Die Amtsvorsteher und Schullehrer sind von dieser Verfügung in Kenntnis zu setzen.

IX. Schulunterricht.

§ 166. Allgemeine Verfügung des Ministeriums der geistlichen 2c. Angelegenheiten über Einrichtung, Aufgabe und Ziel der Volksschule vom 15. Oktober 1872.

1. Die normalen Volksschuleinrichtungen. Normale Volksschuleinrichtungen sind die mehrklassige Volksschule (5), die Schule mit 2 Lehrern (4) und die Schule mit einem Lehrer, welche entweder die einklassige Volksschule (2) oder die Halbtagsschule (3) ist.

2. Die einklassige Volksschule. In der einklassigen Volksschule werden Kinder jedes schulpflichtigen Alters in einem und demselben

Lokale durch einen gemeinschaftlichen Lehrer gleichzeitig unterrichtet. Die Zahl derselben soll nicht über 80 steigen. In der einklassigen Volksschule erhalten die Kinder der Unterstufe in der Regel wöchentlich 20, der Mittel- und Oberstufe 30 Stunden einschließlich des Turnens für die Knaben und der weiblichen Handarbeiten für die Mädchen.

3. Die Halbtagsschule. Wo die Zahl der Kinder über 80 steigt, oder das Schulzimmer auch für eine geringere Zahl nicht ausreicht und die Verhältnisse die Anstellung eines zweiten Lehrers nicht gestatten, sowie da wo andere Umstände dies notwendig erscheinen lassen, kann mit Genehmigung der Regierung die Halbtagsschule eingerichtet werden, für deren Klassen zusammen wöchentlich 32 Stunden angesetzt werden.

4. Die Schule mit 2 Lehrern. Sind 2 Lehrer an einer Schule angestellt, so ist der Unterricht in zwei gesonderten Klassen zu erteilen. Steigt in einer solchen Schule die Zahl der Kinder über 120, so ist eine dreiklassige Schule einzurichten. In dieser kommen auf die dritte Klasse wöchentlich 12, auf die zweite wöchentlich 24, auf die erste Klasse wöchentlich 28 Lehrstunden.

5. Die mehrklassige Volksschule. In Schulen von 3 und mehr Klassen, soweit dieselben nicht unter 4 fallen, erhalten die Kinder der unteren Stufe wöchentlich 22, die der mittleren 28, die der oberen 30 bis 32 Unterrichtsstunden.

6. Die Trennung der Geschlechter in der Schule. Für mehrklassige Schulen (5) ist rücksichtlich der oberen Klassen eine Trennung der Geschlechter wünschenswert. Wo 2 Lehrer angestellt sind, ist eine Einrichtung mit 2 bezw. 3 aufsteigenden Klassen derjenigen zweier nach den Geschlechtern getrennten einklassigen Volksschulen vorzuziehen.

7. Vereinigung kleiner Schulgemeinden zu einem gemeinsamen Schulsystem. Wo an einem Orte mehrere einklassige Schulen bestehen, ist deren Vereinigung zu einer mehrklassigen Schule anzustreben.

8. Die Einrichtung und Ausstattung des Schulzimmers. Das Schulzimmer muß mindestens so groß sein, daß auf jedes Schulkind ein Flächenraum von 0,6 qm kommt; auch ist dafür zu sorgen, das es hell und luftig sei, eine gute Ventilation habe, Schutz gegen die Witterung gewähre und ausreichend mit Fenstervorhängen versehen sei. Die Schultische und Bänke müssen in ausreichender Zahl vorhanden und so eingerichtet und so aufgestellt sein, daß alle Kinder ohne Schaden für ihre Gesundheit sitzen und arbeiten können. Die Tische sind mit Tintenfässern zu versehen.

Zur ferneren Ausstattung des Schulzimmers gehört namentlich eine hinreichende Anzahl von Riegeln für die Mützen, Tücher, Mäntel 2c., ferner eine Schultafel mit Gestell, eine Wandtafel, ein Katheder oder ein Lehrertisch mit Verschluß, ein Schrank für die Aufbewahrung von Büchern und Heften, Kreide und Schwamm.

9. Die unentbehrlichen Lehrmittel. Für den vollen Unterrichtsbetrieb sind erforderlich: 1. je ein Exemplar von jedem in der Schule eingeführten Lehr- und Lernbuche, 2 ein Globus, 3. eine Wandkarte von der Heimatsprovinz, 4. eine Wandkarte von Deutschland, 5. eine Wandkarte von Palästina, 6. einige Abbildungen für den weltkundlichen Unterricht, 7. Alphabete weithin erkennbarer, auf Holz und Papptäfelchen geklebter Buchstaben zum Gebrauch beim ersten Leseunterricht, 8. eine Geige, 9. Lineal

und Zirkel, 10. eine Rechenmaschine; in evangelischen Schulen kommen noch hinzu: 11. eine Bibel und 12. ein Exemplar des in der Gemeinde eingeführten Gesangbuchs. Für die mehrklassigen Schulen sind diese Lehrmittel angemessen zu ergänzen.

10. Tabellen und Listen. Der Lehrer hat eine Schulchronik, ein Schülerverzeichnis, einen Lehrbericht (Nachweisung der erledigten Unterrichtsstoffe) und eine Absentenliste regelmäßig zu führen. Außerdem muß er den Lehrplan, den Lektionsplan und die Pensenverteilung für das laufende Semester stets im Schulzimmer haben.

11. Die Schulbücher und Schulhefte. Lernmittel für die Schüler der Volksschule mit einem oder 2 Lehrern sind folgende: a) Bücher: 1. die Lesefibel und das Schullesebuch, 2. ein Schülerheft für den Rechenunterricht, 3. ein Liederheft, außerdem die für den Religionsunterricht besonders eingeführten Bücher, b) eine Schiefertafel nebst Griffel, Schwamm, Lineal und Zirkel, c) Hefte: mindestens 1. ein Diarium, 2. ein Schönschreibeheft, 3. ein Heft zu ortographischen und Aufsatzübungen, auf den oberen Stufen 4. ein Zeichenheft.

Den Schülern der mehrklassigen Volksschule darf die Anschaffung besonderer kleiner Leitfäden für den Unterricht in den Realien, sowie diejenige eines stufenweise fortschreitenden mehrbändigen Lesebuchs und eines Handatlas zugemutet werden. Ebenso haben diese für die einzelnen Lehrgegenstände besondere Hefte zu führen.

12. Die Gliederung der Volksschule. Die Volksschule, auch die einklassige, gliedert sich in 3 Abteilungen, welche den verschiedenen Alters- und Bildungsstufen der Kinder entsprechen. Wo eine Volksschule 4 Klassen hat, sind der Mittelstufe 2, wo sie deren 6 hat, jeder Stufe 2 zuzuweisen.

13. Die Lehrgegenstände der Volksschule sind Religion, deutsche Sprache (Sprechen, Lesen, Schreiben), Rechnen nebst den Anfängen der Raumlehre, Zeichnen, Geschichte, Geographie, Naturkunde und für die Knaben Turnen, für die Mädchen weibliche Handarbeiten.

In der einklassigen Volksschule verteilen sich die Stunden auf die einzelnen Gegenstände und Stufen wie folgt:

	Unterstufe,	Mittelstafe,	Oberstufe.
Religion	4	5	5
Deutsch	11	10	8
Rechnen und Raumlehre	4	4	5
Zeichnen	—	1	2
Realien	—	6	6
Singen	1	2	2
Turnen bezw. Handarbeit	—	2	2
	20	30	30

In der mehrklassigen Schule:	Unterstufe,	Mittelstufe,	Oberstufe.
Religion	4	4	4
Deutsch	11	8	8
Rechnen	4	4	4
	19	16	16

	19	16	16
Raumlehre	—	—	2
Zeichnen	—	2	2
Realien	—	6	6 (8)
Singen	1	2	2
Turnen bezw. Handarbeit	2	2	2
	22	28	30 (32)

In der Halbtagsschule und in der Schule mit 2 Lehrern und drei Klassen (4) treten die nötigen Veränderungen nach Maßgabe des Bedürfnisses ein.

14. Der katholische Religionsunterricht. In Bezug auf den katholischen Religionsunterricht bleiben die bis jetzt geltenden Bestimmungen mit denjenigen Modifikationen, welche sich aus der Veränderung der Stundenzahl ergeben, bis auf weiteres in Kraft.

15. Aufgabe und Ziel des evangelischen Religionsunterrichts. Die Aufgabe des evangelischen Religionsunterrichts ist die Einführung der Kinder in das Verständnis der heiligen Schrift und in das Bekenntnis der Gemeinde, damit die Kinder befähigt werden, die heilige Schrift selbstständig zu lesen und an dem Leben sowie an dem Gottesdienste der Gemeinde lebendigen Anteil zu nehmen.

16. Die heilige Geschichte. Die Einführung der Schüler in die heilige Schrift stellt sich als Unterricht in der biblischen Geschichte und Auslegung zusammenhängender Schriftabschnitte, insbesondere auch der evangelischen und epistolischen Perikopen des Kirchenjahres dar.

Den Kindern der Unterstufe werden wenige Geschichten vorgeführt; aus dem alten Testamente werden vorzüglich solche aus dem ersten Buche Moses und etwa die noch von Moses und von Davids erster Zeit, aus dem neuen die von der Geburt, der Kindheit, dem Tode und Auferstehung Jesu Christi und einige dem kindlichen Verständnis vorzugsweise naheliegende Erzähluugen aus seinem Leben gewählt.

Im weiteren Fortgang des Unterrichts erhalten die Schüler eine planmäßig geordnete Reihe der wichtigsten Erzählungen aus allen Perioden der heiligen Geschichte des alten und neuen Testaments und auf Grund derselben eine zusammenhängende Darstellung der heiligen Geschichte, in welcher namentlich das Lebensbild Jesu deutlich hervortritt und in die auch die Pflanzung und erste Ausbreitung der Kirche aufzunehmen ist. An diese Geschichte schließt sich diejenige der ersten Begründung des Christentums in Deutschland, der deutschen Reformation und Nachrichten über das Leben der evangelischen Kirche in unserer Zeit an.

In mehrklassigen Schulen ist dieser Unterricht und insbesondere auch die Darstellung der christlichen Kirchengemeinde entsprechend zu erweitern.

Der Lehrer hat die biblischen Geschichten in einer dem Bibelworte sich anschließenden Ausdrucksweise frei zu erzählen, sie nach ihrem religiösen und sittlichen Inhalt in einer Geist und Gemüth bildenden Weise zu entwickeln und fruchtbar zu machen. Geistloses Einlernen ist zu vermeiden.

17. Das Bibellesen. In den biblischen Geschichtsunterricht der Oberstufe fügt sich die Erklärung zusammenhängender Schriftabschnitte aus

den prophetischen und den poetischen Büchern des alten Testaments, besonders den Psalmen und aus den Schriften des neuen Testaments.

Das Maß des in diesem Unterricht zu behandelnden Stoffes und die Auswahl desselben ist je nach den Verhältnissen der einzelnen Schulen in dem Lehrplan derselben zu bestimmen.

18. Die Perikopen. An jedem Sonnabend sind den Kindern die Perikopen des nächstfolgenden Sonntags vorzulesen und kurz auszulegen. Ein Memoriren der Perikopen findet nicht statt.

19. Der Katechismus. Die Einführung in das Bekenntnis der Gemeinde wird durch die Erklärung des in derselben eingeführten Katechismus unter Heranziehung von biblischen Geschichten, Bibelsprüchen und Liederversen oder ganzen Liedern vermittelt; dabei ist aber Überladung des Gedächtnisses zu vermeiden.

Im allgemeinen gilt es als Regel, daß besondere Stunden für den Katechismus in der Volksschule mit einem oder zwei Lehrern erst auf der oberen Stufe, in der mehrklassigen Schule frühestens in den Mittelklassen eintreten.

Es sind dafür höchstens 2 Stunden anzusetzen.

Wofern nicht besondere Verhältnisse eine Änderung nötig machen, fallen wo der lutherische Katechismus eingeführt ist, nur die 3 ersten Hauptstücke in das Pensum der Volksschule und zwar in der Art, daß auf der Unterstufe der einfache Wortlaut der 10 Gebote und des Vaterunsers, auf der Mittelstufe die beiden ersten Hauptstücke des kleinen Katechismus mit der lutherischen Erklärung, auf der Oberstufe das dritte Hauptstück zur Aneignung kommen.

Die Erklärung der folgenden Hauptstücke bleibt dem Konfirmationsunterricht überlassen.

20. Das geistliche Lied. Auf allen Stufen des Religionsunterrichts ist die Beziehung auf das Kirchenlied zu nehmen. Auf der unteren Stufe kommen vorzugsweise einzelne Verse, auf den beiden oberen neben solchen auch ganze Lieder zur Behandlung. Diese hat sich nicht auf diejenigen Lieder zu beschränken, welche memoriert werden sollen, und es sind bei der Auswahl der Lieder auch diejenigen aus der neueren und neusten Zeit zu berücksichtigen.

Wo nicht ein besonderes Schulgesangbuch eingeführt ist, werden die Texte der Lieder in der Regel aus dem in der betreffenden Kirchengemeinde im Brauch befindlichen Gesangbuch genommen.

Zur gedächtnismäßigen Aneignung sind höchstens 20 Lieder zu wählen, welche nach Inhalt und Form dem Verständnis der Kinder angemessen sind. Dem Momorieren muß die Erklärung des Liedes und die Übung im sinngemäßen Vortrag desselben vorangehen.

21. Gebete. Bereits auf der Unterstufe lernen die Kinder einige kurze und leichte Morgen-, Mittags- und Abendgebete, auf den oberen Stufen ist ihnen die Einrichtung des öffentlichen Gottesdienstes zu erklären. Gedächtnismäßige Aneignung des allgemeinen Kirchengebets sowie anderer Teile des liturgischen Gottesdienstes findet nicht statt.

22. Der Unterricht im Deutschen schließt die Übungen im Sprechen, Lesen und Schreiben in sich. Diese Gegenstände müssen auf allen

Stufen im organischen Zusammenhange mit einander bleiben und soweit dies angeht, in gleichmäßigem Fortschritt gefördert werden.

23. Die Übungen im mündlichen Ausdruck erfordern keinen abgesonderten Unterricht. Sie bereiten vielmehr den Schreib- und Leseunterricht vor und begleiten ihn auf seinen weiteren Stufen.

Ihre Stoffe nehmen sie auf der Unterstufe von den einfachsten und den Kindern zumeist bekannten Gegenständen, auf der Mittelstufe von Gruppenbildern und dergleichen, auf der oberen von den Sprachstücken des Lesebuchs.

Ihr formelles Ziel ist, fortschreitend auf verschiedenen Stufen die Befähigung des Schülers zu richtiger und deutlicher Aussprache jedes einzelnen Wortes und zum freien Ausdruck seiner Gedanken im einfachen Satze, die Befähigung zum korrekten und sichern Ausdrucke im zusammengesetzten Satze unter Überwindung der gewöhnlichen Fehler im Gebrauche der Wortformen und der Satzbildung und endlich die Befähigung zur freien und richtigen Wiedergabe fremder Stoffe wie zur Ordnung und klaren Darstellung der eigenen Gedanken.

24. Der Unterricht im Schreiben und Lesen ist nach der im Seminar des betreffenden Bezirks eingeführten Methode zu erteilen; die Anwendung der Buchstabiermethode ist ausgeschlossen.

Ziel ist für die Unterstufe die Befähigung der Kinder, zusammenhängende Sprachstücke richtig lesen und kurze Sätze nicht nur ab-, sondern auch selbstständig aufschreiben zu können, für die Mittelstufe die Befähigung ganze Sprachstücke in gebundener und ungebundener Rede, in deutscher und lateinischer Schrift ohne Anstoß und sinnrichtig zu lesen, ein einfaches Diktat richtig aufzuschreiben und ein nach Form und Inhalt leichtes Sprachstück selbstständig niederzuschreiben. Auf der Oberstufe sind die Schüler dahin zu führen, daß sie schwierigere Sprachstücke, deren Inhalt ihrem Lebenskreise nicht fern liegt, leicht und mit Ausdruck vom Blatt lesen, Diktate dieser Art fehlerfrei niederschreiben und auch größere Sprachstücke richtig wiedergeben können.

Für die Übung im Schreiben werden besondere Schreibstunden auf der Mittel- und auf der Oberstufe der Schule mit einem oder zwei Lehrern sowie in dem Mittelklassen der mehrklassigen Schule eingerichtet. In den Oberklassen der letzteren kann die Übung außerdem zum Gegenstand häuslicher Aufgaben gemacht werden. Ziel des Unterrichts ist die Aneignung einer sauberen, deutlichen und gewandten Schrift in allen, auch in schnell gefertigten Schriftsätzen.

Die Resultate eines guten Unterrichts müssen demnach in allen Heften der Schüler zum Vorschein kommen.

Als Inhalt der Vorschriften empfehlen sich volkstümliche Sprichwörter, gute und zeitgemäße Muster von geschäftlichen Formularen und Aufsätzen.

25. Der Unterricht in der deutschen Sprachlehre. In den Oberklassen mehrklassiger Schulen sind für Unterricht und Übung in der deutschen Sprachlehre besondere Stunden anzusetzen: in der Schule mit einem oder zwei Lehrern ist derselbe mit dem übrigen Sprachunterricht zu verbinden.

Ziel ist für die Mittelstufe Kenntnis des einfachen Satzes und der einfachsten Verhältnisse aus der Wortlehre, für die Oberstufe der erweiterte Satz und weitergehende Belehrungen aus der Wort- und Wortbildungslehre.

26. Das Lesebuch. Dem gesamten Unterricht im Deutschen liegt das Lesebuch zu Grunde.

Bei der Behandlung desselben ist womöglich der gesamte Inhalt desselben nach und nach zu verarbeiten.

Das Lesebuch ist nicht nur zur Erzielung der Lesefertigkeit, sondern auch zur Einführung in das Verständnis der in demselben enthaltenen Musterstücke zu benutzen. Die Auswahl der Stücke ist so zu treffen, daß jährlich wechselnd ungefähr 30 zur Behandlung kommen.

Geeignete Sprachstücke poetischer Form und zwar in Schulen mit einem oder zwei Lehrern, besonders Volksliedertexte, werden auf allen 3 Stufen nach vorangegangener Besprechung memoriert.

Auf der Oberstufe mehrklassiger Schulen wird das Lesebuch auch dazu benutzt, den Kindern Proben von den Hauptwerken der vaterländischen, namentlich der volkstümlichen Dichtung und einige Nachrichten über die Dichter der Nation zu geben, doch beschränken sich diese Mitteilungen auf die Zeit nach der Reformation.

Die Auswahl der einzuführenden Lesebücher ist aus denen zu treffen, welche ein volkstümliches Gepräge tragen und durch ihren gesamten Inhalt den erziehlichen Zweck der Schule fördern.

Unter diesen aber verdienen diejenigen den Vorzug, welche in ihrer Form korrekt sind und auch in den geschichtlichen und realistischen Teilen nicht eigene Ausarbeitungen der Herausgeber, sondern Proben aus den besten populärsten Darstellungen der Meister auf diesem Gebiet geben und welche sich von kirchlichen und politischen Tendenzen freihalten. Für Schulen, welche von Kindern verschiedener Konfession besucht werden, sind möglichst nur solche Lesebücher zu wählen, welche keinen eigentlich konfessionellen Charakter haben. Aus den bereits eingeführten Lesebüchern sind die Sprachstücke konfessionellen Inhalts in den Religionsunterricht zu verweisen.

27. Der Sprachunterricht in Schulen mit Kindern verschiedener Nationalität. Bezüglich des Sprachunterrichts in solchen Schulen, in welchen die Kinder oder ein Teil derselben eine andere als die deutsche Sprache reden, kommen die hierüber ergangenen und noch ergehenden besonderen Bestimmungen zur Anwendung.

28. Der Rechenunterricht. Auf der Unterstufe werden die Operationen mit benannten und unbenannten Zahlen im Zahlenraum von 1—100, auf der mittleren diejenigen im unbegrenzten Zahlenraum mit benannten und unbenannten Zahlen gelernt und geübt, auf der letzteren auch angewandte Aufgaben aus der Durchschnittsrechnung, Resolutionen und Reduktionen und einfache Regeldetri gerechnet. Pensum der Oberstufe sind die Bruchrechnung, welche bereits auf den unteren Stufen in geeigneter Weise vorbereitet werden muß, und deren Anwendung in den bürgerlichen Rechnungsarten, sowie eingehende Behandlung der Dezimalbrüche.

In der mehrklassigen Schule erweitert sich das Pensum in den bürgerlichen Rechnungen durch Aufnahme der schwierigen Arten und das in der Rechnung mit Dezimalen durch die Lehre von den Wurzelextraktionen.

Auf der Unterstufe wird in der Schule mit einem oder zwei Lehrern soweit es sein kann, in der mehrklassigen Schule regelmäßig nur im Kopf gerechnet. Bei Einführung einer neuen Rechnungsart geht auf allen Stufen das Kopfrechnen dem Tafelrechnen voran. Bei der praktischen Anleitung ist überall die Beziehung auf das bürgerliche Leben ins Auge zu fassen; darum sind die Exempel mit großen und vielstelligen Zahlen zu vermeiden und die angewandten Aufgaben so zu stellen wie sie den wirklichen Verhältnissen entsprechen.

Durch diese Aufgaben sind die Schüler zugleich mit dem geltenden System der Maße, Münzen und Gewichte bekannt zu machen.

Das Rechnen ist auf allen Stufen der Übung im klaren Denken und richtigen Sprechen zu betreiben; doch ist als der letzte Zweck stets die Befähigung der Schüler zu selbständiger, sicherer und schneller Lösung der ihnen gestellten Aufgaben anzusehen.

Dem Unterricht sind in allen Schulen Aufgaben- (Schüler-) Hefte, zu denen der Lehrer das Fazitbüchlein in Händen hat, zu Grunde zu legen.

29. Der Unterricht in der Raumlehre. Das Pensum der Raumlehre bilden die Linie (die gerade, gleiche, ungleiche, gleichlaufende), der Winkel und dessen Arten, Dreiecke, Vierecke, regelmäßige Figuren, der Kreis und dessen Hilfslinien, die regelmäßigen Körper.

In der mehrklassigen Schule kommt die Lehre von den Linien und Winkeln und von der Gleichheit und Kongruenz der Figuren in elementarer Darstellung hinzu.

Der Unterricht in der Raumlehre ist sowohl mit demjenigen im Rechnen wie mit dem Zeichenunterricht in Verbindung zu setzen. Während die Schüler in dem letzteren die Formen der Linien, Flächen und Körper richtig anzuschauen und darzustellen geübt werden, lernen sie im ersteren mit deren Maßzahlen sicher und verständig operieren, die Längen der Linien, die Ausdehnung der Flächen und den Inhalt der Körper berechnen.

30. Der Zeichenunterricht. In dem Zeichenunterricht sind alle Kinder gleichzeitig und gleichmäßig zu beschäftigen und bei steter Übung des Auges und der Hand dahin zu führen, daß sie unter Anwendung von Lineal, Maß und Zirkel vorgezeichnete Figuren nach gegebenen verjüngten oder erweiterten Maßstäben nachzuzeichnen und geometrische Ansichten von einfach gestalteten Gegenständen nach gegebenem Maßstab darzustellen vermögen, z. B. von Zimmergeräten, Gartenflächen, Wohnhäusern, Kirchen und anderen Körpern, welche scharfe Kanten und große Flächen darbieten.

Wo dieses Ziel erreicht ist, kann besonders begabten Kindern Gelegenheit gegeben werden, nach Vorlageblättern zu zeichnen.

Für den Zeichenunterricht der mehrklassigen Volksschule wird eine besondere Instruktion vorbehalten.

31. Der Unterricht in den Realien. Beim Unterricht in den Realien ist das Lesebuch zur Belebung, Ergänzung und Wiederholung des Lehrstoffes, welchen der Lehrer nach sorgfältiger Auswahl anschaulich und frei darzustellen hat, zu benutzen. In mehrklassigen Schulen können daneben besondere Leitfäden zur Anwendung kommen. Diktate sind nicht zu gestatten, ebenso ist das rein mechanische Einlernen von Geschichtszahlen, Regentenreihen 2c., Länder- und Städtenamen, Einwohnerzahlen, von Namen, Merkmalen der Pflanzen, Maß- und Verhältniszahlen in der Naturlehre verboten. In der Geographie und der Naturkunde ist von der Anschauung auszugehen, welche in der Geographie durch den Globus und die Karte, in der Natur-

beschreibung durch die zur Besprechung gebrachten Gegenstände oder durch gute Abbildungen, in der Naturlehre, wenigstens in der mehrklassigen Schule, durch das Experiment zu vermitteln ist.

Überall, auch in mehrklassigen Schulen ist unter stufenweiser Erweiterung des Stoffes von dem Leichteren zum Schweren, von dem Näheren zum ferner Liegenden fortzuschreiten.

32. Geschichte. In der Geschichte sind aus der älteren Geschichte des deutschen Vaterlandes und aus der älteren brandenburgischen Geschichte einzelne Lebensbilder zu geben; von den Zeiten des dreißigjährigen Krieges und der Regierung des großen Kurfürsten an ist die Reihe der Lebensbilder ununterbrochen fortzuführen. Soweit sie dem Verständnis der Kinder zugänglich sind, werden die kulturhistorischen Momente in die Darstellung nicht mit aufgenommen.

33. Geographie. Der geographische Unterricht beginnt mit der Heimatskunde; sein weiteres Pensum bilden das deutsche Vaterland und das Hauptsächlichste von der allgemeinen Weltkunde, Gestalt und Bewegung der Erde, Entstehung der Tages- und Jahreszeiten, die Zonen, die 5 Weltmeere und die 5 Erdteile, die bedeutendsten Staaten und Städte der Erde, die größten Gebirge und Ströme.

Das Maß des darzubietenden Stoffes wird durch die Art der Schule bedingt; es ist indeß bei Aufstellung des Lehrplans vorzuziehen, nötigenfalls den Umfang des Lehrstoffes zu beschränken, statt auf dessen Veranschaulichung zu verzichten und den Unterricht in Mitteilung bloßer Nomenklatur ausarten zu lassen.

34. Naturbeschreibung. Gegenstand des Unterrichts in der Naturbeschreibung bilden außer dem Bau und dem Leben des menschlichen Körpers, die einheimischen Gesteine, Pflanzen und Tiere, von den ausländischen die großen Raubtiere, die Tier- und Pflanzenwelt des Morgenlandes und diejenigen Kulturpflanzen, deren Produkte bei uns im täglichen Gebrauch sind (z. B. Baumwollenstaude, Theestrauch, Kaffeebaum, Zuckerrohr). Von den einheimischen Gegenständen treten diejenigen in den Vordergrund, welche durch den Dienst, den sie dem Menschen leisten (z. B. Haustiere, Vögel, Seidenraupe, Getreide und Gespinnstpflanzen, Obstbäume, das Salz, die Kohle), oder etwa durch die Eigentümlichkeit ihres Lebens und ihrer Lebensweise (z. B. Schmetterling, Trichine, Bandwurm, Biene, Ameise) besonderes Interesse erregen.

In der mehrklassigen Schule kann nicht nur eine Vermehrung der Gegenstände, sondern auch eine systematische Ordnung derselben und ein näheres Eingehen auf ihre gewerbliche Verwendung stattfinden. Die Gewöhnung der Kinder zu einer aufmerksamen Beobachtung und ihre Erziehung zu sinniger Betrachtung der Natur ist überall zu erstreben.

35. Naturlehre. In dem naturkundlichen Unterricht der Schule mit einem oder zwei Lehrern sind die Schüler zu einem annähernden Verständnisse derjenigen Erscheinungen zu führen, welche sie täglich umgeben.

In der mehrklassigen Schule ist der Stoff so zu erweitern, daß das Wichtigste aus der Lehre vom Gleichgewicht und der Bewegung der Körper, vom Schall, vom Licht und von der Wärme, vom Magnetismus und der Elektrizität zu geben ist, so daß die Kinder imstande sind, die gewöhnlichen Naturerscheinungen und die gebräuchlichsten Maschinen erklären zu können.

36. Gesang. In dem Gesangunterricht wechseln Choräle und Volkslieder ab. Ziel ist, daß jeder Schüler nicht nur im Chor, sondern auch einzeln richtig und sicher singen kann und bei seinem Abgang eine genügende Anzahl von Chorälen und Volksliedern, letztere möglichst unter sicherer Einprägung der ganzen Texte als festes Eigentum inne habe.

37. Der Turnunterricht wird auf der Mittel- und der Oberstufe den Knaben in wöchentlich 2 Stunden nach dem durch Zirkular-Verfügung vom 8. Oktober 1868 eingeführten Leitfaden für den Turnunterricht in den preußischen Volksschulen erteilt. Wünschenswert ist, daß auch auf der Unterstufe Turnspiele und Vorübungen angestellt werden.

38. Der Unterricht in weiblichen Handarbeiten wird wenn thunlich schon von der Mittelstufe an in wöchentlich 2 Stunden erteilt.

§ 167. Turnunterricht.

Ministerial-Erlaß der geistlichen, Unterrichts- und Medizinal-Angelegenheiten, J.-Nr. U. IIIb. 7145, vom 27. Oktober 1882.

Nachdem das Turnen als ein integrierender Teil dem Unterrichte der Jugend in den höheren und niederen Schulen eingefügt worden und an die Stelle der Freiwilligkeit der Teilnahme an diesen Übungen für die turnfähigen Schüler die Verpflichtung getreten ist, hat sich die staatliche und kommunale Fürsorge auf die Beschaffung und Herstellung von geschlossenen Turnräumen erstreckt, in welchen unabhängig von der Jahreszeit und unbehindert von den Unbilden der Witterung das Schulturnen eine ununterbrochene und geordnete Pflege gefunden hat.

Es ist dies für den Jugendunterricht ein überaus wertvoller Erwerb. Erst die Fortführung der turnerischen Übungen durch das ganze Jahr sichert eine tüchtige körperliche Ausbildung.

Nicht minder wertvoll aber ist der Turnplatz. Gewisse Übungen, wie das Stabspringen, der Gerwurf, mancherlei Wettkämpfe u. a. lassen sich in der Halle gar nicht oder nicht ohne Beschränkung und ohne Gefahr vornehmen. Ein größeres Gewicht muß aber noch darauf gelegt werden, daß das Turnen im Freien den günstigen gesundheitlichen Einfluß der Übungen wesentlich erhöht, und daß mit dem Turnplatz eine Stätte gewonnen wird, wo sich die Jugend im Spiel ihrer Freiheit freuen kann, und wo sie dieselbe, nur gehalten durch Gesetz und Regel des Spiels auch gebrauchen lernt. Es ist von hoher erziehlicher Bedeutung, daß dieses Stück jugendlichen Lebens, die Freude früherer Geschlechter, in der Gegenwart wieder aufblühe und der Zukunft erhalten bleibe. Öfter und in freierer Weise, als es beim Schluturnen in geschlossenen Räumen möglich ist, muß der Jugend Gelegenheit gegeben werden, Kraft und Geschicklichkeit zu bethätigen und sich des Kampfes zu freuen, der mit jedem rechten Spiel verbunden ist. Es giebt schwerlich ein Mittel, welches wie dieses so sehr imstande ist, die geistige Ermüdung zu beheben, Leib und Seele zu erfrischen und zu neuer Arbeit fähig und freudig zu machen. Es bewahrt vor unnatürlicher Frühreife und blasiertem Wesen, und wo diese beklagenswerten Erscheinungen bereits Platz gegriffen, arbeitet es mit Erfolg an der Besserung eines ungesund gewordenen Jugendlebens. Das Spiel wahrt der Jugend über das Kindesalter hinaus Unbefangenheit und

Frohsinn, die ihr sowohl anstehen, lehrt und übt Gemeinsinn, weckt und stärkt die Freude am thatkräftigen Leben und volle Hingabe an gemeinsam gestellte Aufgaben und Ziele. Treffend sagt Jahn im zweiten Abschnitt seiner deutschen Turnkunst von den Turnspielen: „In ihnen lebt ein geselliger, freudiger, lebensfrischer Wettkampf. Hier paart sich Arbeit mit Lust und Ernst mit Jubel. Da lernt die Jugend von klein auf, gleiches Recht und Gesetz mit andern halten. Da hat sie Brauch, Sitte, Ziem und Schick im lebendigen Anschauen vor Augen. Frühe mit seines Gleichen und unter seines Gleichen leben ist die Wiege der Größe für den Mann. Jeder Einling verirrt sich so leicht zur Selbstsucht, wozu den Gespielen die Gesellschaft nicht kommen lässet. Auch hat der Einling keinen Spiegel, sich in wahrer Gestalt zu erblicken, kein lebendiges Maß, seine Kraftmehrung zu messen, keine Richterwage für seinen Eigenwert, keine Schule für den Willen und keine Gelegenheit zu schnellem Entschluß und Thatkraft."

Die Ansprüche an die Erwerbung von Kenntnissen und Fertigkeiten sind für fast alle Berufsarten gewachsen, und je beschränkter damit die Zeit, welche sonst für die Erholung verfügbar war, geworden ist, und je mehr im Hause Sinn und Sitte und leider oft die Möglichkeit schwindet, mit der Jugend zu leben und ihr Zeit und Raum zum Spielen zu geben, um so mehr ist Antrieb und Pflicht vorhanden, daß die Schule thue, was sonst erziehlich nicht gethan wird und oft auch nicht gethan werden kann. Die Schule muß das Spiel als eine für Körper und Geist, für Herz und Gemüt gleich heilsame Lebensäußerung der Jugend mit dem Zuwachs an leiblicher Kraft und Gewandtheit und mit den ethischen Wirkungen, die es in seinem Gefolge hat, in ihre Pflege nehmen und zwar nicht bloß gelegentlich, sondern grundsätzlich und in geordneter Weise.

Von dieser Notwendigkeit ist die Unterrichtsverwaltung schon von lange her überzeugt gewesen und hat auch dem entsprechende Verordnungen ergehen lassen. Ich verweise auf die Ministerial-Reskripte vom 26. Mai, vom 10. September, vom 24. November 1860 und vom 14. Mai 1869 (Central-Blatt de 1860, S. 339 ff., 419 ff., 735 ff. und de 1869 S. 307 ff., auch abgedruckt in „Verordnungen und amtliche Bekanntmachungen, das Turnwesen in Preußen betreffend", gesammelt von Dr. C. Euler und G. Eckler, Leipzig 1869). Leider aber haben diese Anordnungen nach den Wahrnehmungen, welche im Allgemeinen und insbesondere bei den Revisionen des Turnwesens in den einzelnen Schulanstalten gemacht worden sind, nicht überall die dem Wert und Nutzen der Sache entsprechende Beachtung gefunden. In einer Anzahl älterer Unterrichts- und Erziehungsanstalten sind die Jugendspiele traditionell in Übung geblieben, und in einigen Bezirken hat Herkommen und Sitte an ihnen festgehalten, in andern aber fehlt es an jeder Überlieferung, und nur selten sind Anfänge zu neuer Belebung vorhanden. Jedenfalls hat eine allgemeine Einführung und Durchführung nicht stattgefunden. Es bedarf daher einer erneuten Anregung und einer dauernden Bemühung Aller, welche mit der Erziehung der Jugend befaßt sind, damit, was da ist, erhalten, was verlernt ist, wieder gelernt werde, und was als heilsam erkannt ist, in Übung komme. Es bedarf kaum der Erwähnung, daß es sich hier lediglich um Bewegungsspiele handelt, und daß alles ausgeschlossen ist, was dahin nicht gehört. An Hilfsmitteln, sich auf diesem Gebiete zu orientieren, fehlt es nicht. Anknüpfend an das, was im Volke und in der Jugend des Volkes lebte, haben Guts-Muts und Jahn eine Reihe von Jugend- und Turnspielen zusammengestellt und beschrieben. 1. (Guts-Muts, Spiele zur Übung und Erholung des Körpers und des Geistes, herausgegeben von Schettler, 5. Auflage, Hof 1878. Jahn, die deutsche Turnkunst. Berlin 1816). Andere sind gefolgt. Der neue Leitfaden für den Turnunterricht in den preußischen Volksschulen, 2. Auflage, Berlin 1868, führt auch eine Reihe von Spielen auf. Vergleiche auch Dieters Merkbüchlein für Turner, herausgegeben von Dr. Ed. Angerstein, 7. Auflage, Halle 1875, und Ravensteins Volksturnbuch, 3. Auflage, Frankfurt a M. 1876, Eine reichhaltige Zusammenstellung und Beschreibung findet sich auch in Jacobs Deutschlands spielende Jugend. 2. Auflage, Leipzig 1875.

Bei der großen Mannigfaltigkeit des Dargebotenen wird es allerdings einer Auswahl bedürfen, und es wird hierbei wesentlich auf dasjenige Rücksicht zu nehmen sein, was herkömmlich und volkstümlich ist. Obenan sind die verschiedenen Ballspiele zu stellen (Treibball, Fußball, Schlagball, Kreisball, Stehball, Thorball), dann die Laufspiele, und hier besonders der Barlauf, die Wettkämpfe (Hinkampf, Tauziehen, Kettenreißen 2c.); die Schleuderspiele mit Bällen, Kugeln, Steinen und Stäben und die Jagd- und Kriegsspiele.

Beachtenswerte Winke über die Gestaltung des Spielens finden sich in einigen Aufsätzen der Monatsschrift für das Turnwesen, herausgegeben von Professor Dr. Euler und Gebh. Eckler, Berlin 1882 (das freiwillige Abendturnen an der Falkrealschule zu Berlin von Dr. Th. Bach, Heft 1 und 2. Zur Geschichte und Organisation der Braunschweiger Schulspiele. Von Oberlehrer Dr. K. Koch, Heft 4). Vergleiche auch den Aufsatz über Turnspiele (Bedürfnis und Einführung) von Kohlrausch in den neuen Jahrbüchern für Philologie und Pädagogik II. Abteilung 1860, Heft 4 und 5. — Wenn ich hiernach die Unterrichtsbehörden anweise, für die Einführung und Belebung der Jugendspiele in den ihrer Aufsicht unterstellten Schulanstalten Sorge zu tragen und es sich angelegen sein zu lassen, bei Revision derselben wie auf das Turnen überhaupt so auch auf die Turnspiele insonderheit ihre Aufmerksamkeit zu richten und sie einer eingehenden Beachtung zu würdigen, so verkenne ich die Schwierigkeiten nicht, welche sich der allgemeinen Durchführung entgegenstellen. Am leichtesten wird es sich bei den Königlichen Schullehrer-Seminaren machen, weil sie in den meisten Fällen bereits im Besitze von Turn- und Spielplätzen sind und es hier nur eben darauf ankommt, die gegebene Gelegenheit gehörig auszunutzen. Das Gleiche wird bei den höheren Lehranstalten der Fall sein, wenn ihnen auch ein Turnplatz zur Verfügung steht. Nur die Neubeschaffung eines solchen wird Schwierigkeiten begegnen, zumal wenn, was allerdings günstig und erwünscht ist, der Turnplatz möglichst in der Nähe der Turnhalle liegen soll. Diese Lage gestattet, die eigentlichen Turnübungen mit den Turnspielen in Verbindung zu setzen, und eine angemessene Abwechselung zwischen Arbeit und Erholung herbeizuführen. Wo daher dieser räumliche Zusammenhang zwischen Turnhalle und Turnplatz vorhanden ist, wird er zu bewahren sein, und wo Neuanlagen von Turnhallen stattfinden, wird auch auf die Gewinnung eines Turnplatzes Bedacht zu nehmen sein. In der Zirkular-Verfügung vom 4. Juni 1862 (Ctrbl. de 1862, S. 363) wird unter allen Umständen die Beschaffung und Einrichtung eines geeigneten Turnplatzes von den für Unterhaltung der Volksschule Verpflichteten gefordert. Diese Forderung erscheint bei den höheren Lehranstalten, wenn ihnen auch eine Turnhalle zur Verfügung steht, mit Rücksicht auf die erhöhten geistigen Anforderungen und Anstrengungen nicht minder, ja vielmehr noch in höherem Maße berechtigt. Es wird daher die Sache der Schulaufsichtsbehörde sein, dafür zu sorgen, daß diesem Bedürfnis möglichst bald Genüge geschehe. Und wenn sich der Turnplatz nicht im Zusammenhange mit der Turnhalle beschaffen läßt, wird auf die Anlegung desselben außerhalb des Orts zu dringen sein. Erhebliche Kosten wird diese Einrichtung nicht verursachen, da die Anlage in diesem Falle hauptsächlich nur den Turnspielen dienen soll. Ich vertraue, daß es den Bemühungen der Behörden, dem thatkräftigen Interesse der Direktoren, der Opferwilligkeit der Gemeinden, der Teilnahme von Vereinen für die Förderung des leiblichen Wohles der lernenden Jugend und dem opferwilligen Wohlwollen von Jugendfreunden gelingen wird, entgegenstehende Anstände zu beseitigen und die für leibliche und geistige Entwickelung der Jugend in hohem Maße ersprießliche Einrichtung ins Leben zu rufen.

Dabei will ich nicht unterlassen, auf eine weitere Pflege des Spiels in Verbindung mit gemeinschaftlich zu unternehmenden Spaziergängen und Ausflügen in Feld und Wald sowie mit Turnfahrten hinzuweisen. Siehe Ministerial-Verfügung vom 10. September 1860 Centralblatt de 1860 S. 519 ff.). Zur Orientierung in dieser Beziehung empfehle ich die Schrift von Dr. Th. Bach, Wanderungen, Turnfahrten und Schülerreisen, Leipzig 1877, sowie die Aufsätze von C. Fleischmann in der deutschen Turnzeitung Jahrgang 1880, unter der Überschrift: „Anleitung zu Turnfahrten", soweit sich dieselben auf Schülerturnfahrten beziehen.

In der vorangeführten Ministerialverfügung vom 10. September 1860 ist außer den Turnspielen auch auf Schwimmen und Eislauf hingewiesen worden. Indem ich hierauf Bezug nehme, bemerke ich, daß die Königlichen Turnlehrerbildungsanstalt den Schwimmunterricht schon seit einer Reihe von Jahren in ihren Unterrichtsbetrieb aufgenommen hat und jährlich eine Anzahl von Eleven entläßt, welche auch für die Erteilung dieses Unterrichts befähigt sind. Wo es sich hat ermöglichen lassen, sind bei den Schullehrerseminaren Schwimmanstalten eingerichtet worden, zunächst im gesundheitlichen Interesse der Zöglinge, dann aber auch mit der Absicht, diesen für Gesundheit und Leben besonders wertvollen Übungen und Fertigkeiten in immer weiteren Kreisen Eingang zu verschaffen (S. Zirkularverfügung vom 24. Juni 1873, Centralblatt de 1873, S. 467 f.).

In geschlossenen Erziehungsanstalten haben auch diese Übungen, zum Teil von Alters her, eine Stätte gefunden. Bei den offenen Schulanstalten läßt sich deren Einführung allerdings nicht allgemein und ohne weiteres anordnen, aber ich gebe mich der Hoffnung hin, daß ihre Leiter und Lehrer dazu Anregung geben und den Vorurteilen gegen diese wie gegen andere körperliche Übungen, wie sie sich immer noch hin und wieder finden, begegnen werden.

Leider ist die Einsicht noch nicht allgemein geworden, daß mit der leiblichen Ertüchtigung und Erfrischung auch die Kraft und Freudigkeit zu geistiger

Arbeit wächst. Manche Klage wegen Überbürdung und Überanstrengung der Jugend würde nicht laut werden, wenn diese Wahrheit mehr erlebt und erfahren würde. Darum müssen Schule und Haus, und wer immer an der Jugendbildung mitzuarbeiten Beruf und Pflicht hat, Raum schaffen und Raum lassen für jene Übungen, in welchen Körper und Geist Kräftigung und Erholung finden. Der Gewinn davon kommt nicht der Jugend allein zu Gute, sondern unserm ganzen Volk und Vaterland. v. Goßler.

Sprachunterricht in utraquistischen Schulen.

§ 168. Bestimmungen über den Sprachunterricht in den von Kindern polnischer Zunge besuchten Volksschulen in der Provinz Posen.

I. In allen Lehrgegenständen, mit Ausnahme der Religion und des Kirchengesanges, ist die Unterrichtssprache die deutsche. Das Polnische darf nur so weit zu Hilfe genommen werden, als zum Verständnis der Lehrgegenstände unerläßlich ist.

II. Der Unterricht in der Religion und im Kirchengesange wird den Kindern polnischer Zunge in der Muttersprache erteilt. Wenn dieselben jedoch in der Kenntnis der deutschen Sprache soweit vorgeschritten sind, daß ein richtiges Verständnis auch bei der in deutscher Sprache erfolgenden Unterweisung erreicht werden kann, so ist letztere mit Genehmigung der Regierung auch in diesen Gegenständen auf der Mittel- und Oberstufe als Unterrichtssprache einzuführen.

III. Ziel des Unterrichts im deutschen Lesen und Schreiben ist:

1. für die Unterstufe die Befähigung der Kinder kurze, leichte Sätze richtig zu lesen und nicht nur ab- sondern auch selbstständig aufzuschreiben.

   Wo polnische Kinder nicht sofort beim Eintritt in die Schule im deutschen Lesen und Schreiben unterrichtet werden können, hat der deutsche Unterricht anfangs nur mündlich nach der vorgeschriebenen „Anleitung zur Behandlung des deutschen Unterrichts in polnischen Schulen" zu geschehen.

   Deutschen Kindern ist überall der Unterricht im deutschen Lesen und Schreiben sofort bei ihrem Eintritte in die Schule zu erteilen.

2. Auf der Mittelstufe ist die Befähigung zu erzielen, ganze nach Form und Inhalt leichte Sprachstücke sinnrichtig und möglichst ohne Anstoß und Härten zu lesen, ein einfaches Diktat richtig aufzuschreiben und ein leichtes, in der Schule sorgfältig besprochenes Sprachstück selbständig niederzuschreiben.

3 Auf der Oberstufe sind die Schüler dahin zu führen, daß sie nicht zu schwierige Sprachstücke, deren Inhalt ihrem Lebenskreise nicht fernliegt, leicht und sinnrichtig vom Blatt lesen, Diktate dieser Art fehlerfrei niederschreiben und auch größere Sprachstücke richtig wiedergeben können.

In allen übrigen Beziehungen ist das in den allgemeinen Bestimmungen vom 15. Oktober 1872 über den deutschen Unterricht Verordnete maßgebend.

IV. Das Polnische bleibt Unterrichtsgegenstand für die Kinder polnischer Zunge; doch kann die Regierung in geeigneten Fällen das Gegenteil bestimmen.

Deutsche Kinder bedürfen zur Teilnahme am polnischen Unterricht der Genehmigung des Kreisschulinspektors.

Als Lehrpensa des polnischen Unterrichts gelten folgende:

1. Auf der Unterstufe ist einigermaßen geläufiges Lesen aller Lesestücke der Handfibel zu erreichen.

   Das Schreiben ist mit dem Lesen zugleich zu lehren.

2. Die Mittelstufe hat das Üben der Lesefertigkeit, bei Beachtung der Satzzeichen und die Einführung in das Verständnis des Gelesenen zur Aufgabe.

   Die Rechtschreibung wird durch Abschreiben und selbständiges Aufschreiben durchgearbeiteter Lesestücke und durch Diktierschreiben geübt.

3. Auf der Oberstufe sind die Schüler soweit zu fördern, daß sie geläufig und richtig lesen und über Stoffe, welche ihrem Lebenskreise nicht zu fern liegen, sich mündlich und schriftlich richtig ausdrücken können.

V. In jeder Schule umfaßt die Unterstufe die Kinder der beiden ersten, die Mittelstufe diejenigen der folgenden drei und die Oberstufe diejenigen der letzten drei Schuljahre.

In denjenigen Schulen, in welchen das Polnische Unterrichtsgegenstand bleibt, verteilen sich die Stunden auf die einzelnen Unterrichtsgegenstände und Stufen wie folgt:

1. In der einklassigen Volksschule:

	Unterstufe,	Mittelstufe,	Oberstufe.
Religion	4	5	5
Deutsch	11	10	8
Polnisch	5	3	3
Rechnen und Raumlehre	4	4	5
Zeichnen	—	1	1
Realien	—	5	6
Singen	1	2	2
Turnen und Handarbeit	—	2	2
	25	32	32

2. In der mehrklassigen Volksschule:

	Unterstufe,	Mittelstufe,	Oberstufe.
Religion	4	4	4
Deutsch	11	8	8
Polnisch	5	3	3
Rechnen	4	4	4
Raumlehre	—	—	2
Zeichnen	—	1	1
Realien	—	6	6
Singen	1	2	2
Turnen und Handarbeit	—	2	2
	25	30	32

In der Halbtagsschule und in der Schule mit drei Klassen und zwei Lehrern (§ 3 und 4 der „Allg. Best."), sowie in der Sommer- und Hüteschule treten die nötigen Veränderungen nach Maßgabe des Bedürfnisses ein.

Die für das Polnische festgesetzten Stunden sind an das Ende des Vor- oder Nachmittagsunterrichts zu legen.

Verordnung des Oberpräsidenten für Posen vom 27. Oktober 1873. (Ctrbl. 1873, S. 723—25.)

§ 169. Deutscher Sprachunterricht der Kinder deutscher, polnischer und litauischer Zunge.

a) Oberpräsidial-Bestimmungen über den Unterricht in der deutschen Sprache in den von Kindern polnischer und litauischer Zunge besuchten Volksschulen der Provinzen Ost- und Westpreußen vom 24. Juli 1873.

I. Für alle Volksschulen der Provinz Preußen ist das Ziel des Unterrichts in der deutschen Sprache, die Fertigkeit im geläufigen und thunlichst korrekten mündlichen und schriftlichen Gebrauch dieser Sprache bei den aus der Schule zu entlassenden Kindern.

II. In allen Lehrgegenständen ist die Unterrichtssprache die Deutsche. Ausgenommen hiervon ist nur der Unterricht in der Religion, einschließlich des Kirchenliedes auf der Unterstufe. Das Polnische bezw. Litauische darf nur insoweit zur Hilfe genommen werden, als es zum Verständnisse des Lehrgegenstandes für die Kinder unerläßlich ist.

III. In der Religion einschließlich des Kirchenliedes wird der Unterricht auf der Unterstufe den nicht deutschen Kindern in der Muttersprache derselben erteilt. Auf der Mittel- und Oberstufe dagegen in der deutschen Sprache und darf hier die Muttersprache nur soweit gebraucht werden, als die Vermittelung des Verständnisses es erfordert.

IV. Der Unterricht im polnischen bezw. litauischen Lesen und Schreiben tritt bei den nicht deutschen Kindern erst auf der Oberstufe ein. Bei Schulen mit überwiegend deutschen Kindern kann auf spezielle Anordnung der Königl. Regierung dieser Unterricht ganz wegfallen.

V. Das Verfahren gestaltet sich für die verschiedenen Unterrichtsgegenstände (außer der Religion) bei den drei Klassenstufen, von denen die untere in der Regel die Kinder der drei ersten Schuljahre, die mittlere die des vierten und fünften und die obere die des sechsten bis achten Schuljahres umfaßt, in folgender Weise:

A. Unterstufe.

1. Der Lehrer hat sein Augenmerk vor Allem darauf zu richten, daß das Ohr und die Zunge der nicht deutsch redenden Kinder an richtige deutsche Sprachlaute gleich vom Besuch der Schule an gewöhnt werden. Deshalb ist besonders auf ein deutliches und korrektes Sprechen seitens der deutsch redenden Kinder zu halten.

Allgemeine, die ganze Abteilung angehende Befehle und Anordnungen des Lehrers dürfen, nachdem sie ausreichend erklärt sind und ihre Ausführung veranschaulicht und geübt worden ist, nur in deutscher Sprache erteilt werden.

2. Sprachunterricht. a) Der Schreibleseunterricht. Die deutsch redenden Kinder lernen während der ganzen Schulzeit nur deutsch lesen und schreiben, sie empfangen alle dahin gehörigen Erläuterungen nur in deutscher Sprache.

Auch die nicht deutsch redenden Kinder werden auf dieser Stufe nur im deutschen Lesen und Schreiben unterrichtet. Sowohl die einzelnen Wörter wie die ganzen Sätze und der Inhalt des Lesestücks werden durch Zurückgehen auf die Muttersprache verständlich gemacht. Das selbständige Wiedergeben des Gelesenen unabhängig vom Buche wird sorgfältig geübt.

Spätestens am Schlusse des dritten Schuljahres müssen die nicht deutsch redenden Kinder soweit gefördert sein, daß sie jedes Stück der Fibel deutsch fertig lesen und die über den Inhalt desselben deutsch gestellten Fragen verstehen und in einfachen Sätzen ohne weitere Beihilfe deutsch richtig beantworten.

b) An den Leseunterricht und die dazu gehörigen Wort- und Sacherklärungen schließen sich besondere Anschauungs- und Sprachübungen auf der Grundlage der Fibel. Diese muß einen Inhalt haben, der die Umgebungen des Kindes in Haus, Garten, Feld 2c. zur Darstellung bringt, so daß Bildertafeln, wie die von Winkelmann oder von Wilke, im Anschlusse an die Lesestücke gebraucht werden können.

Die Bilder werden beschrieben, wobei alles Geeignete aus der Fibel seine Verwendung und anschauliche Erläuterung findet. Dieser Anschauungsunterricht wird von Anfang an zur planmäßigen Einführung in die deutsche Sprache benutzt und zwar in folgender Weise: Die Kinder des ersten Schuljahres haben alle vorkommenden Gegenstände und einzelnen Eigenschaften derselben deutsch bezeichnen zu lernen, die des zweiten und dritten Schuljahres müssen das Besprochene in Sätze bringen und diese bestimmt und sicher aussprechen können.

Bei dem Anschauungsunterrichte haben auch singbare Gedichte in deutscher Sprache, die sich für diese Stufe eignen und in der Fibel enthalten sind, ihre Verwendung zu finden. Ihr Verständnis ist zu vermitteln, der Text durch Vor- und Nachsprechen dem Gedächtnis einzuprägen und die Melodie in der Gesangsstunde einzuüben. Die Schüler des dritten Schuljahres müssen diese Volkslieder richtig verstehen, sicher können und befähigt sein, in einer ihrer Bildungsstufe entsprechenden Weise Rechenschaft zu geben.

c) Nach der Schreiblehrmethode wird mit dem deutschen Lesen das Schreiben der deutschen Schrift gelehrt und mit diesem Schritt für Schritt gleichmäßig fortgeführt. Was an der Wandtafel angeschrieben wird, wird frei geübt. Was nach Druckschrift geschrieben wird, wird nach gehöriger Übung ebenfalls unabhängig von der Vorlage geschrieben.

Diese Fertigkeit hat sich im ersten Schuljahre auf einzelne Wörter, im zweiten und dritten auf kurze inhaltsvolle Sätze zu erstrecken. Beim Schreiben nach Vorschriften ist nach Erlernung der lateinischen Schrift, deren Übung im zweiten Schuljahre zu beginnen hat, im Gebrauche zwischen deutscher und lateinischer Schrift mit deutschem Text zu wechseln.

3. Im Rechnen wird der erste Unterricht den nicht deutsch redenden Anfängern so erteilt: Die Erlernung der Zahlennamen geschieht in deutscher Sprache. Wo es sich um Herbeischaffung des Verständnisses handelt,

gebraucht der Lehrer die Muttersprache der Kinder. Beim Operieren mit reinen Zahlen und bei der Einübung des bereits Erreichten und Verstandenen wird durchweg deutsch gesprochen.

Ziel ist, daß innerhalb des vorgeschriebenen Zahlenraums mit unbenannten und benannten Größen in deutschen Ausdrücken sicher gerechnet wird, sowie daß innerhalb des durch den Lese- und Anschauungsunterricht erschlossenen Gebiets der deutschen Sprache auch angewandte Aufgaben richtig verstanden, fertig gerechnet und mit korrektem Ausdruck gelöst werden.

B. Mittelstufe.

Der auf der Unterstufe vermittelte Gebrauch der deutschen Sprache in mündlicher und schriftlicher Form ist auf der zweiten nicht durch theoretische Erlernung der Grammatik, sondern auf praktischem Wege fortzuführen.

1. Auch auf dieser Stufe wird nur im deutschen Lesen und Schreiben unterrichtet, an Stelle der deutschen Fibel tritt ein deutsches Lesebuch.

Um auf der Grundlage der mechanischen Lesefertigkeit ein sprach- und sinngemäßes Lesen zu erzielen, hat man:

a) anfangs nach Bedürfnis auf die Muttersprache zurückzugehen und die unverständlichen Worte sowie ganzen Gedanken in dieser angeben zu lassen. Nachdem die Maßgebenden Ausdrücke einzeln hervorgehoben worden sind, wird das Sprechen des deutschen Satzes im Zusammenhang bis zum geläufigen Wiedergeben geübt.

b) Je weiter im Lesebuch vorgeschritten wird, desto mehr muß die Zuhilfenahme der nicht deutschen Muttersprache sich beschränken, und desto mehr muß ein geläufiges Nacherzählen und ein sicheres Beantworten der auf Erforschung des Sinnes gerichteten Fragen gefordert werden. Dabei ist der Text der Lesestücke in mannigfacher Weise auszubilden, dadurch der richtige Gebrauch der sprachlichen Formen zu üben und in den Schülern ein richtiges Sprachgefühl zu erzeugen.

c) Um den Kindern den Inhalt des Gelesenen klar zu machen, sind Versinnlichungsmittel, Abbildungen, körperliche Darstellungen, wirkliche Gegenstände und Hinweisungen auf solche zu Hilfe zu nehmen.

d) Die Volksschullieder müssen sich möglichst eng an das Lesebuch anschließen, womöglich in ihm enthalten sein. Keins darf gelernt werden, ohne daß es erklärt und verstanden worden ist. Die Schüler müssen im Stande sein, den Sinn im einzelnen und im ganzen geordnet anzugeben, Text und Melodien sicher zu können. Bei der Erklärung ist die Muttersprache in der vorstehend angegebenen Weise zu verwenden.

2. Das Schreiben, welches nur in deutscher Sprache geübt wird, schließt sich auch auf dieser Stufe an das Lesen an, indem

a) zum Schönschreiben in deutscher Sprache einzelne Sätze des Lesebuchs oder Ergebnisse des sich an dasselbe anschließenden Unterrichts benutzt werden; diese hat der Lehrer an der Wandtafel vorzuschreiben;

b) zu den orthographischen Übungen teils wörtlich Gelerntes, teils sachlich Angeeignetes, z. B. Erzählungen und Beschreibungen oder einzelner Abschnitte aus demselben verwandt werden. Diese werden nach vorheriger Angabe der Schreibung einzelner Wörter auf die Schiefertafel und in das Schreibebuch frei aufgezeichnet.

3. Das Verfahren beim Rechenunterricht entspricht dem der Unterstufe. Wo Neues zum Verständnis gebracht werden soll, wird, wenn es nötig ist, die Muttersprache zu Hilfe genommen. Dagegen sind angewandte Aufgaben deutsch zu stellen und zu berechnen. Die Schüler müssen auf dieser Stufe befähigt sein, alle aus dem ihnen bereits eröffneten Sprachgebiet entlehnten Aufgaben deutsch zu verstehen und zu berechnen.

4. Der Unterricht in den Realien erfolgt in deutscher Sprache. Nur zur Vermittelung des Verständnisses wird die Muttersprache für die nicht deutschen Kinder, soweit es unumgänglich erforderlich ist, zu Hilfe genommen. Die Schüler werden durch anschauliche Beschreibung zum richtigen Auffassen und verständigen, zusammenhängenden Nacherzählen angeleitet.

C. Oberstufe.

1. Das sinngemäße deutsche Lesen, welches auf dieser Stufe zum Abschluß gebracht werden muß, wird durch die zweckgemäße Einführung der Schüler in das Verständnis der Lesestücke nach ihrem ganzen Inhalte erreicht.

2. Während für die weitere Pflege des Schönschreibens Ergebnisse des sachlichen Unterrichts dienen, werden schriftliche Übungen auf der Tafel und im Buche, außerdem auch in der Form von Briefen und Geschäftsaufsätzen in deutscher Sprache geübt.

3. Die nicht deutschen Kinder werden auf dieser Stufe auch im polnischen bezw. littauischen Lesen und Schreiben unterrichtet. Zweck dieses Unterrichts ist, den Masuren und Littauer zum Lesen und Verstehen der Bibel und des Gesangbuchs auch in der Muttersprache zu befähigen. Dem Unterricht ist nicht ein breiterer Raum zu gewähren, als zur Erreichung des Zweckes notwendig ist. Bei Schulen mit überwiegend deutschen Kindern kann derselbe auf spezielle Anordnung der Königlichen Regierung für den Einzelfall nach Maßgabe der lokalen und persönlichen Verhältnisse ganz wegfallen.

4. Der Unterricht im Rechnen erfolgt unter steter Berücksichtigung der bäuerlichen und bürgerlichen Verhältnisse in deutscher Sprache.

5. Der Unterricht in den Realien wird hier in derselben Weise erteilt, wie bei der Mittelstufe zu 4 angegeben ist.

b. Verordnung der Königlichen Regierung, Abteilung für Kirchen- und Schulwesen, zu Königsberg vom 15. August 1873 (752/8 II.).

Im Auftrage des Herrn Ministers der geistlichen ꝛc. Angelegenheiten hat der Herr Oberpräsident unserer Provinz unter dem 24. Juli d. J. neue Bestimmungen über die künftige Regelung des Unterrichts in der deutschen Sprache bei den von Kindern polnischer bezw. littauischer Zunge besuchten Volksschulen erlassen und deren unverzügliche Durchführung an Stelle der bisher maßgebenden Ministerialverordnung vom 25. November 1865 in den Schulen des diesseitigen Bezirks angeordnet. So entschieden das letztbezeichnete Reskript schon auf die Unerläßlichkeit der Forderung hingewiesen hatte, daß die Volksschule die ihr anvertrauten Kinder nicht deutscher Eltern in den vollen Gebrauch der deutschen Sprache einzuführen habe, so wenig haben doch erfahrungsmäßig die in utraquistischen Schulen thatsächlich erzielten Erfolge im allgemeinen dieser ebenso sehr von dem öffentlichen Interesse gebotenen wie dem eigenen Vorteil der betreffenden Kinder dienenden Forderung entsprochen. Hieraus ergab sich die Notwendigkeit, durchgreifende Maßregeln zu treffen, welche die Erreichung der erstrebten Ziele der Bildung und Erwerbsthätigkeit unserer masurischen und littauischen Bevölkerung umfassender zu sichern geeignet sind, als solches bisher der Fall gewesen ist. Nur wenn die große Bedeutung, welche sonach diese neuen Bestimmungen haben, bei den zu ihrer Durchführung berufenen Organen die entsprechende Würdigung und demgemäß der vorgeschriebene Lehrgang in den Schulen die sorgfältigste Befolgung findet, kann die Erreichung der dieser Verordnung zum Grunde liegenden wichtigen Absicht erwartet werden. Hierzu nehmen wir die eifrige und konsequente Mitwirkung sämtlicher beteiligten Kreis- und Lokalschulinspektoren in Anspruch. Von Ihrem lebendigen Eingehen in die wohlgemeinten Intentionen des Herrn Ministers wie von Ihrer energischen Kontrolle der Lehrerarbeit wird es vorzugsweise abhängen, ob und bezw. wie bald die gesteckten Ziele erreicht werden.

Indem wir Ew. 2c. Abdrücke der Bestimmungen vom 24. Juli d. J. zustellen, beauftragen wir Sie, in kürzester Frist eine Kirchspielslehrerkonferenz zu berufen, in derselben jedem der betreffenden Lehrer ein Exemplar der Verordnung behufs Inventarisation für seine Schule auszuhändigen und ihren Inhalt nach den aufgestellten Zielen und einzelnen Vorschriften des Unterrichtsverfahrens genau zu erörtern, damit eine vollständige Einsicht in Zweck und Methode gewonnen werde. Auch in späteren theoretischen und praktischen Konferenzen wie bei den stattfindenden Schulrevisionen wird auf die Wichtigkeit des Gegenstandes wiederholt hingewiesen, die Lehrweise sorgfältig durchsprochen und die gewissenhafte Befolgung der getroffenen Anordnungen konsequent überwacht werden müssen. Sollten sich wieder Erwarten Lehrer finden, welche hinter der vorgesteckten Aufgabe durch eigene Schuld zurückbleiben, so würden wir darin eine je nach den Umständen streng zu ahndende Pflichtverletzung erkennen. Fleißigen Lehrern dagegen, die die Förderung der deutschen Sprache in ihren nicht deutschen bezw. utraquistischen Schulen sich mit hervorragendem Erfolge angelegen sein lassen, werden wir, so lange der Herr Minister uns die dazu ausgesetzten Mittel fortbewilligt, Remunerationen als Lohn des bewiesenen Eifers gewähren.

Wo in utraquistischen Schulen mit überwiegend deutschen Kindern nach Maßgabe der lokalen und persönlichen Verhältnisse der gänzliche Wegfall des polnischen bezw. littauischen Lese- und Schreibunterrichts (vgl. C., Abs. 3 der Bestimmungen) beabsichtigt werden sollte, sehen wir den motivierten Anträgen der betreffenden Kreisschulinspektoren für jeden Einzelfall entgegen. Auch erwarten wir die Vorschläge der Herren Kreisschulinspektoren in 8 Wochen darüber, welcher Raum dem obenerwähnten Unterrichte auf der Oberstufe überhaupt zu gewähren sein dürfte, um den angedeuteten Zweck zu erfüllen. Die gegenwärtig benutzten, für den doppelsprachigen Unterricht angelegten Fibeln können einstweilen weiter gebraucht werden.

c. Verordnung der Königlichen Regierung, Abteilung für Kirchen- und Schulwesen, zu Königsberg vom 5. Februar 1874 (737/1 II.).

Die Bestimmungen über den Unterricht in der deutschen Sprache bei den utraquistischen Schulen des diesseitigen Bezirks vom 24. Juli v. J.

ordnen unter C. an, daß die nicht deutschen Kinder auf der Oberstufe auch im polnischen bezw. littauischen Lesen und Schreiben unterrichtet, diesem Unterrichte indessen nicht ein breiterer Raum gewährt werden soll, als erforderlich ist, um die Kinder zum Lesen und Verstehen der Bibel und des Gesangbuchs in der Muttersprache zu befähigen. Für die Festsetzung der auf das Lesen und Schreiben der nicht deutschen Sprache zu verwendenden Unterrichtszeit ist eine zweifache Erwägung maßgebend. Innerhalb der nächsten Jahre werden der Oberstufe in den utraquistischen Schulen nur solche von Hause aus nicht deutschen Kinder angehören, welche den früheren normativen Bestimmungen vom 25. November 1865 entsprechend, bereits von ihrem Eintritte in der Schule an im polnischen bezw. littauischen Lesen und Schreiben unterrichtet worden sind. Deshalb wird bei diesen auf den ebenbezeichneten Gegenstand weniger Unterrichtszeit verwendet werden dürfen, als bei denjenigen Schülern später erforderlich sein wird, welche, nach Erlaß der Bestimmungen vom 24. Juli v. J. in die Schule aufgenommen, auf der Unter- und Mittelstufe das polnische bezw. littauische Lesen nicht erlernt haben. Sodann muß bei Bemessung des Raumes für den Unterricht in der nicht deutschen Sprache auch auf die größere oder geringere Zahl der betreffenden Kinder in einer Schule berücksichtigt werden. Demgemäß bestimmen wir hierdurch nach Anhörung der Herren Kreisschulinspektoren folgendes:

1. Bis zum 1. Oktober 1876 ist das polnische bezw. littauische Lesen und Schreiben in Schulen a) mit 20 oder weniger von Hause aus nicht deutschen Kindern auf der Oberstufe in wöchentlich zwei halben Stunden, b) mit mehr als 20 nicht deutschen Kindern auf der Oberstufe in wöchentlich drei halben Stunden zu lehren.
2. Vom 1. Oktober 1876 ab ist die zu 1a und 1b bezeichnete Unterrichtszeit um eine halbe Stunde wöchentlich zu vermehren.

Ausdrücklich weisen wir aber darauf hin, daß bei dem in Rede stehenden Unterrichte es sich keineswegs um Aneignung des religiösen Memorierstoffs, wie einer der Herren Kreisschulinspektoren gemeint hat, sondern lediglich darum handelt, die betreffenden Schüler zum Lesen und Verstehen der Bibel und des Gesangbuchs in ihrer Muttersprache zu befähigen.

Bezüglich des hierbei zu beobachtenden Lehrverfahrens bemerken wir nachstehendes: Die der littauischen und in noch größerem Umfange der polnischen Sprache eigentümlichen Laute, deren Buchstabenzeichen und ihre Verbindung zu Silben und Wörtern machen für das Lesenlernen in diesen Sprachen auch bei denjenigen Schülern besondere Vorübungen nötig, welche bereits auf der Unter- und Mittelstufe zum fertigen Lesen des Deutschen gebracht worden sind. Diese Vorübungen müssen in methodisch geordnetem, möglichst knapp gemessenem Stufengange erfolgen. Einen solchen zweckmäßig eingerichteten Stufengang enthalten die von uns zur Einführung in den utraquistischen Schulen des diesseitigen Bezirks bestimmten Fibeln. Das hier auf den Raum eines Druckbogens beschränkte Material wird für die meisten Schüler ausreichen, und werden wenige Stunden für die Durcharbeitung desselben genügen. Weniger begabte Kinder finden noch in den folgenden Abschnitten dieser Fibeln reichlichen Übungsstoff, um sich geläufigere Lesefertigkeit anzueignen. Erst wenn diese erreicht ist, dürfen Bibel und Gesangbuch benutzt werden, um ein verständiges Lesen derselben zu vermitteln.

Gleichzeitig mit dem Lesen wird das Schreiben des Polnischen und Littauischen geübt. Die Anfertigung wirklicher Aufsätze, wie der Unterricht im Deutschen es fordert, ist von diesem Unterrichte in der nicht deutschen Sprache ausgeschlossen, vielmehr wird nur die Aneignung einer sauberen und möglichst korrekten Schrift zu erstreben sein. Die Herren Kreis- und Lokalschulinspektoren werden zur ungesäumten Durchführung vorstehender Anordnungen veranlaßt.

X. Amtliche Verhältnisse.

§ 170. Dienstinstruktion für die Haupt- und Klassenlehrer an den zwei- und mehrklassigen Schulen.

Verordnung der Königlichen Regierung zu Königsberg vom 8. Dezember 1875 II. 715/12.

1. In den zwei- und mehrklassigen Volksschulen, welche nicht unter der Leitung eines Rektors stehen, wird gewöhnlich der erste Lehrer von uns als Hauptlehrer bezeichnet.

Das amtliche Verhältnis, in welchem jeder Lehrer zum Schulvorstande, zu dem Lokalschulinspektor und seinen andern Vorgesetzten steht, erleidet durch die Instruktion keine Änderung.

2. Der Hauptlehrer ist das Organ, dessen sich die unmittelbaren Vorgesetzten der Schule für ihre Mitteilungen an die Lehrer der Anstalt und für ihre Ermittelungen über die Verhältnisse und Zustände der Schule bedienen. Bei den hierdurch entstehenden schriftlichen Geschäften haben ihn die Klassenlehrer zu unterstützten.

3. Der Hauptlehrer nimmt den Klassenlehrern gegenüber die die Stellung eines erfahrenen Amtsgenossen und Ratgebers (nicht eines Vorgesetzten) ein.

Er hat den Beruf, in seiner Lehrthätigkeit, wie in seinem ganzen amtlichen und außeramtlichen Verhalten ein mustergiltiges Vorbild der andern Lehrer der Anstalt zu sein. In allen ihr Amt betreffenden Angelegenheiten haben sich die Klassenlehrer zunächst an den Hauptlehrer zu wenden und seinen Anordnungen und Erinnerungen willig Folge zu leisten.

Sollten dennoch Meinungsverschiedenheiten nicht Ausgleichung finden, so ist die Entscheidung des Schulvorstandes bezw. der Schuldeputation, welche in den Städten den Schulvorstand bildet, einzuholen, bis zu dem Eintreffen aber die Anordnungen des Hauptlehrers zu befolgen.

4. Der Hauptlehrer führt die spezielle Aufsicht über das Schulgebäude und das Inventar der Anstalt.

Er hat darüber zu wachen, daß sowohl in den sämtlichen Klassenzimmern, als auch in den für den gemeinsamen Gebrauch bestimmten Räumlichkeiten, sowie auf dem Hofe Reinlichkeit und Ordnung herrscht, daß die Schullokale ordnungsmäßig geheizt und die polizeilichen Bestimmungen beobachtet werden. Von allen vorhandenen oder entstehenden Mängeln und Beschädigungen hat er den Schulvorstand schleunig in Kenntnis zu setzen.

Das Inventarium der Schule, die Bibliothek, die Lehr- und Lernmittel, die Klassenbücher, die Versäumnislisten stehen unter seiner besondern Aufsicht.

Er hat ein Verzeichnis aller dieser Gegenstände zu fertigen bezw. fortzuführen; wenn einzelnes unbrauchbar wird, dem Schulvorstande hiervon Anzeige zu machen event. die Ergänzung zu beantragen. Es ist seine Pflicht, durch öftere Revisionen sich von dem Vorhandensein und guten Zustande der einzelnen zum Eigentum der Schule gehörigen Gegenstände zu überzeugen, ebenso die Kontrolle über die den einzelnen Lehrern übergebenen Lehrmittel sorgfältig zu führen.

Die Vorschläge der Ergänzung oder Neubeschaffung von Utensilien und Lehrmitteln nimmt er von den Klassenlehrern entgegen und unterbreitet sie mit seinen eigenen Anträgen dem Schulvorstande.

5. Der Hauptlehrer vollzieht die Aufnahme neuer Schüler und hat darüber zu wachen, daß ohne besondere schriftliche Genehmigung des Schulvorstandes kein einem andern Schulbezirke angehöriges Kind in die Schule eintritt. Er verteilt auch die aufzunehmenden Schüler nach vorangegangener Prüfung, zu welchen die übrigen Lehrer zuzuziehen sind, in die verschiedenen Klassen.

Er leitet, soweit der Schulinspektor dies nicht selbst übernimmt, unter Zuziehung der betreffenden Lehrer die Versetzung in die höheren Klassen und bewirkt auch die Entlassung der abgehenden Schüler unter entsprechender Berichtigung des Schülerverzeichnisses. Alle Schulzeugnisse hat er mit zu unterschreiben.

6. Weiter liegt dem Hauptlehrer die Pflicht ob, die allseitige Aufrechterhaltung der äußern Unterrichtsordnung zu überwachen. Er hat darauf zu halten, daß wenigstens ein Lehrer 1/4 Stunde vor Beginn der Unterrichtszeit sich im Schullokal befinde, um die Aufsicht über die sich versammelnde Schuljugend zu führen; daß der Unterricht in allen Klassen pünktlich begonnen und pünktlich geschlossen werde, daß die Pausen zwischen den einzelnen Unterrichtsstunden nicht ungebührlich verlängert und daß die Schüler während derselben, sowie auch die mit Nachbleiben bestraften Schüler nicht ohne Aufsicht bleiben.

Wenn ein Lehrer plötzlich verhindert wird, seinen dienstlichen Obliegenheiten nachzukommen, so muß er dies sofort seinem Hauptlehrer anzeigen, welcher für die vorläufige Vertretung Sorge zu tragen und dem Lokalschulinspektor Anzeige zu erstatten hat. Auch hat der Hauptlehrer darauf zu achten, daß bei den Urlaubserteilungen an Schüler seitens der Klassenlehrer die bestehenden Vorschriften befolgt werden.

7. Insbesondere hat der Hauptlehrer nach Maßgabe der Anordnungen sein Augenmerk darauf zu richten, daß der für die Schule festgesetzte Lehr- und Stundenplan genau beachtet, die für die einzelnen Klassen gestellten Unterrichtsziele erreicht, der in jeder mehrklassigen Schule unentbehrliche Zusammenhang und Stufengang des Unterrichts erhalten und eine geregelte Verteilung der Aufgaben für die häuslichen Arbeiten der Schüler gehandhabt werde.

Zu diesem Zwecke hat er das Recht, dem Unterricht der Klassenlehrer, soweit es seine eigene Beschäftigung an der Schule gestattet, beizuwohnen, die Hefte zu den schriftlichen Arbeiten der Schüler durchzusehen und von dem Tage- und Klassenbuche Einsicht zu nehmen. Hierbei wird er es vermeiden, in den Unterricht einzugreifen oder gar in Gegenwart der Kinder Bemerkungen zu machen, welche irgend das Ansehen des Klassenlehrers schädigen könnten. Wenn er die bemerkten Mängel und Übelstände nicht selbst durch freundliche Rücksprache beseitigen kann, so hat er dem Schulinspektor Anzeige zu machen.

Es ist übrigens jeder Klassenlehrer verpflichtet, den ihm durch den Lehr- und Stundenplan der Anstalt zugewiesenen Unterricht auch in Klassen, deren Ordinarius er nicht ist, auf Anordnung des Schulvorstandes zu erteilen.

8. Bei Handhabung der Disziplin hat der Klassenlehrer zunächst selbständig nach den bestehenden genau zu befolgenden Vorschriften zu verfahren. In schwierigen Disziplinarfällen, welche außergewöhnliche Zuchtmittel erheischen, hat er sich aber mit dem Hauptlehrer in Verbindung zu setzen und in Einvernehmen mit demselben die Strafe festzusetzen und in seiner Gegenwart zu vollziehen. Bei Überschreitung des Züchtigungsrechts seitens des Klassenlehrers hat der Hauptlehrer dem Schulinspektor sofort Anzeige zu machen.

Bei etwaigen Zwistigkeiten mit den Eltern oder Pflegern der Schüler wird der Klassenlehrer gut thun, die Vermittelung des Hauptlehrers in Anspruch zu nehmen.

9. Bei den mehr als zweiklassigen Schulen wird sich zur Besprechung der Angelegenheiten derselben die Abhaltung regelmäßig wiederkehrender, außerhalb der Unterrichtszeit liegender Konferenzen unter Leitung des Hauptlehrers empfehlen. Die Förderung der äußeren Ordnung in der Schule, des Schulbesuchs und der Anwendung eines gleichmäßigen Unterrichtsverfahrens sowie die Herstellung eines stufenmäßigen Ineinandergreifens der Lehrthätigkeit der einzelnen Klassen und die Handhabung der Disziplin werden neben den aus den besondern Verhältnissen jeder Schule sich ergebenden Gegenständen hinlänglich Stoff für die gemeinsame Beratung in diesen Konferenzen bieten, welche bei angemessener Leitung zur Förderung der jüngeren Lehrer in der Thätigkeit für ihren Beruf und zur Belebung des Eifers aller Lehrer, mitzuwirken zum Gedeihen der ihrer Pflege anvertrauten Schule, wesentlich beitragen werden.

Die in diesen Konferenzen gefaßten Beschlüsse werden in ein Konferenzbuch eingetragen und von allen anwesenden Lehrern unterschrieben.

Den Schulinspektoren steht es nicht nur frei, diesen Konferenzen jederzeit beizuwohnen, sondern es ist im Interesse des Unterrichtswesens ihre Teilnahme an diesen Beratungen geradezu wünschenswert. In betreff der von ihnen bisher abgehaltenen Lehrerkonferenzen tritt durch die vorstehende Bestimmung keinerlei Änderung ein.

Von der vorstehenden Instruktion ist jedem Hauptlehrer und jedem Klassenlehrer bezw. Klassenlehrerin zur Nachachtung Kenntnis zu geben.

§ 171. Dienstinstruktion für Elementarlehrer vom 1. März 1822.

1. Der Prediger ist überall als Lokalschulinspektor der nächste Vorgesetzte des Schullehrers, sowohl in Schul- als in Kirchensachen, sofern mit dem Schulamte ein Kirchendienst verbunden ist.

2. Der Schullehrer ist dem vorgesetzten Lokalschulinspektor in allen Amtsangelegenheiten pünktlichen Gehorsam schuldig und hat sich in allem, was seine Amtsführung betrifft, zunächst an ihn zu wenden.

3. Glaubt der Schullehrer, daß ihm von seinem Lokalschulinspektor Ungebührliches zugemutet werde, so hat er zwar zuerst demselben Folge zu leisten, es steht ihm aber frei, demnächst bei dem Kreisschulinspektor Anzeige zu machen.

4. Was durch Hilfe und Vermittelung des Lokalschulinspektors nicht vermittelt und beseitigt werden kann, so ist der Schulvorstand die nächste Behörde, wo der Schullehrer seine Angelegenheiten anzubringen hat.

5. In seinem Schulamte darf sich der Schullehrer nie ohne Bewilligung des Lokalschulinspektors durch einen andern vertreten, noch sich von einem andern Hilfe leisten lassen.

6. Der Schullehrer darf den Lektionsplan nicht eigenmächtig abändern noch willkürlich von ihm abweichen.

7. Die festgesetzten Schulstunden soll der Schullehrer pünktlich halten, sie weder abkürzen, noch willkürlich brechen oder um eines Nebengeschäfts willen eigenmächtig aussetzen.

8. Beim Unterricht soll der Schullehrer jedesmal vollständig und anständig bekleidet sein, auch sich während desselben jeder Nebenarbeit und noch viel mehr des Essens, Tabakrauchens oder anderer Unschicklichkeiten enthalten.

9. Der Unterricht soll täglich, vor- und nachmittags mit kurzem Gesang und Gebet anfangen und auch mit Gesang geschlossen werden.

10. In allen Schulsachen hat der Schullehrer den Anweisungen des Lokalschulinspektors Folge zu leisten und seine Winke zu benutzen. Neue Methoden und Lehrbücher dürfen nicht ohne Genehmigung der Behörde eingeführt werden.

11. Nächst dem Unterricht hat der Schullehrer auch für die sittliche Erziehung der Schuljugend an seinem Teile zu sorgen und zu dem Ende die Schuldisziplin mit weisem Ernste und ruhiger Besonnenheit zu handhaben.

12. Die halbjährlichen Schullisten und täglichen Versäumnistabellen soll der Schullehrer unausgesetzt und sorgfältig fortführen und die monatlichen Auszüge anfertigen und dem Schulinspektor zur weiteren Veranlassung der Ahndung der Versäumnisse vorlegen.

13. Die Schulstube soll stets reinlich und ordentlich gehalten und bloß für den Schulzweck benutzt werden. Es ist alles zu vermeiden, was die Ruhe und Aufmerksamkeit stört oder dem Anstande zuwider ist.

14. Alles, was zur Vorbereitung des Unterrichts gehört, als das Vorschreiben, die Durchsicht und Korrektur schriftlicher Arbeiten und dergleichen hat der Schullehrer außer der Schulzeit zu besorgen.

15. Zu jeder Reise, sowie zu jeder Entfernung von dem Schulorte während eines Tages oder über Nacht, bedarf der Schullehrer die Genehmigung seines Lokalschulinspektors. Soll die Reise länger als drei Tage dauern, so ist die Genehmigung des Kreisschulinspektors nötig und muß überhaupt zuvor nachgewiesen sein, wer die Schule während der Abwesenheit des Lehrers verwalten soll.

16. Die Zeit und Dauer der Schulferien wird vom Lokalschulinspektor mit Genehmigung des Kreisschulinspektors bestimmt; auch dürfen einzelne Schulstunden, ein halber oder ganzer Schultag nur mit Erlaubnis des Lokalschulinspektors freigegeben werden.

§ 172. Führung der Klassenbücher.

1. Verordnung der Königl. Regierung zu Königsberg vom 27. Oktober 1836.

Aus mehreren Schulrevisionsberichten haben wir ersehen, daß noch in in vielen der niedern Volksschulen des Regierungsbezirks der Unterricht ohne bestimmte Ordnung und Reihenfolge erteilt wird. Ja, es sind Fälle vorgekommen, in denen die Lehrer bei den Revisionen nicht einmal anzugeben vermochten, welche Unterrichtsabschnitte bei den verschiedenen Lehrgegenständen in dem letzten Monat behandelt worden waren. Ebensowenig sind oft die Lehrer im Stande gewesen über den sittlichen Standpunkt der Schule im allgemeinen oder einzelner Schüler insbesondere eine ausführliche oder nur einigermaßen befriedigende Auskunft zu geben.

Teils um diesen Übelständen entgegenzutreten, teils um alle Lehrer an das Ablegen einer genauen Rechenschaft für sie und die Schulrevisoren mehr und mehr zu gewöhnen, ordnen wir die Anlegung eines Klassenbuches für jede Volksschule unseres Bezirks, wenn sie einklassig ist und für jede Klasse, wenn die Schule mehrere Klassen hat nach Anleitung der beigefügten aus dem Klassenbuche der hiesigen Seminarübungsschule gemachten Auszüge vom 1. Januar k. J. hiermit an.

Wir verlangen nicht eine völlige genaue Nachbildung der hier beispielsweise mitgeteilten Auszüge, es wird vielmehr nur darauf ankommen, daß die vorangedeuteten Zwecke stets im Auge behalten werden. Wenn z. B. in der ersten Spalte des Schemas die Lehrpensen der Klasse wöchentlich angegeben sind, so dürfte es in einzelnen Schulen schon hinreichen, wenn nur monatlich ein oder zweimal das beim Unterricht Durchgenommene aufgezeichnet würde. Doch wird darauf zu halten sein, daß nicht allein beim Religionsunterricht die durchdachten oder erlernten Katechismusabschnitte, Bibelstellen, und kirchlichen Gesänge angemerkt, sondern daß auch in allen Unterrichtsgegenständen das vom Lehrer Behandelte mit ähnlicher Genauigkeit, wie in dem Schema verzeichnet werde.

In der dritten Spalte des Schemas wird von Sittenklassen gesprochen. Zur Erläuterung fügen wir hinzu, daß die Bestimmung, zu welcher Sittenklasse ein Schüler gehört, in mehreren Schulen etwa von folgenden Bedingungen abhängig gemacht ist. Wenn ein Kind nach vergeblichen ihm zugegangenen leichten Andeutungen oder Winken eine ernstere Rüge verdient, so wird der Name auf eine neben dem Lehrer liegende Schiefertafel (Anmerktafel) mit kurzer Angabe des Versehens notiert. Führt sich das notierte Kind am nächsten Schulbesuchstage sehr gut, so wird das auf der Anmerketafel Niedergeschriebene ausgelöscht. Geschieht dies aber nicht', sondern wird es an dem zweiten Tage noch einmal notiert, so wird sein Name und das Vergehen in das Klassenbuch auf die für diesen Zweck bestimmten Blätter des Tadels eingetragen. Je nachdem nun ein Kind gar nicht, selten, oder oft notiert ist, so wird es nach Verlauf eines Monats den verschiedenen Sittenklassen zugewiesen. Es werden z. B. zur ersten Sittenklasse schon die Schüler gehören, welche bei regelmäßigem Schulbesuch einen ganzen Monat hindurch auch nicht auf der Anmerketafel notiert waren, zur zweiten diejenigen, deren Namen zwar auf die Anmerketafel, nicht aber ins Klassenbuch gekommen waren, zur dritten die bis höchstens dreimal auf den Blättern des Tadels notierten, zur vierten die besonders unordentlichen, trägen, unachtsamen, zur sechsten diejenigen, welche sich grobe Vergehungen, Trotz, Schamlosigkeit beharrliches Lügen 2c. haben zu Schulden kommen lassen.

Nur die Schüler der ersten Sittenklasse werden unter Voraussetzung sonstiger Befähigung zu Ordnern und Lehrgehilfen vom Lehrer gewählt.

Ein Schülerverzeichnis wird jeden Monat angefertigt und im Schulzimmer aufgehängt. Die Reihenfolge, in welcher die Schüler beim Unterrichte sitzen, hängt mehr von ihrem anderweiten Bildungsgrade und von den sonst nötigen Schulordnungen ab.

In die vierte Spalte sind monatlich vom Schulinspektor noch die Dauer der Revision und die Revisionsgegenstände zu vermerken, und bleibt über die letztere ein wohlerwogenes Urteil einzutragen.

Wenn vorzugsweise die im Eingange dieser Verfügung angeführten Gründe uns zur Anordnung dieser Klassenbücher bestimmt haben, so erscheint es auch nicht unwichtig den Lehrern hierdurch neue Mittel in die Hand gegeben zu haben, viele von den bei großer Schülerzahl nicht ausbleibenden Versehen auf angemessene Weise ohne Gebrauch noch bei vielen unerwarteten Schulrevisionen mißfällig als täglich nötiges Inventarium auf dem Lehrerplatze bemerkten Züchtigungswerkzeuges zu bestrafen oder besser zu verhüten.

2. Verordnung der Königlichen Regierung zu Königsberg vom 18. September 1882. 949/8 II.

Die infolge unserer Zirkularverfügung vom 27. Oktober 1836 in allen Elementarschulen unseres Bezirks angelegten Klassenbücher werden, wie die Schulrevisionsberichte ergeben, nicht überall vorschriftsmäßig und mit zweckentsprechender Sorgfalt geführt. Es sind sogar Fälle vorgekommen, in denen Lehrer solche Blätter aus den Klassenbüchern entfernt haben, welche tadelnde Revisionsvermerke enthielten.

Um derartigen Ungehörigkeiten für die Folge vorzubeugen, bestimmen wir hierdurch zunächst, daß die Klassenbücher, welche einen festen Einband haben müssen, gleich bei ihrer Anlegung paginiert werden und solches bei den schon vorhandenen sofort nachgeholt werde. Die Königlichen Lokalschulinspektoren haben die Ausführung dieser Anordnung zu veranlassen und zu kontrolieren.

Ferner werden dieselben darauf zu achten haben, daß die Spalte des Klassenbuchs, welche zu Bemerkungen über Sittlichkeit, Fleiß 2c. der Schüler bestimmt ist, nicht mit allgemeinen, nichtssagenden und nichtswirkenden Censuren (ziemlich, ziemlich gut) — wie das leider nur zu oft geschieht, ausgefüllt, sondern daß damit genau nach Vorschrift der Eingangs gedachten Zirkularverfügung verfahren werde.

Mit Entschiedenheit wird weiter darauf zu halten sein, daß die in der Schule vorgekommenen körperlichen Züchtigungen unserer Verordnung vom 15. April 1860 entsprechend wirklich in jedem Falle in das Klassenbuch unter Angabe der Gründe und der Beschaffenheit der Strafe vom Lehrer eingetragen werden.

Endlich bringen wir den Königlichen Schulinspektoren hier wiederholt die Pflicht in Erinnerung, den Befund über den Ausfall jeder von ihnen vollzogenen Schulrevision unter Angabe des Tages, der Dauer und der speziell aufzuführenden Gegenstände der Prüfung gemäß § 6 der Instruktion für Lokalschulinspektoren vom 21. Januar 1871 im Klassenbuche zu vermerken und sich nicht auf die bloße Notiz: „Revidiert am . . . . zu beschränken, wie solches leider zum Schaden des Unterrichtswesens noch immer vorkommt.

Die Königlichen Kreisschulinspektoren und deren Assistenten wollen bei den von ihnen jährlich vorzunehmenden Lokalrevisionen der einzelnen Schulen sich davon Überzeugung verschaffen, ob diesen unseren Anordnungen überall Folge geleistet worden ist und etwaige Versäumnisse in den tabellarischen Schulberichten zu unserer Kenntnis zu bringen.

§ 173. Kirchenbesuch der Lehrer.

Zirkular-Verfügung der Königlichen Regierung, Abteilung für Kirchen- und Schulwesen, zu Königsberg vom 28. Juni 1881 (562/4 II.).

Man hört vielfach Klage über zu geringe Teilnahme am öffentlichen Gottesdienst. Es kann nicht unsere Aufgabe sein, die Ursachen derselben zu erforschen; wohl aber sind wir, denen die Pflege des Kirchen- und Schulwesens eines großen Bezirks anvertraut ist, dazu berufen, diesen kirchlichen Notstand beseitigen zu helfen. Vollkommen überzeugt, daß eine gründliche Heilung dieses Schadens nur dann erfolgen kann, wenn schon die Jugend Gotteshaus, Gottesdienst und Gottes Wort lieb gewinnt, wenden wir uns durch Ew. an die Gewissen der Lehrer. Es genügt dazu nicht, daß die Kinder nur in das volle Verständnis des dritten Gebots eingeführt und insbesondere die über 10 Jahre alten durch ernste Mahnung zu fleißigem Kirchenbesuch angehalten werden, vielmehr müssen wir, weil Unterweisung und Mahnung nur dann Wert und Wirkung haben, wenn das Beispiel des Lehrenden denselben Nachdruck giebt, es den Lehrern unseres Aufsichtskreises als Gewissenspflicht dringend ans Herz legen, die Lauterkeit ihrer christlichen Gesinnung auch durch fleißigen und regelmäßigen Kirchenbesuch, sowie dadurch zu bethätigen, daß sie in Gemeinschaft mit den übrigen Lehrern des Kirchspiels die Beaufsichtigung der älteren Schulkinder, welche die Kirche besuchen, während des Gottesdienstes willig übernehmen.

§ 174. Urlaub der Lehrer.

Zirkular-Verfügung der Königlichen Regierung, Abteilung für Kirchen- und Schulwesen, zu Königsberg vom 13. Februar 1882 (4591/2 II.).

Obwohl wir bereits durch unsere Zirkularverfügung vom 27. Dezember 1866, Nr. 394/12 II., darauf hingewiesen haben, wie nötig es ist, daß die sämtlichen Lehrer die ihnen zu Gebote stehende Schulzeit auf das Gewissenhafteste benutzen und sich vermeidlicher Versäumnisse nicht schuldig machen, so können wir uns doch nicht der Wahrnehmung verschließen, daß einzelne Lehrer ohne genügenden Grund Urlaub nehmen und an Schultagen verreisen anstatt dies an schulfreien Tagen zu thun. Wir sehen uns deshalb veranlaßt, sämtlichen Herren Schulinspektoren die in unserer Zirkularverfügung vom 27. Dezember 1866 hierauf bezüglichen Anordnungen in Erinnerung zu bringen und ihnen von neuem dringend zu empfehlen, derartige an sie herantretende Anträge auf Urlaubserteilung genau zu prüfen und festzustellen, ob die Reisen unumgänglich notwendig sind, und ob sie sich nicht verschieben lassen oder ganz unterbleiben können. Bei unzureichenden Gründen ist der Urlaub stets zu verweigern. Insbesondere wird derselbe zu Reisen nach Königsberg zum Zweck der Vorstellung bei Mitgliedern unseres Kollegiums oder behufs Darlegung persönlicher Anträge und Wünsche an nicht schulfreien Tagen in der Regel zu versagen sein, weil durch solche Reisen nicht nur für die Schulen beträchtliche Nachteile, sondern auch den Lehrern nicht unwesentliche Kosten erwachsen.

Ew. Hochwürden wollen sämtlichen Lokalschulinspektoren, Schuldeputationen und Lehrern Ihres Aufsichtskreises von dieser Verfügung zur genauen Befolgung Kenntnis geben.

§ 175. Anlegung von Schulchroniken.

Verordnung der Königlichen Regierung, Abteilung für Kirchen- und Schulwesen, zu Königsberg vom 14. November 1870 (994/10 II.).

Die Anlegung von Schulchroniken nach Vorschrift der allgemeinen Bestimmungen vom 15. Oktober 1872 hat bisher nur bei wenigen Schulen stattgefunden, vielen Lehrern fehlt das rechte Verständnis für diesen Gegenstand. Deshalb veranlassen wir die Herren Schulinspektoren, dafür Sorge zu tragen, daß bei allen Schulen Ihres Aufsichtsbezirks, wo solches noch nicht geschehen, Chroniken eingerichtet werden. Zum Anhalte für eine zweckmäßige Veranlagung derselben teilen wir das bereits von mehreren Königlichen Regierungen empfohlene Schema umseitig mit (U. C. Bl. 1876, S. 504). Dasselbe wollen Sie auf einer der nächsten Lehrerkonferenzen zum Gegenstande eingehender Erörterungen machen und demnächst bei Ihren Schulrevisionen die wirklich erfolgte Anfertigung und sorgfältige Fortführung dieser Chroniken kontrolieren, damit der Zweck solcher Arbeit, bei Lehrern und Schulgemeinden das Interesse für die Geschichte der Heimatkunde des Vaterlandes anzuregen und zu nähren, erreicht werde.

§ 176. Führung von Verordnungsbüchern.

Verordnung der Königlichen Regierung, Abteilung für Kirchen- und Schulwesen, zu Königsberg vom 23. April 1882 (1572/4 II.).

Um den Volksschullehrern unseres Regierungsbezirkes den Inhalt der von uns erlassenen Verfügungen, soweit dieselben die Lehrer angehen, stets gegenwärtig zu erhalten und zu verhüten, daß in Fällen der Nichtbeachtung unserer Anordnungen Unkenntnis derselben vorgeschützt werde, ordnen wir hierdurch folgendes an:

Bei jeder Schule ist von jetzt ab ein Verordnungsbuch zu halten, in welches die von den Königl. Kreisschulinspektoren, sei es durch die Lokalschulinspektoren oder direkt, den Lehrern mitgeteilten Verfügungen innerhalb acht Tagen nach Empfang derselben einzutragen sind.

Das Verordnungsbuch ist in Folio mit haltbarem Papier und fest gebunden anzulegen; die Seiten sind fortlaufend zu numerieren. Auf der Vorderseite des Einbandes ist der Titel „Verordnungsbuch“ deutlich anzubringen. Die Eintragungen hat der Lehrer, bei mehrklassigen Schulen der erste oder Hauptlehrer auszuführen.

Datum und Nummer der Verfügung ist stets hinzuzufügen.

Dieses Buch ist in das Inventarium der Schule einzutragen und wird für die Zukunft als ein den im § 10 der „Allgemeinen Bestimmungen" bezeichneten Erfordernissen gleichstehendes zu erachten sein.

Die Herren Kreisschulinspektoren wollen die Herren Lokalschulinspektoren anweisen, fortwährend darauf zu achten, daß dies Verordnungsbuch regelmäßig geführt und zweckmäßig aufbewahrt werde, auch bei Revisionen sich selbst hiervon überzeugen.

Wir beauftragen die Herren Kreisschulinspektoren, diese Verfügung schleunigst zur Kenntnis der Lehrer zu bringen und die pünktliche Ausführung derselben zu veranlassen.

Hofbuchdruckerei W. Decker & Co. (Emil Röstel), Posen.

FSC
www.fsc.org
MIX
Papier | Fördert gute Waldnutzung
FSC® C083411

Kolibri 360 GmbH
Ferdinand-Jühlke-Straße 7
99095 Erfurt, Deutschland
produktsicherheit@kolibri360.de